2025年度入試概要

2025年度主な入試の変更点・ポイント　※詳しくは、入試ガイド、入学試験要項を確認のこと。

≪国際学部、文学部、心理学部、生命環境学部≫

●学校推薦型選抜（公募制）

- Ａ日程・Ｂ日程の２日程で実施。
- スタンダード型に加え、「得意科目重視型（高得点の１科目を２倍）」をＡ・Ｂ両日程で選択可能。合格チャンスが増加。
- 複数学科・日程および判定方式間で併願可能。同時出願の場合は出願数にかかわらず35,000円均一で受験可。
- 「英語資格試験利用型」を利用可能（本学「英語」受験も必須）。検定試験による換算点または本学「英語」の得点の高い方で判定。
- 学外試験を、大阪なんば、姫路、岡山、高松の４会場で実施。
- 適性検査は、全問マークシート方式。
- Ａ日程に上位の成績で合格した者は「成績優秀者給与奨学金制度」の対象。同制度が適用された入学者は「入学金および授業料の半額」を４年間支給。※適用条件あり

●一般選抜（前期Ａ日程２科目型・３科目型、Ｂ・Ｃ日程）

- スタンダード型に加え、「得意科目重視型（高得点の１科目を２倍）」を各日程で選択可能。合格チャンスが増加。
- 複数学科・日程・科目型および判定方式間で併願可能。同時出願の場合は出願数にかかわらず35,000円均一で受験可。
- 「英語資格試験利用型」を利用可能（本学「英語」受験も必須）。検定試験による換算点または本学「英語」の得点の高い方で判定。
- Ａ・Ｂ日程の学外試験を、名古屋、大阪なんば、姫路、岡山、高松、福岡の６会場で実施。Ｃ日程は本学のみ実施。
- 学力試験は、全問マークシート方式。
- 前期Ａ日程２科目型・３科目型に上位の成績で合格した者は「成績優秀者給与奨学金制度」の対象。同制度が適用された入学者は「入学金および４年間の授業料の半額」を４年間支給。

※適用条件あり

≪音楽学部≫

●音楽学部（音楽キャリアデザイン専攻）では、音楽教育、音楽ビジネス、生涯教育を軸に、PBL（課題解決型学習）を取り入れ、音楽を通じたキャリア形成を追求する。同専攻の選抜方式は「学校推薦型選抜（公募制）Ａ日程」では小論文により、「一般選抜（前期Ａ・Ｂ日程、後期日程）」では学力試験により行う。

主な入学試験の概要

<table>
<tr><th>日程</th><th>出願期間</th><th>試験日</th></tr>
<tr><td>学校推薦型選抜（公募制）Ａ日程、Ｂ日程
≪国際学部、文学部、心理学部、生命環境学部≫</td><td rowspan="2">【WEB出願エントリー】
2024年10月３日(木)10：00
～10月21日(月)17：00
【出願書類提出】
2024年10月３日(木)
～10月22日(火)消印有効</td><td>Ａ日程
2024年11月８日(金)
Ｂ日程
2024年11月９日(土)</td></tr>
<tr><td>学校推薦型選抜（公募制）Ａ日程
≪音楽学部≫</td><td>2024年11月８日(金)
～９日(土)</td></tr>
</table>

≪国際学部、文学部、心理学部、生命環境学部≫
【適性検査の内容等】
「英語」＋「国語または選択科目（国語、数学、生物、化学）※」＋ 調査書（全体の学習成績の状況×４）
※学科により異なる

【試験地】 本学、大阪（なんば）、姫路、岡山、高松

【ポイント】 ①得意科目重視型（高得点の１科目を２倍）との併願により、合格チャンスが増加。
②複数学部学科（音楽学部を除く）、判定方式間での併願が可能。
③解答は全科目ともマークシート方式。

≪音楽学部≫
【適性検査の内容等】 （音楽表現専攻）主専修実技および選択科目（聴音、新曲視唱、副科ピアノ）
（音楽キャリアデザイン専攻）小論文

【試験地】 本学

<table>
<tr><th>日程</th><th>出願期間</th><th>試験日</th></tr>
<tr><td>一般選抜
（前期Ａ日程３科目型・２科目型、前期Ｂ日程）
≪国際学部、文学部、心理学部、生命環境学部
音楽学部音楽学科（音楽キャリアデザイン専攻）≫

一般選抜（前期Ａ日程、前期Ｂ日程）
≪音楽学部音楽学科（音楽表現専攻）≫</td><td>【WEB出願エントリー】
2024年12月21日(土)10：00
～2025年１月14日(火)17：00
【出願書類提出】
2024年12月21日(土)
～2025年１月15日(水)消印有効</td><td>Ａ日程
2025年１月29日(水)
Ｂ日程
2025年１月30日(木)</td></tr>
<tr><td>一般選抜（前期Ｃ日程）
≪国際学部、文学部、心理学部、生命環境学部≫</td><td>【WEB出願エントリー】
2024年12月21日(土)10：00
～2025年１月31日(金)17：00
【出願書類提出】
2024年12月21日(土)
～2025年２月１日(土)消印有効</td><td>Ｃ日程
2025年２月17日(月)</td></tr>
</table>

≪国際学部、文学部、音楽学部音楽学科（音楽キャリアデザイン専攻）、心理学部、生命環境学部≫
【試験の内容】
Ａ日程（２科目型、３科目型）
「英語」＋「選択①（国語、化学）」＋「選択②（世界史、日本史、数学、生物）」
※２科目型は２科目のみ、または３科目を選択受験可。３科目を受験した場合は英語と高得点の１科目で判定。学科により選択可能科目は異なる。
※「国語」は現代文のみ

≪国際学部、文学部、音楽学部音楽学科（音楽キャリアデザイン専攻）、心理学部、生命環境学部≫

【試験の内容】

B日程　「英語」＋「国語」　※「国語」は現代文のみ、または現代文＋古文の選択問題あり

C日程　「英語」＋「国語」　※「国語」は現代文のみ

【試験地】　本学、名古屋、大阪（なんば）、姫路、岡山、高松、福岡

【ポイント】　①得意科目重視型（高得点の１科目を２倍）との併願により、合格チャンスが増加。

②前期日程内の複数日程間、学部学科間（同一受験日の音楽学部音楽学科音楽表現専攻を除く）、判定方式間での併願が可能。

③解答は全科目ともマークシート方式。

≪音楽学部音楽学科（音楽表現専攻）≫A日程、B日程のみ

【試験の内容】　A日程、B日程　「英語」「主専修実技」「選択科目（聴音、新曲視唱、副科ピアノ）」

【試験地】　本学

この他、総合型選抜、一般選抜（後期日程）、大学入学共通テスト利用入試等の入試制度がある。詳しくは入試ガイド、入学試験要項を参照のこと。

オープンキャンパス2024

2024年　６月16日(日)、７月28日(日)、８月４日(日)、９月15日(日)

2025年　３月23日(日)

予約優先制（当日登録も可）で実施。

ACCESS MAP

■交通案内

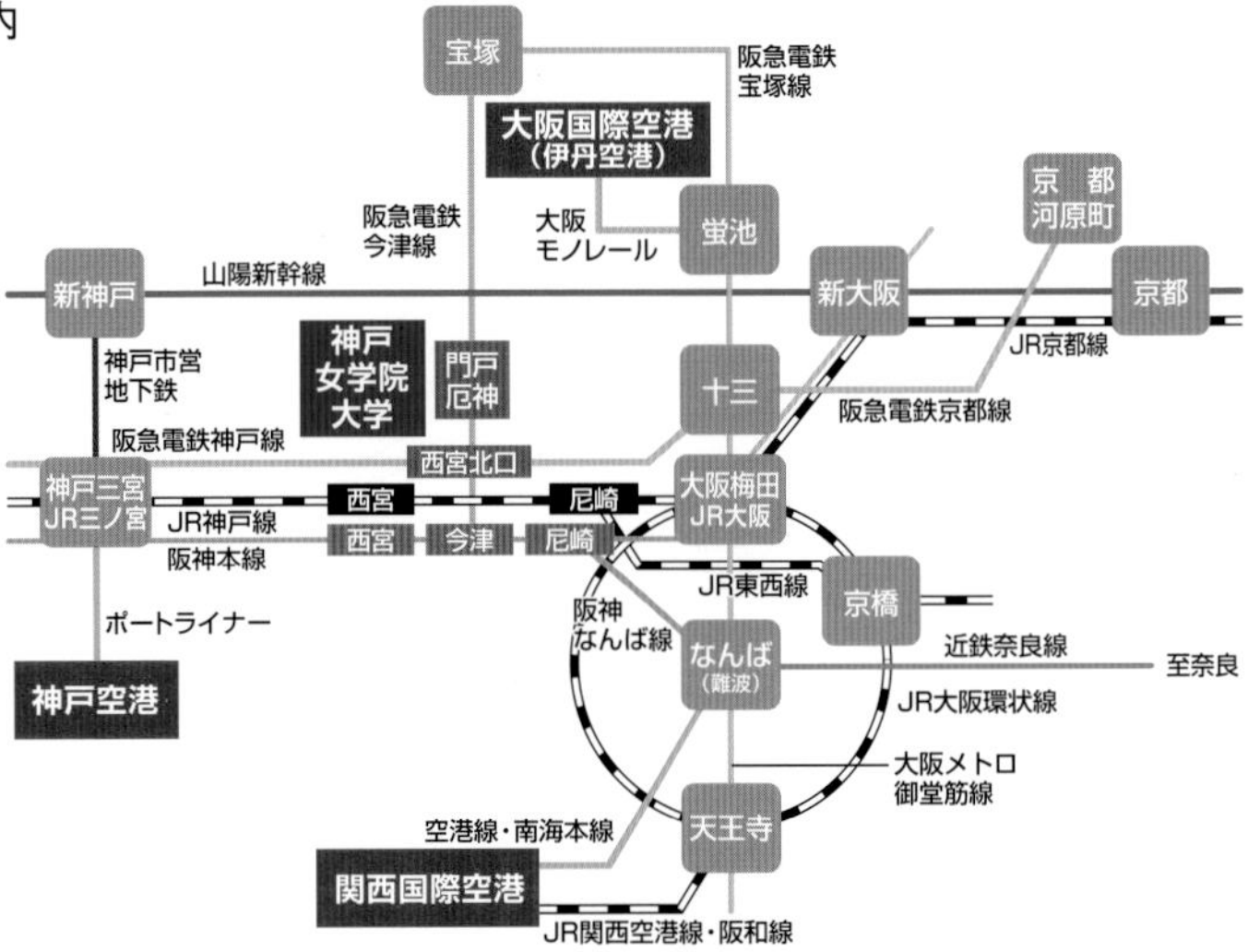

大学赤本シリーズ

521

神戸女学院大学

教学社

はしがき

おかげさまで，大学入試の「赤本」は，今年で創刊 70 周年を迎えました。

これまで，入試問題や資料をご提供いただいた大学関係者各位，掲載許可をいただいた著作権者の皆様，各科目の解答や対策の執筆にあたられた先生方，そして，赤本を使用してくださったすべての読者の皆様に，厚く御礼を申し上げます。

以下に，創刊初期の「赤本」のはしがきを引用します。これからも引き続き，受験生の目標の達成や，夢の実現を応援してまいります。

本書を活用して，入試本番では持てる力を存分に発揮されることを心より願っています。

編者しるす

＊　＊　＊

学問の塔にあこがれのまなざしをもって，それぞれの志望する大学の門をたたかんとしている受験生諸君！　人間として生まれてきた私たちは，自己の欲するままに，美しく，強く，そして何よりも人間らしく生きることをねがっている。しかし，一朝一夕にして，この純粋なのぞみが達せられることはない。私たちの行く手には，絶えずさまざまな試練がまちかまえている。この試練を克服していくところに，私たちのねがう真に人間的な世界がはじめて開かれてくるのである。

人生最初の最大の試練として，諸君の眼前に大学入試がある。この大学入試は，精神的にも身体的にも，大きな苦痛を感ぜしめるであろう。あるスポーツに熟達するには，たゆみなき，はげしい練習を積み重ねることが必要であるように，私たちは，計画的・持続的な努力を払うことによって，この試練を克服し，次の一歩を踏みだすことができる。厳しい試練を経たのちに，はじめて満足すべき成果を獲得できるのである。

本書は最近の入学試験の問題に，それぞれ解答を付し，さらに問題をふかく分析することによって，その大学独特の傾向や対策をさぐろうとした。本書を一般の参考書とあわせて使用し，まとはずれのない，効果的な受験勉強をされるよう期待したい。

（昭和 35 年版「赤本」はしがきより）

挑む人の、いちばんの味方

赤本創刊70周年

　1954年に大学入試の過去問題集を刊行してから70年。赤本は大学に入りたいと思う受験生を応援しつづけてきました。これからも，苦しいとき落ち込むときにそばで支える存在でいたいと思います。

　そして，勉強をすること，自分で道を決めること，努力が実ること，これらの喜びを読者の皆さんが感じることができるよう，伴走をつづけます。

そもそも赤本とは…

受験生のための大学入試の過去問題集！

70年の歴史を誇る赤本は，500点を超える刊行点数で全都道府県の370大学以上を網羅しており，過去問の代名詞として受験生の必須アイテムとなっています。

なぜ受験に過去問が必要なのか？

大学入試は大学によって問題形式や頻出分野が大きく異なるからです。

赤本の掲載内容

傾向と対策

これまでの出題内容から，問題の「**傾向**」を分析し，来年度の入試に向けて具体的な「**対策**」の方法を紹介しています。

問題編・解答編

- 年度ごとに問題とその解答を掲載しています。
- 「**問題編**」ではその年度の試験概要を確認したうえで，実際に出題された過去問に取り組むことができます。
- 「**解答編**」には高校・予備校の先生方による解答が載っています。

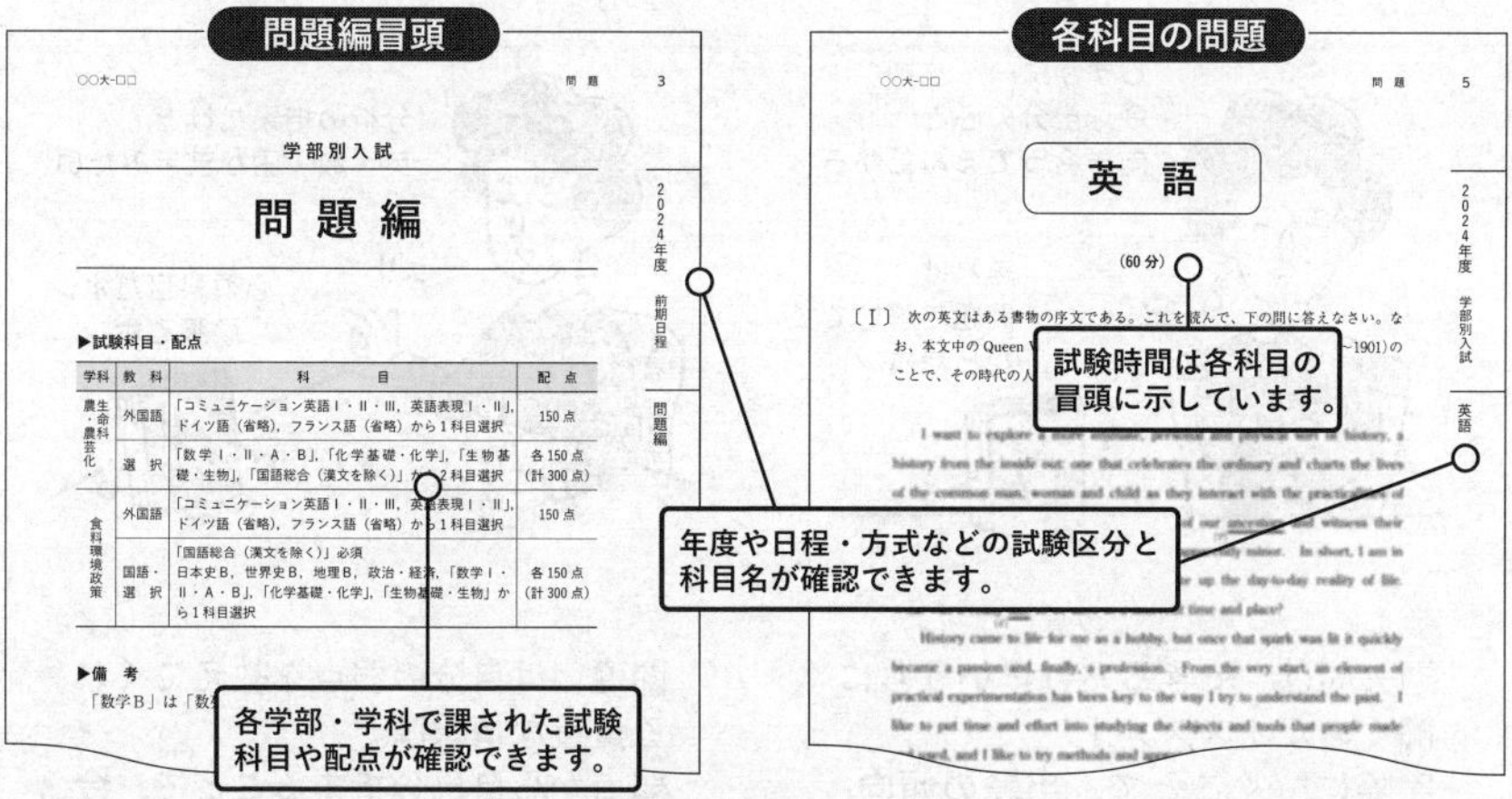

他にも，大学の基本情報や，先輩受験生の合格体験記，在学生からのメッセージなどが載っていることがあります。

掲載内容について

著作権上の理由やその他編集上の都合により問題や解答の一部を割愛している場合があります。

なお，指定校推薦入試，社会人入試，編入学試験，帰国生入試などの特別入試，英語以外の外国語科目，商業・工業科目は，原則として掲載しておりません。また試験科目は変更される場合がありますので，あらかじめご了承ください。

受験勉強は

過去問に始まり，

STEP 1

なにはともあれ

まずは解いてみる

しずかに…
今，自分の心と
向き合ってるんだから
ムーン
それは
問題を解いて
からだホン!

過去問は，**できるだけ早いうちに解く**のがオススメ！
実際に解くことで，**出題の傾向，問題のレベル，今の自分の実力**がつかめます。

STEP 2

じっくり具体的に

弱点を分析する

分析の結果だけど
英・数・国が苦手みたい
スリー
必須科目だホン
頑張るホン

間違いは自分の弱点を教えてくれる**貴重な情報源。**
弱点から自己分析することで，**今の自分に足りない力や苦手な分野**が見えてくるはず！

合格者があかす赤本の使い方

傾向と対策を熟読

（Fさん／国立大合格）

大学の出題傾向を調べるために，赤本に載っている「傾向と対策」を熟読しました。

繰り返し解く

（Tさん／国立大合格）

1周目は問題のレベル確認，2周目は苦手や頻出分野の確認に，3周目は合格点を目指して，と過去問は繰り返し解くことが大切です。

赤本の使い方 解説

過去問に終わる。

STEP 3

志望校にあわせて

苦手分野の重点対策

明日からはみんなで頑張るよ！
参考書も！ 問題集も！
よろしくね！
呼んだ？
なにを!?
どこから!?
グッ
グッ

参考書や問題集を活用して，苦手分野の**重点対策**をしていきます。**過去問を指針**に，合格へ向けた具体的な学習計画を立てましょう！

STEP 1 ▶ 2 ▶ 3

サイクルが大事！

実践を繰り返す

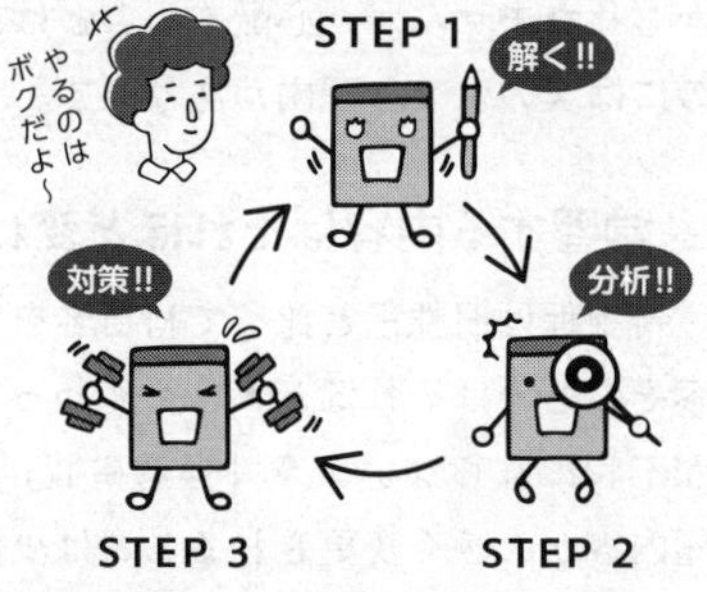
やるのはボクだよ～
STEP 1
解く!!
分析!!
STEP 2
対策!!
STEP 3

STEP 1～3を繰り返し，実力アップにつなげましょう！**出題形式に慣れること**や，**時間配分を考えること**も大切です。

目標点を決める

（Yさん／私立大合格）

赤本によっては合格者最低点が載っているので，それを見て目標点を決めるのもよいです。

時間配分を確認

（Kさん／私立大学合格）

赤本は時間配分や解く順番を決めるために使いました。

添削してもらう

（Sさん／私立大学合格）

記述式の問題は先生に添削してもらうことで自分の弱点に気づけると思います。

新課程入試 Q&A

2022 年度から新しい学習指導要領（新課程）での授業が始まり，2025 年度の入試は，新課程に基づいて行われる最初の入試となります。ここでは，赤本での新課程入試の対策について，よくある疑問にお答えします。

Q1. 赤本は新課程入試の対策に使えますか？

A. もちろん使えます！

旧課程入試の過去問が新課程入試の対策に役に立つのか疑問に思う人もいるかもしれませんが，心配することはありません。旧課程入試の過去問が役立つのには次のような理由があります。

● 学習する内容はそれほど変わらない

新課程は旧課程と比べて科目名を中心とした変更はありますが，学習する内容そのものはそれほど大きく変わっていません。また，多くの大学で，既卒生が不利にならないよう「経過措置」がとられます（Q３参照）。したがって，出題内容が大きく変更されることは少ないとみられます。

● 大学ごとに出題の特徴がある

これまでに課程が変わったときも，各大学の出題の特徴は大きく変わらないことがほとんどでした。入試問題は各大学のアドミッション・ポリシーに沿って出題されており，過去問にはその特徴がよく表れています。過去問を研究してその大学に特有の傾向をつかめば，最適な対策をとることができます。

出題の特徴の例	・英作文問題の出題の有無 ・論述問題の出題（字数制限の有無や長さ） ・計算過程の記述の有無

新課程入試の対策も，赤本で過去問に取り組むところから始めましょう。

Q2. 赤本を使う上での注意点はありますか？

A. 志望大学の入試科目を確認しましょう。

過去問を解く前に，過去の出題科目（問題編冒頭の表）と 2025 年度の募集要項とを比べて，課される内容に変更がないかを確認しましょう。ポイントは以下のとおりです。科目名が変わっていても，実際は旧課程の内容とほとんど同様のものもあります。

英語・国語	科目名は変更されているが，実質的には変更なし。 ▶▶ **ただし，リスニングや古文・漢文の有無は要確認。**
地歴	科目名が変更され，「歴史総合」「地理総合」が新設。 ▶▶ **新設科目の有無に注意。ただし，「経過措置」(Q3参照)により内容は大きく変わらないことも多い。**
公民	「現代社会」が廃止され，「公共」が新設。 ▶▶ **「公共」は実質的には「現代社会」と大きく変わらない。**
数学	科目が再編され，「数学 C」が新設。 ▶▶ **「数学」全体としての内容は大きく変わらないが，出題科目と単元の変更に注意。**
理科	科目名も学習内容も大きな変更なし。

数学については，科目名だけでなく，どの単元が含まれているかも確認が必要です。例えば，出題科目が次のように変わったとします。

旧課程	「数学Ⅰ・数学Ⅱ・数学 A・数学 B（数列・ベクトル）」
新課程	「数学Ⅰ・数学Ⅱ・数学 A・**数学 B（数列）**・**数学 C（ベクトル）**」

この場合，新課程では「数学C」が増えていますが，単元は「ベクトル」のみのため，実質的には旧課程とほぼ同じであり，過去問をそのまま役立てることができます。

Q3. 「経過措置」とは何ですか？

A. 既卒の旧課程履修者への対応です。

多くの大学では，既卒の旧課程履修者が不利にならないように，出題において「経過措置」が実施されます。措置の有無や内容は大学によって異なるので，募集要項や大学のウェブサイトなどで確認しておきましょう。

◯旧課程履修者への経過措置の例

- 旧課程履修者にも配慮した出題を行う。
- 新・旧課程の共通の範囲から出題する。
- 新課程と旧課程の共通の内容を出題し，共通範囲のみでの出題が困難な場合は，旧課程の範囲からの問題を用意し，選択解答とする。

例えば，地歴の出題科目が次のように変わったとします。

旧課程	「日本史 B」「世界史 B」から１科目選択
新課程	**「歴史総合**，日本史探究」**「歴史総合**，世界史探究」から１科目選択※ ※旧課程履修者に不利益が生じることのないように配慮する。

「歴史総合」は新課程で新設された科目で，旧課程履修者には見慣れないものですが，上記のような経過措置がとられた場合，新課程入試でも旧課程と同様の学習内容で受験することができます。

要チェックだホン

新課程の情報は WEB もチェック！
より詳しい解説が赤本ウェブサイトで見られます。
https://akahon.net/shinkatei/

科目名が変更される教科・科目

	旧課程	新課程
国語	国語総合 国語表現 現代文A 現代文B 古典A 古典B	現代の国語 言語文化 論理国語 文学国語 国語表現 古典探究
地歴	日本史A 日本史B 世界史A 世界史B 地理A 地理B	歴史総合 日本史探究 世界史探究 地理総合 地理探究
公民	現代社会 倫理 政治・経済	公共 倫理 政治・経済
数学	数学Ⅰ 数学Ⅱ 数学Ⅲ 数学A 数学B 数学活用	数学Ⅰ 数学Ⅱ 数学Ⅲ 数学A 数学B 数学C
外国語	コミュニケーション英語基礎 コミュニケーション英語Ⅰ コミュニケーション英語Ⅱ コミュニケーション英語Ⅲ 英語表現Ⅰ 英語表現Ⅱ 英語会話	英語コミュニケーションⅠ 英語コミュニケーションⅡ 英語コミュニケーションⅢ 論理・表現Ⅰ 論理・表現Ⅱ 論理・表現Ⅲ
情報	社会と情報 情報の科学	情報Ⅰ 情報Ⅱ

目　次

傾向と対策 …… 1

2024年度 問題と解答

●学校推薦型選抜（公募制）A日程：全学部

英　語 …… 5　解答 38
数　学 …… 11　解答 41
化　学 …… 14　解答 42
生　物 …… 19　解答 43
聴　音 …… 26　解答 —
新曲視唱 …… 27　解答 —
小論文 …… 28　解答 —
国　語 …… 37　解答 46

●学校推薦型選抜（公募制）B日程：国際・文・心理・人間科学部

英　語 …… 48　解答 63
国　語 …… 62　解答 67

●一般選抜前期A日程：全学部

英　語 …… 72　解答 133
日本史 …… 78　解答 136
世界史 …… 91　解答 137
数　学 …… 104　解答 138
化　学 …… 108　解答 139
生　物 …… 113　解答 140
聴　音 …… 121　解答 —
新曲視唱 …… 122　解答 —
国　語 …… 132　解答 142

●一般選抜前期Ｂ日程：全学部
英　語 …… 144　解答 167
国　語 …… 166　解答 174

●一般選抜前期Ｃ日程：国際・文・心理・人間科学部
英　語 …… 176　解答 193
国　語 …… 192　解答 199

2023年度 問題と解答

●学校推薦型選抜（公募制）：文・人間科・音楽学部
英　語 …… 4　解答 42
数　学 …… 10　解答 44
化　学 …… 15　解答 45
生　物 …… 20　解答 47
楽　典 …… 29　解答 —
ソルフェージュ …… 31　解答 —
国　語 …… 41　解答 49

●一般選抜前期Ａ日程：文・人間科・音楽学部
英　語 …… 54　解答 116
日本史 …… 59　解答 119
世界史 …… 70　解答 120
数　学 …… 80　解答 121
化　学 …… 84　解答 123
生　物 …… 89　解答 125
楽　典 …… 101　解答 —
ソルフェージュ …… 103　解答 —
国　語 …… 115　解答 131

●一般選抜前期Ｂ日程：文・人間科学部
英　語 …… 134　解答 156
国　語 …… 155　解答 164

●一般選抜前期C・D日程：文・人間科学部

英　語 …… 166　解答 183

国　語 …… 182　解答 190

掲載内容についてのお断り

- 一般選抜後期日程については掲載していません。
- 音楽学部の実技は省略しています。

TREND & STEPS

傾向と対策

科目ごとに問題の「傾向」を分析し，具体的にどのような「対策」をすればよいか紹介しています。まずは出題内容をまとめた分析表を見て，試験の概要を把握しましょう。

注　意

「傾向と対策」で示している，出題科目・出題範囲・試験時間等については，2024 年度までに実施された入試の内容に基づいています。2025 年度入試の選抜方法については，各大学が発表する学生募集要項を必ずご確認ください。

来年度の変更点

2025 年 4 月に人間科学部環境・バイオサイエンス学科を生命環境学部生命環境学科に改組（設置構想中）の予定（本書編集時点）。

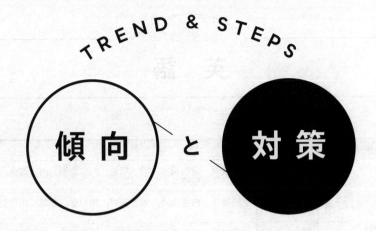

英　語

年度	区　分		項　目	内　容
2024 ●	推薦	A	読　解	同意表現，空所補充，同一用法，内容説明，内容真偽，主題，語句整序
		B	読　解	空所補充，内容説明，同意表現，語句意，主題，語句整序
	一般前期	A	読　解	同意表現，空所補充，内容説明，語句整序，同一用法，主題
		B	読　解	空所補充，同一用法，同意表現，語句整序，内容説明，主題
		C	読　解	同一用法，同意表現，語句整序，内容説明，語句意，空所補充，内容真偽，主題
2023	推薦 ●		読　解	空所補充，同一用法，同意表現，内容説明，内容真偽，主題，語句整序
	一般前期 ◑	A	読　解	同意表現，空所補充，語句整序，同一用法，内容説明，内容真偽，英文和訳，テーマ英作文（60 語）
		B	読　解	同意表現，空所補充，同一用法，語句整序，内容説明，内容真偽，主題，英文和訳，テーマ英作文（60 語）
		C・D	読　解	同一用法，空所補充，同意表現，内容説明，語句整序，主題，英文和訳，テーマ英作文（60 語）

（注）　●印は全問，◑印は一部マークシート方式採用であることを表す。
学校推薦型選抜（公募制）は 2024 年度より A 日程・B 日程として実施。

傾向　総合的な英語力を問う出題

01　出題形式は？

推薦は，2023 年度から全問マークシート方式。一般前期は，2023 年度は記述式とマークシート方式の併用であったが，2024 年度は全問マークシート方式になった。設問はすべて英文である。試験時間は推薦が 50 分，一般前期は 2023 年度の 70 分から 2024 年度は 60 分となった。

02　出題内容はどうか？

推薦・一般前期ともに読解問題 1 題の出題で，空所補充，同意表現，同一用法，語句整序，内容説明，内容真偽，主題などさまざまな内容が問われている。

空所補充は，単語の語法や慣用表現など知識を問う設問以外に，文脈から判断して適切な語句を選ぶ設問もある。同意表現は指示された語句の意味を文脈の中で正しく把握して，言い換えを考える必要がある。また，指示語の指示内容を問う問題もある。語句整序は，一般前期では本文の一部や本文の内容に関連した英文を完成させるもので，文法や語句の知識から正しく語順を整えることが求められている。また，2024 年度は英文の主題を問うものが出題された。

03　難易度は？

読解問題は総合的な英語力を問うものであり，本文の内容・設問ともに特に難解ではなく標準的である。ただし，読解問題 1 題の中に，文法事項を問うもの，語彙力を問うもの，内容理解を問うものが混在しているので，その設問で問われていることは何かを考えながら解く練習をする必要がある。

対策

01　単語力をつけよう

単語は英語の問題のすべての基礎となる。読解問題では，内容理解を問う問題のほかにも，空所に単語を補充するものも出題されている。ただ意味だけを覚えるのではなく，例文などで「どういう文脈で使われる単語なのか」にも注意しながら覚えておこう。また，この名詞にはこの動詞，この形容詞にはこの名詞などといったように決まったものもよく出題されているので，単語帳に書かれている，その単語を含んだフレーズなどを一緒に覚えておくとよいだろう。

02 読解力をつけよう

文法と単語を身につけるだけでは読解には不十分である。一つ一つの文の意味を正確に把握し，さらに，段落全体，文章全体の要旨を把握する必要がある。試験時間を意識して，ある程度の速さで読めるように，できるだけ多くの英文に接しておこう。その際，『大学入試 ぐんぐん読める英語長文』（教学社）などの入試頻出の英文やテーマを扱った問題集を１冊仕上げるのが効果的である。

日本史

▶一般選抜前期Ａ日程

年度	番号	内　容	形　式
2024 ●	〔1〕	古代・中世の天皇と音楽，室町時代の京都　⊘視覚資料	配列・選択・正誤
	〔2〕	近世の政治・文化・外交	選択・配列・正誤
	〔3〕	琉球処分，足尾銅山鉱毒事件　⊘地図	配列・正誤・選択
	〔4〕	昭和戦前・戦後の経済・政治・外交　⊘史料	選択・正誤・配列
2023 ◑	〔1〕	律令税制と土地政策，中世の社会と経済　⊘史料・視覚資料	記述・選択・配列・正誤
	〔2〕	江戸時代の大坂	記述・正誤・選択・配列
	〔3〕	自由民権運動，近代日本の対外進出　⊘地図	選択・正誤・記述
	〔4〕	近現代の社会と戦争	配列・正誤・選択・記述

（注）●印は全問，◑印は一部マークシート方式採用であることを表す。

傾向　教科書の基礎知識を確実に　ケアレスミスに注意

01　出題形式は？

大問は４題で試験時間は60分である。各大問とも，2023年度はマークシート方式７問と記述式３問で構成されていたが，2024年度はすべてマークシート方式となった。解答個数は40個で変化はない。マークシート方式の問題は，４択問題や３文または３つの事項の年代配列問題，２文の正誤組み合わせ問題，空欄完成組み合わせ問題などである。

なお，2025年度は出題科目が「日本史探究」となる予定である（本書編集時点)。

02 出題内容はどうか？

時代別では，古代から現代まで全範囲から出題されているが，近現代史が全設問の半分を占めており，2000 年代まで出題されたことがある。また，過去には原始からも出題されている。

分野別では，政治・外交・社会・経済・文化から偏りなく出題されている。また，美術作品の写真などの視覚資料や地図などを用いた問題がみられるのも神戸女学院大学の傾向といえるだろう。史料問題については，2023 年度は史料を中心に据えた出題がみられ，2024 年度は「日中共同声明」が出題された。また，各大問のリード文は会話形式のものや研究者の著作を用いたものなどがあり，工夫がみられる。

03 難易度は？

基本的な問題が中心だが，近現代史を中心に時期の判断が難しい設問や，詳細な知識に基づく正誤判定の設問がみられる。試験では見直しの時間を確保できるよう，時間配分を工夫しよう。

対策

01 教科書の知識を確実に

教科書の知識を確実につかみ，それに基づいて解答していけば十分合格点に到達できる。教科書をしっかり読みこなして知識を蓄えておきたい。とりわけ近現代史の比重が高く，詳細な知識を求められる問題が出題されることもあるので，サブノートを活用しながら知識を整理していこう。また，時期の判断が難しい設問がみられるので，教科書の学習において歴史的事象の時期や前後関係を意識しておきたい。さらに，時事的な問題が出題されることもあるので，新聞などを通じて関心をもっておこう。

02 地図・視覚資料・史料に慣れる

地図を使った問題がよく出題されている。教科書学習に際しては地図を意識しておきたい。文化史では視覚資料を使った出題が毎年みられるので，図説を活用して視覚資料に目を通しておくことが大切である。史料問題が出題されることも多いが，出題される史料は教科書などに掲載されている基本的な史料が中心なので，教科書中の史料や『詳説 日本史史料集』（山川出版社）などで史料に慣れておくとよい。また『読み解く日本史 基本史料問題集』（山川出版社）などの問題集を使って練習しておくのもよい。

03 過去問の研究を

大学入試において過去問の研究は必須である。本書を用いて過去問を研究しておこう。また，学術書からの引用をもとにリード文が構成されることがあるので，こうしたリード文を読みこなせるようにもしておきたい。

世界史

▶一般選抜前期Ａ日程

年度	番号	内容	形式
2024 ●	〔１〕	中世地中海世界　✓地図・視覚資料	正誤・選択・配列
	〔２〕	啓蒙主義	選択・正誤・配列
	〔３〕	アフリカ・インドの植民地化	選択・正誤
	〔４〕	宋と清　✓地図	選択
2023 ◑	〔１〕	西洋古代史	選択・記述・配列・正誤
	〔２〕	神聖ローマ帝国，奴隷貿易　✓視覚資料・地図	配列・記述・選択
	〔３〕	ナポレオンの時代	選択・配列・記述
	〔４〕	中国仏教史	選択・記述

（注）●印は全問，◑印は一部マークシート方式採用であることを表す。

傾向　教科書の基礎知識を確実に 文化史には難問も

01　出題形式は？

2023年度はマークシート方式と記述式の組み合わせ形式だったが，2024年度は全問マークシート方式となった。試験時間は60分。大問4題，解答個数は40個で変わりはない。選択問題が多いが，一部に正誤問題や配列問題もみられる。語句の組み合わせを問う問題や，正文・誤文選択問題も出題されている。視覚資料や地図を用いた問題が出題されることも多い。

なお，2025年度は出題科目が「世界史探究」となる予定である（本書編集時点)。

02 出題内容はどうか？

地域別では，例年，欧米地域からの出題がアジア地域よりも多めである。欧米地域では，西ヨーロッパだけでなく，アメリカやソ連なども広く問われている。アジア地域では中国史を中心に，西アジアやインドなどからも出題されている。2024 年度はアフリカ史も出題された。

時代別では，近代がやや目立つが，古代から現代までそれほど偏ることなく出題されている。現代史については，第二次世界大戦後が出題されることが多いので，注意しておきたい。

分野別では，政治史中心だが，文化史や社会経済史も出題されている。特に文化史は問題数こそ少ないものの，難問が多いので要注意である。

03 難易度は？

大半が教科書レベルの基本的な問題だが，文化史や現代史には難問がみられる。出題形式も多様で，正誤問題や配列問題は１つ１つの事項を検討する必要があり，やや難度が高い。教科書レベルの基礎的知識をしっかりと身につけた上で，用語集などを利用した学習で応用力をつけることが望まれる。試験時間は十分にあるので落ち着いて取り組みたい。

対策

01 教科書学習を基礎に

まず，教科書を精読し，各事項とその流れの理解を心がけよう。その際，本文の太字部分とその前後の説明はもちろん，地図・脚注にも必ず目を向けること。近年は視覚資料を用いた出題もみられるので図や写真なども確認しておこう。語句の組み合わせを問う問題が出題されるため，教科書を読み込む際には，歴史事項の正確な理解が求められる。

02 用語集の活用

「教科書学習」といっても，教科書は各社から何種類も出版されており，記述内容にも差がある。自分が使用している教科書で言及されていない歴史事項を確認・理解するためにも，『世界史用語集』（山川出版社）などの用語集は必ず利用したい。

03 各国史の縦の流れをつかむ

特定の国の歴史を軸とした出題がなされる場合が多い。政治史を中心に，社会経済史・文化史への言及がみられる場合も多いため，政治史と社会経済史・文化史が別の箇所で扱われている教科書や用語集だけを用いた勉強では各国の流れがつかみにくい。そこで『各国別世界史ノート』（山川出版社）などを用いて，ヨーロッパ主要国の各国別の歴史を古代から現代まで通して学んでおくと有用である。

04 文化史・キリスト教史に注意

神戸女学院大学では文化史に難問が含まれるため，重点的に学習しておく必要がある。また，宗教史の大問としての出題はみられないが，小問レベルではキリスト教関連の問題が例年出題されている。キリスト教史の出題に備えて，ユダヤ教史も含め古代から現代まで体系的に復習しておこう。

05 過去問を解いておこう

本書を用いて過去問を解くことは，問題のレベルを知る上で欠かせないものである。特に選択肢に列挙されている正解以外の語句の意味をきちんと調べておくと，非常に有効な対策となるだろう。

数 学

年度	区分	番号	項　目	内　容
2024 ●	推薦A	〔1〕	2 次関数	2次関数のグラフの頂点，平行移動
		〔2〕	数と式	対称式
		〔3〕	確率	カードを取り出す試行に関する確率
		〔4〕	整数の性質	不定方程式
	一般前期A	〔1〕	高次方程式，微・積分法	整式の割り算，極大値・極小値，共通接線，面積
		〔2〕	数列	連立漸化式
		〔3〕	ベクトル	共線条件，内積，三角形の面積
2023 ●	推薦	〔1〕	2 次関数	2次関数のグラフの y 軸との交点，最大値と最小値，放物線が線分と共有点をもたない条件
		〔2〕	集合と論理	集合，必要条件と十分条件
		〔3〕	確率	確率
		〔4〕	図形と計量	三角比，余弦定理，正弦定理，面積比
	一般前期A	〔1〕	ベクトル	ベクトル，線分の交点，線分の長さの比
		〔2〕	図形と方程式，積分法	直線の方程式，面積とその最小値，直線の交点の座標，軌跡
		〔3〕	関数	関数の性質
		〔4〕	数列	隣接3項間漸化式

（注）●印は全問，◑印は一部マークシート方式採用であることを表す。
学校推薦型選抜（公募制）は 2024 年度よりA日程・B日程として実施。数学はそのうちA日程のみで実施された。

出題範囲の変更

2025 年度入試より，数学は新教育課程での実施となります。詳細については，大学から発表される募集要項等で必ずご確認ください（以下は本書編集時点の情報）。

	2024 年度（旧教育課程）	2025 年度（新教育課程）
推薦A	数学Ⅰ・A（場合の数と確率，整数の性質，図形の性質）	数学Ⅰ・A
一般前期A	数学Ⅰ・Ⅱ・A（場合の数と確率，整数の性質，図形の性質）・B（数列，ベクトル）	数学Ⅰ・Ⅱ・A・B（数列）・C（ベクトル）

傾向　標準問題中心，全範囲にわたって学習を

01　出題形式は？

推薦が大問４題の出題で試験時間は 50 分，一般前期Ａ日程が大問３，４題の出題で試験時間は 60 分。両試験とも全問マークシート方式。

02　出題内容はどうか？

推薦では，確率，２次関数，図形と計量，一般前期Ａ日程では，微・積分法，数列，ベクトルの出題が多い。

03　難易度は？

難度としては標準的だが，単純なパターン練習だけでは解答できないような，よく練られた出題もみられる。全問マークシート方式であるが，正解を導くためには小問のつながりを意識し，正確に計算をすることが必要不可欠である。計算間違いが許されないので，そういった意味では厳しい出題である。

対策

01　基礎学力の充実を

教科書の例題から章末問題，受験参考書の重要例題など，基礎的な問題は確実に解けるよう徹底的に練習を積むこと。入試でよく使われる公式や定理を確実に身につけるのはもちろんのこと，自分で公式を導くことによって，その意味するところを理解するよう心がけよう。また，年度によっては問題文が長く，それをすばやく読解して題意を正しく把握することが求められる。解釈に戸惑うこともあるかもしれないので，過去問を使って

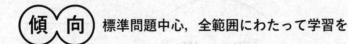

そういった問題に慣れることが大切である。

02 幅広い学習を

教科書傍用問題集や『チャート式 解法と演習』シリーズ（数研出版）や『基礎問題精講』シリーズ（旺文社）などを中心に，数多くの問題練習をこなし，よく出題されている項目を中心に幅広く学習をしておこう。数学では，文字がうまく使えるかどうか，数式をいかに整理して扱えるか，グラフや図をどのように利用できるかが勝負の分かれ目になる。したがって，1つの解き方にとどまらず，さまざまな解法にふれ，基本事項を1つ1つ総合的にまとめ上げる力を養うとよい。

03 見直しをする習慣をつけよう

全問マークシート方式なので，途中の計算ミスなどには十分注意しなければならない。問題を解き終わったあとで必ず見直しをする習慣をつけておこう。ミスをしたらそのままにしておかないで，その原因を追究して正解が得られるまでやり直すこと。同じミスをしないように，徹底的に見直す丁寧な学習を心がけよう。

04 解答形式に注意しよう

推薦の一部の設問で，符号が解答になる場合がある。⓪か①をマークするよう「解答上の注意」で指示されているので，しっかり読んで頭に入れておこう。

化　学

年度	区分	番号	項　目	内　容
2024 ●	推薦A	〔1〕	構　造	物質の構成粒子と元素
		〔2〕	構　造	分子の特性
		〔3〕	状　態	物質の三態　⊘計算
		〔4〕	変　化	酸と塩基　⊘計算
		〔5〕	変　化	酸化還元
	一般前期A	〔1〕	状　態	気体と溶液の性質　⊘計算
		〔2〕	変　化	電解質溶液　⊘計算
		〔3〕	無　機	金属元素
		〔4〕	無　機	１族および２族元素
		〔5〕	有　機	芳香族化合物
2023 ●	推薦	〔1〕	構　造	物質の成分と構成元素，物質量　⊘計算
		〔2〕	構　造	化学結合と結晶
		〔3〕	変　化	酸と塩基の反応　⊘計算
		〔4〕	変　化	酸化還元反応　⊘計算
	一般前期A	〔1〕	構造・変化	溶液の性質　⊘計算
		〔2〕	無　機	無機化合物の反応
		〔3〕	変　化	電池と電気分解　⊘計算
		〔4〕	変　化	化学平衡　⊘計算
		〔5〕	有　機	脂肪族化合物の性質

（注）●印は全問，◑印は一部マークシート方式採用であることを表す。
学校推薦型選抜（公募制）は 2024 年度よりＡ日程・Ｂ日程として実施。化学はそのうちＡ日程のみで実施された。

傾向 基本～標準レベルの問題

01 出題形式は？

例年，大問数は4，5題。出題形式は，推薦・一般ともに全問マークシート方式である。出題内容は，化学用語，物質の性質，計算問題が多く出題されている。試験時間は，推薦が50分，一般前期A日程が60分である。

02 出題内容はどうか？

出題範囲は，推薦は「化学基礎」，一般前期A日程は「化学基礎・化学」である。

理論化学分野では，各分野の典型的な計算問題が出題されることが多い。無機化学分野では，気体の製法，金属の性質，金属イオンの沈殿反応についてよく出題されている。有機化学分野では，ベンゼンやエチレンなど代表的な有機化合物の反応経路や，有機化合物の性質を扱った内容がよく出題されている。

03 難易度は？

全体として各分野とも基本～標準レベルの問題が中心である。計算問題も典型的なものばかりで取り組みやすい。推薦・一般前期A日程ともに試験時間内で余裕をもって取り組める内容である。

対策

01 理論

広範囲から出題されているので，各分野の基礎理論をしっかり理解しておくこと。難しい参考書は必要なく，教科書を繰り返し読むことが重要である。また，各章の典型的な計算問題は，問題集の例題を中心に演習しておく必要がある。

02 無機

気体の性質と製法（使用する薬品や器具，捕集法，反応式），金属の性質（反応性，沈殿反応，呈色反応など），硫酸や炭酸ナトリウムなどの代表的な工業的製法は整理しておくとよい。

03 有機

炭化水素，脂肪族化合物，芳香族化合物とも，中心となる有機化合物について反応系統図をつくり整理しておきたい。また，教科書に出ている物質についてはすべて示性式，構造式で表せるようにしておくこと。

生　物

年度	区分	番号	項　目	内　容
2024 ●	推薦A	〔1〕	細　　胞	細胞の構造，細胞の大きさとミクロメーター ✓計算
		〔2〕	遺伝情報	DNA の構造，ファージの実験 ✓計算
		〔3〕	体内環境	免疫のしくみ
		〔4〕	生　　態	生態系内の物質の循環，生物濃縮，総生産量 ✓計算
	一般前期A	〔1〕	遺伝情報	RNA のスプライシング，DNA のコドンとその変化
		〔2〕	細胞，代謝	動物の組織と器官，酵素の種類と働き
		〔3〕	動物の反応	眼の構造と働き，興奮の伝導と伝達 ✓計算
		〔4〕	生　　態	個体群密度の調査，種内関係と種間関係 ✓計算
2023 ●	推薦	〔1〕	細　　胞	細胞の種類と細胞の構造
		〔2〕	体内環境	血液の循環，ヒトの赤血球，酸素解離曲線 ✓計算
		〔3〕	遺伝情報	DNA の抽出，DNA の構造 ✓計算
		〔4〕	生　　態	生態系内の炭素と窒素の循環
	一般前期A	〔1〕	遺伝情報	真核細胞の遺伝子における PCR 法，遺伝子組換え技術
		〔2〕	代　　謝	同化と異化の種類，及びその反応過程
		〔3〕	生殖・発生	染色体と対立遺伝子，連鎖と組換え ✓計算
		〔4〕	進化・系統	地質時代の区分と生物界の変遷，生物の特徴
		〔5〕	動物の反応	ヒトの刺激に対する反応
		〔6〕	生　　態	生物の種間関係，及びこれに関する実験

（注）●印は全問，◐印は一部マークシート方式採用であることを表す。

学校推薦型選抜（公募制）は 2024 年度よりＡ日程・Ｂ日程として実施。生物はそのうちＡ日程のみで実施された。

傾向 全分野まんべんなく出題 考察問題，計算問題にも注意！

01 出題形式は？

推薦が大問 4 題で 50 分，一般前期 A 日程は 2023 年度は 6 題，2024 年度は 4 題で 60 分である。出題形式は，両日程ともに全問マークシート方式である。空所補充問題の他に，正答の組み合わせを選ぶ問題や正しい文章を選ぶ問題等，複雑な出題もみられた。また，計算問題も出題されている。

02 出題内容はどうか？

出題範囲は，推薦は「生物基礎」，一般前期 A 日程は「生物基礎・生物」である。

生態の分野からの出題がやや目立つが，他は全範囲からまんべんなく出題されている。生物の用語や生物の機能，および関連する現象など知識を問う問題が多いが，2023 年度は実験結果の考察問題も出題された。

03 難易度は？

2023 年度は複雑な出題が多く，時間に余裕がなかったと思われる。2024 年度では，一般前期 A 日程でフェニルケトン尿症に関する問題や標識再捕法に関する発展的な問題など，やや難しい出題もみられるが，出題数はわずかであるので難易度は基本的といってよいだろう。試験時間に対して出題量は適切である。

対策

01 教科書を中心に学習を進める

難度の高い問題があるので，まず基本的な問題で取りこぼしがないようにすることが大切である。教科書を分野ごとにじっくり読んで，生物用語をもれることなく記憶し，重要な生物現象を生物用語を使って説明できるようにしておくこと。また，実験や発展の部分も読み，内容を理解できるようにしておくとよい。教科書傍用の『リードα生物基礎』『リードα生物基礎＋生物』（ともに数研出版）のような問題集などで繰り返し復習しよう。

02 考察問題と計算問題の対策

考察力や計算力を要する問題がみられるので対策が必要である。まず教科書で取り上げられている実験やデータは根本的な意味を理解し，『生物［生物基礎・生物］基礎問題精講』（旺文社）のような問題集などで考察問題に取り組んでおこう。「生物基礎」は，ミクロメーターの計算，酸素解離曲線，細胞周期，尿生成時の濃縮率，DNA の塩基割合や長さ，「生物」では，組換え価，発生の実験，標識再捕法などが要注意である。

03 過去問を解く

上記のような対策が完了したら，本書を利用して過去問にチャレンジしてみよう。試験時間に気をつけて，時間内で完答できるか，そのためにはどのような時間配分で進めればよいか，といった対策にもなるはずである。

国　語

年度	区分		番号	種類	類別	内容	出典
2024 ●	推薦	A		現代文	評論	書き取り，空所補充，内容説明，文整序，内容真偽	「『美味しい』とは何か」源河亨
	推薦	B		現代文	評論	書き取り，空所補充，内容説明，内容真偽	「つながりの哲学的思考」米山優
	一般前期	A		現代文	評論	書き取り，空所補充，慣用表現，内容説明，内容真偽，文学史	「ミュージカルの歴史」宮本直美
	一般前期	B	〔1〕	現代文	評論	書き取り，空所補充，慣用表現，文整序，内容説明，内容真偽，文学史	「生物を分けると世界が分かる」岡西政典
	一般前期	B	〔2〕	古文	説話	語意，人物指摘，口語訳，古典常識，空所補充，内容説明，文章の構成，文学史	「十訓抄」
	一般前期	B	〔2〕	現代文	評論	書き取り，空所補充，内容説明，内容真偽，文学史	「〈普遍性〉をつくる哲学」岩内章太郎
	一般前期	C	〔1〕	現代文	評論	書き取り，空所補充，欠文挿入箇所，内容説明，内容真偽	「学ぶ脳」虫明元
	一般前期	C	〔2〕	現代文	評論	書き取り，空所補充，欠文挿入箇所，内容説明，内容真偽	「『待つ』ということ」鷲田清一

2023	推薦●			現代文	評論	書き取り，空所補充，内容説明，内容真偽，文学史	「使える哲学」荒谷大輔
	一般前期	A◑	〔1〕	古　文	軍記物語	内容説明，箇所指摘，空所補充，口語訳，文学史	「太平記」
			〔2〕	現代文	評論	書き取り，空所補充，四字熟語，内容説明，段落整序，内容真偽	「ロボットと人間」石黒浩
		B●	〔1〕	現代文	評論	書き取り，語意，対義語，空所補充，内容説明，欠文挿入箇所，内容真偽，文学史	「生きることとしてのダイアローグ」桑野隆
			〔2〕	古　文	日記	人物指摘，口語訳，内容説明，語意，和歌解釈，文法，文学史	「讃岐典侍日記」
			〔2〕	現代文	評論	書き取り，空所補充，内容説明，表現効果，内容真偽，文学史	「視覚化する味覚」久野愛
		C●	〔1〕	現代文	評論	書き取り，空所補充，段落挿入箇所，内容説明，内容真偽	「サバイバルする皮膚」傳田光洋
			〔2〕	現代文	評論	文学史，空所補充，文法（口語）	「知の体力」永田和宏
			〔3〕	現代文	評論	書き取り，空所補充，語意，欠文挿入箇所，内容説明，内容真偽	「言語　この希望に満ちたもの」野間秀樹

（注）●印は全問，◑印は一部マークシート方式採用であることを表す。
学校推薦型選抜（公募制）は2024年度よりA日程・B日程として実施。
一般前期B日程の〔2〕は「古文」「現代文」のいずれかを解答。

傾向　文脈に即した深い理解と洞察力が必要　豊かな知識も求められる

01　出題形式は？

推薦：試験時間は50分で全問マークシート方式。

一般前期：試験時間は各日程とも60分。解答形式は，2023年度はA日程では記述式の設問もあったが，2024年度は全日程で，全問マークシート方式となった。

02 出題内容はどうか？

推薦：現代文のみ１題の出題で，設問は書き取り，空所補充，内容説明，内容真偽などである。

一般前期：2024 年度は，Ａ日程が現代文のみ１題，Ｂ日程が現代文＋選択問題（現代文または古文），Ｃ日程が現代文のみ２題の出題である。Ａ日程の古文は出題範囲外になったため出題されなくなった。

現代文は，評論を中心に出題されている。内容は読みやすく文章量も多くはない。設問では，書き取りや空所補充，内容説明，内容真偽などが中心である。内容真偽は必出であり，本文の内容を正確に読み取っていく必要がある。また，慣用表現や熟語・文学史などが出題されることが多い。高校生が普段使わない言い回しの語句なども出題されるので，意識的に学習しておく必要がある。

古文は，説話，軍記物語，連歌論，日記など，幅広いジャンルから出題されている。設問内容は基本的な文法事項や口語訳をはじめ，動作主を問う問題，内容説明のほか，古典常識や文学史，和歌や俳諧の解釈など，かなり広い知識が必要とされる問題も散見される。

03 難易度は？

推薦は，試験時間が 50 分で１題であり，標準的な設問が多い。一般前期は試験時間が 60 分で１，２題という構成だが，現代文は選択肢に紛らわしいものが多く，迷っていると時間が足りなくなるかもしれない。古文は年度によって難易度に差がある。2024 年度は標準的な出題であった。

対策

01 現代文

さまざまなジャンルの評論が用いられているので，新聞の社説・文化欄や新書を積極的に読むことで社会に対する視野を広げておくことが大切である。近刊の新書からの出題が多いので，普遍的なテーマはもとより，最新のトピックにも注意を払っておきたい。『現代文キーワード読解』（Z会），『体系現代文』（教学社）などの問題集で多くの作品にあたっておこう。設問は文章に即したものが多く，内容真偽の問題は一つ一つの選択肢に対して合致しているか否かの判定をしなければならないので，各段落の内容をメモしながら読む習慣をつけよう。また，マークシート方式の出題なので，各設問についてスピーディーに判断していくことが大切である。『大学入試 ステップアップ 現代文（標準）』（増進堂・受験研究社）のような標準レベルのマーク式の問題を多くこなすこともよいだろう。

02 古　文

まずは出典のジャンルを問わず基本的な文法事項はマスターしておくこと。助動詞の活用と意味，係り結び，動詞の活用，副詞の呼応などを押さえておけば確実に得点源になるものが多い。次に古典の文章に慣れるため，できるだけ多くの問題にあたっておくこと。『大学入試 ステップアップ 古文（標準）』（増進堂・受験研究社）のような標準的な内容の問題集をこなし，主語（動作の主体）の把握や口語訳の仕方のポイントをつかんでおこう。また，古典常識や文学史に関しても出題されているので，『大学入試 知らなきゃ解けない古文常識・和歌』（教学社）を利用して，古典常識を含む問題に多く取り組んでおくと力がつくだろう。

03 国語常識

漢字の書き取りは必ず出題されている。また，年度によって内容に違いがあるが，文学史・慣用表現・四字熟語などの出題比率は高い。漢字や語彙については『入試に出る漢字と語彙 2400』（旺文社）などで学習しておこう。文学史については『SPEED 攻略 10 日間 国語 文学史』（Z 会）が集中的な学習に好適である。

2024年度

問題と解答

学校推薦型選抜（公募制）A日程：全学部

問題編

▶適性検査科目・配点

学部等		教　科	科　　目	配　点
国　際・文		外国語	コミュニケーション英語Ⅰ・Ⅱ・Ⅲ，英語表現Ⅰ・Ⅱ	100点
		国　語	国語総合（古典を除く）	100点
心理・人間科		外国語	コミュニケーション英語Ⅰ・Ⅱ・Ⅲ，英語表現Ⅰ・Ⅱ	100点
		選　択	「数学Ⅰ・A（「場合の数と確率」「整数の性質」「図形の性質」の3項目）」，化学基礎，生物基礎，「国語総合（古典を除く）」から1科目選択	100点
音楽	音楽表現	実　技	主専修実技*〈省略〉	400点
		選　択	聴音，新曲視唱，副科ピアノ実技（ピアノ志願者を除く）〈省略〉から1科目選択	100点
	音楽キャリアデザイン	小論文		100点

＊　器楽専修オルガン・チェンバロ志願者は，主専修実技をピアノで受験することができる。

▶備　考

〔スタンダード型〕

国際・文・心理・人間科学部において実施。英語（100点）＋国語もしくは選択科目（100点）＋調査書（全体の学習成績の状況を4倍〈小数点以下四捨五入〉，20点）＝総点220点で合否を判定する。

〔得意科目重視型〕

国際・文・心理・人間科学部において実施。適性検査2科目のうち高得点の科目を2倍にし，調査書（全体の学習成績の状況を4倍〈小数点以下四捨五入〉，20 点）を加えた総点 320 点で合否を判定する。得意科目重視型へ出願する場合は，スタンダード型への出願が必要（得意科目重視型だけの出願はできない)。

〔英語資格試験利用型〕

大学が定める英語の資格・検定試験の基準スコアを有する場合,「英語」の得点を「みなし得点」に換算して利用することができる。個別学力試験「英語」を受験することが必須で,「英語」と「みなし得点」のどちらか高い得点を合否判定に使用する。

英　語

（50分）

Read the passage and answer the questions that follow.

Art has been enjoyed by people for thousands of years. It can take many forms, from paintings and sculptures to music and dance. In recent years, with the (1)advance of technology, we have seen the rise of AI-produced art. This has led many people to ask the question: is this kind of art real or not?

First, let us define what AI-produced art is. AI stands ＿＿(2)＿＿ "artificial intelligence." This refers to computer systems that can perform tasks typically requiring human intelligence, such as visual recognition and decision making. AI-produced art is created by ＿＿(3)＿＿ calculations and machine learning techniques to produce images, videos, music, and other forms of art. This means that the art is not created by a human, but by a computer program.

One argument for why AI-produced art is not real art is (4)that it is simply a product of calculations and mathematical formulas. (5)It does not come from the imagination or creativity of a human being, but rather it is produced through a purely technical process. This means that AI-produced art lacks the personal touch and unique perspective that is often found in human-created art.

On the other hand, some people argue that AI-produced art is indeed real art because it requires a significant amount of technical skill to create. Just like a painter or person who makes sculptures must master their (6)medium, the person who creates AI-produced art must have a deep understanding of both art concepts and how the AI software works. This kind of knowledge and ability is not something that everyone has. Just ask video game designer Jason Allen. His art was created using an AI program which (7)turns text instructions into images. Last year, Allen's art won a prize in the computer arts category at the New York State Fair in the United States. Some people claimed that it was unfair, but others pointed out that he spent eighty hours working on it and improving the AI-produced images.

Supporters argue that AI-produced art can still be considered real art because it can be used to create new and original forms of expression. For example, AI calculations can be used to develop unique and complex patterns that would be ____(8)____ for a human to create on their own. This kind of art can expand what is possible and challenge our understanding of what art is.

Another (9)factor related to the debate about whether AI-produced art is real is the question of who owns it. If a piece of AI-produced art is created ____(10)____ a computer program, who can claim to own it? Is it the person who wrote the program? Is it the company that owns the computer that created the art? Or is there no owner at all? These questions emphasize the complex nature of AI-produced art and raise important issues about the value and owners of such creations.

In conclusion, the question of whether AI-produced art is real art is complex. While some people ____(11)____ that AI-produced art lacks the personal touch and unique perspective that is often found in human-created art, others insist that AI-produced art requires a significant amount of technical skill and can be used to create new and fresh forms of expression. Ultimately, the answer to this question may depend on how we define art and what we value in a work of art. However, one thing is clear: AI-produced art is a new and exciting development and will continue to merit close (12)watch.

A. Choose the best answer for each question and mark ①, ②, ③, or ④ on your answer sheet for questions [1] – [14].

(1) Which of the following is closest in meaning to (1)advance? [1]

① decline

② evolution

③ foundation

④ skill

(2) Which of the following is the best word for ____(2)____? [2]

① at

② for

③ in

④ to

(3) Which of the following is the best choice for ___(3)___ ? [3]

① had used

② to use

③ usage

④ using

(4) Which of the following usages of "that" is most similar to $_{(4)}$that? [4]

① I saved money so that I could take a trip this summer.

② Is that the man who owns the ice cream shop?

③ That machine is so old and broken it cannot be repaired.

④ The reason for the team's failure was that it did not believe it could win.

(5) What does $_{(5)}$It refer to? [5]

① AI-produced art

② argument

③ formula

④ real art

(6) Which of the following can best replace $_{(6)}$medium? [6]

① magnitude

② material

③ middle

④ motivation

(7) Which of the following CANNOT replace $_{(7)}$turns? [7]

① changes

② converts

③ transforms

④ travels

(8) Which of the following is the best choice for ＿＿(8)＿＿? [8]

① difficult or impossible

② difficult or possible

③ easy or impossible

④ easy or possible

(9) Which of the following CANNOT replace (9)factor? [9]

① aspect

② component

③ element

④ product

(10) Which of the following is the best word for ＿＿(10)＿＿? [10]

① by

② for

③ to

④ under

(11) Which of the following is the best choice for ＿＿(11)＿＿? [11]

① argue

② argues

③ arguing

④ argument

(12) Which of the following is closest in meaning to (12)watch? [12]

① detail

② measure

③ observation

④ time

(13) According to the passage, which of the following is true? **13**

① AI-produced art has a personal touch.

② AI-produced art has improved computer systems.

③ The value of AI-produced art is clear.

④ The value of AI-produced art is still being discussed.

(14) Which of the following is the best title for this passage? **14**

① AI Design Wins an Art Prize in New York

② AI Sparks New Questions about Art

③ AI Will Replace Artists in the Future

④ AI-Produced Art Is Not Real Art

B. Complete the following sentences using all of the words from ① to ④ below. Which word should be in position (b)? Mark ①, ②, ③, or ④ on your answer sheet for questions [15] and [16].

(15) A liberal arts education (a) (b) (c) (d) prepare students to think critically for themselves. [15]

① can

② is

③ one

④ which

(16) This book has (a) (b) (c) (d) this class. [16]

① do

② nothing

③ to

④ with

数　学

（50 分）

解答上の注意

• 1 つの解答番号に 1 つの数字が対応します．$\boxed{11}$ のように 1 つの番号が書かれた枠は 1 桁の数に，$\boxed{12,\ 13}$ のように 2 つの番号が書かれた枠は 2 桁の数に，$\boxed{14,\ 15,\ 16}$ のように 3 つの番号が書かれた枠は 3 桁の数に対応します．例えば $\boxed{14,\ 15,\ 16}$ に 789 と解答したい場合は，解答番号 14 の解答欄の ⑦ と，解答番号 15 の解答欄の ⑧ と，解答番号 16 の解答欄の ⑨ にマークしてください．

• 解答欄よりも解答の桁数が少ない場合は，上位を 0 で埋めるものとします．例えば $\boxed{17,\ 18,\ 19}$ に 6 と解答したい場合は，解答番号 17 の解答欄の ⓪ と，解答番号 18 の解答欄の ⓪ と，解答番号 19 の解答欄の ⑥ にマークしてください．

• 分数で解答する場合，それ以上約分できない形で解答してください．例えば $\dfrac{2}{3}$ と答えるところを，$\dfrac{4}{6}$ のように答えてはいけません．分数の解答が整数の場合は分母を 1 とし，解答欄の ① にマークしてください．

• 係数などが 1 や 0 になる場合も省略せずに，① や ⓪ にマーク，あるいは，分数の場合は $\dfrac{1}{1}$ や $\dfrac{0}{1}$ のように，分母を 1 とし ① にマーク，分子はそれぞれ ① や ⓪ にマークしてください．

• $\boxed{\boxed{20}}$ のような二重線の枠は，+，− の符号を表します．+（または符号なし）の場合は解答欄の ⓪ に，− の場合は解答欄の ① にマークしてください．なお，0 に符号をつける場合は，+（または符号なし）とみなして，解答欄の ⓪ にマークしてください．

〔Ⅰ〕　次の（1）〜（3）の問いについて，空欄 $\boxed{1}$ 〜 $\boxed{16}$ を正しい数値で埋めなさい．

（1）放物線 $y = x^2 - 6x + 4$ の頂点の座標は（ $\boxed{1}$ ，$-$ $\boxed{2}$ ）である．

（2）放物線 $y = x^2 - 6x + 4$ を平行移動した放物線で，点（1,4）を通り，かつ，頂点が直線 $y = 2x - 1$ 上にあるものは，

$$y = \boxed{3}\,x^2 - \boxed{4}\,x + \boxed{5} \quad \cdots\cdots ①$$

あるいは

$$y = \boxed{6}\,x^2 + \boxed{7}\,x - \boxed{8} \quad \cdots\cdots ②$$

となる．

（3）（2）における①の放物線は，放物線 $y = x^2 - 6x + 4$ を x 軸方向に $\boxed{9}\,\boxed{10}$ ，y 軸方向に $\boxed{11}\,\boxed{12}$ だけ平行移動させたものであり，（2）における②の放物線は，放物線 $y = x^2 - 6x + 4$ を x 軸方向に $\boxed{13}\,\boxed{14}$ ，y 軸方向に $\boxed{15}\,\boxed{16}$ だけ平行移動させたものである．

〔Ⅱ〕　$x = \dfrac{2+\sqrt{2}}{2-\sqrt{2}}$，$y = \dfrac{2-\sqrt{2}}{2+\sqrt{2}}$，$z = 2$ のとき，次の（1）〜（4）の式の値について，空欄 $\boxed{17,\ 18}$ 〜 $\boxed{26,\ 27,\ 28}$ を正しい数値で埋めなさい．

（1）$x^2 + y^2 + z^2 = \boxed{17,\ 18}$

（2）$\dfrac{1}{x} + \dfrac{1}{y} + \dfrac{1}{z} = \dfrac{\boxed{19,\ 20}}{\boxed{21}}$

（3）$\dfrac{1}{x^2} + \dfrac{1}{y^2} + \dfrac{1}{z^2} = \dfrac{\boxed{22,\ 23,\ 24}}{\boxed{25}}$

（4）$(x+y)(y+z)(z+x) = \boxed{26,\ 27,\ 28}$

〔Ⅲ〕　袋Aの中に，0から10までの整数が1つずつ書かれた11枚のカードがある．また，袋Bの中に，1から9までの整数が1つずつ書かれた9枚のカードがある．次の（1）～（4）の問いについて，空欄 $\boxed{29}$ ～ $\boxed{40,\ 41}$ を正しい数値で埋めなさい．

（1）袋Aの中から2枚のカードを無作為に同時に取り出すとき，取り出した2枚のカードに書かれた数がどちらも素数である確率は $\dfrac{\boxed{29}}{\boxed{30,\ 31}}$ である．

（2）袋Aの中から3枚のカードを無作為に同時に取り出すとき，取り出した3枚のカードに書かれた3つの数の和が12である確率は $\dfrac{\boxed{32}}{\boxed{33,\ 34}}$ である．

（3）袋Aと袋Bの中からそれぞれ1枚のカードを無作為に同時に取り出すとき，取り出した2枚のカードに書かれた2つの数の和が12である確率は $\dfrac{\boxed{35}}{\boxed{36,\ 37}}$ である．

（4）袋Aと袋Bの中からそれぞれ1枚のカードを無作為に同時に取り出すとき，取り出した2枚のカードに書かれた2つの数の積が正の3の倍数である確率は $\dfrac{\boxed{38,\ 39}}{\boxed{40,\ 41}}$ である．

〔Ⅳ〕　次の（1）～（3）の問いについて，空欄 $\boxed{42}$ ～ $\boxed{52,\ 53}$ を正しい数値で埋めなさい．

（1）$3x + 17y = 1017$ の整数解 x，y の組のうち，$0 \leqq x \leqq 100$ を満たすものは全部で $\boxed{42}$ 組ある．

（2）$3x + 17y = 1017$ の整数解 x，y の組について，$|x - 2y|$ がとる値の中でもっとも小さい値は $\boxed{43}$ であり，そのときの整数 x の値は $\boxed{44,\ 45}$，整数 y の値は $\boxed{46,\ 47}$ である．

（3）$3x + 17y = 1017$ の整数解 x，y の組のうち，$200 \leqq x + 2y \leqq 300$ となる整数解 x，y の組は全部で $\boxed{48}$ 組あり，そのうち，$x + 2y$ の値がもっとも小さい値になるときの整数 x の値は $\boxed{49,\ 50,\ 51}$，整数 y の値は $\boxed{52,\ 53}$ である．

化 学

（50 分）

必要があれば、原子量は次の値を使用しなさい。

H 1.0　C 12　N 14　O 16

標準状態（0 ℃、1.013×10^5 Pa）における気体のモル体積は 22.4 L/mol

〔Ⅰ〕 物質の構成粒子と元素に関する次の問い（問1～4）に答えなさい。
（解答番号 [1] ～ [5] ）

問1　以下の文章のうち、下線部に**誤りを含むもの**を、次の①～⑤から一つ選びなさい。 [1]

① 陽子1個が持つ電荷と、電子1個が持つ電荷の絶対値は等しい。
② 陽子と中性子の質量は、ほぼ等しい。
③ 原子が持つ陽子の数を、原子番号という。
④ 陽子と中性子と電子の数の総和を、質量数という。
⑤ 原子は、中心にある原子核とそのまわりに存在する電子で構成されている。

問2　原子核の壊変などで生じる以下の放射線のうち、電磁波であるものを、次の①～⑥から一つ選びなさい。 [2]

① α 線のみ　② β 線のみ　③ γ 線のみ　④ α 線と β 線
⑤ α 線と γ 線　⑥ β 線と γ 線

問3　以下の原子の中で、イオン化エネルギーの最も小さいものを、次の①～④から一つ選びなさい。 [3]

① Na　② P　③ Cl　④ Ar

問4　以下の文章のうち、下線部が正しいものを、次の①～⑥から**二つ**選びなさい。 [4] ・ [5]

① 周期表の原型は、1869 年ゲーリュサックにより作られた。
② 周期表の横の行を、周期という。
③ 周期表の 3 ～11 族の元素を、典型元素という。
④ 単体が光沢をもち、電気や熱をよく導く元素を、非金属元素という。
⑤ Be と Mg を除く 2 族元素を、アルカリ金属という。
⑥ ハロゲンは、17 族の元素で 1 価の陰イオンになりやすい。

〔Ⅱ〕　分子の特性に関する次の問い（問１～４）に答えなさい。

（解答番号 **6** ～ **9** ）

問１　以下の（ア）～（カ）の６個の分子の中で、無極性分子の個数を、次の①～④から一つ選びなさい。 **6**

（ア）　水素分子 H_2　　（イ）　塩素分子 Cl_2　　（ウ）　塩化水素分子 HCl

（エ）　アンモニア分子 NH_3　　（オ）　水分子 H_2O　　（カ）　二酸化炭素分子 CO_2

①　１個　　②　２個　　③　３個　　④　４個

問２　オキソニウムイオン H_3O^+ の形としてふさわしいものを、次の①～⑤から一つ選びなさい。 **7**

①　直線形　　②　正方形　　③　三角錐形　　④　正四面体形　　⑤　正八面体形

問３　配位結合の説明として最もふさわしいものを、次の①～④から一つ選びなさい。 **8**

①　原子間で価電子を２個または４個または６個共有してできる結合。

②　わずかに負の電荷を帯びたＦ、Ｏ、Ｎ原子と、わずかに正の電荷を帯びたＨ原子が分子間で引き合うことによる結合。

③　結晶中で自由に動きまわる特殊な電子の共有による金属原子どうしの結合。

④　結合する原子の片方から非共有電子対が提供され、それを両方の原子が互いに共有してできる結合。

問４　下の電子式で○が元素記号を表すとき、この電子式を有する気体分子としても最もふさわしいものを、次の①～④から一つ選びなさい。 **9**

①　O_2　　②　N_2　　③　H_2　　④　Cl_2

〔Ⅲ〕 気体・液体および固体に関する次の問い（問1～4）に答えなさい。
（解答番号 [10] ～ [16] ）

問1　ドライアイスは大気中で気体の二酸化炭素になる。このように固体から直接気体になる現象を表す用語として適切なものを、次の①～⑤から一つ選びなさい。 [10]

① 蒸発　② 融解　③ 昇華　④ 凝固　⑤ 凝縮

問2　塩素、ヨウ素、一酸化炭素および酸素に関する説明として最もふさわしいものを、それぞれ次の①～⑥から一つずつ選びなさい。
塩素 [11]　ヨウ素 [12]　一酸化炭素 [13]　酸素 [14]

① 黒紫色の固体。
② 空気より少し重く、無色腐卵臭の気体。
③ 空気中に体積比で約1/5含まれ、多くの生物が生育するのに不可欠な気体。
④ 黄緑色で刺激臭のある有毒な気体。
⑤ 有機物の不完全燃焼で生じる無色・無臭の有毒な気体。
⑥ 無色で刺激臭のある有毒な液体。

問3　標準状態（0℃、1.013×10^5 Pa）における、1.1 g の二酸化炭素 CO_2 の体積を、次の①～④から一つ選びなさい。 [15]

① 0.28 L　② 0.56 L　③ 2.8 L　④ 5.6 L

問4　エチレン C_2H_4 5.6 g を完全燃焼すると二酸化炭素と水を生じた。生じた二酸化炭素の物質量［mol］を、次の①～⑤から一つ選びなさい。 [16]

① 0.10 mol　② 0.20 mol　③ 0.30 mol　④ 0.40 mol　⑤ 0.50 mol

〔Ⅳ〕 酸と塩基に関する次の問い（問１～４）に答えなさい。
（解答番号 17 ～ 21 ）

問１ 以下に示す身近な液体の中で、塩基性が最も強いものを、次の①～⑤から一つ選びなさい。 17

① 血液 ② 醤油 ③ 食酢 ④ 牛乳 ⑤ セッケン水

問２ 25℃で 0.0010 mol/L の硝酸の pH として正しいものを、次の①～④から一つ選びなさい。ただし、硝酸は完全に電離しているものとする。 18

① 1 ② 2 ③ 3 ④ 4

問３ 以下の化合物の中で、その水溶液が塩基性を示すものを、次の①～⑥から**二つ**選びなさい。
19 ・ 20

① $BaCl_2$ ② NH_4Cl ③ K_3PO_4 ④ $NaCl$
⑤ Na_2SO_4 ⑥ Na_2CO_3

問４ ある量のアンモニア NH_3 を 0.10 mol/L の硫酸 H_2SO_4 40 mL に吸収させた。その後未反応の硫酸を 0.20 mol/L の水酸化ナトリウム NaOH 水溶液で中和滴定したところ、10 mL で中和点に達した。吸収させたアンモニアの物質量［mol］を、次の①～④から一つ選びなさい。 21

① 2.0×10^{-3} mol ② 4.0×10^{-3} mol ③ 6.0×10^{-3} mol ④ 8.0×10^{-3} mol

〔Ⅴ〕 酸化還元に関する次の問い（問１～３）に答えなさい。
（解答番号 22 ～ 25 ）

問１ 物質が酸化される場合の酸素、水素、電子の授受として、正しい組み合わせを、次の①～⑧から一つ選びなさい。 22

	酸素 O	水素 H	電子 e^-
①	得る	得る	受け取る
②	得る	得る	失う
③	得る	失う	受け取る
④	得る	失う	失う
⑤	失う	得る	受け取る
⑥	失う	得る	失う
⑦	失う	失う	受け取る
⑧	失う	失う	失う

問２ 以下の①～⑤の化合物の中で、下線部分の原子の酸化数の絶対値が最も大きいものを、次の①～⑤から一つ選びなさい。 23

① $\underline{Cu}SO_4$　② $H_2\underline{S}$　③ $K\underline{Mn}O_4$　④ $H\underline{N}O_3$　⑤ $K_2\underline{Cr}_2O_7$

問3　以下の文章で、下線部に**誤りを含むもの**を、次の①～⑤から**二つ**選びなさい。 24 ・ 25

① 硝酸銀 $AgNO_3$ 水溶液に銅板 Cu を入れると、銀 Ag が析出する。

② 酢酸鉛(Ⅱ) $(CH_3COO)_2Pb$ 水溶液に亜鉛板 Zn を入れると、鉛 Pb が析出する。

③ 硫酸銅(Ⅱ) $CuSO_4$ 水溶液に鉄くぎ Fe を入れると、銅 Cu が析出する。

④ 硫酸亜鉛 $ZnSO_4$ 水溶液に銅板 Cu を入れると、亜鉛 Zn が析出する。

⑤ 硫酸マグネシウム $MgSO_4$ 水溶液に亜鉛板 Zn を入れると、マグネシウム Mg が析出する。

生　物

（50分）

〔Ⅰ〕　細胞の構造とはたらきに関する次の文章を読み、以下の問いに答えなさい。

すべての細胞は、細胞膜と細胞質基質をもち、(1)DNAを遺伝物質としている。しかし、生物の種類やからだの部分によって、(2)細胞の大きさ、(3)形態、はたらきなどはさまざまである。

問1．下線部（1）に関して、次のa～cのうち、最も適当なものの組み合わせを、次の①～⑦のうちから一つ選びなさい。解答番号は[1]。

a　核の中にある。
b　ミトコンドリアの中にある。
c　葉緑体の中にある。

①　aのみ　　②　bのみ　　③　cのみ　　④　a・b
⑤　a・c　　⑥　b・c　　⑦　a・b・c

問2．下線部（2）に関して、次のa～dを小さいものから大きいものの順に並べ替えたとき、二番目と三番目はどれか。最も適当なものを、次の①～⑥のうちから一つ選びなさい。ただし、解答の順序は二番目、三番目の順とする。解答番号は[2]。

a　カエルの卵　　b　大腸菌　　c　ヒトの精子　　d　ヒトの卵

①　a・b　　②　a・c　　③　a・d　　④　b・c
⑤　b・d　　⑥　c・d

問3．下線部（3）に関して、植物細胞にあって動物細胞にないものはどれか。次の①～④のうちから二つ選びなさい。解答番号は[3]、[4]で順不同。

①　核　　②　ミトコンドリア　　③　葉緑体　　④　細胞壁

問4．問3で選択した構造物のはたらきを説明した次の記述①～⑤のうちから、最も適当なものを、それぞれ一つずつ選びなさい。解答番号は[5]、[6]で順不同。

①　張力や圧力に耐え、形を保持する。
②　光エネルギーを使って有機物を合成する。

③　分裂期の細胞では見られない。

④　細胞内外を仕切っている。

⑤　酵素を使って有機物からエネルギーを取り出す。

問5．光学顕微鏡を用いて、ある倍率で細胞を観察したとき、接眼ミクロメーター20目盛りが対物ミクロメーター（1目盛り10 μm）の5目盛りと一致していた。この倍率で図のように観察できた楕円形の細胞の長径は何 μm か。次の空欄［　7　］に入る数字を、次の①～⓪のうちから一つ選びなさい。解答番号は［7］。

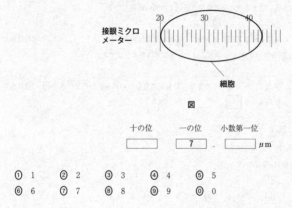

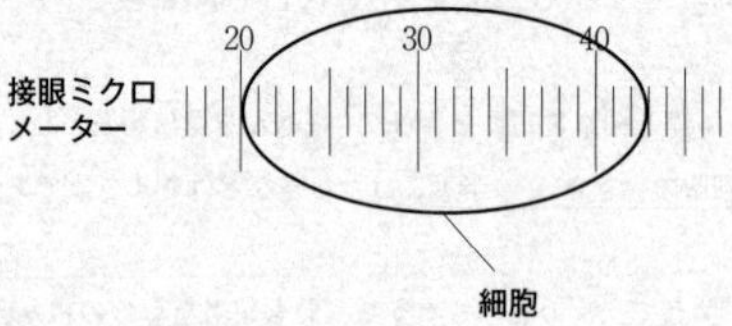

図

十の位　一の位　小数第一位

［　　］［　7　］．［　　］μm

①　1　②　2　③　3　④　4　⑤　5

⑥　6　⑦　7　⑧　8　⑨　9　⓪　0

〔Ⅱ〕　遺伝子とそのはたらきに関する次の文章A及びBを読み、以下の問いに答えなさい。

A　すべての生物は遺伝物質としてDNAを持つ。DNAは［　ア　］の一種で、構成単位となる［　イ　］が多数鎖状に結合し、2本鎖が対になり二重らせん構造をとる。DNAの［　イ　］は、リン酸と4種類の塩基、糖である［　ウ　］からなる。

遺伝情報はDNAの塩基配列に存在しており、(a)転写、翻訳と呼ばれる過程を経てタンパク質が合成される。

問1．文章中の空欄［　ア　］～［　ウ　］に入る最も適当な語句を、次の①～⑦のうちからそれぞれ一つずつ選びなさい。なお、同じ記号には同じ語句が入る。解答番号は［　ア　］－［8］、［　イ　］－［9］、［　ウ　］－［10］。

①　無機物　②　核酸　③　アミノ酸　④　セントラルドグマ

⑤　デオキシリボース　⑥　ヌクレオチド　⑦　リボース

問2．DNAの構造について答えよ。

（1）　DNAの構成単位である［　イ　］のリン酸、塩基、糖の結合の順番として最も適当なものを、次の①～③のうちから一つ選びなさい。解答番号は［11］。

① リン酸 － 塩基 － 糖

② リン酸 － 糖 － 塩基

③ 塩基 － リン酸 － 糖

（2） イ が鎖状に結合する際、結合する部分は イ 中のどの部分とどの部分か。最も適当なものを、次の①～⑥のうちから一つ選びなさい。解答番号は 12 。

① リン酸とリン酸　② 塩基と塩基　③ 糖と糖

④ リン酸と塩基　⑤ リン酸と糖　⑥ 塩基と糖

問3．下線部（a）に関連した次の（1）～（4）の記述の正誤について、①正しい または、②誤り を選びなさい。

（1） 転写の際は、ほどかれたDNAの部分の2本の鎖の両方が同時に鋳型となり、RNAが合成される。
解答番号は 13 。

（2） 一般に、RNAの長さはDNAの長さに比べて短い。
解答番号は 14 。

（3） 翻訳では、mRNAの連続した塩基4つに対応した特定のアミノ酸が合成される。
解答番号は 15 。

（4） 遺伝情報は、原則としてDNA → RNA → タンパク質へと一方向に流れる。
解答番号は 16 。

問4．X鎖とY鎖からなる、ある2本鎖DNA 1分子中に含まれる塩基組成（数の割合）を調べたところ、グアニンとシトシンの合計が56%であった。また、X鎖の塩基組成（数の割合）を調べたところ、アデニンが18%含まれていた。

（1） この2本鎖DNA 1分子中におけるアデニンの数の割合として最も適当なものを、次の①～⑧のうちから一つ選びなさい。解答番号は 17 。

① 18%　② 20%　③ 22%　④ 24%　⑤ 26%

⑥ 28%　⑦ 30%　⑧ 32%

（2） Y鎖をもとにして合成されたRNA中のウラシルの数の割合として最も適当なものを、次の①～⑧のうちから一つ選びなさい。ただし、Y鎖の塩基配列すべてが、RNAの合成に利用されたものとする。解答番号は 18 。

① 18%　② 20%　③ 22%　④ 24%　⑤ 26%

⑥ 28%　⑦ 30%　⑧ 32%

B　ハーシーとチェイスは、ウイルスの一種であるバクテリオファージのDNAとタンパク質を、特殊な方法で別々に標識し、大腸菌に感染させた。その後、大腸菌体内に入らなかったバクテリオファージの成分をかくはんにより大腸菌から分離し、バクテリオファージの成分と大腸菌を遠心分離によってそれぞれ上澄みと沈殿に分けた。すると、タンパク質を標識したバクテリオファージを用いた場合は[エ]から、DNAを標識したバクテリオファージを用いた場合は[オ]から多くの標識物質が検出された。このことから、バクテリオファージは大腸菌体内に[カ]のみを侵入させることが分かった。

問5．文章中の空欄[エ]～[カ]に入る最も適当な語句を、次の①～④のうちからそれぞれ一つずつ選びなさい。解答番号は[エ]－[19]、[オ]－[20]、[カ]－[21]。

①　沈殿　　②　上澄み　　③　DNA　　④　タンパク質

〔Ⅲ〕　免疫に関する次の文章を読み、以下の問いに答えなさい。

ヒトのからだは、外界からの異物の侵入を阻止し、排除するはたらきがある。まず、(1)物理的防御、化学的防御、さらに(2)食作用がはたらく。これらをまとめて自然免疫という。自然免疫で排除しきれなかった異物には、獲得免疫（適応免疫）がはたらく。獲得免疫では、細胞性免疫と体液性免疫という2つのしくみがはたらいている。細胞性免疫では、[ア]の抗原提示を[イ]と[ウ]が認識し、それぞれを活性化して増殖する。増殖した[イ]は、血液やリンパ液にのって全身をめぐり、感染細胞、がん細胞、移植片などを異物として破壊する。[ウ]はマクロファージを活性化する。体液性免疫では、[ア]の抗原提示を受けて増殖した[ウ]がその抗原を認識した[エ]を刺激して活性化し、[エ]は抗体をつくる抗体産生細胞（形質細胞）になる。抗体は[オ]というタンパク質であり、特定の抗原と特異的に結合し、抗原を不活性化する。

問1．下線部（1）に関する次の記述a～cの正誤の組み合せとして最も適当なものを、次の①～⑧のうちから一つ選びなさい。解答番号は[22]。

a　消化管の粘膜は、粘液を分泌して病原体の侵入を防いでいる。
b　気管の繊毛は、異物を鼻や口の方向に送り出している。
c　表皮の角質層は、病原体の侵入を防いでいる。

	①	②	③	④	⑤	⑥	⑦	⑧
a	正	正	正	正	誤	誤	誤	誤
b	正	正	誤	誤	正	正	誤	誤
c	正	誤	正	誤	正	誤	正	誤

問2．下線部（2）の食作用を行わない細胞として適当なものを、次の①～⑤のうちから二つ選びなさい。解答番号は[23]、[24]で順不同。

①　NK（ナチュラルキラー）細胞　　②　T細胞　　③　マクロファージ

④ 樹状細胞　　⑤ 好中球

問3．文章中の空欄 ア ～ エ に入る最も適当な語句を、次の①～⑤のうちから一つずつ選びなさい。なお、同じ記号には同じ語句が入る。解答番号は ア － 25 、 イ － 26 、 ウ － 27 、 エ － 28 。

① NK（ナチュラルキラー）細胞　② ヘルパーT細胞　③ 樹状細胞
④ キラーT細胞　⑤ B細胞

問4．文章中の空欄 オ に入る最も適当な語句を、次の①～⑤のうちから一つ選びなさい。解答番号は 29 。

① 免疫グロブリン　② ミオシン　③ アルブミン
④ ヘモグロビン　⑤ ディフェンシン

問5．自己免疫疾患として適当なものを、次の①～⑥のうちから二つ選びなさい。解答番号は 30 、 31 で順不同。

① 関節リウマチ　② アナフィラキシーショック　③ 花粉症
④ インフルエンザ　⑤ AIDS（後天性免疫不全症候群）　⑥ Ⅰ型（1型）糖尿病

問6．ある系統のマウスにある抗原を1回注射し（1回目）、さらに同じ抗原を40日後に再び注射した（2回目）。2回目の注射後の抗体の生産量（相対値）の変化を示すパターンとして最も適当なものを、次の図中の①～⑤のうちから一つ選びなさい。解答番号は 32 。

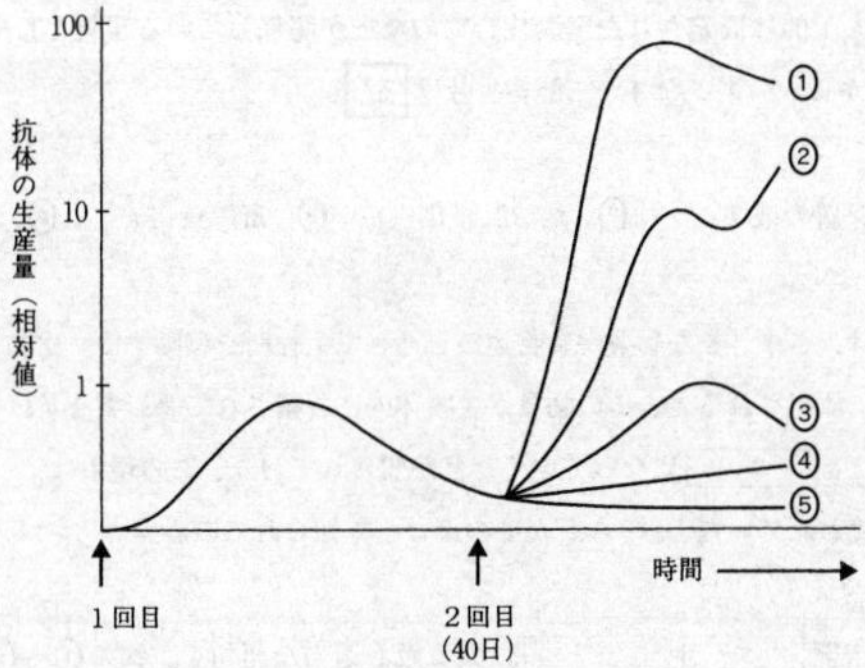

図

〔Ⅳ〕　生態系に関する次の文章A～Cを読み、以下の問いに答えなさい。

A　生物群集内での物質の移動は、食物連鎖を通じて起こる。炭素の循環を例にとると、[ア]中の二酸化炭素は生産者に吸収され、太陽の光エネルギーを用いて有機物に変えられる。生産者は一次消費者に食べられるので、有機物も一次消費者に移る。また一次消費者は二次消費者に食べられ、さらに二次消費者は三次消費者に食べられるというように、高次の消費者に有機物が移動していく。

生産者や消費者の[イ]により、有機物の一部は二酸化炭素に戻る。また生産者や消費者の遺体や排泄物は、[ウ]や細菌によって分解されて二酸化炭素になるが、これも[イ]のはたらきである。

問1．文章中の空欄[ア]～[ウ]に入る最も適当な語句を、次の①～⑧のうちからそれぞれ一つずつ選びなさい。なお、同じ記号には同じ語句が入る。解答番号は[ア]－[33]、[イ]－[34]、[ウ]－[35]。

①　土壌　②　藻類　③　コケ植物　④　乳酸発酵
⑤　大気　⑥　菌類　⑦　光合成　⑧　呼吸

問2．窒素の循環に関する記述として最も適当なものを、次の①～④のうちから一つ選びなさい。解答番号は[36]。

①　硝酸菌、亜硝酸菌は代表的な窒素固定細菌である。
②　マメ科植物の根に共生する根粒菌は、植物に無機窒素化合物を供給する。
③　植物は窒素固定を行うが、動物は窒素固定を行わない。
④　土中の無機窒素化合物が大気中に放出されることを硝化という。

問3．生態系内の窒素循環に、人工的に固定された窒素化合物が加わることで窒素循環のバランスが崩れることがある。人工的に固定された窒素化合物の増加が関係している現象として最も適当なものを、次の①～④のうちから一つ選びなさい。解答番号は[37]。

①　オゾン層の破壊　②　地球温暖化　③　富栄養化　④　外来生物の移入

B　生態系内では、さまざまな物質が食物連鎖を通して生物間を移動する。生物によって分解されにくい化学物質が生態系内に放出されると、その物質が生物体内に蓄積されて悪影響を及ぼすことがある。このような物質は高次消費者ほど[エ]になっていくことが知られており、この現象は[オ]と呼ばれる。1970年代まで農薬として使われていたDDTなどがその例として知られている。

問4．文章中の空欄[エ]、[オ]に入る最も適当な語句を、次の①～⑤のうちから、それぞれ一つずつ選びなさい。解答番号は[エ]－[38]、[オ]－[39]。

①　低濃度　②　高濃度　③　生物希釈　④　生物濃縮　⑤　自然浄化

問5．次の表はアメリカのある水域における数種の生物体内のDDT量の調査結果である。それぞれに該当する生物の組み合わせはどれか。最も適当なものを、次の①～⑤のうちから一つ選びなさい。なおppmは重量の比率を表し、1 ppm は体重 1 kg 当たり 1 mg の DDT が含まれていることを表す。解答番号は 40 。

生物：

A　セグロカモメ　　B　ダツ（魚）　　C　小エビ　　D　プランクトン

DDT 量	0.04 ppm	0.16 ppm	2.07 ppm	18.5 ppm
①	A	B	C	D
②	B	C	D	A
③	B	D	A	C
④	D	B	C	A
⑤	D	C	B	A

C　生産者が固定したエネルギーも、食物連鎖を通じて流れていく。食物連鎖の各栄養段階で、前の段階のエネルギー量のうち、その段階に伝わるエネルギー量の割合をエネルギー効率という。表は、ある湖沼生態系のエネルギー収支の一部を示したものである（単位は J/(cm^2・年)）。

	生産者	一次消費者	二次消費者
呼吸量	97.9	18.4	7.5
被食量	64.0	13.0	0
枯死・死滅量	9.6	1.3	0.2
成長量	294.1	29.3	4.5
不消化排出量	—	2.0	0.8

問 6．この湖沼生態系における生産者の総生産量はいくらか。最も適当なものを、次の①～⑤のうちから一つ選びなさい。解答番号は 41 。

①　303.7　　②　367.7　　③　392.0　　④　401.6　　⑤　465.6

聴 音

（30分 解答省略）

単旋律

複旋律

新曲視唱

（50分 解答省略）

視唱　1

視唱　2

小論文

（60分　解答例省略）

<課　題>

音楽を通して社会とつながる可能性について、自身の体験や知見による具体例を示し、自身が将来、社会においてどのような役割を果たせるようになりたいか、自分の考えを600字以上800字以内で述べなさい。

評価に影響を及ぼす。

④ 程度は相対的なものであるため、主観的な評価につながってしまう。

⑤ 程度には肯定的なものと否定的なものがあり、そこから導かれる判断によって評価が形成される。

問十　傍線部E「評価を下すためには単なる知覚能力以上のものが必要とされる」とあるが、その説明として最も適当なものを、次の①～⑤のうちから選びなさい。解答番号は [20]。

① 正しい評価を下すためには、眼や舌以外の感覚器官を使用しなければならない。

② ある評価が下される場合、感覚器官がうまく働くという条件よりも、知覚に関する条件のほうが優先される。

③ 何かについて評価する際には、「五感」以外の知覚能力が使われることもある。

④ 評価が下される際には、視覚・聴覚・味覚といった知覚だけでなく、「感性」や「感受性」も駆使される。

⑤ 評価を下すことができるのは、価値を見抜く能力が正常に機能しているおかげである。

問十一　次のイ・ロの文のうち、本文の内容に合致するものには①を、合致しないものには②を、それぞれ選びなさい。解答番号は [21]・[22]。

イ 「評価的判断」は以前から美学で議論になっており、「感性的判断」と言われることもある。 [21]

ロ ラーメンを食べた後で、そのラーメンを「濃厚」と言うか「くどい」と言うかについては、食べた人の記述的判断が関わっている。 [22]

③　心の働きに沿った行動が必ず実行されるとは限らないので、良い、悪いといった評価はあてにならない。

④　「規則正しい生活」や「親切な行動」が肯定的に評価された場合、それらは増やしたい生活や行動と言える。

⑤　過度な飲酒が避けられるのは、体に良くないという否定的な評価が下されるからである。

問六　傍線部C「色や形そのものはそうした力をもっていない」とあるが、それについて述べた一文として最も適当なものを、次の①～⑤のうちから選びなさい。解答番号は 13 。

①　進む行動と青という色には関係性がないため、青色のペンキで書かれた看板を見ても、進む行動は起こらない。

②　私たちは赤くて四角いポストを見た場合、条件反射的に手紙を投函してしまう。

③　牛の色覚は人間とは異なり、鮮やかな赤さを見ることはできないが、布の赤さによって攻撃という行動が促されている。

④　信号機を見て、何らかの行動が促されるのは、交通ルールを正しく守っているからである。

⑤　四角いポストを見て手紙を投函したくなるのは、円柱形のポストがあることを知らないからである。

問七　本文中の点線で囲んだ段落の【①】～【④】の文を正しい順に並べ直し、その順序を示しなさい。解答番号は 14 ～ 17 。

14 → 15 → 16 → 17

問八　空欄 X に入れるのに最も適当なものを、次の①～⑤のうちから選びなさい。解答番号は 18 。

①　おいしくなくても、空腹を満たすために食べる

②　空腹でも、おいしいものだけを食べる

③　空腹時に食べたものは、よりおいしいと感じる

④　食べたくないものは、空腹の際もおいしくない

⑤　おいしいものだけを食べ続けた結果、空腹が満たされる

問九　傍線部D「程度は評価に直結する」とあるが、その説明として最も適当なものを、次の①～⑤のうちから選びなさい。解答番号は 19 。

①　程度はバランスがとれたものが最も評価されるため、良い評価と結びつきやすい。

②　程度にはさまざまな段階があるが、いずれの段階も評価に関係している。

③　程度は表情や口調と関係することがあり、さまざまな側面で

⑤ 似た境遇にシンキン感を持つ。

問二　空欄《 a 》〜《 c 》に入れる語句の組み合わせとして最も適当なものを、次の①〜⑥のうちから選びなさい。解答番号は 9 。

① a たとえば　b それでも　c それでは
② a むしろ　b それなら　c これに対し
③ a むしろ　b しかし　c それにもかかわらず
④ a もちろん　b それでも　c これに対し
⑤ a たとえば　b それなら　c それにもかかわらず
⑥ a もちろん　b しかし　c それでは

問三　空欄（ ア ）・（ イ ）に入れる語の組み合わせとして最も適当なものを、次の①〜⑤のうちから選びなさい。解答番号は 10 。

① ア 絶対　イ 相対
② ア 評価　イ 独立
③ ア 肯定　イ 逸脱
④ ア 主観　イ 客観
⑤ ア 記述　イ 中立

問四　傍線部A「「甘い」「辛い」「酸っぱい」というだけでは「おいしい」かどうか決まらない」とあるが、その理由として最も適当なものを、次の①〜⑤のうちから選びなさい。解答番号は 11 。

① 麻婆豆腐の辛さや杏仁豆腐の甘さの感じ方には、人によってかなりの個人差があるから。
② 「甘い」は「おいしい」に結びつきやすいが、度を越すとおいしくなくなるから。
③ おいしさを感じる味覚と甘さ、辛さ、酸っぱさを感じる味覚は根本的に異なっているから。
④ 世の中には辛くない麻婆豆腐や甘くない杏仁豆腐もあり、それらを「おいしい」と感じる人もいるから。
⑤ おいしさを判断するときと甘さや辛さを判断するときでは、よりどころとなる観点が異なるから。

問五　傍線部B「評価は価値を捉える心の働きである」とあるが、それについて述べた一文として不適当なものを、次の①〜⑤のうちから選びなさい。解答番号は 12 。

① 「良い」という評価を下されたものでも、実際に行われないこともある。
② 否定的な価値をもつと評価されるものとは、できるだけ関わりを減らしたいと思う。

② タクエツした技術を身につける。
③ 湿地をカンタクして農地にする。
④ 動議がサイタクされた。
⑤ クッタクのない笑顔を浮かべる。

イ　ヒカえ　[2]

① 野球選手がインタイする。
② 扶養コウジョを申請する。
③ 議長をジニンする。
④ 店でビヒンを購入する。
⑤ 権力にゲイゴウする。

ウ　寝ボウ　[3]

① シュクボウに泊まる。
② 隣の国にボウメイする。
③ 資金がケツボウする。
④ 激務にボウサツされる。
⑤ 世界の平和をセツボウする。

エ　チョウ発　[4]

① 三月三日はモモの節句だ。
② 回復のキザしが見える。
③ 難しい問題にイドむ。
④ 魚が海面を高くハねる。
⑤ 遠くの山をナガめる。

オ　セッ取　[5]

① 外部とのセッショクを断った。
② 聖徳太子はセッショウを務めた。
③ 相手と利益をセッパンした。
④ コンセツ丁寧な指導を行った。
⑤ 学校を新たにソウセツした。

カ　コク評　[6]

① 悪事を内部コクハツする。
② シンコクな表情を浮かべる。
③ 大きな病気をコクフクする。
④ 写真の人物にコクジしている。
⑤ アンコクの時代を過ごす。

キ　無頓チャク　[7]

① タダちに出動する。
② 花壇に花をウえる。
③ 友達から本をカりる。
④ 記念事業で社史をアラワす。
⑤ 葬式のため喪服をキる。

ク　シン美　[8]

① 次の試合でシンカが問われる。
② 裁判にバイシン員として関わる。
③ 確固たるシンネンを持つ。
④ 観光事業をシンコウする。

こだわりがない人は、たとえ舌は正常に機能していたとしても、何を食べても「まぁおいしい」とか「ふつう」としか言わない。他方でグルメと言われる人は、食にこだわりのない人が「同じくらいのおいしさ」と言った二つの料理を「こっちの方がおいしい」「こっちはそんなにおいしくない」と判定することができる。

この対比は芸術やファッションの方がわかりやすいかもしれない。ある絵画を二人が見たとき、片方は何が良いか悪いかよくわからないが、もう片方はその作品を絶賛したり、逆に(カ)コク評したりすることがある。しかし、二人の視力に大きな違いはない。それどころか、良さや悪さがわからない人の方が視力が良い場合さえある。同様に、視力が良くても服に(キ)無頓チャクでダサい格好をしている人もいるし、視力が悪くておしゃれな服装をしている人もいる。

こうした例を考えると、作品や服装の良さがわかるかどうかは、知覚能力が優れているかどうかとは別だとわかるだろう。(E)評価を下すためには単なる知覚能力以上のものが必要とされる。知覚能力がうまく働かなければ記述的判断も評価も下せないのは確かだが、だからといって知覚能力が働くだけでは評価を下すことはできないのである。

こうした点を表すのにぴったりな言葉が「センス」だ。センスがある人は良いか悪いかが判定できるが、ない人はそれがわからない。英語で **sense** というと先ほど挙げた知覚を意味することもあるが（たとえば、視覚・聴覚・味覚などの「五感」は **five senses** と呼ばれる）、ここでの「センス」は「感性」や「感受性」と言い換えられるもの、日常的に「センスが良い／悪い」と言われるものである。赤さや甘さといったわかりやすい知覚的特徴を捉える能力ではなく、価値を見抜く能力のことだ。

しかし、センスとは一体何なのだろうか。「価値を見抜く力」の他にどんな特徴があるのだろうか。実のところ「センスとは何か」は美学の最重要問題である。ここまで「評価」と呼んできたものは、「美的判断」という名前で、昔から美学で問題となってきたものだ。ちなみに、「美的」というと、美しいなど肯定的な判断なのかという印象を受けるかもしれないが、「醜い」「ダサい」といった否定的な判断も美的判断である。ひょっとすると、「美的判断」より「(ク)シン美的判断」と言った方がわかりやすいかもしれない。また、センス（感性）を働かせる判断ということで「感性的判断」とも呼ばれる。

（源河亨『「美味しい」とは何か』ただし一部変更した箇所がある）

（注）花椒……華北山椒《さんしょう》の果皮を乾燥させた香辛料。

問一　二重傍線部ア～クの片仮名と同じ漢字を用いるものを、次の各群の①～⑤のうちから、それぞれ選びなさい。解答番号は 1 ～ 8 。

ア　円タク　1　①　社長のベッタクに招かれた。

あるからだ。また、健康のために「まずい」ものを食べる場合もある。こうした場合に食べる行動をとらせているのは味ではなく、空腹を満たしたいという欲求や、健康に関する知識や配慮だろう。

他方で、「これは甘い」といった判断は、それ自体は（　ア　）的なものである。「これは甘い／辛い／酸っぱい」だけでは、判断されている対象が良いのか悪いのかはわからない。先ほど述べた通り、甘くておいしいものもあれば、甘くてまずいものもあるからだ。「これは甘い」という判断は、食べたものが甘さという特徴をもつと述べているだけであり、評価から（　イ　）的である。

いくつか注意点を述べておこう。まず、「甘い」「辛い」は記述的でも、「甘ったるい」や「辛すぎる」には程度に関する否定的な評価が含まれている。甘さも辛さも酸っぱさも苦さも、適度なものは良い評価を与えるが、度を越したものは否定的に評価される。D程度は評価に直結するのだ。他にも、「甘さと酸っぱさのバランスがとれている」の「バランスがとれている」も、程度に関する評価を表しているだろう。

また、「甘い」などの言葉そのものは評価から中立的でも、その言葉が評価的な意味合いを帯びたものとして使われることがある。たとえば、杏仁豆腐を一口食べた人が笑顔で「甘い！」と言ったなら、その様子は「おいしい」と言っているようなものだと受け取られる。その理由は、「甘い」という言葉そのものではなく、「甘い」と言った人の笑顔やそのときの口調が肯定的な評価を表しているためである。同様に、麻婆豆腐を一口食べた人が「辛い！」と言って顔を歪《ゆが》めた場合、その表情や口調は「まずい」とか「これ以上食べたくない」を意味しているだろう。

他方で一見記述的にみえるが評価的な言葉もある。たとえば、「濃厚」「まろやか」「爽やか」といったものだ。これらが評価的であるのは、まずいものに対しては通常使われない言葉だからである。「濃厚」と言われる食べ物を記述的な言葉で表すと「味が濃い」になるだろうが、味が濃いものにもおいしいものとまずいものがあり、まずい方は「くどい」と言われるだろう。「味が濃い」は評価中立的でも、それを「濃厚」と言うか「くどい」と言うかの違いに評価の違いが反映されているのである。

評価と記述的判断のさらなる違いを理解するために、フランク・シブリーという美学者の考えをみてみたい。

先ほど、記述的判断の例として「これは赤い」「これは甘い」を挙げた。赤さや甘さといった性質は、眼《め》や舌といった感覚器官が適切に働けば誰でも捉えられるものである。逆に、記述的判断が下せない場合には感覚器官がうまく働かなくなっているだろう。舌が麻痺《まひ》して甘さを感じなくなったのでアイスクリームが甘く感じないとか、照明が暗くて眼に十分な光が入ってこないので物の色が見えない、といったことだ。

感覚器官がうまく働くという条件は、評価を下すうえで必要なものである。舌が麻痺して味がわからなければ（どれくらい塩味がしてどういった甘さがあるか感じ取れない、など）、おいしいかまずいかも判断できないだろう。照明が暗くて絵画の色合いがよくわからなければ美しいのかどうか判断できないのと同じだ。

しかし、感覚器官がうまく働けば必ず評価が下せるわけでもない。食に投函したくなることに色や形は無関係である。投函を促しているのは赤かったり四角かったりしていることではなく、対象がポストであることだ。その証拠に、ポストが円柱形だったり灰色だったりしても、それがポストと認識されたなら投函が促されるだろう。

　別の例として、信号機を考えてみよう。車でも歩行者でも、青になると進む行動が促され、赤では止まる行動が促される。しかし、こうした行動を促しているのは色そのものではない。そうした行動が促されるのは、「青は進め、赤は止まれ」という交通ルールを身につけているためである。この点をより理解するために、もし交通のルールが逆だったらどうなっていたか考えてもらいたい。そうした状況では、その交通ルールを学習して青で止まって赤で進むようになっていただろう。また、青色のペンキで「この先行き止まり」と書かれた看板を見た場合を考えてもいいかもしれない。きっと、そこで止まって引き返すはずだ。青という色そのものは進む行動を促していないのである。

　ひょっとするとここで、「牛は赤い色を見ると興奮して突っ込んでくる」といった話を思い出した人もいるかもしれない。その話からすると、赤さが攻撃という行動を促している、色そのものが一定の行動を促すこともある、と思われるだろう。しかし、実際のところ牛の色覚は人間とは異なっており、牛は私たちが見るような鮮やかな赤さを見ることはできない。闘牛で牛が赤い布に突っ込んでいくのは、色そのものの影響ではなく、闘牛士が布をひらひらさせて牛をチョウ発[エ]しているためである。

【①】たとえば、形とサイズと機能性が同じで色が違う二つの靴がある場合、好みの色の方が買いたい気持ちにさせる。

【②】だが、こうした好みは評価の主観性に関わるものであるので、後で詳しく取り上げることにしよう。

【③】また別の疑問として、好みはどうなのかと思った人もいるかもしれない。

【④】この場合、色が購買という行動を促しているのではないか。

　話を食に戻そう。「おいしい」「まずい」は食べたものに対する評価である。そうした評価では一定の行動を促す価値が捉えられている。ラーメンを「おいしい」と思ったからこそ、替え玉を注文してさらに食べ続けようという欲求が生まれる。反対に、「まずい」と思ったらそれ以上食べたくなくなるはずだ。

　先ほど述べた通り、促された行動が必ず実現されるとは限らない。「おいしい」と評価したラーメンはもっと食べ続けたいが、健康が気になって替え玉が注文できないこともある。味だけならもっと味わいたいのだが、そのためには多くの塩分や脂質や糖質をセッ取[オ]しなければならず、それは体に悪いので食べられない。だがその場合でも、さらに味わい続けたい気持ちがあることは確かだろう。

　注意すべきだが、「おいしいものは食べ続けたい」からといって「食べ続けたいものはおいしい」とは限らない。というのも、［X］ことも以上を踏まえると、「おいしい」「まずい」という言葉と、「甘い」「辛い」といった言葉は、カテゴリーが違うものだと考えられる。別の言い方をすると、ある食べ物が「おいしい」かどうかを判断するときと、「甘い」かどうかを判断するときには、違う基準が使われているということだ。では、その違いとは何だろうか。それは判断の種類の違い、評価と記述の違いである。「おいしい／まずい」は評価的判断であり、その判断には、対象がどう評価されたかが表されている。他方で、記述的判断は物事のあり方を単に述べたものである。次に、この違いをより詳しく説明しよう。

B評価は価値を捉える心の働きである（「評価的判断」を適宜「評価」に省略する）。簡単に言えば、良いか悪いか判定することだ。そして、「良い」と肯定的に評価されるもの（肯定的な価値をもつとみなされるもの）は、なるべく増やしたいものだろう。たとえば、「規則正しい生活は健康に良い」という評価では、「規則正しい生活」がもつ「良さ」という価値が捉えられている。その価値を捉える（理解する）ことができると、「なるべく規則正しい生活をしよう」と思うだろう。同様に、「他人に親切にするのは良い」と判断したら、なるべく親切な行動をしようと思うはずだ。

他方で、「悪い」と評価されるもの（否定的な価値をもつとみなされるもの）は、なるべく減らしたいものである。「お酒の飲み過ぎは健康に悪い」と判断したら過度な飲酒をイヒカえようと思うし、「夜中に大声で歌うと近隣住民に迷惑がかかって良くない」と判断したら夜中に歌うのをヒカえるだろう。一般化すると次のようになる。対象を肯定的なものとして評価するとき、評価されている対象との関わりを増やす行動が促されている。良い物事はなるべく増やしたいのだ。他方で、否定的な評価では、評価されている対象との関わりを減らす行動が促されている。悪い物事にはなるべく近づきたくないだろう。

《 a 》、良いまたは悪いと評価したとしても、それに沿った行動が必ず実行されるとは限らない。規則正しい生活が良いと理解していても夜更かしや寝ウボウをしてしまうこともあるし、過度な飲酒は健康に悪いと思いつつ飲み過ぎてしまうこともある。《 b 》、できることなら実行したい、実行できないのは自分の意志が弱いためだ、とは思えるだろう。価値は、それを理解した人に一定の行動を促す力をもっている（可能なら実行したい気持ちにさせる）が、促された行動が必ず実行されるとは限らないのだ。

次に、記述的判断を説明しよう。典型例は、郵便ポストを見たときに下す「これは四角い」「それは赤い」といったものだ。こうした判断は対象がもつ価値中立的な特徴を述べている（記述している）ものである。先ほど価値を行動を促す力として説明したが、C色や形そのものはそうした力をもっていない。対象が赤かったり四角かったりすること自体は、私たちに何らかの行動を促すわけではないのである。

《 c 》、ポストの赤さや四角さも行動を促すと思った人もいるかもしれない。手紙を出そうと思っている人が赤くて四角いものを見つけたら、ポストだと思って投函《とうかん》したくなるではないか、ということだ。だが、

2024年度　学校推薦型（公募制）A　国語

国語

（五〇分）

次の文章を読んで、後の設問に答えなさい。

まず、「おいしい／まずい」といった言葉の使い方と「甘い／辛い」といった言葉の使い方の違いから確認しよう。

次の例を考えてもらいたい。ネットやテレビで取り上げられていた話題の中華料理店に友達数人と行ったとする。回転式の円タク[ア]にみんなで座り、麻婆《マーボー》豆腐、酢豚、春巻、ギョーザ、チャーハンなどを分けて食べ、デザートには杏仁《あんにん》豆腐を食べた。評判が良いだけあってすべておいしかった。料理に関する知識はそこまでないので「この麻婆豆腐は特別な花椒《かしょう》を使っているな」みたいな判断は下せなかったが、ともかく「どれもおいしい」と思った。

それらはどれも「おいしい」のだが、もちろん、すべて同じ味をしているわけではない。麻婆豆腐は辛く、杏仁豆腐は甘い。この二つだけをみても、「おいしい」という判断と「辛い」や「甘い」といった判断を同一視できないことがわかる。というのも、もし「おいしい」イコール「辛い」なら、辛さがまったくない（むしろ甘い）杏仁豆腐はおいしくないことになってしまうからだ。同様に、「甘い」イコール「おいしい」なら、麻婆豆腐はおいしくないということになる。しかし実際には、辛い麻婆豆腐も甘い杏仁豆腐も「おいしい」と言われている。他にも、甘かったり、辛かったり、酸っぱかったり、苦かったり、さまざまな味の「おいしい」ものがあるだろう。

同じことは「まずい」にも当てはまる。うまく作れた杏仁豆腐は「甘くておいしい」と言われるが、分量を間違えて砂糖を入れすぎてしまうと「甘すぎてまずい」と言われてしまう。また、「苦い」と言われる食べ物は一見まずそうだが、ビターチョコレート、コーヒー、ビールなど、苦くて「おいしい」ものはたくさんある。

そうすると、[A]「甘い」「辛い」「酸っぱい」というだけでは「おいしい」かどうか決まらないことがわかるだろう。「甘い」と言われるもののなかに「おいしい」ものと「まずい」ものがある。「辛い」「酸っぱい」などについても同じだ。

解答編

英　語

解答　A. ⑴―②　⑵―②　⑶―④　⑷―④　⑸―①　⑹―②　⑺―④　⑻―①　⑼―④　⑽―①　⑾―①　⑿―③　⒀―④　⒁―②

B. ⒂―③　⒃―③

解説

《AI が芸術に関する新たな問いを提起している》

A. ⑴　advance「進歩」と最も近い意味は②evolution である。

⑵　②for が入れば，stand for ～「～を表す」となる。「AI は，『人工知能』を表す」と文意が成立し，適切である。

⑶　前置詞 by の後なので，動名詞 using が入れば，calculations と machine learning techniques が目的語となり，文意が成立する。したがって，④が適切である。

⑷　本文の that は，「それは，単に計算と数学公式の産物にすぎないということ」を意味する名詞節を導く接続詞である。④「チームが敗れた理由は，勝てると信じなかったことである」が同じ用法の that を使用しており，適切である。

①「この夏に旅行に行けるように貯金した」の that は，目的節を導く接続詞である。

②「あれがアイスクリーム店を所有している人なのですか」の that は，指示代名詞である。

③「あの機械は古くて壊れているので修理不能だ」の that は，指示形容詞である。

⑸　「それは，人間の想像力と創造性から生まれるのではなく，むしろ純

粋に技術的な過程を経て生み出される」という文意に適切なのは，① AI-produced art である。

(6) medium は，ここでは「(芸術上の) 材料，表現手段」を意味しているので，② material「素材，材料」が適切である。

(7) 「彼の芸術は，テキストによる指示をイメージに変換する AI プログラムを用いてつくり出される」がこの箇所の文意。turn *A* into *B*「*A* を *B* に変える」の turn は「変える」を意味するので，置き換えられない選択肢は④ travels である。

(8) 「AI による計算は，人間が自分では生み出すことが困難なもしくは不可能な独自で複雑なパターンをつくるのに用いることができる」となれば文意が成立するので，①が選べる。

(9) factor「要素」に置き換えられないのは，④ product「産物，製品」である。

(10) ① by が受動態の行為者を表し適切である。第 2 段最終文に This means that the art is not created by a human, but by a computer program. とあることも手掛かりとなる。

(11) 複数名詞 some people を主語とする文の動詞を選べばよいので，① argue が適切である。

(12) 「注視，観察」を意味する watch であるから，ほぼ同意の③ observation が適切である。merit close watch「しっかりと注視しておく価値がある」

(13) 本文において，AI が生み出す芸術が，本物の芸術と呼べるものなのかについての賛否両論が紹介されており，最終段第 3 文（Ultimately, the answer …）において，その答えは，芸術をどう定義するか，芸術作品の何を重んじるか次第である，と述べられている。したがって，まだ結論は出ていないので，④「AI によって生み出される芸術の価値はまだ議論されているところである」が適切である。

(14) AI による作品が芸術と呼べるものなのかどうかについての議論を通じて，芸術とは何かが新たに問われている，という本文全体の内容から，②「AI が芸術に関する新たな問いを提起している」が適切な表題である。

B. (15) 並べ替えた箇所の語順は“is one which can”となる。「一般教養教育は，学生が自分で批判的に考えることに備えさせる教育である」が文意。one は代名詞で an education を意味する。

⒃ 並べ替えた箇所の語順は “nothing to do with” となる。「この本はこの授業とは無関係である」が文意。have nothing to do with ～「～とは無関係である」

数　学

Ⅰ　解答　《2次関数のグラフの頂点，平行移動》

(1) 1 —③　2 —⑤

(2) 3 —①　4 —④　5 —⑦　6 —①　7 —④　8 —①

(3) 9 —①　10—①　11—⓪　12—⑧　13—①　14—⑤
15—⓪　16—⓪

Ⅱ　解答　《対称式》

(1) 17・18—③⑧

(2) 19・20—①③　21—②

(3) 22・23・24—①③⑦　25—④

(4) 26・27・28—①⓪②

Ⅲ　解答　《カードを取り出す試行に関する確率》

(1) 29—⑥　30・31—⑤⑤

(2) 32—①　33・34—①⑤

(3) 35—⑧　36・37—⑨⑨

(4) 38・39—①⑥　40・41—③③

Ⅳ　解答　《不定方程式》

(1) 42—⑤

(2) 43—⑥　44・45—⑧④　46・47—④⑤

(3) 48—⑨　49・50・51—①③⑤　52・53—③⑥

化 学

Ⅰ 解答 《物質の構成粒子と元素》

問1. ④ **問2.** ③ **問3.** ① **問4.** ②・⑥（順不同）

Ⅱ 解答 《分子の特性》

問1. ③ **問2.** ③ **問3.** ④ **問4.** ②

Ⅲ 解答 《物質の三態》

問1. ③

問2. 塩素：④ ヨウ素：① 一酸化炭素：⑤ 酸素：③

問3. ② **問4.** ④

Ⅳ 解答 《酸と塩基》

問1. ⑤ **問2.** ③ **問3.** ③・⑥（順不同） **問4.** ③

Ⅴ 解答 《酸化還元》

問1. ④ **問2.** ③ **問3.** ④・⑤（順不同）

生物

Ⅰ 解答 《細胞の構造，細胞の大きさとミクロメーター》

問1．⑦　**問2．**⑥

問3．③・④（順不同）

問4．①・②（順不同）　**問5．**⑦

Ⅱ 解答 《DNA の構造，ファージの実験》

問1．ア—②　**イ**—⑥　**ウ**—⑤

問2．(1)—②　(2)—⑤

問3．(1)—②　(2)—①　(3)—②　(4)—①

問4．(1)—③　(2)—⑤

問5．エ—②　**オ**—①　**カ**—③

Ⅲ 解答 《免疫のしくみ》

問1．①　**問2．**①・②（順不同）

問3．ア—③　**イ**—④　**ウ**—②　**エ**—⑤　**問4．**①

問5．①・⑥（順不同）　**問6．**①

Ⅳ 解答 《生態系内の物質の循環，生物濃縮，総生産量》

問1．ア—⑤　**イ**—⑧　**ウ**—⑥　**問2．**②　**問3．**③

問4．エ—②　**オ**—④　**問5．**⑤　**問6．**⑤

と言うかの違いに評価の違いが反映されている」とし、これを「一見記述的にみえるが評価的な言葉」だとしている。

「記述的判断が関わっている」は不適。

問五　第十一段落に「良いまたは悪いと評価したとしても、それに沿った行動が必ず実行されるとは限らない」とある。③の「必ず実行されるとは限らないので、良い、悪いといった評価はあてにならない」は順序が逆である。

問六　二段落後で「青になると進む行動が促され、赤では止まる行動が促される。しかし、こうした行動を促しているのは色そのものではない」「青という色そのものは進む行動を促していない」と述べている。「進む行動と青という色には関係性がない」とした①が適切。

問七　それぞれの文冒頭の「たとえば」「だが」「また別の疑問として」「この場合」から、どのように続いていくかを考えるとよい。①・②・④は前の文を受けているので冒頭にはこない。また、②の「後で詳しく…」は最後にくることが予想できる。

問八　空所を含む文は「というのも…からだ」となっているように、前文の理由を説明している。前文は「『食べ続けたいものはおいしい』とは限らない」と述べているので、空所Xには〈おいしくないが食べ続けている〉理由にあたる内容が入るので、①が適切。

問九　直前の「適度なものは良い評価を与えるが、度を越したものは否定的に評価される」から考える。①「バランスがとれたもの」が「最も評価される」わけではない。③「表情や口調」と関係はしているが、それだけを挙げているわけではない。④「程度は相対的」としているが、その「程度」にも主観が入っている。⑤二つ後の段落に「記述的にみえるが評価的な言葉もある」とあるように、「肯定的」と「否定的」な程度が直接評価の形成に影響を与えるわけではない。

問十　直後の「知覚能力が働くだけでは評価を下すことはできない」をヒントにする。それでは何が必要かと言うと、次段落に「センスがある人は良いか悪いかが判定できるが、ない人はそれがわからない」「『センス』は『感性』や『感受性』と言い換えられるもの」とある。この「センス」が必要だとしている選択肢は④である。

問十一　**イ**、最終段落の内容に合致している。**ロ**、傍線部Dを含む段落の二つ後の段落で「『濃厚』と言うか『くどい』

国語

出典 源河亨『「美味しい」とは何か―食からひもとく美学入門』〈第2章　食の評価と主観性　1　評価と記述〉(中公新書)

解答

問一 **ア**―②　**イ**―②　**ウ**―①　**エ**―③　**オ**―②　**カ**―④　**キ**―⑤　**ク**―②

問二 ④

問三 ⑤

問四 ⑤

問五 ③

問六 ①

問七 ③→①→④→②

問八 ①

問九 ②

問十 ④

問十一 **イ**―①　**ロ**―②

解説

問四 次段落以降で説明されている。「『おいしい』『まずい』という言葉と、『甘い』『辛い』といった言葉は、カテゴリーが違う…違う基準が使われている」とある。「よりどころとなる観点が異なる」とした⑤が適切。

学校推薦型選抜（公募制）B日程：
国際・文・心理・人間科学部

問 題 編

▶適性検査科目・配点

教　科	科　　目	配　点
外国語	コミュニケーション英語Ⅰ・Ⅱ・Ⅲ，英語表現Ⅰ・Ⅱ	100 点
国　語	国語総合（古典を除く）	100 点

▶備　考

〔スタンダード型〕

英語（100 点）＋国語（100 点）＋調査書（全体の学習成績の状況を 4 倍〈小数点以下四捨五入〉，20 点）＝総点 220 点で合否を判定する。

〔得意科目重視型〕

適性検査 2 科目のうち高得点の科目を 2 倍にし，調査書（全体の学習成績の状況を 4 倍〈小数点以下四捨五入〉，20 点）を加えた総点 320 点で合否を判定する。得意科目重視型へ出願する場合は，スタンダード型への出願が必要（得意科目重視型だけの出願はできない）。

〔英語資格試験利用型〕

大学が定める英語の資格・検定試験の基準スコアを有する場合，「英語」の得点を「みなし得点」に換算して利用することができる。個別学力試験「英語」を受験することが必須で，「英語」と「みなし得点」のどちらか高い得点を合否判定に使用する。

英語

(50分)

Read the passage and answer the questions that follow.

Schools around the world were forced to close their doors during the coronavirus pandemic, keeping an estimated 1.5 billion students out of classrooms for weeks or even months. (1) many countries, teachers began offering lessons online, but Japan's public schools were slow to adopt that model.

Kitasuwa Elementary School in Tama City, Tokyo, is one of the public schools that decided not to offer distance learning while (2)it was closed. School officials instead gave its 500 students printed materials to work on at home (3)on their own.

The teachers considered providing online lessons but (4) the idea because they were worried about maintaining equality. Not all their students had access to both a computer and reliable Internet service.

A Ministry of Education survey of all public schools in Japan in the middle of April 2020 showed how little had changed in response to the pandemic. The results of this national survey revealed that only 5% of local governing bodies (5) had planned online classes while schools were closed. In contrast, 100% of them planned home study with textbooks or printed materials.

But now some people are calling for change. In the city of Musashino in greater Tokyo, parents urged the mayor to provide online learning for all public school students. They conducted a survey of 1,500 local parents and found that 96% of (6)them supported online education. One of the survey's organizers told NHK that the online classes will give students the chance to communicate with their friends as well as pursue their education.

Ishido Nanako, professor at Keio University's Graduate School of Media Design, says Japan's schools have (7)never shown much enthusiasm for computer-based education, which means they were not prepared to adjust to the coronavirus crisis.

"People are too worried about equal treatment. That's one of the major reasons we're still carrying on with the (8)conventional education style in which students sit quietly in classrooms with pencils and notebooks," she says. "This hasn't changed for over a century, and Japan has fallen behind the rest of the world in terms of ICT (information and communications technology) in education."

Data from the Organization for Economic Cooperation and Development's (OECD) 2018 Programme for International Student Assessment (PISA) (9)illustrates how slow Japan has been to introduce ICT into education. They asked 15-year-old students how much time they spent using computer devices during classroom lessons in a typical school week. In Japan, 89% said they never or hardly ever use them in mathematics classes, and 75.9% gave that answer for science lessons. Both figures are the lowest among all OECD members. (10)And it's a similar picture outside of the classroom. Only 3% said they do homework on a computer. The average for OECD members was 20%.

Ishido says that, across the nation, the closing of schools showed the importance of ICT both in schools and homes. "We do not want to expand the existing gap (in terms of online access), but at the same time, we must not take the approach of not doing anything. Instead, there should be efforts to improve access to new technologies."

Ishido believes the pandemic will bring ___(11)___ the changes she's been calling for.

The Japanese government had begun launching reforms when the pandemic began, and the crisis has stimulated action on those plans. The authorities now want to distribute tablets or PCs to students at every public elementary and junior high school.

"Schools may be open again, but it doesn't mean things are going back to the old style," says Ishido. "Something similar may happen again. It's time we find ways to ___(12)___ a new education system that combines traditional methods with technology-based learning, which ultimately provides students with more creative opportunities."

A. Choose the best answer for each question and mark ①, ②, ③, or ④ on your answer sheet for questions [1] − [14].

出典追記：NHK WORLD-JAPAN "Coronavirus crisis shows Japan lagging in online education", 一部改変
https://www3.nhk.or.jp/nhkworld/en/news/backstories/1137/

(1) Which of the following is the best word for (1) ? 1

① Along

② Beside

③ In

④ On

(2) What does (2)it refer to? 2

① distance learning

② Kitasuwa Elementary School

③ Tama City

④ the model

(3) Which of the following can best replace (3)on their own? 3

① against their will

② by themselves

③ online

④ with their parents

(4) Which of the following is the best choice for (4) ? 4

① gave up

② give up

③ has given up

④ is giving up

(5) Which of the following is the best phrase for (5) ? 5

① across the country

② across the world

③ in Tama City

④ in Tokyo

(6) What does (6)them refer to? 6

① organizers

② parents

③ services

④ students

(7) Which of the following is closest in meaning to (7)never shown much enthusiasm for?

7

① been doubtful about

② been excited about

③ been hoping for

④ been in favor of

(8) Which of the following CANNOT replace (8)conventional? 8

① latest

② regular

③ traditional

④ usual

(9) Which of the following usages of "illustrates" is most similar to (9)illustrates? 9

① The computer program illustrates floor plans from written text.

② The person who illustrates the designs showed us how to do it.

③ The report illustrates why most people want lower taxes.

④ The woman illustrates children's books for fun.

(10) What does the author suggest in the underlined sentence (10)? 10

① Students dislike creating pictures on computers outside of the classroom.

② Students in Japan tend to use computers as much as students in other OECD countries.

③ Students like to use computers for designing presentations in the classroom.

④ Students usually do not use computers for schoolwork outside of the classroom.

(11) Which of the following is the best word for ＿(11)＿ ? 11

① about

② between

③ to

④ with

(12) Which of the following is the best word for ＿(12)＿ ? 12

① build

② consume

③ neglect

④ suppress

(13) What does the passage suggest about ICT in education in Japan? 13

① It has a long history.

② It has quickly improved.

③ It is not important.

④ It is not sufficient.

(14) Which of the following is the best title for this passage? 14

① It Is Time for Japanese Schools to Use More Technology

② Japanese Schools Successfully Used Computers During the Pandemic

③ Japanese Teachers Dislike Using Computers in Class

④ Why Japanese Schools Will Use Less Technology in the Future

B. Complete the following sentences using all of the words from ① to ④ below. Which word should be in position (b)? Mark ①, ②, ③, or ④ on your answer sheet for questions [15] and [16].

(15) Our team worked hard to (a) (b) (c) (d) mistakes. [15]

① for

② make

③ our

④ up

(16) She loves that anime character (a) (b) (c) (d) say. [16]

① matter

② no

③ others

④ what

こうとし、哲学的な思考が始まらないから。

問十　次のイ〜ハの文のうち、本文の内容に合致するものには①を、合致しないものには②を、それぞれ選びなさい。解答番号は [18] 〜 [20] 。

イ　自らの力で認識が形成されるとき、心は受動的であることから解き放たれるとスピノザは考えた。 [18]

ロ　生物は成功して、ひたすらその成功を維持することに満足すると、進化しなくなってしまうとベルクソンは考えた。 [19]

ハ　スピノザの哲学における〈認識による解脱〉は、大乗仏教の教義に即して情念をボン悩として捉えている。 [20]

ることができている。

問七　傍線部C「知性というものはどちらかといえば意識に向かい、本能は無意識に向かう」とあるが、それについて述べた一文として最も適当なものを、次の①〜⑤のうちから選びなさい。解答番号は 15 。

① 本能は、行動が成功することによって、意識から消えてしまうとベルクソンは考えた。

② 知性は、意識と行動の差を生じさせるため、無意識な本能より優れているとベルクソンは考えた。

③ 本能は、意識に浮かび上がる以前に、与えられた役目を自動的に果たすとベルクソンは考えた。

④ 知性は、〈意識の強さの程度〉が低い動物を、高い方向に導くことができるとベルクソンは考えた。

⑤ 本能は、無意識と結びついて、〈意識の強さの程度〉が低い動物と人間との違いを明らかにするとベルクソンは考えた。

問八　傍線部D「植物は眠っているなんていう考え方」とあるが、それについて述べた一文として不適当なものを、次の①〜⑤のうちから選びなさい。解答番号は 16 。

① 植物は人間と異なり、生育に必要な養分の種類を選択しない。

② 植物は人間と同じように、意識を有してはいるが、その意識は、人間のようには覚醒していない。

③ 植物は人間と同じように、一定の刺激には反応するが、すべての刺激に反応するわけではない。

④ 植物は人間と異なり、自らを動かす機能を有していない。

⑤ 植物は人間と異なり、生きていくうえで自発的な決断を下していない。

問九　傍線部E「そういう必要を感じることからすぐに哲学的な思考が始まるわけではない」とあるが、その理由として最も適当なものを、次の①〜⑤のうちから選びなさい。解答番号は 17 。

① 人は感覚的な快楽を感じたとき、それに身を委ねようとし、哲学的な思考が始まらないから。

② 人は悩みや苦しみに囚われたとき、心が受動的になってしまい、哲学的な思考が始まらないから。

③ 人は混乱状態になったとき、すべてを解決することはできず、哲学的な思考が始まらないから。

④ 人は〈知的なもの〉への好奇心を抱いたとき、その好奇心に囚われてしまい、哲学的な思考が始まらないから。

⑤ 人は不健康な状態が引き起こされたとき、理性が自動的に働

を、次の①～⑥のうちからそれぞれ選びなさい。解答番号は [10]・[11]。

ア [10]　イ [11]

① 潜在　② 文化　③ 間接　④ 自動
⑤ 明示　⑥ 意志

問四　傍線部A「〈考えること〉と〈身体を使うこと〉」とあるが、そのつながりについて述べた一文として最も適当なものを、次の①～⑤のうちから選びなさい。解答番号は [12]。

① 人間が身体を使うのは、自分の考えを単純化したいときである。
② 人間がゆったりと座って考えるのは、難問に取り組むためである。
③ 人間が全速力で走るのは、考えごとをする余裕がないからである。
④ 人間が頭を使って考えをめぐらせるのは、うまく行動できないときである。
⑤ 人間がぼんやり過ごすのは、余計なことを考えないようにするためである。

問五　空欄 [X] に入れるのに最も適当なものを、次の①～⑤のうちから選びなさい。解答番号は [13]。

① 選択の自由がまったくない
② 選択の必要がほとんどない
③ 選択の基準がまるでわからない
④ 選択の結果がことごとく予測できない
⑤ 選択の仕組みがさっぱり機能していない

問六　傍線部B「できるように行動したのであって、知っているように行動したのではなかった」とあるが、その説明として最も適当なものを、次の①～⑤のうちから選びなさい。解答番号は [14]。

① 昆虫は、できることと知っていることを区別できるので、進化する危険をおかす必要がなかった。
② スズメバチは、環境から学んだ知識によって、青虫を麻痺させて食料として貯えることができている。
③ スズメバチは、知らず知らずのうちに、与えられた環境に合わせて本能に則った行動ができている。
④ 原生的な生物は、進化のために複雑化する過程を知っているので、生存の条件にうまく適応できている。
⑤ 昆虫は、食料を貯蔵する方法を知っているため、うまく生き

⑤ 出世にサワる。

エ　サン術　**4**

① 法律案の作成にサンカした。
② 野山をサンサクした。
③ 商売のサイサンが取れなかった。
④ 一代で膨大なシサンを築いた。
⑤ 代表が新しい法案にサンイを示した。

オ　ヘダたり　**5**

① 前の車とのカンカクを取っている。
② 恩師にベツリの言葉を述べた。
③ 議論がキョクタンな方向に進んだ。
④ 今の日本はカトキを迎えている。
⑤ 車がシンスイ被害に遭った。

カ　オチイって　**6**

① この家はケッカンを抱えている。
② 彼の存在はキョウイだ。
③ 雪崩《なだれ》で民家がマイボツした。
④ 子どもに注意をカンキする。
⑤ この道具はヨウトがわからない。

キ　ハン然　**7**

① 社会生活のキハンを示す。
② 動物のハンショクに成功した。
③ 彼女をヒハンしてはいけない。
④ 順風マンパンな生活を送る。
⑤ シハンの風邪薬を飲んだ。

ク　ボン悩　**8**

① 口先だけで行動がトモナわない。
② ガンコな生き方を貫く。
③ 彼女は重大な過ちをオカした。
④ 近所付き合いがワズラわしい。
⑤ ヘイボンな人生を過ごす。

問二　空欄《　a　》〜《　c　》に入れる語句の組み合わせとして最も適当なものを、次の①〜⑥のうちから選びなさい。解答番号は **9**。

① a　ところで　b　また　c　まず
② a　だが　b　けれども　c　まず
③ a　しかし　b　また　c　すなわち
④ a　ところで　b　けれども　c　いや
⑤ a　だが　b　それに　c　すなわち
⑥ a　しかし　b　それに　c　いや

問三　空欄（　ア　）・（　イ　）に入れる語として最も適当なもの

と必須なのでしょう。

　では、少々落ち着いてきて理性がある程度働くようになったらどうしたらいいのでしょうか。情念は私たちがこれについて明晰《めいせき》で判明な観念をもつや否や情念であることをやめる、とスピノザは書いています（『エチカ』第五部定理三）。〈情念であることをやめる〉というのは、言い換えれば心が〈受動的であることをやめる〉ということでしょう。いわば自らの力で形づくる認識という能動的な働きによる心の解放がここにはありそうです。

　実際、スピノザはそれを哲学に求めたに違いありません。〈認識による解脱《げだつ》〉とまで言ってしまってもいいかもしれませんね。大乗仏教の言う〈すべては空《くう》と見定め、ク ボン悩を排して解脱する〉とでもいうような態度と似てきます。情念はボン悩みたいなものですから。〈そんなことができるのか〉と問いたくなる人もいらっしゃるでしょう。完全には無理なのかもしれません。けれども少なくとも次のようには言えそうです。

　スピノザは言っている。人間が情念をもたないということはありえない。だが、賢者は魂のなかに幸福な思想の領域を大きく形づくっているので、そのままでは情念がおよそ小さい領域しかもたないのだ、と。（アラン『幸福論』）

　そういうことをめざそうと決断したとき、まさに情念という事柄を題材にして、哲学的思考とそれを基礎にした生き方の探究の出発点に立つのです。ここに至って初めて、放っておいても考えてしまうのではなく、あえて自分から考えることが始まるのです。

（米山優『つながりの哲学的思考』　ただし一部変更した箇所がある）

問一　二重傍線部ア～クの片仮名と同じ漢字を用いるものを、次の各群の①～⑤のうちから、それぞれ選びなさい。解答番号は 1 ～ 8 。

ア　大上ダン　1

①　ダンケツして敵と戦った。
②　社長はエイダンを下した。
③　目的のためにシュダンを選ばない。
④　ビダンが新聞に掲載された。
⑤　汚職事件をキュウダンした。

イ　密セツ　2

①　セッセンの末に勝利した。
②　新しい価値観をホウセツする。
③　五月五日は端午のセックだ。
④　この大学はセツビが整っている。
⑤　選挙のエンゼツを聞いた。

ウ　支ショウ　3

①　修理代をツグナう。
②　歓迎会にマネかれた。
③　深いキズを負う。
④　勝負をアセる。

心になることだ」ともベルクソンは書いています。人間も無関心になる程度に応じてちょうどその程度に眠るのだ、と。彼は、子どもに添い寝している母親は雷鳴も聞こえないことがあるのに子どもの寝息の変化で目を覚ますだろうという例を挙げて、子どもに対してはその母親は実際には眠っていないのだと言うのです。このことを一般化すると、関心を惹《ひ》き続けるものに対しては私たちは眠っていないのだとも言えそうです。この論点は重要だと思います。関心がなくなればその事柄については眠ってしまいそうですから（これは授業中や会議中でも当てはまることですね）。

さて、そろそろ哲学的思考に焦点を合わせましょう。

あなたはいろいろなことに関心がありますか。アリストテレスは『形而上学』という本の冒頭で「すべての人間は、生まれつき、知ることを欲する」と書きましたが、それは本当でしょうか。彼はその断言に続けて、「その証拠としては感覚への愛好があげられる」と書いています。

しかし、感覚的なものとは異なる〈知的なもの〉への好奇心がそこからどう導かれるのかはハン然としません。たとえばソクラテスが死を賭しても求めた「徳」の話に、「感覚への愛好」がどうつながるのでしょうか。一般に人間にはそういう知的なものへの好奇心などそれほど強くないようにも見えます。むしろ食料確保とか戦争の危険とか、苦痛を避けるためとか、さらには死を避けるためとか、生命感覚に近いところで必要に迫られて知ろうとすることがほとんどなのかもしれません。

それでも〈知的なもの〉への好奇心は止むことなくアリストテレスから私たちまでつながっています。なぜでしょうか。人生とかに思い悩んだとき、意識をそらすために感覚的な快楽に身を委ねる人もいるでしょう。もちろんそれも一時的な気分転換には有効かもしれません。しかしそれですべてが解決することはなくて、考える必要が生じることもありえます。でも、そういう必要を感じることからすぐに哲学的な思考が始まるわけではないと思います。なぜなら、それは考えさせられているだけで、自分から進んで何かを考えようと意志しているわけではないからです。そういう思考は受動的なものでしかありません。

悩んだり、苦しんだり、悲しんだりする状態は心が受動的になっている状態なのだとデカルトは述べました。「情念」に囚《とら》われているという状態です。『情念論』という彼の書物は *Les Passions de l'âme*、まさに「心のいろいろな受動」なのですから。悩みや苦しみや悲しみなどが生じるもととなる事柄への想いを機縁に、身体には溜《た》め息とか力みとか動悸《どうき》とか食欲不振といった不健康な状態が引き起こされます。それらのいわば混乱に心が引きずられて、その混乱状態に応じた考えが自分の意志とは関わりなく生じてしまうわけです。それが情念です。

そうだとすれば、冷静に考えるためには〈意識する度合い〉が強まるだけではなく、心に能動性を取り戻す作業も必要な気がしますよね。

デカルトも、激しい情念に囚われているとき人間の理性は何もできないのであって、身体の混乱によって生じる疲れなどによって情念がある程度は沈静化するのを待つ必要があるという趣旨のことを書いています。荒れ狂っている情念には、人間がもちうるはずの能動性である理性は無力なのです。ですから、哲学的に考えるためにもこうした心身の落ち着きはきっうあり方へと進化する必要もない気がしますよね。「生存の条件に適応して生きることに成功しているこの生命が、なぜ複雑になっていったのか」と、生物進化に関連してベルクソンも問うています。現に成功している路《みち》から外れるような危険をわざわざおかすのはバカげているかもしれないでしょうから。

　実際、ベルクソンは生物の進化が袋小路に[カ]オチイって足踏みを始める理由をそこに見ています。うまくいっているのだからそのままでいいじゃないかというわけです。成功が進化を止めるのです。それに対して彼は、「一般的に生命全体の進化も人間社会の発達や個人の運命の展開と同じことで、そこでは最大の成功は最大の危険を買って出たものに与えられてきた」と書いています（『創造的進化』）。

　本能は、いわば努力して探しもしないのに見つけてしまうような成功を手に入れて、そこに座り込んでしまったのです。もう探しません。失敗しないのですから。ところが人間は失敗します。悩みます。だから解決策を探すわけですね。

　そうだとすると、さきほどからの議論に則れば、動物は人間と比べると〈意識の強さの程度〉が低いなんていうことが言えそうには思いませんか。つまり、意識が浮かび出ようとするその刹那、行動が成功してしまってヘダたり（サン術的差）を生じることがないと、意識は消えてしまいそうです。もし〈本能的な知〉というものを認めるとしても、その知は意識されるよりもむしろ自動的に演じられてしまう。その結果、本能的な知に則った行動は成功するけれども、当の知そのものは意識に浮かび上がってきません。こうしてベルクソンは、[C]知性というものはどちらかといえば意識に向かい、本能は無意識に向かうと想定してよかろうと議論をまとめるのです。

　では植物はどうでしょう。ほとんどの植物は特定の場所に根を張り、その根から養分を吸い上げることによって生きています。人間がサプリメントを摂取しているわけではないのですから、そこには生育に必要な〈窒素、カリウム、リン、硫黄《いおう》、カルシウム、マグネシウム、鉄その他合計一七種類の必須栄養素のうち、今日はどの養分にしようかな〉なんていう選択はありませんよね。また、洗濯物を干すわけでもないのですから、〈今日は晴れているけど、光合成はやめておくか〉などという選択もありません。

　つまり、そこにはそもそも自らの営みに関わる選択など成立していないようにみえます。そして意識が選択を意味して、意識の役割は決断のお膳立てをすることにあるとすると、植物のように自発的に動こうとせず決断しようともしないものに意識があるというのはどうも疑わしいのです（『精神的エネルギー』）。けれども、そこにおいてさえ自分を動かす機能がないというよりもむしろ眠っているのだとベルクソンは考えます。

　実際、動物を高等なものから下位のものへと見ていくと、次第に漠然としたかたちにはなるけれども、選択の機能、つまり一定の刺激に対して多少なりとも予想外な運動で応える機能が働いていることがわかります。ベルクソンはアメーバの偽足の動きを例として掲げています。

　[D]植物は眠っているなんていう考え方は面白いですよね。「眠るとは無関

そうな考えは消えていく、と。

すると、〈考えること〉と〈行動すること〉との間には、その二つが両立しないかもしれないという事態も含めて、密セツな連関がありそうです。そういうことについて検討することからはじめてみましょう。

〈考えること〉について考えてみると、物事が支ショウなく運んでいるときにはどうも人は考えごとなどしないらしいのです。自分の関わっているその物事に人は焦点を合わせていて、それこそ当該の事柄を意識もせずに前に進めているのが普通のようです。脇目も振らずに行動しているという事態ですね。

それに対して自分のやっていることを意識する度合いがことさら強くなるのは、いくつもの選択肢があって、そのうちのどれを選ぼうか決めかねているとき、つまり迷っていて行動できないでいるときだったりします。

自分が選択する可能性のある行動がいくつも思い描かれているのに実際の行動には移れない場合に、自分の行動を〈意識する程度〉は強くなる。「意識は躊躇《ちゅうちょ》ないしは選択を意味する」とアンリ・ベルクソンは書きました（『創造的進化』）。ですから、私たちの行動が（　ア　）的に選択するものでなくなり、躊躇などなく（　イ　）的になったときに、逆に意識は退いてしまうようなのです。事実、夢遊病の場合には意識はなくなっていそうですよね。意識は自らの活動に関わる「実践的な判別」を本質とすると言えそうです（ベルクソン『物質と記憶』）。生物の意識は潜在的な活動と現実の活動とのサン術的な差であると定義できそうだとも彼は書きました（『創造的進化』）。考えることと行動との間のヘダたりがなくなると意識は消えるというわけです。

人が習慣的な行動をする場合は、考えなくても行動できてしまうために、思考と行動との間にはヘダたりがありません。意識などしないでそれを遂行しています。〈あれっ、鍵は閉めたっけ〉とか問う事態は、〈鍵を閉めよう〉と思ったけれどもすぐに〈鍵を閉める〉という行動が起こってしまったために生じることなのです。

ここではまず、動物の「本能」といわれるものに注目してみましょう。

〈本能的な動き〉というと、ある特定の場合にどういうふうに行動するかがほぼ決まっているものだと思いませんか。［　X　］、と。だからこそ迷わないし、またたいていは成功します。言い換えると、本能的な行動に則《のっと》った行動をする生物はそのままで自らの生存の条件に適応して生きることに成功しているわけです。

昆虫を観察したファーブルは、ある種のスズメバチが獲物の青虫を生きたまま食料として貯えるために、殺さない程度に刺して麻痺《まひ》させることを知っているのに感嘆したといいます（アラン『人間論』）。しかし、アランはそれについて「できるように行動したのであって、知っているように行動したのではなかった」とつけ加えます。そうやって、知を意識することなどなくとも生きることに成功しているのです。原生的な生物といえども私たち人間と同じように生存の条件にうまく適応しています。その生物もそこで生きることに成功しているからです（ベルクソン『精神的エネルギー』）。

そうだとすれば、その成功を維持するだけでよさそうですし、あえて違

国語

（五〇分）

次の文章を読んで、後の設問に答えなさい。

これから哲学的思考の話をします。それも〈つながり〉ということをめぐってです。

つながりはいろいろなモノやコトの間にあるはずですが、その実際はゆっくりと提示することにして、まずは哲学的思考のほうから話をはじめましょう。

《　a　》「哲学とは何か」という問い自体が哲学上の大問題であることからしても、〈これが哲学的思考だ〉などとア大上ダンに振りかぶったところですぐに頓挫しそうです。

《　b　》〈哲学的思考〉などというと、その一方で〈哲学的ではない思考〉があることにもなりそうです。思考という営みにそういう区別があるとして、その違いはどんなところにあるのでしょうか。

《　c　》、そもそも人間が考えるのはどういうときでしょうか。暇なときでしょうか。でも暇なときにはぼんやりとして、むしろ何も考えないのではありませんか。

そうではなく、「暇だといろいろ余計なことを考えてしまうから、忙しいほうがいい」なんて言う人もいます。なるほど。

そうだとすると、そんな「余計なこと」など考えたくもないのに、それでも考えてしまうという場合がありうるわけですね。そして忙しくしていると、そんなことを考えなくてもすむのだ、と。

一理ありそうです。忙しくしているとき、たとえば自分の脚を使ってそれこそ全速力で走っているときに、「存在って何だろう」なんていう問いなどあまり立てそうにはありません。数学の難しい問題について考えを進めるのも、ゆったりと座って筆記用具を手にしてしかできないような気もします。するとA〈考えること〉と〈身体を使うこと〉との間に、なんだかつながりがありそうな気がしてきますね。

いずれにしろ、物事がうまくいかない（つまりうまく行動できない）ときに考え込んでしまうというのは日常的にありそうな事態です。そして、仕事でも何でもいいのですが、忙しく行動すると、そういう余計ともいえ

解答編

英語

解答　A. (1)―③　(2)―②　(3)―②　(4)―①　(5)―①　(6)―②　(7)―①　(8)―①　(9)―③　(10)―④　(11)―①　(12)―①　(13)―④　(14)―①

B. (15)―④　(16)―①

解説

《日本の学校がテクノロジーをもっと利用する時がきている》

A. (1)「多くの国々で」となれば文意が成立するので，③in が適切である。

(2) while it was closed「それが閉鎖されている間」から，it が文の主語 Kitasuwa Elementary School であれば文意が成立する。「東京の多摩市にある北諏訪小学校は，それが閉鎖されている間，遠隔学習を提供しないことに決めた公立学校の1つである」

(3) on *one's* own は「一人で，独力で」を意味する成句。②by themselves が同意である。①「意思に反して」③「オンラインで」④「親と」

(4) 前にある considered と呼応させて過去時制の①gave up を入れれば，「教師たちは，オンラインによる授業を提供することを考えたが，平等を維持することに不安があったのでその考えをあきらめた」となり，文意が成立する。

(5) 空所を含む段は，パンデミック期間の学校の対応に関する文部科学省による全国調査の結果について述べたものである。したがって，①「全国にわたる」が入れば，「全国の地方自治体のたった5％」となり，この箇所の語句の意味が成立する。local governing body「地方自治体」

(6)　them が②parents を指すと考えれば，「1500 名の地元の親を調査したところ，その 96%がオンライン教育を支持していることがわかった」となり，文意が成立する。

(7)　下線部は「～に対してあまり熱意を示すことはない」を意味しているので，①「～について疑わしいと思っている」が文脈上適切である。
②「～についてわくわくしている」
③「～を望んでいる」
④「～に賛成している」

(8)　conventional「従来の，伝統的な」と置き換えることができないのは①「最近の」である。

(9)　下線部の illustrates は「具体的に示す」を意味しているので，③「そのレポートは，なぜほとんどの人がより低い税金を望んでいるかを具体的に示している」が適切である。
①「そのコンピュータプログラムは，手書きのテキストをもとに間取り図を描く」
②「デザインを描く人が私たちにそのやり方を見せてくれた」
④「その女性は，児童書のイラストを描くのを楽しんでいる」

(10)「そして，教室の外でも状況は似ている」が下線部の文意。a similar picture「似た状況」とは，同段第 2・3 文（They asked 15-year-old … for science lessons.）に述べられている，日本の生徒は授業中にコンピュータ機器をほとんど使うことがないという状況に似た状況のことである。下線部に続く文で，コンピュータを使って宿題をすることがほとんどない，という「似た状況」が具体的に述べられている。したがって，④「生徒たちは，教室外で勉強するのにふつうコンピュータを使うことはない」が適切である。

(11)　①about が入れば，bring about ～「～をもたらす」となって，適切である。

(12)「新しい教育制度を作り上げる」となる①build が適切である。
②「～を消費する」 ③「～をなおざりにする」 ④「～を抑圧する」

(13)　日本の教育における情報通信技術について，本文中で示唆されていることを問う設問である。本文では，日本の学校の内外でコンピュータ技術を用いた教育及び学習が，他国と比較して遅れていることが指摘されているので，④「それは不十分である」が適切である。

⒁　日本の教育における情報技術利用の遅れを指摘する主旨なので，表題としては①「日本の学校がテクノロジーをもっと利用する時がきている」が適切である。

②「パンデミックの間，日本の学校はコンピュータをうまく活用した」

③「日本の教師は授業中にコンピュータを使うのを嫌う」

④「なぜ日本の学校は将来においてテクノロジーの利用を減らすことになるのか」

B. ⒂　並べ替えた箇所の語順は“make up for our”となる。「私たちのチームは，ミスを取り戻そうと懸命だった」 make up for～「～を埋め合わす，取り戻す」

⒃　並べ替えた箇所の語順は“no matter what others”となる。「他人が何と言おうと，彼女はそのアニメのキャラクターが大好きだ」 no matter＋疑問詞／疑問形容詞は，譲歩を表す表現。

問五　直前に「ある特定の場合にどういうふうに行動するかがほぼ決まっている」とある。これは「選択の自由」がないのではなく、「選択の必要」がないのである。

問六　直後に「知を意識することなどなくとも生きることに成功している」とある。順序として、〈〜を知っているから、…できた〉とはならない。①「できることと知っていることを区別できる」、②「環境から学んだ知識によって」、④「複雑化する過程を知っている」、⑤「食料を貯蔵する方法を知っている」がそれぞれ不適。

問七　直前の二文に「その知は意識されるよりもむしろ自動的に演じられてしまう」「当の知そのものは意識に浮かび上がってきません」とある。この二点を含む選択肢は③である。①「本能」が「意識から消えてしまう」ことはない。②「無意識な本能より優れている」が不適。④「高い方向に導く」とは言っていない。⑤「動物と人間との違いを明らかにする」が不適。

問八　二段落前に「意識があるというのはどうも疑わしい…そこにおいてさえ自分を動かす機能がないというよりもむしろ眠っているのだとベルクソンは考えます」とある。「自らを動かす機能を有していない」とした④は不適。

問九　直後の「なぜなら」に着目する。「自分から進んで何かを考えようと意志しているわけではないからです。そういう思考は受動的なものでしかありません」「悩んだり、苦しんだり、…心が受動的になっている状態」とある。②が合致している。

問十　**イ**、後ろから三段落目の「心が〈受動的であることをやめる〉…自らの力で形づくる認識という能動的な働きによる心の解放がここにはありそう」に合致している。**ロ**、第十九段落の「成功が進化を止める」に合致している。**ハ**、後ろから二段落目に「大乗仏教の言う…態度と似てきます」とあるので、「大乗仏教の教義に即して」は不適。

国語

出典　米山優『つながりの哲学的思考―自分の頭で考えるためのレッスン』〈序章　哲学的に考えるとはどういうことか　1　哲学的思考に向かって〉（ちくま新書）

解答

問一　**ア**―③　**イ**―①　**ウ**―⑤　**エ**―③　**オ**―①　**カ**―①　**キ**―③　**ク**―④

問二　⑥

問三　**ア**―⑥　**イ**―④

問四　④

問五　②

問六　③

問七　③

問八　④

問九　②

問十　**イ**―①　**ロ**―①　**ハ**―②

解説

問四　次段落の「物事がうまくいかない（つまりうまく行動できない）ときに考え込んでしまうというのは日常的にありそうな事態」から考えればよい。①「自分の考えを単純化したい」、②「難問に取り組むため」、③「考えごとをする余裕がない」、⑤「余計なことを考えないように」がそれぞれ不適。

一般選抜前期A日程：全学部

問題編

〔国際・文・心理・人間科・音楽（音楽キャリアデザイン）学部〕

▶試験科目・配点

学部等	科目型	教科	科目	配点
国際・音楽（音楽キャリアデザイン）	2科目型	外国語	コミュニケーション英語Ⅰ・Ⅱ・Ⅲ，英語表現Ⅰ・Ⅱ	100点
		選択	日本史B，世界史B，「数学Ⅰ・Ⅱ・A・B[*1]」，「国語総合（古典を除く），現代文B」から1科目選択	100点
	3科目型	外国語	コミュニケーション英語Ⅰ・Ⅱ・Ⅲ，英語表現Ⅰ・Ⅱ	100点
		選択	日本史B，世界史B，「数学Ⅰ・Ⅱ・A・B[*1]」から1科目選択	100点
		国語	国語総合（古典を除く），現代文B	100点
文	2科目型	外国語	コミュニケーション英語Ⅰ・Ⅱ・Ⅲ，英語表現Ⅰ・Ⅱ	100点
		国語	国語総合（古典を除く），現代文B	100点
	3科目型	外国語	コミュニケーション英語Ⅰ・Ⅱ・Ⅲ，英語表現Ⅰ・Ⅱ	100点
		選択	日本史B，世界史B，「数学Ⅰ・Ⅱ・A・B[*1]」から1科目選択	100点
		国語	国語総合（古典を除く），現代文B	100点
心理	2科目型	外国語	コミュニケーション英語Ⅰ・Ⅱ・Ⅲ，英語表現Ⅰ・Ⅱ	100点
		選択	日本史B，世界史B，「数学Ⅰ・Ⅱ・A・B[*1]」，「生物基礎・生物」，「国語総合（古典を除く），現代文B」から1科目選択	100点
	3科目型	外国語	コミュニケーション英語Ⅰ・Ⅱ・Ⅲ，英語表現Ⅰ・Ⅱ	100点
		選択	日本史B，世界史B，「数学Ⅰ・Ⅱ・A・B[*1]」，「生物基礎・生物」から1科目選択	100点
		国語	国語総合（古典を除く），現代文B	100点

人間科	2科目型	外国語	コミュニケーション英語Ⅰ・Ⅱ・Ⅲ，英語表現Ⅰ・Ⅱ	80点*2
		選　択	日本史B，世界史B，「数学Ⅰ・Ⅱ・A・B*1」，「化学基礎・化学」，「生物基礎・生物」，「国語総合（古典を除く），現代文B」から1科目選択	120点*2
	3科目型	外国語	コミュニケーション英語Ⅰ・Ⅱ・Ⅲ，英語表現Ⅰ・Ⅱ	100点
		選択①	「化学基礎・化学」，「国語総合（古典を除く），現代文B」から1科目選択	100点
		選択②	日本史B，世界史B，「数学Ⅰ・Ⅱ・A・B*1」，「生物基礎・生物」から1科目選択	100点

＊1　数学Aは「場合の数と確率」「整数の性質」「図形の性質」の3項目，数学Bは「数列」「ベクトル」の2項目より出題。

＊2　得意科目重視型の場合は100点。

▶備　考

・全科目とも共通の問題。

〔**スタンダード型**〕

2科目型：英語（人間科学部80点，その他の学部100点）＋選択科目1科目（人間科学部120点，その他の学部100点）＝総点200点で合否を判定する。

3科目型：人間科学部以外の学部は，英語（100点）＋国語（100点）＋選択科目1科目（100点）＝総点300点，人間科学部は，英語（100点）＋選択科目2科目（200点）＝総点300点で合否を判定する。

〔**得意科目重視型**〕

2科目型：高得点の科目を2倍にし，総点300点で合否を判定する。

3科目型：最も高得点の科目を2倍にし，総点400点で合否を判定する。

得意科目重視型へ出願する場合は，スタンダード型への出願が必要（得意科目重視型だけの出願はできない）。

〔**英語資格試験利用型**〕

大学が定める英語の資格・検定試験の基準スコアを有する場合，「英語」の得点を「みなし得点」に換算して利用することができる。個別学力試験「英語」を受験することが必須で，「英語」と「みなし得点」のどちらか高い得点を合否判定に使用する。

〔音楽（音楽表現）学部〕

▶試験科目・配点

教　科	科　　　　　目	配　点
外国語	コミュニケーション英語Ⅰ・Ⅱ・Ⅲ，英語表現Ⅰ・Ⅱ	100 点
選　択	聴音，新曲視唱，副科ピアノ実技（ピアノ志願者を除く）〈省略〉から１科目選択	100 点
実　技	主専修実技*〈省略〉	300 点

*　器楽専修オルガン・チェンバロ志願者は主専修実技をピアノで受験できる。

▶備　考

〔英語資格試験利用型〕

大学が定める英語の資格・検定試験の基準スコアを有する場合，「英語」の得点を「みなし得点」に換算して利用することができる。個別学力試験「英語」を受験することが必須で，「英語」と「みなし得点」のどちらか高い得点を合否判定に使用する。

英　語

（60分）

Read the passage and answer the questions that follow.

Nothing warms our heart quite like our dog's sweet smile after a long day. We have such close (1)bonds with our dogs that it seems natural to associate the expressions on their faces and even some of their behaviors with those of humans, like when the friendliest dog breeds come close to show they care or when your dog stares at you to beg for extra attention (or a bite of your sandwich). But when it comes to ___(2)___ happiness, do dogs smile, or do we just like to think they share this human characteristic? We talked to dog behavior experts to find out. Here's what (3)they said about dogs smiling and other signs your dog is happy.

Can dogs smile? Besides the many smiles you see from your own happy dog, there are literally thousands of smiling-dog photos on the Internet. Yet scientists do not know for sure if our dogs are smiling at us (4)on purpose the way humans do. So even though a dog's little grin can look astonishingly like our own, research shows that humans and dogs produce distinct expressions of emotion, and that dogs do not, in fact, use their face muscles in the same way ___(5)___ those emotions.

So, are dogs actually happy when they smile? To date, researchers have not found concrete (6)evidence that dogs smile to communicate happiness.

Dogs communicate in other ways that tell you what they want and how they feel. "A dog can definitely express emotional states through their body, but it involves ___(7)___ face," says Angie Madden, who trains dogs and owns a company called DogSpeak. "Dogs express a lot more with their entire bodies rather than their faces. We are looking ___(8)___ their ear position, tail position and movement—the position, any muscle tension, and how their body is moving."

Now, think about what a positive emotional state looks like in a dog. "If we are looking for signs that a dog is relaxed, we will often see soft muscles. That is, we look for their ability (9)to attend to their environment without significant responses. They are more likely to take food treats gently, and their movements tend to be ＿(10a)＿ and fluid rather than ＿(10b)＿ and full of energy," says Madden.

How can you tell (11)if a dog is happy? We have to look to their body language for (12)clues, just as we might seek signs that our dog is secretly mad at us. Here are some signs of dog happiness.

"In general, the looser and more excited their body is, the 'happier' the dog's mental state," says Madden. A dog with a (13)tight, tense, and still body is more likely to be stressed.

Play also indicates a dog's mental state. You might see your dog do a "play bow." "With the play bow, they often have their feet spread wide and elbows touching the ground," says Madden. On the other hand, dogs might not ask for or (14)engage in play if they are older, in pain, anxious, or otherwise uncomfortable.

We can also figure out the secrets our dogs' tails are trying to tell us. For instance, a moving tail does not always (15)indicate a happy dog. It actually depends on how the tail is moving. "My favorite 'happy' tail is what is sometimes referred to as a helicopter tail. It goes around in circles and every which way," says Madden. A low, slow-moving tail is another positive expression.

You might not be able to read your dog's mind by looking into their eyes, but when they are closing their eyes, that's a good sign. "When a dog is actively looking at you and then closing their eyes, they are in a much more relaxed state," Madden says.

Just remember: while there are distinct signals that show how your dog ＿(16)＿, do not expect them to be the same as human expressions of feelings. Instead, just be happy that your dog is happy!

Choose the best answer for each question and mark ①, ②, ③ or ④ on your answer sheet for questions [1] – [20].

(1) Which of the following can best replace (1)bonds? [1]

① behaviors

② expressions

③ smiles

④ ties

出典追記：Do Dogs Smile? Decoding Your Dog's Happy Face, Reader's Digest on February 2, 2023 by Lisa Marie Conklin

(2) Which of the following is the best choice for ＿(2)＿? [2]

① be displayed

② displaying

③ displays

④ have displayed

(3) What does $_{(3)}$<u>they</u> refer to? [3]

① behaviors

② dogs

③ experts

④ humans

(4) Which of the following can best replace $_{(4)}$<u>on purpose</u>? [4]

① by accident

② emotionally

③ happily

④ with intention

(5) Put the words ① to ④ into the correct order for ＿(5)＿. Which word should be in position (b)? [5]

...muscles in the same way (a) (b) (c) (d) those emotions.

① do

② express

③ humans

④ to

(6) Which of the following CANNOT replace $_{(6)}$<u>evidence</u>? [6]

① data

② proof

③ support

④ theory

(7) Put the words ① to ④ into the correct order for ___(7)___. Which word should be in position (b)? [7]

...but it involves (a) (b) (c) (d) face," says Angie Madden...

① more

② much

③ than

④ the

(8) Which of the following is the best word for ___(8)___? [8]

① at

② by

③ in

④ with

(9) Which of the following usages of "to" is most similar to (9)to? [9]

① Chocolate sales have increased to two million dollars this year.

② I could not find anything to buy at the store.

③ I went to the store to have some delicious chocolate.

④ Try not to eat too much chocolate.

(10) Which of the following are the best words for ___(10a)___ and ___(10b)___? [10]

① (a) faster, (b) calmer

② (a) faster, (b) wild

③ (a) slower, (b) calmer

④ (a) slower, (b) wild

(11) Which of the following usages of "if" is most similar to (11)if? [11]

① I will go out even if it rains.

② If it were not for teachers' supports, I would not pass the exam.

③ She asked if I like studying geography.

④ You can watch a beautiful sunrise if you get up early.

(12) Which of the following is closest in meaning to $_{(12)}$clues? 12

① aspects

② factors

③ hints

④ results

(13) Which of the following can best replace $_{(13)}$tight? 13

① brave

② fast

③ loose

④ stiff

(14) Which of the following can best replace $_{(14)}$engage? 14

① assist

② cease

③ give up

④ take part

(15) Which of the following CANNOT replace $_{(15)}$indicate? 15

① select

② show

③ signal

④ suggest

(16) Which of the following is the best choice for ＿(16)＿? 16

① feeling

② is feeling

③ is felt

④ was felt

(17) Based on the passage, what secrets do dogs' tails tell us? 17

① A high tail shows a dog is happy.

② A low tail shows a dog is hungry.

③ Tail circling suggests a dog needs walking.

④ Tail motion suggests how a dog may be feeling.

(18) According to the passage, why do dogs look at their owners and close their eyes? 18

① because dogs are sleepy

② because dogs feel at ease

③ because dogs get excited

④ because dogs have soft muscles

(19) According to the passage, which of the following is NOT a sign that a dog is happy? 19

① its helicopter tail

② its loose body

③ its play bow

④ its tense eyes

(20) Which of the following is the best title for this passage? 20

① Friendly Dog Breeds

② How Dogs Express Feelings

③ Recent Research on Dogs

④ Why Dogs Smile

日本史

（60分）

〔Ⅰ〕　次の文章**A**・**B**を読み、以下の問いに答えなさい。

A　以下は、古代・中世の天皇と音楽に関する文章である。

毎年一月に皇居で催され、天皇・皇族・国民等の和歌が披講《ひこう》(注1)される歌会始《うたかいはじめ》は、天皇が主催する文化的な宮中行事として広く知られている。その起源は古く、ⓐ鎌倉時代中期の亀山天皇の頃とされる。一方で、同じ頃に催されていた、その年の最初に天皇が主催する管絃《かんげん》の楽会《がくえ》である御楽始《おんがくはじめ》は、1869年1月に代始めのものとして催されたのを最後にその後行われていない。このため、近世までの天皇が帝王学の一つとして、琴《こと》・笛《ふえ》・琵琶《びわ》等の管絃楽器を演奏したことについてあまり知られていない。

鎌倉時代の[ア]が著した『禁秘抄』には、天皇が学ぶべき学芸の事として、第一には学問、第二は管絃、それに続くものとして和歌を挙げているように、中世において管絃すなわち音楽の演奏は、学問に続く帝王学の要として幼少の頃からその習得が重んじられていた。『ⓑ村上天皇御記』によれば、管絃には「心に思ひ、手に携わり、口に唱へ、耳に聴く」という人間にとって重要な四徳《しとく》が兼ね備えられているとされ、管絃に秀でることは徳を有する人間の証とされたからであり、また、同時に「一切の音楽は皆これ、治国治民のためなり」（『管絃音義』）、「聖君は必ず諸音を聴き、心に乱世治国の憂喜《ゆうき》を知る者なり」（『右記《うき》』）という文言が表すように、君主にとって音楽を知ることは治世につながると認識されていたからである。それゆえ、天皇は幼少から熱心に管絃の習得を積み、宮廷において自ら演奏を行うとともに、宮廷音楽をリードする役割を果たすことが求められた。音楽は天皇の権威を構成する重要な要素であったのである。

天皇と音楽の関係のあり方を見ていく上では、音楽に不可欠なⓒ楽器についても極めて重要な要素である。そもそもⓓ『古事記』に見られる大国主命《おおくにぬしのみこと》が大刀や弓矢とともに天の沼琴《ぬこと》と称する琴を持って逃げ、その際に琴が樹木に触れると大地が震撼《しんかん》したとされる話や、[イ]が平家とともに西国に出走した際に、琵琶と和琴《わごん》の名器が神鏡・神璽《しんじ》等と一緒に持ち出されたという史実に見られるように、古来、楽器には神威が宿り、王権を象徴する道具と認識されてきた。

（豊永聡美『天皇の音楽史』を参照の上、作成した。）

（注1）　披講《ひこう》：詩歌などの会で、詩歌を読み上げること。

問1　下線部ⓐに関連して、鎌倉時代中期以降の朝廷と幕府の関係について述べた次の文Ⅰ～Ⅲについて、古いものから年代順に正しく配列したものを、下の①～⑥のうちから一つ選びなさい。解答番号は[1]。

Ⅰ　幕府の調停により、持明院統と大覚寺統が交互に皇位につく両統迭立がとられた。

Ⅱ　宗尊親王を将軍として迎えた。

Ⅲ　元弘の変が起こった。

①　Ⅰ―Ⅱ―Ⅲ　　②　Ⅰ―Ⅲ―Ⅱ　　③　Ⅱ―Ⅰ―Ⅲ

④ Ⅱ—Ⅲ—Ⅰ　　⑤ Ⅲ—Ⅰ—Ⅱ　　⑥ Ⅲ—Ⅱ—Ⅰ

問2　空欄 [ア] と [イ] に入る人物の組み合わせとして正しいものを、次の①～④のうちから一つ選びなさい。解答番号は [2]。

① ア　後鳥羽天皇　　イ　後白河天皇
② ア　後鳥羽天皇　　イ　安徳天皇
③ ア　順徳天皇　　イ　後白河天皇
④ ア　順徳天皇　　イ　安徳天皇

問3　下線部ⓑに関連して、10世紀前半の政治について述べた次の文a～dについて、正しいものの組み合わせを、下の①～④のうちから一つ選びなさい。解答番号は [3]。

a　宇多天皇は、藤原時平を関白とした。
b　醍醐天皇は、菅原道真を大宰権帥に左遷した。
c　醍醐天皇によって、『古今和歌集』の編纂《へんさん》が命じられた。
d　村上天皇によって、『延喜格式』の編纂が命じられた。

① a・c　　② a・d　　③ b・c　　④ b・d

問4　下線部ⓒに関連して、次の楽器（螺鈿紫檀五絃琵琶）とならぶ天平文化を代表する美術作品として**誤っている**ものを、下の①～④のうちから一つ選びなさい。解答番号は [4]。

螺鈿紫檀五絃琵琶

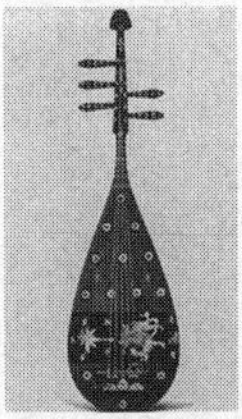

①

②

③

④

問5　下線部ⓓの説明として正しいものを、次の①～④のうちから一つ選びなさい。解答番号は [5]。

① 舎人親王が中心となって編纂された。
② 日本語を漢字の音・訓を用いて表記している。

③ 神代から持統天皇にいたるまでの歴史を記している。

④ 六国史の一つである。

B 以下は、室町時代の京都について述べた文章である。

宮都として出発した京都の長い歴史のなかで、室町時代は、武家政権の本拠がおかれた特異な時代であったといえる。室町幕府は、鎌倉でも江戸でもなく、この京都の地に開かれた。その背景には、畿内武士団を編成しつつ後醍醐天皇側の動向を把握せねばならなかった幕府草創期の政治課題のほか、当時の京都がⓔ流通経済を著しく発達させていたという経済状況があったと考えられている。京都に室町幕府が開かれたことにより、ⓕ禅寺の隆盛や祇園祭をはじめとする祭礼の発展など、現代の京都文化をかたちづくる基礎が築かれたといっても過言ではない。とりわけⓖ室町幕府の京都支配権を確立させたⓗ三代将軍足利義満は、「皇位簒奪《さんだつ》」「王権簒奪」を企てたとする学説が存在するなど、政治史・国家史のうえで特筆すべき存在とみなされ、その政治的位置付けをめぐる議論が活発に展開されてきた。

その義満が、京都・室町に「花の御所」と呼ばれる邸宅を構え、さらに将軍職を子の義持に譲ったのち、京都・北山に北山殿を建立したことはよく知られている。近年の研究によって、この北山殿を中心とする政治空間が「北山新都心」とよばれ、注目を集めている。

北山殿の造営は、1397（応永４）年に始まる。すでにこれより前の1394（応永元）年、義満は将軍職を子の義持に譲っており、そのころには出家を遂げていた。北山の地には、もともと13世紀に西園寺公経が建てた「北山第」が存在し、本堂西園寺を中心に仏堂が建ち並び、別荘としての寝殿も築かれ、後深草上皇をはじめ上皇・天皇の訪れる場ともなっていた。公経は『源氏物語』の「若紫」の巻に登場する北山のある寺を理想として西園寺を建設したといい、日宋貿易で利益を得ていた。この地を譲り受け、新たな北山殿を建造した義満もまた、ときに光源氏になぞらえられ、公経と同様にⓘ対外交易（日明貿易）を行った。そして北山殿を核に、武家の邸宅や延暦寺や醍醐寺の門跡の住坊をも含みこむ「北山新都心」を形成していくのである。

（小林丈広・高木博志・三枝暁子『京都の歴史を歩く』を参照の上、作成した。）

問６ 下線部ⓔに関して、室町時代の商工業や流通経済について述べた次の文Ｘ・Ｙについて、その正誤の組み合わせとして正しいものを、下の①～④のうちから一つ選びなさい。解答番号は 6 。

Ｘ 月に三度開かれる三斎市があらわれた。

Ｙ 大都市では、見世棚（店棚）をかまえた常設の小売店が一般化した。

① Ｘ 正 Ｙ 正　② Ｘ 正 Ｙ 誤

③ Ｘ 誤 Ｙ 正　④ Ｘ 誤 Ｙ 誤

問７ 下線部ⓕに関連して、五山僧の説明として**誤っている**ものを、次の①～④のうちから一つ選びなさい。解答番号は 7 。

① 外交文書の作成を行うなど、外交交渉に従事した。

② 禅の経典・漢詩文集などを出版した。

③ 蘭渓道隆は、五山文学の最盛期を担った。

④ 幕府の保護下で広く金融活動を行った。

問８　下線部ⓖに関して、幕府が課した税として**誤っている**ものを、次の①〜④のうちから一つ選びなさい。解答番号は [8] 。

①　棟別銭　　②　段銭　　③　土倉役　　④　私鋳銭

問９　下線部ⓗの人物が政治を行った時期の出来事について述べた次の文Ⅰ〜Ⅲについて、古いものから年代順に正しく配列したものを、下の①〜⑥のうちから一つ選びなさい。解答番号は [9] 。

Ⅰ　南北朝の合体が実現した。
Ⅱ　応永の乱が起こった。
Ⅲ　今川貞世（了俊）が九州探題となった。

①　Ⅰ―Ⅱ―Ⅲ　　②　Ⅰ―Ⅲ―Ⅱ　　③　Ⅱ―Ⅰ―Ⅲ
④　Ⅱ―Ⅲ―Ⅰ　　⑤　Ⅲ―Ⅰ―Ⅱ　　⑥　Ⅲ―Ⅱ―Ⅰ

問10　下線部ⓘに関して、15世紀後半以降、幕府の衰退とともに日明貿易の実権を独占した大名を、次の①〜④のうちから一つ選びなさい。解答番号は [10] 。

①　宗氏　　②　大内氏　　③　島津氏　　④　大友氏

〔Ⅱ〕　次の文章**A**・**B**を読み、以下の問いに答えなさい。

A　以下は、高校３年生の鈴さんと綾さんの会話である。

鈴：ここ数年はずっとコロナでろくに旅行も行けなくて残念だったな。春から大学生になったら、夏休みや冬休みには海外旅行に行ってみたいな。

綾：わかる、わかる。私はまずは、すぐに行ける地元・関西の日帰り旅行から始めようかな。

鈴：そういえば、日本史の先生が関西には歴史にゆかりのある名所がたくさんあると言っていたね。

綾：そう。16世紀にはⓐ天守閣をもったお城がいくつも建てられたし、侘茶を大成した [ア] も堺の町衆よね。時代が下って元禄時代になってからも、『紅白梅図屛風』を描いた [イ] は京都の画家。江戸はもちろんだけど、大坂や京都といった関西の都市にも勢いがあったのよね。

鈴：そうそう。幕府も重要な都市と考えていたから、京都町奉行や大坂町奉行を置いたわけだし、関西には他にもⓑ遠国奉行が置かれた直轄地がいくつかあったわ。

綾：当時から江戸と関西の都市の間には活発な往来があったのでしょうね。でも、幕府は外国との交易については鎖国令を敷いて制限していたのよね。

鈴：[ウ] にあったオランダ商館が、1641年に [エ] の出島に移されたことでⓒ鎖国が完成したのよね。海外もいいけど、私も国内旅行から始めたくなってきた。

問１　下線部ⓐについて、織田信長によって建設された城を、次の①〜④のうちから一つ選びなさい。解答番号は [11] 。

①　姫路城　　②　伏見城　　③　大坂城　　④　安土城

問2　空欄[　ア　]と[　イ　]に入る人物の組み合わせとして正しいものを、次の①～④のうちから一つ選びなさい。解答番号は[12]。

①　ア　千利休　　イ　菱川師宣
②　ア　千利休　　イ　尾形光琳
③　ア　狩野山楽　イ　菱川師宣
④　ア　狩野山楽　イ　尾形光琳

問3　下線部ⓑについて、遠国奉行の置かれた都市として正しいものを、次の①～④のうちから一つ選びなさい。解答番号は[13]。

①　山田　　②　和歌山　　③　水戸　　④　萩

問4　空欄[　ウ　]と[　エ　]に入る地名の組み合わせとして正しいものを、次の①～④のうちから一つ選びなさい。解答番号は[14]。

①　ウ　名護屋　エ　長崎
②　ウ　名護屋　エ　府内
③　ウ　平戸　　エ　長崎
④　ウ　平戸　　エ　府内

問5　下線部ⓒに関連して、鎖国が完成するまでの出来事について述べた次の文Ⅰ～Ⅲについて、古いものから年代順に正しく配列したものを、下の①～⑥のうちから一つ選びなさい。解答番号は[15]。

Ⅰ　鉄砲が種子島に伝来した。
Ⅱ　島原の乱が起こった。
Ⅲ　慶長遣欧使節が派遣された。

①　Ⅰ―Ⅱ―Ⅲ　　②　Ⅰ―Ⅲ―Ⅱ　　③　Ⅱ―Ⅰ―Ⅲ
④　Ⅱ―Ⅲ―Ⅰ　　⑤　Ⅲ―Ⅰ―Ⅱ　　⑥　Ⅲ―Ⅱ―Ⅰ

B　以下は、近世の思想に関する文章である。

[　オ　]を祖とする心学が全国に広がったのは18世紀後半のこと。その時期、とりわけ[　カ　]は列島のほぼ全域に大きなダメージを与えた。飢饉をきっかけにして既存の社会秩序が激しく動揺し、町村の共同体から排除された民衆が大量にうみだされた。その事態に対して、幕府諸藩を問わず、領主層は例外なく待ったなしの政治改革に迫られた。

幕府のⓓ寛政の改革もその文脈上にある。老中首座[　キ　]は、多方面にわたる改革のなかでも、とりわけ人々の内面に関わる思想や学問の在り方に目を向けた。寛政の改革は、政策対象として「民心」を「発見」したことに画期的意味があった。「(寛政) 異学の禁」(朱子学を正統の学として、幕府の学校での朱子学以外の学問＝異学を禁止した政策) は、通常言われるような、たんなる封建反動や思想統制策ではない。朱子学を理念の柱にし、民心も視野に入れた構想力豊かな改革であった。

江戸でいえば、幕府は石川島に[　ク　]を設け、流入してきた無宿人たちを収容した。[　ク　]は、無宿人を収容することで、江戸の治安悪化の原因を取り除き、併せてかれらに授産訓練を行う更生施設であった。

京都でも教諭所宣教館が開設され、京都の心学者にⓔ朱子学者もまじえて、民衆教化の講釈にあたらせた。

（辻本雅史『江戸の学びと思想家たち』を参照の上、作成した。）

問6　空欄 オ と キ に入る人物の組み合わせとして正しいものを、次の①～④のうちから一つ選びなさい。解答番号は 16 。

① オ　石田梅岩　　キ　松平定信
② オ　石田梅岩　　キ　水野忠邦
③ オ　安藤昌益　　キ　松平定信
④ オ　安藤昌益　　キ　水野忠邦

問7　空欄 カ に入る飢饉として正しいものを、次の①～④のうちから一つ選びなさい。解答番号は 17 。

①　寛永の飢饉　②　享保の飢饉　③　天明の飢饉　④　天保の飢饉

問8　下線部ⓓの改革で実施された政策について述べた次の文X・Yについて、その正誤の組み合わせとして正しいものを、下の①～④のうちから一つ選びなさい。解答番号は 18 。

X　七分積金を江戸町会所に運用させることで、飢饉や災害のときに貧民を救済できるようにした。
Y　旧里帰農令を出して、江戸に流れ込んだ没落農民の帰村や帰農を奨励した。

① X 正　Y 正　　② X 正　Y 誤
③ X 誤　Y 正　　④ X 誤　Y 誤

問9　空欄 ク に入る施設名として正しいものを、次の①～④のうちから一つ選びなさい。解答番号は 19 。

①　小石川養生所　②　人足寄場　③　寺子屋　④　懐徳堂

問10　下線部ⓔに関連して、儒学の学派とその学派を代表する学者の組み合わせとして正しいものを、次の①～④のうちから一つ選びなさい。解答番号は 20 。

①　朱子学 ― 前野良沢　　陽明学 ― 林羅山
②　朱子学 ― 前野良沢　　陽明学 ― 中江藤樹
③　朱子学 ― 新井白石　　陽明学 ― 林羅山
④　朱子学 ― 新井白石　　陽明学 ― 中江藤樹

〔Ⅲ〕 次の文章**A**・**B**を読み、以下の問いに答えなさい。

A 以下は、琉球処分に関する文章である。

政府はⓐ1871年7月、全国に藩を廃し県を置くことを公布したが、ⓑ琉球は鹿児島県の管轄下に置いた。同じころ、宮古島の上納船が[ア]に漂着して、乗組員54名が現地住民に殺害される事件が起きた。かろうじて命を拾った12名が、清国福州から船で帰還して事件が知られた。鹿児島県参事大山綱良は、宮古島島民遭難の顚《てん》末《まつ》を政府に報告し、併せて政府の軍艦を借りて「問罪の師を興し、自ら蕃地を征」することを乞うと上表した。1874年4月、陸軍中将西郷従道は蕃地事務都督に任ぜられ、兵をひきいて東京を発し、[ア]に遠征した。5月22日に軍艦は[ア]に達し、現地住民の集落を攻略した。これを「[ア]出兵」と呼ぶ。

この出兵について同年2月の「[ア]蕃地処分要略」は、「我が藩属たる琉球人民の殺害せられしを報復すべきは、日本帝国政府の義務にして、討蕃の公理もここに大基を得べし」と根拠を述べる。この主張にたいして、もしⓒ清国側が異論を唱えるときは、「清官もし琉球の属否を問わば、…琉球は古来我が帝国の所属たるを言い並べ、現今いよいよ恩波に浴せしむるの実を明らかにすべし」。また清官が琉球王朝が永年遣使・献貢していることをあげて、両属（日清両国に属する）の説をいいだした場合、その議論には応じない。なぜならば「ⓓ琉球を控御《こうぎょ》(注1)するの実権、みな我が帝国に在」る、いいかえると、すでに実効支配しているのだから、歴史論争に応じるべきではないというのである。

（高橋義夫『沖縄の殿様』を参照の上、作成した。）

（注1） 控御：人を思うままに動かすこと。

問1 下線部ⓐの前後の出来事について述べた次の文Ⅰ～Ⅲについて、古いものから年代順に正しく配列したものを、下の①～⑥のうちから一つ選びなさい。解答番号は[21]。

Ⅰ えた・非人という称を廃して、身分・職業共に平民と同様にするという布告が出された。
Ⅱ 日本の軍艦が江華島で挑発行為を行い、砲撃を受けたことを口実に日本が報復攻撃をした。
Ⅲ 神仏習合を禁じて、神道を国教とする方針を打ち出した。

① Ⅰ―Ⅱ―Ⅲ　② Ⅰ―Ⅲ―Ⅱ　③ Ⅱ―Ⅰ―Ⅲ
④ Ⅱ―Ⅲ―Ⅰ　⑤ Ⅲ―Ⅰ―Ⅱ　⑥ Ⅲ―Ⅱ―Ⅰ

問2 下線部ⓑに関して述べた次の文X・Yについて、その正誤の組み合わせとして正しいものを、下の①～④のうちから一つ選びなさい。解答番号は[22]。

X 薩摩の軍隊に征服されてから、琉球は薩摩藩に慶賀使を派遣していた。
Y 初代鹿児島県令の島津斉彬によって、琉球の統治が進められた。

① X 正　Y 正　② X 正　Y 誤
③ X 誤　Y 正　④ X 誤　Y 誤

問3 空欄[ア]の場所を、次の地図中の①～④のうちから一つ選びなさい。解答番号は[23]。

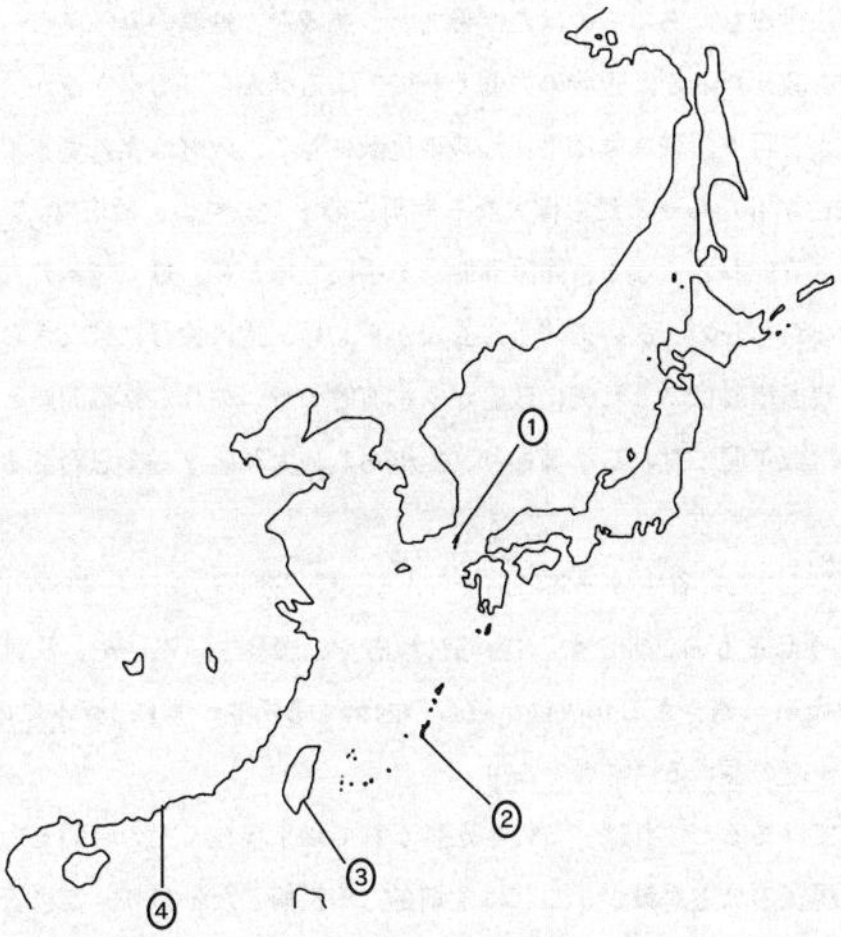

問4　下線部ⓒに関連して、この時清国が日本政府にとった対応として正しいものを、次の①～④のうちから一つ選びなさい。解答番号は 24 。

① 清国は、琉球王国の宗主権を主張していたが、最終的には日本政府からの賠償請求に応じた。
② 清国は、琉球の宗主権をめぐり、日本政府に日清修好条規を結ぶよう要求した。
③ 清国は、フランスの仲介によって、自国の主張を日本側に伝えた。
④ 清国は、琉球藩を廃して沖縄県を設置した明治政府に抗議しようとした。

問5　下線部ⓓに関連して、琉球処分について述べた次の文a～dについて、正しいものの組み合わせを、下の①～④のうちから一つ選びなさい。解答番号は 25 。

a　琉球国王は琉球藩王となり、華族に列せられた。
b　沖縄県が設置されてから、琉球藩王高宗が沖縄県令に任じられた。
c　薩摩藩出身の西郷隆盛らが中心となって、琉球処分を断行した。
d　琉球処分が行われたことで、尚泰が琉球王国最後の王となった。

① a・c　② a・d　③ b・c　④ b・d

B　以下は、足尾銅山鉱毒事件に関する文章である。

足尾の鉱毒事件がⓔ明治時代の社会主義運動の発生に及ぼした影響は、これは非常に大きなものがあります。特にこの運動に何かのかたちで参加した人間が、後のⓕ社会主義運動のリーダーのほとんど全部を占めることにもなる。

ある意味では現代のわれわれの思想の源流をなす個性は、ほとんどこの鉱毒事件によって影響を受けたといってもいいほどです。特に現在、公害問題の面からみまして、最も大きな寄与は20歳の青年だった荒畑寒村が書いた『谷中村滅亡史』です。この文章はかなりに古風ですけれども、皆さんの大部分がこれだけの文章は書いて欲しいと思います。

ああ、日本国今や憲法なく、法律なし、あるものはただ暴力と、悪政と、鉄鎖のみ。

谷中村の滅亡は世人に何ものを教えたるか。正義の力弱くして、よるべからざる事なるか。人道の光り薄くして、頼むべからざる事なるか。否々、資本家は平民階級の仇敵にして、政府は実に資本家の奴隷たるに過ぎざる事、これ実に谷中村滅亡がもたらせる最も偉大なる教訓に非ずや。見よ、政府はⓖ資本家古河の利益のために、とうてい容易に信ずる能わざるなる、陰険邪悪なる手段を施して、以て無辜《むこ》の人民を苦しめしに非ずや、彼らをして食うに物なからしめ、次いで着るに衣なからしめ、遂に住むに家なからしめたるに非ずや、しかしてかくのごときの残虐横暴は、これ実に政府が、古河等の行い来れる鉱毒問題という積年の大罪悪を埋没せんがために企てる、数年間に亘《わた》れる準備あり、組織ある、大罪悪なるを思わざるべからざるなり。

しかしてかくのごときもの、豈《あ》にただに谷中村一個に止まらんや、現代社会におけるすべての貧者弱者は、これ実に谷中村民と運命を同じうせるものに非ずや。（中略）政府や、議会や、憲法や、法律や、これことごとく資本家の手足たり、奴隷たるに過ぎざるが故に、彼らの画策する所や、常にⓗ資本にのみ益ありて、平民、貧者、弱者に対しては、一毫《ごう》の益する所非ざるなり。

この記述が、もし現在の公害にあてはまるとすれば、この本が書かれて以来現在までの時間というものは、われわれにとって何であったか。実に現在の公害対策が、これは荒畑さんの指摘したとおり「常に資本にのみ益ありて、平民、貧者、弱者に対しては、一毫の益するところもなきものにすぎない」とすれば、われわれはこの間何をしてきたのか。そういう疑問を、私ももちます。

（宇井純『公害原論』を参照の上、作成した。）

問6　下線部ⓔに関連して述べた次の文Ⅰ～Ⅲについて、古いものから年代順に正しく配列したものを、下の①～⑥のうちから一つ選びなさい。解答番号は 26 。

Ⅰ　第2次山県有朋内閣が、台頭してきた労働運動などを抑えるために治安警察法を公布した。
Ⅱ　アメリカで労働運動を学んだ高野房太郎が、片山潜らと労働組合期成会を組織した。
Ⅲ　女性や年少者の深夜業禁止などを定めた、工場法が公布された。

①　Ⅰ―Ⅱ―Ⅲ　②　Ⅰ―Ⅲ―Ⅱ　③　Ⅱ―Ⅰ―Ⅲ
④　Ⅱ―Ⅲ―Ⅰ　⑤　Ⅲ―Ⅰ―Ⅱ　⑥　Ⅲ―Ⅱ―Ⅰ

問7　下線部ⓕに関連して、社会主義運動に関わった人物とその発行物との組み合わせとして正しいものを、次の①～④のうちから一つ選びなさい。解答番号は 27 。

①　安部磯雄 ―『日本之下層社会』　②　堺利彦 ―『平民新聞』
③　山川均 ―『日本』　④　木下尚江 ―『国民之友』

問8　下線部ⓖの財閥の説明として正しいものを、次の①～④のうちから一つ選びなさい。解答番号は 28 。

①　横浜で薪炭商を経営し、セメント合資会社を設立したのち財閥化していった。
②　幕末に薩摩藩との貿易で蓄財し、東京築地と神戸に造船所を開設した。
③　明治維新後、別子銅山の経営を中心に発展し、金融・貿易・鉱山業など多角的経営を繰り広げた。
④　阿仁鉱山・院内銀山などの鉱山経営を発展させ、第一次世界大戦で多角経営に乗り出した。

問9　下線部ⓗに関連して述べた次の文X・Yについて、その正誤の組み合わせとして正しいものを、下の①～④のうちから一つ選びなさい。解答番号は 29 。

X　官営事業の払い下げをうけた政商には、財閥に成長したものがあった。

Y　繊維産業の工場労働を支えた女工は、低賃金での長時間労働に従事させられた。

①　X　正　Y　正　　②　X　正　Y　誤

③　X　誤　Y　正　　④　X　誤　Y　誤

問10　足尾銅山鉱毒事件の解決に奔走した人物について述べた次の文a～dについて、正しいものの組み合わせを、下の①～④のうちから一つ選びなさい。解答番号は 30 。

a　足尾銅山鉱毒事件の以前に、立憲国民党の党首を務めた。

b　第1回総選挙で栃木県選出の衆議院議員となった。

c　谷中村が廃村とされたため、住民とともに新たな村の開拓に尽力した。

d　議会で政府に銅山の操業停止を訴えたが、操業停止に至らず、天皇に直訴した。

①　a・c　　②　a・d　　③　b・c　　④　b・d

〔Ⅳ〕　次の会話**A**・**B**は、大学生の愛実さんと知子さんの会話である。それらを読み、以下の問いに答えなさい。

A　昼休みの食堂での会話。

愛実：最近、物価が上がったと思わない？　駅前のラーメン屋なんて、この前行ったらお気に入りの味噌バターラーメンが120円も値上がりしてたわ。

知子：コロナの影響とか、戦争の影響とかもあるみたいだけど、日本の場合は円安が進んだことも大きいわね。

愛実：なんで円安になんかなるのかしら。逆に円高になったら、物価も下がるのにね。

知子：モノの値段が下がるのは、良いことばかりではないのよ。物価が下がると、景気が悪くなることが多い。 ア 内閣の時に始まった昭和恐慌がまさにそれね。

愛実：でも、昭和恐慌って、アメリカで始まった世界恐慌の影響じゃなかったっけ？

知子：それもあるけど、ⓐ当時の大蔵大臣が、日本経済の国際競争力を高めるため、無理に物価を引き下げようとする政策をとっていたことも原因よ。

愛実：そうなんだ。物価の調節って難しいね。

知子：敗戦直後は逆に、ひどいインフレになったじゃない？　それで物価は上がりまくったけど、決して景気が良くなったわけではない。

愛実：その時はどうやってインフレを止めたの？

知子：ⓑ最初は小手先の対応でインフレを止めようとしていたみたいだけど、そんなんじゃ収まらなかった。最後は、 イ 内閣がGHQから「経済安定九原則」っていうかなり強引な物価引き下げ政策を指示されたことが転機となって、収まっていったらしいよ。

愛実：じゃあ、きっと景気はずいぶん悪くなったわね。

知子：そうなのよ。会社の倒産、解雇、賃下げが相次いで、ⓒ労働運動も盛んになったし、ⓓそれを弾圧する政府の動きも強まったわ。そんな混沌《こんとん》とした日本経済を救ったのが、朝鮮戦争による特需だっていうのは、喜べない話ね。

愛実：確かにそうね。

知子：さて、もうすぐ授業が始まるわ。さっさとお昼ご飯すませましょう。

愛実：うん。物価は上がってるけど、ありがたいことに、うちの大学の岡田山弁当は安くて美味しいわ。

問1 空欄 [ア] と [イ] に入る首相名の組み合わせとして正しいものを、次の①～④のうちから一つ選びなさい。解答番号は [31]。

① ア 浜口雄幸 イ 芦田 均
② ア 浜口雄幸 イ 吉田 茂
③ ア 犬養 毅 イ 芦田 均
④ ア 犬養 毅 イ 吉田 茂

問2 下線部ⓐの大蔵大臣について述べた次の文X・Yについて、その正誤の組み合わせとして正しいものを、下の①～④のうちから一つ選びなさい。解答番号は [32]。

X 金解禁（金輸出解禁）を推進した。
Y 二・二六事件で暗殺された。

① X 正 Y 正　② X 正 Y 誤
③ X 誤 Y 正　④ X 誤 Y 誤

問3 下線部ⓑに関して、敗戦直後の日本でインフレ対策のために実施された政策について述べた文として正しいものを、次の①～④のうちから一つ選びなさい。解答番号は [33]。

① 石炭・鉄鋼などの重要産業に資材と資金を集中する傾斜生産方式を採用した。
② 石炭・鉄鋼・電力などの基幹産業に資金供給を行う復興金融金庫を創設した。
③ 預金を封鎖するなどして貨幣流通量を減らそうとする金融緊急措置令を発布した。
④ 重要品目を公定価格とする価格等統制令を発布した。

問4 下線部ⓒに関連して、この時期の労働運動をめぐる動きに関して述べた次の文Ⅰ～Ⅲについて、古いものから年代順に正しく配列したものを、下の①～⑥のうちから一つ選びなさい。解答番号は [34]。

Ⅰ 国鉄総裁の怪死が労働組合によるものと発表され、労働運動が打撃を受けた。
Ⅱ GHQの後押しで、日本労働組合総評議会が発足した。
Ⅲ 政令201号によって、官公庁の労働者が争議権を奪われた。

① Ⅰ―Ⅱ―Ⅲ　② Ⅰ―Ⅲ―Ⅱ　③ Ⅱ―Ⅰ―Ⅲ
④ Ⅱ―Ⅲ―Ⅰ　⑤ Ⅲ―Ⅰ―Ⅱ　⑥ Ⅲ―Ⅱ―Ⅰ

問5 下線部ⓓに関連して、この時期の政府の動きについて述べた次の文a～dについて、正しいものの組み合わせを、下の①～④のうちから一つ選びなさい。解答番号は [35]。

a 集会・結社の自由を規制する集会条例を制定した。
b 暴力的な破壊活動を規制する破壊活動防止法を制定した。
c 一定の基準を満たした市町村に隣組を設置した。
d 警察機構の中央集権化をはかる新警察法を制定した。

① a・c　② a・d　③ b・c　④ b・d

B　放課後の中庭での会話。

愛実：昼休みの話の続きだけど、今の時代、戦争はもう過去の出来事とは言えなくなってきているわね。なんで戦争なんて起きるのかしら。

知子：そのことはみんな考えるわね。これは難しい問題よ。

愛実：やっぱり、戦争をやりたがる政治家がいるからかしら？

知子：政治家のせいにするのは簡単だけど、それだけで片付けるわけにはいかないんじゃないかな。戦時中の日本でも、戦争を支持して協力した国民は決して少なくなかったわ。

愛実：それはやっぱり、ⓔ国民を戦争に動員するための施策がいろいろとられていたからなんじゃないの？

知子：それもあるけど、どんな戦争にもそれを正当化する名目というのがあるでしょ？　もちろん、本当かどうかは別よ。でも、それがかなり説得力を持ってる場合もあるわね。

愛実：例えばどんな名目があるの？

知子：戦前の日本の場合、日本だけでなく、アジア全体が欧米に虐げられていて、ⓕアメリカとの戦争は欧米からアジアを解放するものだという主張がさかんに行われていたわ。それを信じていた国民もいたわけよ。

愛実：今でもそう言っている人、いるよね。

知子：実際には、独立させたアジアの国々と対等な外交関係を結ぼうという気はなかったわけでしょう？　欧米諸国にならって、日本も植民地を増やしたかっただけっていう本音が透けて見えるわ。だから戦後、ⓖ戦場となったアジアの国々との講和には、むしろずいぶん時間がかかったのよね。

愛実：なるほどね。

知子：逆にアメリカだって、アジアに進出しようとする日本をよく思っていなくて、それを邪魔しようという意図がなかったとは言えないわ。

愛実：武器商人たちも戦争をしたがるでしょうしね。そういう本音の部分は、結局国民の目から見えなくされてるってことか。

知子：そういう意味で言えば、東京裁判みたいな戦後の軍事裁判は、戦争に勝った国々の本音を覆い隠す役割を果たしたとも言えるわね。

愛実：そうなんだ。でもね、やっぱり自由とか、平等とか、平和とか、ⓗ人権とか、敗戦をきっかけにⓘ占領下の日本で掲げられた価値は普遍的なものだと思うわ。

知子：もちろん、そうよ。それらを、戦争に勝った者たちの勝手な理屈だと一蹴しようとする見方には、注意する必要がある。

愛実：根拠のない情報に流されたり、思い込みや安易な感情でものごとを理解してはいけないってことね。自分は常に間違っているかもしれないと思う冷静さが、結局は平和な世の中を作り上げていく基礎にあると思うわ。

知子：私もそう思う。そういう学びこそが、文学部での学びよ。

問6　下線部ⓔに関して、この時期に国民を戦争に動員するためにとられていた施策として**誤っている**ものを、次の①～④のうちから一つ選びなさい。解答番号は [36]。

① 労働者を動員するため労資一体を掲げる大日本産業報国会を結成した。
② 農民から農作物を供出させるため農業協同組合を結成した。
③ 国民を戦争に協力させるため国民精神総動員運動を開始した。
④ 国民を軍需工場に動員するため国民徴用令を発布した。

問7　下線部ⓕに関して、日本がこの戦争をアジア解放のためだと正当化するために行った措置として正しいものを、次の①〜④のうちから一つ選びなさい。解答番号は 37 。

① 中国問題に詳しい軍人・外交官を集めて「東方会議」を開催した。
② 日本の勢力下にあったアジアの国々の代表者を招いて「大東亜会議」を開催した。
③ 戦争の呼称を「太平洋戦争」とした。
④ アジア諸国に対し欧米列強からの独立を促す「脱亜」を呼びかけた。

問8 下線部ⓖに関連して、戦後中国との間で交わされた次の外交文書に関して述べた下の文a〜dについて、正しいものの組み合わせを、下の①〜④のうちから一つ選びなさい。解答番号は 38 。

> 日本側は、過去において日本国が戦争を通じて中国国民に重大な損害を与えたことについての責任を痛感し、深く反省する。
>
> （中略）
>
> 五　中華人民共和国政府は、中日両国国民の友好のために、日本国に対する戦争賠償の請求を放棄することを宣言する。
>
> （『日本外交主要文書・年表』より）

a この文書は日中共同声明である。
b この文書は日中平和友好条約である。
c 中国との間でこの文書を交わした時の内閣は田中角栄内閣である。
d 中国との間でこの文書を交わした時の内閣は福田赳夫内閣である。

① a・c　② a・d　③ b・c　④ b・d

問9 下線部ⓗに関連して、戦後日本の人権をめぐる動きについて述べた次の文X・Yについて、その正誤の組み合わせとして正しいものを、下の①〜④のうちから一つ選びなさい。解答番号は 39 。

X 被差別部落の解放を求めて部落解放全国委員会が結成された。
Y GHQが治安維持法の廃止などを内容とする「人権指令」を出した。

① X 正　Y 正　② X 正　Y 誤
③ X 誤　Y 正　④ X 誤　Y 誤

問10 下線部ⓘに関して、この時期の出来事として正しいものを、次の①〜④のうちから一つ選びなさい。解答番号は 40 。

① 川端康成がノーベル文学賞を受賞した。
② 文化財の保護と文化の振興のために文化庁が設置された。
③ 横山大観らが日本美術院を再興した。
④ 幅広い分野の科学研究者を集めて日本学術会議が設立された。

世界史

（60分）

〔Ⅰ〕　次の文章を読み、以下の問いに答えなさい。

(1)ローマ帝国の分裂とゲルマン民族の大移動は、私たちが今日ヨーロッパと呼んでいる地域の政治地図を大きく塗り変えた。

(2)西ヨーロッパでは、西ローマ帝国が5世紀後半に消滅し、(3)ゲルマン人たちが建てた国々が(4)地中海世界を支配した。唯一のローマ帝国となった東ローマ帝国は、イタリア以東の東地中海世界の支配者の地位に甘んじざるを得なかった。地中海の再統一を企てた［　a　］の死後、(5)東ローマ（ビザンツ）帝国は(6)イタリア北部ではラヴェンナ周辺以外のほとんどすべての統治権を失い、かろうじてイタリア南部の統治権を保つことができただけであった。

地中海世界の分裂はイスラーム勢力の地中海進出によって決定的になった。7世紀に成立した(7)イスラームは、瞬く間に地中海世界に広まった。642年にはすでにアレクサンドリアがムスリムの手に落ち、(8)エジプトはイスラーム世界に属することになった。

意外なことに、イスラーム勢力の地中海進出という歴史的事件は、ヨーロッパの学界では過小評価されていた。それゆえ「マホメットなければ(9)シャルルマーニュ（カール大帝）なし」というアンリ・ピレンヌの有名な言葉は、当時の学界に衝撃を与えたのである。

（服部良久・南川高志・山辺規子編著『大学で学ぶ西洋史（古代・中世）』五十嵐修他著、ミネルヴァ書房より、一部改変）

問1　下線部（1）に関して述べた次のA～Cの文の正誤の組み合わせとして、正しいものを以下の①～⑥のうちから一つ選びなさい。解答番号は［1］。

A　ホルテンシウス法により、コンスルのうち一人が平民から選ばれるようになった。

B　ローマ帝国の領土は、北はブリタニア（現グレート・ブリテン島）におよんだ。

C　帝政後期には、コロナトゥスにかわってラティフンディアが発達した。

① A－正　B－正　C－誤
② A－正　B－誤　C－正
③ A－正　B－誤　C－誤
④ A－誤　B－正　C－正
⑤ A－誤　B－正　C－誤
⑥ A－誤　B－誤　C－正

問2　下線部（2）に関連して、中世西ヨーロッパの美術に関する次の文中の空欄［　ア　］・［　イ　］に入る語の組み合わせとして、正しいものを以下の①～④のうちから一つ選びなさい。解答番号は［2］。

西ヨーロッパの中世美術を代表するものは、教会建築である。11世紀には厚い石壁と列柱、小さな窓を特

徴とする重厚な [ア] 様式がうみだされ、ピサ大聖堂がその代表である。12世紀頃にあらわれた [イ] 様式は、富と信仰の象徴である高い塔と尖頭アーチを特色とする。シャルトル大聖堂はその典型である。

① アービザンツ　イーゴシック
② アーロマネスク　イーゴシック
③ アービザンツ　イーバロック
④ アーロマネスク　イーバロック

問3　下線部（3）に関する記述として、**誤っているもの**を次の①～④のうちから一つ選びなさい。解答番号は [3]。

① 西ゴート王国は、ウマイヤ朝軍に滅ぼされた。
② フランク王国のクローヴィスはアリウス派に改宗した。
③ 東ゴート王国は、東ゴート人によってイタリア半島に建設された。
④ フランク王国では、ピピンがカロリング朝をひらいた。

問4　下線部（4）に関連して、次の地図上の島A、Bとその名称の組み合わせとして、正しいものを以下の①～④のうちから一つ選びなさい。解答番号は [4]。

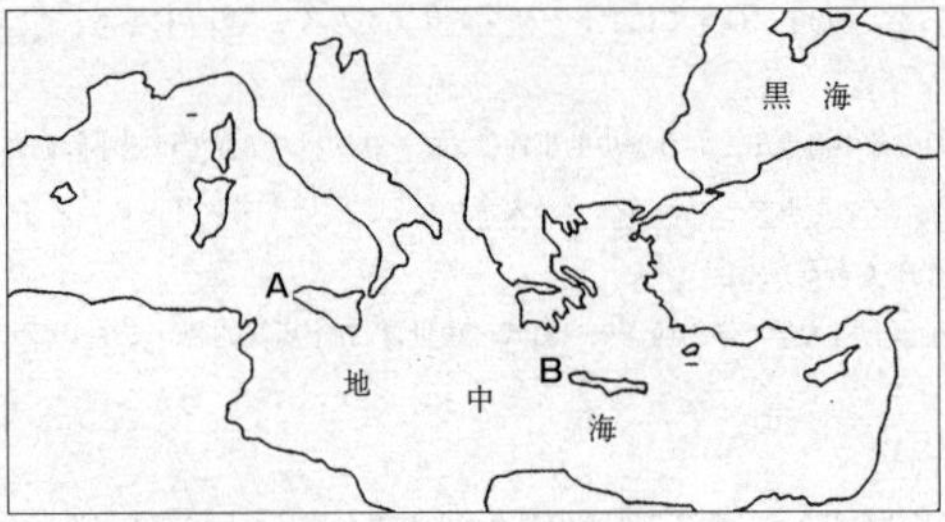

① A－サルデーニャ島　B－クレタ島
② A－サルデーニャ島　B－キプロス島
③ A－シチリア島　B－クレタ島
④ A－シチリア島　B－キプロス島

問5　空欄 [a] の人物は、かつてのローマ帝国の領土の回復をはかるとともに、『ローマ法大全』の編纂《さん》事業を進めたことでも知られる。この人物の名を、以下の①～④のうちから一つ選びなさい。解答番号は [5]。

① コンスタンティヌス帝
② ユスティニアヌス帝
③ ハドリアヌス帝
④ トラヤヌス帝

問6　下線部（5）に関係する出来事A～Cの順序として、正しいものを以下の①～⑥のうちから一つ選びなさい。解答番号は 6 。

A　ギリシア正教会とローマ・カトリック教会が相互に破門して完全に分裂した。
B　ビザンツ皇帝レオン（レオ）3世が聖像禁止令を出した。
C　十字軍がコンスタンティノープルを占領してラテン帝国をたてた。

① A → B → C
② A → C → B
③ B → A → C
④ B → C → A
⑤ C → A → B
⑥ C → B → A

問7　下線部（6）に関連して、ルネサンス時代のイタリアで制作された次の絵画A、Bとその制作者の組み合わせとして、正しいものを以下の①〜④のうちから一つ選びなさい。解答番号は 7 。

A

B

① A－ボッティチェリ　B－ミケランジェロ
② A－ボッティチェリ　B－レオナルド・ダ・ヴィンチ
③ A－ラファエロ　B－ミケランジェロ
④ A－ラファエロ　B－レオナルド・ダ・ヴィンチ

問8　下線部（7）に関連して、イスラーム教とイスラーム世界に関する記述として、**誤っているもの**を次の①〜④のうちから一つ選びなさい。解答番号は 8 。

① ムハンマドは、メッカにある多神教の神殿であったカーバをイスラーム教の聖殿に定めた。
② アリーを支持する党派を起源として、シーア派が形成された。
③ 750年にアッバース朝が開かれ、第2代カリフのマンスールが首都ダマスクスを造営した。
④ ユダヤ教徒とキリスト教徒は、ムスリムにより「啓典の民」とみなされ、ズィンミーとして庇護を与えられた。

問9　下線部（8）の領域を支配した王朝を年代の早い順に正しく配列したものを、次の①〜④のうちから一つ選びなさい。解答番号は 9 。

① プトレマイオス朝－ササン朝－アケメネス朝
② プトレマイオス朝－アケメネス朝－ササン朝
③ アケメネス朝－プトレマイオス朝－ササン朝

④ アケメネス朝－ササン朝－プトレマイオス朝

問10　下線部（9）に関して述べた次のA～Cの文の正誤の組み合わせとして、正しいものを以下の①～⑥のうちから一つ選びなさい。解答番号は [10]。

A　トゥール・ポワティエ間の戦いでイスラーム軍を撃退した。

B　800年に教皇レオ3世からローマ皇帝の帝冠を与えられた。

C　ヴェルダン条約とメルセン条約により分裂していた国家を、統一した。

① A－正　B－正　C－誤
② A－正　B－誤　C－正
③ A－正　B－誤　C－誤
④ A－誤　B－正　C－正
⑤ A－誤　B－正　C－誤
⑥ A－誤　B－誤　C－正

〔Ⅱ〕　次の文章を読み、以下の問いに答えなさい。

ヨーロッパの歴史において、18世紀は「啓蒙の世紀」「啓蒙の時代」と呼ばれる。「啓蒙」とは人間の理性に重きをおき、教育と知識の普及によって、無知蒙昧の段階から人びとを啓発することを意味する。(1)学問・科学が発達する一方で、古い非合理な制度が見直され、(2)ヨーロッパ各地で種々の社会改革がおこなわれた。(3)「人権」の理念を掲げて、幸福と公正な社会が追求されるようになったのもこの時代である。

(4)イギリスでは、[a]政治思想家ロックに続き、[b]スコットランドの啓蒙知識人たち（アダム・スミスなど）が傑出した仕事を残した。フランスではモンテスキューや(5)百科全書派の知識人たちが活躍し、(6)革命の引き金となる急進的な政治運動が展開した。大小300あまりの領邦国家からなる(7)ドイツは、近代的な意味での統一国家にはほど遠かったが、思想的営為では一頭地を抜いていた。「啓蒙とは何か」と問い、[c]哲学者カントや、(8)宗教における寛容の思想を展開した文学者レッシングの功績が真っ先にあげられる。

啓蒙主義は、このように(9)各国の政治的・社会的・経済的状況を反映してそれぞれに特徴がみられた。しかし（中略）啓蒙主義は、一国の歴史（ナショナルヒストリー）の中でみることはできず、ヨーロッパという「全体的連関をもった世界」の思潮として考えなければならない。

（弓削尚子『啓蒙の世紀と文明観』より、一部改変）

問1　下線部（1）に関連して、17世紀から18世紀の学問・科学の発達に関する記述として、**誤っているもの**を次の①～④のうちから一つ選びなさい。解答番号は [11]。

① イギリスでは、物理学者ニュートンや天文学者ケプラーが王立協会に加わった。

② 哲学では、イギリスのフランシス・ベーコンが実験と観察から一般法則を導く帰納法を説いたのに対し、フランスのデカルトは論理的な推論によって世界を把握する合理論を展開した。

③ ヨーロッパ外の世界との交流によって博物学がブームとなり、スウェーデンのリンネは植物分類学を体系化した。

④ オランダのグロティウスは『戦争と平和の法』を著し、国際法を体系化した。

問2　下線部（2）に関連して、啓蒙思想の影響を受けて社会改革をおこなった諸国の君主について述べた次のA～Cの文の正誤の組み合わせとして、正しいものを以下の①～⑥のうちから一つ選びなさい。解答番号は［12］。

A　「君主は国家の第一の下僕」と唱えたフリードリヒ2世は、官僚制整備や富国強兵につとめてプロイセンを強国とし、ロココ様式のサンスーシ宮殿を建設させた。

B　ロシアのエカチェリーナ2世は、ヴォルテールと交流して学芸の振興につとめ、農民反乱をきっかけに農奴を解放した。

C　オーストリアのヨーゼフ2世は、農奴解放令や宗教寛容令などの開明的な政策をとる一方、ポーランド分割に参加した。

① A－正　B－正　C－誤
② A－正　B－誤　C－正
③ A－正　B－誤　C－誤
④ A－誤　B－正　C－正
⑤ A－誤　B－正　C－誤
⑥ A－誤　B－誤　C－正

問3　下線部（3）に関連して、人権の理念の実現について述べた次のA～Cの文の正誤の組み合わせとして、正しいものを以下の①～⑥のうちから一つ選びなさい。解答番号は［13］。

A　ラ・ファイエットは『第三身分とは何か』を著し、人権宣言（人間および市民の権利の宣言）を起草した。

B　自然法の思想に基づいて、法の前の平等、契約の自由、私的所有権の不可侵などを定めたナポレオン法典（民法典）が、制定された。

C　アメリカ独立戦争のさなかに発布された独立宣言は、「生命、自由、幸福の追求」を人間の生得の権利とし、ジョージ3世の圧政を批判した。

① A－正　B－正　C－誤
② A－正　B－誤　C－正
③ A－正　B－誤　C－誤
④ A－誤　B－正　C－正
⑤ A－誤　B－正　C－誤
⑥ A－誤　B－誤　C－正

問4　下線部（4）について述べた次の文の空欄［ア］・［イ］に入る語の組み合わせとして正しいものを、以下の①～④のうちから一つ選びなさい。解答番号は［14］。

イギリスでは［ア］の結果、立憲王政が成立し、その後ハノーヴァー朝が始まると、［イ］党のウォルポールが首相となり、その後、責任内閣制が確立した。

① アーピューリタン革命　イーホイッグ
② アーピューリタン革命　イートーリ
③ アー名誉革命　イーホイッグ
④ アー名誉革命　イートーリ

問5　空欄 a ～ c に当てはまる語句A～Cの組み合わせとして、正しいものを以下の①～⑥のうちから一つ選びなさい。解答番号は 15 。

A　経済の発展にともなうモラルの問題を論じた

B　人間の抵抗権や個人的自由を説いた

C　人間の理性と批判の可能性を探った

① a－A　b－B　c－C

② a－A　b－C　c－B

③ a－B　b－C　c－A

④ a－B　b－A　c－C

⑤ a－C　b－A　c－B

⑥ a－C　b－B　c－A

問6　下線部（5）に関連して、『百科全書』を編纂した人物の組み合わせとして、正しいものを次の①～⑥のうちから一つ選びなさい。解答番号は 16 。

① ディドロ、ミラボー

② ディドロ、ダランベール

③ ダランベール、ミラボー

④ ミラボー、テュルゴー

⑤ テュルゴー、ディドロ

⑥ ダランベール、テュルゴー

問7　下線部（6）に関連して、フランス革命の展開における次のA～Dの出来事を時系列順に正しく並べたものを、以下の①～⑥のうちから一つ選びなさい。解答番号は 17 。

A　国民公会成立

B　国王処刑

C　総裁政府樹立

D　テルミドール9日のクーデタ

① A → B → C → D

② A → B → D → C

③ B → A → D → C

④ B → A → C → D

⑤ D → A → B → C

⑥ D → B → C → A

問8　下線部（7）が近代的な統一国家になる過程での出来事について述べた文として、**誤っているもの**を次の①～④のうちから一つ選びなさい。解答番号は 18 。

① 神聖同盟の成立により、神聖ローマ帝国の解体が正式に決定された。

② プロイセン・フランス（普仏）戦争に勝利して、アルザス・ロレーヌ地方を獲得した。

③ プロイセン・オーストリア（普墺）戦争の後、北ドイツ連邦が結成された。

④ フランクフルトで国民議会が開催され、憲法が採択された。

問9 下線部（8）に関連して、宗教・民族を理由にした差別や事件・紛争に関わる事項について述べた文として、**誤っているもの**を次の①～④のうちから一つ選びなさい。解答番号は [19]。

① イギリスでは、19世紀前半の審査法廃止とカトリック教徒解放法によって、非国教徒やカトリック教徒の公職就任が可能となった。

② ロシアは、オスマン帝国領内のキリスト教徒の保護を口実に、クリミア戦争を起こした。

③ 第一次世界大戦中にイギリスがアラブ人との間で交わしたバルフォア宣言は、のちの中東紛争の遠因となった。

④ 19世紀末に起こったドレフュス事件をきっかけに、フランスでは政教分離法が成立した。

問10 下線部（9）に関連して、イギリスの状況について述べた次の文の空欄 [ウ] ・ [エ] に入る語の組み合わせとして、正しいものを以下の①～④のうちから一つ選びなさい。解答番号は [20]。

18世紀後半に [ウ] を発端に産業革命が始まったイギリスは、19世紀半ばには [エ] 主義をとって国際市場を支配した。

① ウ－毛織物業　エ－保護貿易
② ウ－毛織物業　エ－自由貿易
③ ウ－綿工業　エ－保護貿易
④ ウ－綿工業　エ－自由貿易

〔Ⅲ〕 次の文章**A**、**B**を読み、以下の問いに答えなさい。

A 19世紀末から20世紀初頭、ヨーロッパ列強による植民地化と領土分割はアフリカ大陸で激しさを増した。19世紀半ば以降に [a] や [b] などの探検によって内陸部の様子が明らかにされると、列強はアフリカへの関心を高めた。1884～85年の(1)ベルリン会議（ベルリン・コンゴ会議）を機に、列強はアフリカでの植民地化を本格化させた。

イギリスは1881～82年のウラービー運動を鎮圧してエジプトを事実上の保護下におき、さらにスーダンに侵攻した。アフリカ南部の(2)ケープ植民地では、1899年にブール人に対する戦争を始め、1910年に南アフリカ連邦を成立させた。イギリスは、ケープタウンと [c] を結びつけ、インドの [d] とつなぐ3C政策をおしすすめた。

アフリカ縦断政策をとるイギリスに対して、フランスはアフリカ横断政策をすすめた。チュニジアとアルジェリアからサハラ砂漠を南下して、紅海に面するジブチに至る地域の領有権の獲得を目指したが、1898年にスーダンのファショダでイギリスと衝突した。フランスが譲歩した結果、スーダンはイギリスが支配することとなった。

アフリカの植民地化に遅れをとっていたドイツはモロッコの領有権を狙っていた。これに対してモロッコに勢力をのばしていたフランスは、1904年に英仏協商を結んで、イギリスのエジプトに対する支配的地位を認める代わりに、モロッコに対するフランスの支配的地位をイギリスに認めさせることでドイツに対峙した。だが、ドイツはアフリカの再分割を要求して、1905年と1911年に(3)モロッコ事件を起こした。

問1　空欄［a］・［b］に入る語の組み合わせとして、正しいものを次の①～④のうちから一つ選びなさい。解答番号は［21］。

① a－アムンゼン　　b－ヘディン
② a－リヴィングストン　　b－スタンリー
③ a－アムンゼン　　b－スタンリー
④ a－リヴィングストン　　b－ヘディン

問2　下線部（1）に関する記述として、**誤っているもの**を次の①～④のうちから一つ選びなさい。解答番号は［22］。

① この会議はドイツのヴィルヘルム２世の提唱で開催された。
② ベルギー国王の所有地としてコンゴ自由国の設立を認めた。
③ アフリカの植民地化の原則が定められた。
④ この会議の後、列強による植民地化が進められ、第一次世界大戦前には、アフリカの独立国はリベリア共和国とエチオピア帝国だけになった。

問3　下線部（2）に関し、次の記述中の空欄［ア］～［ウ］に入る語の組み合わせとして、正しいものを以下の①～④のうちから一つ選びなさい。解答番号は［23］。

南アフリカでは、17世紀以来、［ア］人植民者の子孫のアフリカーナー（ブール人）が、先住アフリカ人を支配してケープ植民地を構築してきたが、徐々にイギリスの支配が強まり、1814～15年の［イ］会議で正式にイギリス領になった。アフリカーナーは北方に移動して、19世紀半ばにトランスヴァール共和国とオレンジ自由国を建国した。やがてこの地域でダイヤモンドや金が発見されるようになると、イギリスの植民相［ウ］らは、南アフリカ戦争を起こして、これらを併合した。

① ア－スペイン　　イ－ベルリン　　ウ－ジョゼフ・チェンバレン
② ア－スペイン　　イ－ウィーン　　ウ－セシル・ローズ
③ ア－オランダ　　イ－ウィーン　　ウ－ジョゼフ・チェンバレン
④ ア－オランダ　　イ－ベルリン　　ウ－セシル・ローズ

問4　空欄［c］・［d］に入る語の組み合わせとして、正しいものを次の①～④のうちから一つ選びなさい。解答番号は［24］。

① c－カイロ　　d－カルカッタ
② c－カイロ　　d－コロンボ
③ c－カサブランカ　　d－カルカッタ
④ c－カサブランカ　　d－コロンボ

問5　下線部（3）について述べた次のA～Cの文の正誤の組み合わせとして、正しいものを以下の①～④のうちから一つ選びなさい。解答番号は［25］。

A　1905年の第１次モロッコ事件では、ドイツのビスマルクがモロッコを訪問して、フランスのモロッコ進出に反対の意を表明した。

B　第１次モロッコ事件の処理のために1906年にスペインで開かれた国際会議では、ドイツの要求は退けられた。

C　1911年の第2次モロッコ事件では、ドイツが軍艦を派遣してフランスに圧力をかけたが、イギリスがフランスを支援したため、ドイツはモロッコの領有権を獲得できなかった。

① A－正　B－誤　C－正
② A－誤　B－正　C－正
③ A－正　B－誤　C－誤
④ A－誤　B－正　C－誤

B　16世紀から17世紀にかけて、南アジアでは(4)ムガル帝国が興隆し、インド・イスラーム文化が開花した。ムガル帝国の第3代皇帝［　e　］は首都をアグラに移し、支配階層の組織化、土地の測量、徴税制度の導入など、中央集権的な統治をすすめた。［　e　］は非イスラーム教徒に課されていた人頭税（ジズヤ）を廃止して、ヒンドゥー教徒からの支持獲得を試みた。第5代皇帝の［　f　］は、デカン高原の地方政権を服従させて帝国を安定させた。彼が妃の死を悼み建立した大理石の墓廟タージ・マハルは、インド・イスラーム建築の代表とされる。だが、第6代皇帝の［　g　］は、ヒンドゥー教寺院の破壊や人頭税の復活を命じるなど、これまでのヒンドゥー教徒への融和政策を転換した。

18世紀にはいりムガル帝国が弱体化すると、インド各地で地方勢力が台頭するようになった。こうしたなかで(5)イギリス東インド会社は、地方勢力の争いに介入して支配権を拡張させ、19世紀半ばまでにインド全域を制圧するにいたった。イギリス東インド会社が地税の徴収に力を入れたことで、インド社会に大きな変化が生じた。それまでのインド村落では、地域社会で必要な仕事をする人々は、一定割合で現物を得る権利をもっていたが、新たな徴税制度の下では、一部の人々だけが土地所有者として認定され、他の人々の権利が無視された。徴税制度には、地主・領主が農民から徴収して納税する［　h　］制や、農民から直接徴税する［　i　］制があった。地税は現金での支払いが要求されたことから、農産物の価格が低下すると、農民の生活は苦しくなった。こうしてインドの伝統的な社会は次第に崩れ、植民地支配への反感が高まっていった。

1857年には［　j　］と呼ばれるインド人傭兵が反乱を起こした。(6)この反乱には多くの人々が加わり、ムガル皇帝を擁立して大反乱に発展したが、統一的組織も目標もなく、2年後に鎮圧された。その間の1858年、ムガル皇帝は廃位され、3世紀以上にわたって存続したムガル帝国は滅亡した。

問6　下線部（4）に関する記述として、**誤っているもの**を次の①～④のうちから一つ選びなさい。解答番号は［26］。

① 宮廷ではイラン出身者やインド各地の画家が細密画を作成した。
② 宮廷では地方言語による作品がペルシア語に翻訳された。
③ ムガル帝国の公用語であるペルシア語が地方言語とまざり、ウルドゥー語となった。
④ 16世紀初頭にカビールがヒンドゥー教とイスラーム教を融合して、シク教を創始した。

問7　空欄［　e　］～［　g　］に入る語の組み合わせとして、正しいものを次の①～④のうちから一つ選びなさい。解答番号は［27］。

① e－バーブル　f－シャー・ジャハーン　g－アウラングゼーブ
② e－バーブル　f－アウラングゼーブ　g－シャー・ジャハーン
③ e－アクバル　f－シャー・ジャハーン　g－アウラングゼーブ
④ e－アクバル　f－アウラングゼーブ　g－シャー・ジャハーン

問8 下線部（5）に関し、次の記述中の空欄 エ ～ カ に入る語の組み合わせとして、正しいものを以下の①～⑥のうちから一つ選びなさい。解答番号は 28 。

イギリス東インド会社は、1765年に東部のベンガル・ビハール・オリッサ地域で徴税権を獲得し、南部において エ 王国との4次にわたる戦争（1767～99年）、西部での3次にわたる オ 戦争（1775～1818年）、西北部において2次にわたる カ 王国との戦争（1845～49年）に勝利した。

① エ－シク　オ－マイソール　カ－マラーター
② エ－シク　オ－マラーター　カ－マイソール
③ エ－マラーター　オ－シク　カ－マイソール
④ エ－マイソール　オ－シク　カ－マラーター
⑤ エ－マイソール　オ－マラーター　カ－シク
⑥ エ－マラーター　オ－マイソール　カ－シク

問9 空欄 h ～ j に入る語の組み合わせとして、正しいものを次の①～⑥のうちから一つ選びなさい。解答番号は 29 。

① h－シパーヒー　i－ザミンダーリー　j－ライヤットワーリー
② h－ライヤットワーリー　i－シパーヒー　j－ザミンダーリー
③ h－ライヤットワーリー　i－ザミンダーリー　j－シパーヒー
④ h－ザミンダーリー　i－ライヤットワーリー　j－シパーヒー
⑤ h－ザミンダーリー　i－シパーヒー　j－ライヤットワーリー
⑥ h－シパーヒー　i－ライヤットワーリー　j－ザミンダーリー

問10 下線部（6）について述べた次のA～Cの文の正誤の組み合わせとして、正しいものを以下の①～④のうちから一つ選びなさい。解答番号は 30 。

A 反乱はインド南部を中心にして広い地域で勃発したが、インド北部には波及しなかった。
B 生活に苦しむ農民・職人・小商人などが反乱に加わった。
C とりつぶし政策により地位や権利を奪われた旧支配層は、イギリスの軍事力を恐れて反乱に加わらなかった。

① A－正　B－誤　C－正
② A－正　B－正　C－誤
③ A－誤　B－正　C－誤
④ A－誤　B－誤　C－正

〔Ⅳ〕　次の文章A、Bを読み、以下の問いに答えなさい。

A　(1)北宋は(2)汴京に都を置き、まがりなりにも中国全土を領有していた。とはいえ、北方には強力な[a]人の遼王朝（916-1125）があり、燕雲十六州の地域は遼に奪われたままだった。また北西のオルドス・甘粛地方は[b]系の西夏に支配され、その地域の国境警備も宋にとって重い負担になっていた。更に東北地方には[c]人の勢力が強まり、やがて[c]人によって金王朝（1115-1234）が誕生した。金は、遼を東北から圧迫し、ついに1125年、これを滅ぼした。金はその余勢を駆って、更に南下し、北宋の都汴京を攻略し、1127年、徽宗・欽宗以下の皇族・后妃を捕らえて北方に連れ去った。この事件は[d]と呼ばれ、この事件によって北宋は滅亡した。

[d]に際して、都を離れていた康王構（徽宗の第九皇子。欽宗の弟）は、応天府（河南府商邱市）において即位し、宋王朝を復興した。しかし、中国の北半分は金王朝の支配するところとなり、その圧力を避けるため、都を杭州（浙江省杭州市）に定め、これを[e]と呼んだ。この王朝は南半分しか領有できず、都を南方の[e]においたため、(3)南宋と言う。

（安藤信廣『中国文学の歴史　古代から唐宋まで』東方書店より、一部改変）

問1　下線部（1）に関する記述として、**誤っているもの**を次の①～④のうちから一つ選びなさい。解答番号は[31]。

① 五代の後周の将軍であった趙匡胤により宋王朝が建国された。
② 王安石が旧法党のリーダーとして富国強兵策を実施した。
③ 科挙が官吏登用法の中心として整備された。
④ 唐末以来の古文復興の動きを受け継ぎ、宋代にも欧陽脩や蘇軾らの名文家が出た。

問2　下線部（2）の都市は「開封」とも呼ばれるが、その位置を地図上の①～⑥のうちから一つ選びなさい。解答番号は[32]。

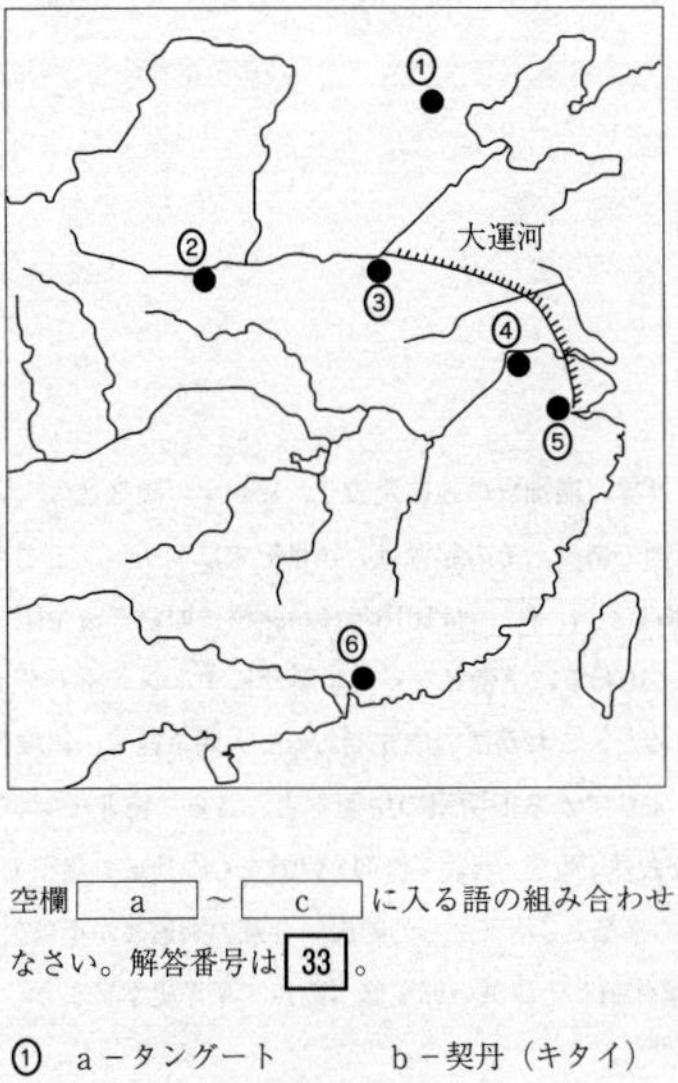

問3　空欄[a]～[c]に入る語の組み合わせとして、正しいものを次の①～⑥のうちから一つ選びなさい。解答番号は[33]。

① a－タングート　　b－契丹（キタイ）　　c－女真

② a－タングート　b－女真　c－契丹（キタイ）
③ a－契丹（キタイ）　b－タングート　c－女真
④ a－契丹（キタイ）　b－女真　c－タングート
⑤ a－女真　b－タングート　c－契丹（キタイ）
⑥ a－女真　b－契丹（キタイ）　c－タングート

問4　空欄[d]に入る語として、正しいものを次の①～④のうちから一つ選びなさい。解答番号は[34]。

① 土木の変
② 靖難の役
③ 靖康の変
④ 安史の乱

問5　空欄[e]に入る語として、正しいものを次の①～④のうちから一つ選びなさい。解答番号は[35]。

① 南京
② 臨安
③ 長安
④ 泉州

問6　下線部（3）に関連して、次の記述中の空欄[ア]～[ウ]に入る語の組み合わせとして、正しいものを以下の①～⑥のうちから一つ選びなさい。解答番号は[36]。

南宋ははじめ金と戦い華北の奪還をはかったが、やがて和平派の[ア]が抗戦派の[イ]をおさえて金と和議を結んだ。その結果、[ウ]を両国の境界とし、南宋は金に対して臣下の礼をとり、毎年多額の銀や絹を金におくることになった。

① ア－岳飛　イ－秦檜　ウ－黄河
② ア－岳飛　イ－秦檜　ウ－淮河
③ ア－岳飛　イ－秦檜　ウ－長江
④ ア－秦檜　イ－岳飛　ウ－黄河
⑤ ア－秦檜　イ－岳飛　ウ－淮河
⑥ ア－秦檜　イ－岳飛　ウ－長江

B　清は、17世紀にマンジュ（満洲）人が南マンチュリア（満洲）の地に建設し、1644年の漢地進入（入関）を経て、1912年までユーラシア東方の大半を支配した帝国である。その起源は、16世紀末にアイシン・ギョロ（愛新覚羅）氏の一首長[f]が建てたマンジュ国にある。[f]は1616年にハン位に即いて後金国と称し（のち金、マンジュ語でアイシン）、子のホンタイジは、1636年に皇帝となって、新たにマンジュ語でダイチン・グルン、漢語で大清国という満・漢対応した国号を定めた。これが清の成立である。入関を経て、領域は18世紀半ばの(4)乾隆帝の代に最大に達し、発祥の地マンチュリアから旧明領の中国本土、さらに南北モンゴル、(5)チベット、(6)東トルキスタンにまで広がった。多様な政体・生業・言語・信仰・習慣をもつ地域の集積である清は、版図の統合にあたって、強靱にして柔軟な支配体制の構築と、治下からの幅広い合意の調達とが不可欠であった。

（杉山清彦「清の国家体制」吉澤誠一郎監修『論点・東洋史学』より、一部改変）

問7　空欄［ f ］に入る語として、正しいものを次の①～④のうちから一つ選びなさい。解答番号は［37］。

① ヌルハチ
② ティラク
③ アルタン
④ エセン

問8　下線部（4）に関する記述として、正しいものを次の①～④のうちから一つ選びなさい。解答番号は［38］。

① ロシアとネルチンスク条約を締結して国境を定めた。
② 呉三桂らが起こした三藩の乱を鎮圧した。
③ 皇帝直属の諮問機関である軍機処を設置した。
④ イギリスから派遣されたマカートニーが要求した自由貿易を認めなかった。

問9　下線部（5）に関連して、次の記述中の空欄［ エ ］・［ オ ］に入る語の組み合わせとして、正しいものを以下の①～⑥のうちから一つ選びなさい。解答番号は［39］。

16世紀後半、黄帽派チベット仏教において、教団の長として［ エ ］の地位が確立した。歴代［ エ ］が居住するラサの［ オ ］はチベットの政治・宗教の中心であった。

① エ－ソンツェン・ガンポ　オ－トプカプ宮殿
② エ－ソンツェン・ガンポ　オ－ポタラ宮殿
③ エ－ツォンカパ　オ－アルハンブラ宮殿
④ エ－ツォンカパ　オ－トプカプ宮殿
⑤ エ－ダライ・ラマ　オ－アルハンブラ宮殿
⑥ エ－ダライ・ラマ　オ－ポタラ宮殿

問10　下線部（6）に関連して、次の記述中の空欄［ カ ］・［ キ ］に入る語の組み合わせとして、正しいものを以下の①～⑥のうちから一つ選びなさい。解答番号は［40］。

清朝の支配下に入った東トルキスタン一帯は、「新しい領土」を意味する「［ カ ］」と呼称され、［ キ ］の監督のもとで間接統治がおこなわれた。

① カ－新界　キ－理藩院
② カ－新界　キ－総理衙門
③ カ－大理　キ－理藩院
④ カ－大理　キ－総理衙門
⑤ カ－新疆　キ－理藩院
⑥ カ－新疆　キ－総理衙門

数　学

（60 分）

解答上の注意

- 1つの解答番号には1つの数字が対応します．**11** のように1つの番号が書かれた枠は1桁の数に，**12, 13** のように2つの番号が書かれた枠は2桁の数に，**14, 15, 16** のように3つの番号が書かれた枠は3桁の数に対応します．例えば **12, 13** に45と解答したい場合は，解答番号12の解答欄の ④ と，解答番号13の解答欄の ⑤ にマークしてください．

- 解答欄よりも解答の桁数が少ない場合は，上位を0で埋めるものとします．例えば，**14, 15, 16** に6と解答したい場合は，解答番号14の解答欄の ⓪ と，解答番号15の解答欄の ⓪ と解答番号16の解答欄の ⑥ にマークしてください．

- 分数で解答する場合，それ以上約分できない形で解答してください．例えば，$\frac{2}{3}$ と答えるところを，$\frac{4}{6}$ のように答えてはいけません．また，分数に整数で解答する場合は，分母を1として表すものとします．

- 比の形で解答する場合は，最小の整数比の形で解答してください．例えば，2：3と答えるところを，4：6のように答えてはいけません．

〔Ⅰ〕　下のように定義される関数 $f(x)$, $g(x)$ について，(1)～(5) の空欄 $\boxed{1}$ ～ $\boxed{19}$ を正しい数値で埋めなさい.

$$f(x) = x^3 - 3x + 2$$

$$g(x) = 2x^2 + x - 6$$

(1)　$f(x)$, $g(x)$ のそれぞれを因数分解すると

$$f(x) = (x + \boxed{1})(x - \boxed{2})^2$$

$$g(x) = (2x - \boxed{3})(x + \boxed{4})$$

となる.

(2)　$f(x)$, $g(x)$ を x の整式と見たとき，$f(x)$ を $g(x)$ で割ったときの商は

$$\frac{1}{\boxed{5}}x - \frac{1}{\boxed{6}}$$

余りは

$$\frac{1}{\boxed{7}}x + \frac{1}{\boxed{8}}$$

である.

(3)　$f(x)$ は $x = -\boxed{9}$ のときに極大値 $\boxed{10}$ をとり，
$x = \boxed{11}$ のときに極小値 $\boxed{12}$ をとる.

(4)　$y = f(x)$ のグラフと $y = g(x)$ のグラフの接点の座標は $(\boxed{13}, \boxed{14})$，接点でない共有点の座標は $(-\boxed{15}, \boxed{16})$ である．なお，「点Pが2つの曲線の接点である」とは，点Pが2つの曲線の共有点で，かつ，点Pにおける2つの曲線の接線が一致することである.

(5)　$y = f(x)$ のグラフと $y = g(x)$ のグラフに囲まれた部分の面積は，$\dfrac{\boxed{17, 18}}{\boxed{19}}$ である.

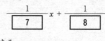

〔Ⅱ〕　下のような漸化式で定義される数列 $\{a_n\}$, $\{b_n\}$ $(n=0,1,2,\cdots\cdots)$ について，(1)〜(5) の空欄 $\boxed{20}$ 〜 $\boxed{30}$ を正しい値で埋めなさい.

$$\begin{cases} a_0=1,\ b_0=0 \\ a_{n+1}=-a_n-\sqrt{3}\,b_n \quad (n=0,1,2,\cdots\cdots) \\ b_{n+1}=\sqrt{3}\,a_n-b_n \quad (n=0,1,2,\cdots\cdots) \end{cases}$$

(1)　a_{n+2}, b_{n+2} をそれぞれ a_n, b_n を用いて表すと,

$$\begin{cases} a_{n+2}=-\boxed{20}\,a_n+\boxed{21}\sqrt{3}\,b_n \\ b_{n+2}=-\boxed{22}\sqrt{3}\,a_n-\boxed{23}\,b_n \end{cases}$$

となる.

(2)　a_{n+3}, b_{n+3} をそれぞれ a_n, b_n を用いて表すと,

$$\begin{cases} a_{n+3}=\boxed{24}\,a_n \\ b_{n+3}=\boxed{25}\,b_n \end{cases}$$

となる.

(3)　n が3の倍数のとき,

$$\begin{cases} a_n=\boxed{26}^{\,n} \\ b_n=\boxed{27} \end{cases}$$

となる.

(4)　$c_n=a_n{}^2+b_n{}^2$ $(n=0,1,2,\cdots\cdots)$ とするとき，数列 $\{c_n\}$ $(n=0,1,2,\cdots\cdots)$ は,

$$\begin{cases} c_0=\boxed{28} \\ c_{n+1}=\boxed{29}\,c_n \quad (n=0,1,2,\cdots\cdots) \end{cases}$$

という漸化式で表すことができる.

(5)　(4) の数列 $\{c_n\}$ $(n=0,1,2,\cdots\cdots)$ の一般項は，$c_n=\boxed{30}^{\,n}$ となる.

〔Ⅲ〕　AB = 4, AC = 3, ∠A = 90° の直角三角形と，直角三角形ABCの斜辺BCを一辺とする正方形BCDEが，直角三角形の外側にあるものとします．線分AD, AEと辺BCの交点をそれぞれF, Gとして，(1)～(6)の空欄 $\boxed{31}$ ～ $\boxed{59,\ 60}$ を正しい数値で埋めなさい．

(1)　ベクトル $\overrightarrow{AD}$, $\overrightarrow{AE}$ を，それぞれ $\overrightarrow{AB}$, $\overrightarrow{AC}$ を用いて表すと，

$$\begin{cases} \overrightarrow{AD} = \dfrac{\boxed{31}}{\boxed{32}}\overrightarrow{AB} + \dfrac{\boxed{33}}{\boxed{34}}\overrightarrow{AC} \\ \overrightarrow{AE} = \dfrac{\boxed{35}}{\boxed{36}}\overrightarrow{AB} + \dfrac{\boxed{37}}{\boxed{38}}\overrightarrow{AC} \end{cases}$$

となる．

(2)　線分AFと線分FDの長さの比 AF : FD は，$\boxed{39,\ 40}$: $\boxed{41,\ 42}$ である．

(3)　線分CF, FG, GBの長さの比 CF : FG : GB は，$\boxed{43,\ 44}$: $\boxed{45,\ 46}$: $\boxed{47,\ 48}$ である．

(4)　ベクトル $\overrightarrow{AD}$ とベクトル $\overrightarrow{AE}$ の内積は，$\boxed{49,\ 50}$ である．

(5)　△ADEの面積は，$\dfrac{\boxed{51,\ 52}}{\boxed{53}}$ である．

(6)　sin ∠AEDの値は，$\dfrac{\boxed{54,\ 55}}{\boxed{56,\ 57,\ 58}}\sqrt{\boxed{59,\ 60}}$ である．

化　学

（60 分）

〔Ⅰ〕　気体と溶液の性質およびこれらに関連した次の問い（問1～3）に答えなさい。
（解答番号 [1] ～ [4] ）

問1　以下の記述で、下線部に**誤りを含むもの**を、次の①～⑤から**二つ**選びなさい。ただし、気体は理想気体とする。 [1] ・ [2]

① 一定温度で一定の物質量の気体の体積は、圧力に反比例する。
② 絶対温度 T [K] とセルシウス温度 t [℃] の関係は、$t = T + 273$ で表される。
③ 一定圧力下で一定の物質量の気体の体積は、絶対温度に比例する。
④ 混合気体の全圧は、各成分気体の分圧の差に等しい。
⑤ 分圧は、混合気体の全物質量に対する各成分気体の物質量の割合（モル分率）に比例する。

問2　ある容器に気体が入っている。気体の密度を d [g/L]、気体の温度を T [K]、気体の圧力を p [Pa]、気体定数を R [Pa・L/(mol・K)] とするとき、モル質量 M [g/mol] を表すものを、次の①～⑥から一つ選びなさい。 [3]

① $\frac{dR}{pT}$　② $\frac{pT}{dR}$　③ $\frac{dRT}{p}$　④ $\frac{p}{dRT}$　⑤ $\frac{dp}{RT}$　⑥ $\frac{Rp}{dT}$

問3　一定温度で溶解度の小さい気体が一定量の溶媒に溶けるとき、その気体の溶解量（物質量）はその気体の圧力に比例する。この法則の名称を、次の①～⑤から一つ選びなさい。 [4]

① ボイルの法則　② シャルルの法則　③ ヘンリーの法則　④ ファラデーの法則
⑤ ファントホッフの法則

〔Ⅱ〕　電解質水溶液に関する次の問い（問1～3）に答えなさい。
（解答番号 5 ～ 9 ）

問1　ある一定温度で 2.0×10^{-2} mol/L の酢酸水溶液がある。これに関する問い（a・b・c）に答えなさい。ただし、この酢酸の電離度は 4.0×10^{-2} とする。

a　この水溶液の水素イオン濃度 $[H^+]$ を、次の①～⑥から一つ選びなさい。 5

① 2.0×10^{-2} mol/L　② 2.0×10^{-4} mol/L　③ 8.0×10^{-1} mol/L
④ 8.0×10^{-4} mol/L　⑤ 5.0×10^{-1} mol/L　⑥ 5.0×10^{-4} mol/L

b　この水溶液の pH を、次の①～⑥から一つ選びなさい。ただし、$\log_{10} 2.0 = 0.30$ とする。 6

① 1.4　② 1.7　③ 3.1　④ 3.3　⑤ 3.7　⑥ 4.0

c　この水溶液が電離平衡の状態にあるとき、この温度における酢酸の電離定数 K_a [mol/L] の値を、次の①～⑥から一つ選びなさい。ただし、酢酸の電離度は1に比べて極めて小さいものとする。 7

① 1.3×10^{-1}　② 1.3×10^{-3}　③ 2.0×10^{-2}　④ 2.0×10^{-4}
⑤ 3.2×10^{-4}　⑥ 3.2×10^{-5}

問2　塩の水溶液に酸を加えた際に**酸が遊離しないもの**を、次の①～⑤から一つ選びなさい。 8

① 塩化ナトリウム水溶液に酢酸を加える。
② 炭酸水素ナトリウム水溶液に塩酸を加える。
③ ナトリウムフェノキシド水溶液に酢酸を加える。
④ 酢酸カリウム水溶液に塩酸を加える。
⑤ 炭酸ナトリウム水溶液に硫酸を加える。

問3　ある温度において、難溶性塩の一種である硫酸バリウム 0.10 g を水 100 mL に加えて攪拌して放置したところ、ほとんど溶解せずに沈殿した。生じた沈殿をろ過したところ、硫酸バリウムの飽和水溶液が得られた。この水溶液中に含まれるバリウムイオンのモル濃度（mol/L）を、次の①～⑥から一つ選びなさい。ただし、この温度における硫酸バリウムの溶解度積を 9.0×10^{-11} mol^2/L^2 とし、$\sqrt{10} = 3.16$ とする。 9

① 3.0×10^{-5} mol/L　② 3.0×10^{-6} mol/L　③ 9.0×10^{-6} mol/L
④ 9.0×10^{-11} mol/L　⑤ 9.5×10^{-6} mol/L　⑥ 9.5×10^{-11} mol/L

〔Ⅲ〕　金属元素に関する次の問い（問1～4）に答えなさい。
（解答番号 10 ～ 13 ）

問1　硫酸銅(Ⅱ)水溶液にアンモニア水を少量加えると（ア）の青白色沈殿を生じた。（ア）を加熱すると黒色の物質（イ）を生じた。（ア）、（イ）に当てはまる化合物の組み合わせを、次の①～⑥から一つ選びなさい。 10

	（ア）	（イ）
①	$Cu(OH)_2$	CuO
②	$Cu(OH)_2$	Cu_2O
③	$Cu(OH)_2$	Cu
④	CuO	$Cu(OH)_2$
⑤	CuO	Cu_2O
⑥	CuO	Cu

問2　ジアンミン銀(Ⅰ)イオン $[Ag(NH_3)_2]^+$ の形として正しいものを、次の①～⑤から一つ選びなさい。
11

① 直線形　② 正方形　③ 正三角形　④ 正四面体形　⑤ 正八面体形

問3　アルミニウムに関する以下の記述のうち、下線部に**誤りを含むもの**を、次の①～⑤から一つ選びなさい。
12

① アルミニウムは、酸化アルミニウムを主成分とするボーキサイトから得られる。
② 水酸化アルミニウム $Al(OH)_3$ は、酸や強塩基の水溶液に溶ける両性水酸化物である。
③ テルミット反応（テルミット法）は、アルミニウムと酸化鉄(Ⅲ)の粉末を混ぜて点火すると多量の熱を発生して鉄を生じる反応である。
④ アルミニウムは、濃硝酸と激しく反応する。
⑤ 硫酸カリウムアルミニウム十二水和物は、ミョウバンと呼ばれる。

問4　金属イオンを含む水溶液に、水酸化ナトリウム水溶液を少量加えると沈殿を生じ、過剰に加えてもその沈殿が溶けずに変化しなかった。この溶液に含まれている金属イオンとして適切なものを、次の①～④から一つ選びなさい。 13

① Al^{3+}　② Pb^{2+}　③ Fe^{3+}　④ Zn^{2+}

〔Ⅳ〕　1族および2族元素に関する次の問い（問1～6）に答えなさい。
（解答番号 14 ～ 20 ）

問1　1族および2族元素に関する記述として下線部に**誤りを含むもの**を、次の①～⑥から**二つ**選びなさい。
14 ・ 15

① 1族元素の単体は、すべて金属である。
② 2族元素の単体は、すべて金属である。
③ リチウム原子の原子半径は、ナトリウム原子の原子半径よりも小さい。
④ リチウムの炎色反応の色は、赤色である。
⑤ ナトリウム原子の価電子の数は、1個である。
⑥ バリウムは、アルカリ金属である。

問2　ナトリウムに水を加えると発生する気体を、次の①～⑤から一つ選びなさい。 16

①　酸素　　②　水素　　③　二酸化炭素　　④　硫化水素　　⑤　アンモニア

問3　炭酸水素ナトリウムを加熱すると熱分解して発生する気体を、次の①～⑤から一つ選びなさい。ただし、水蒸気は無視してよい。 17

①　酸素　　②　水素　　③　二酸化炭素　　④　一酸化炭素　　⑤　二酸化硫黄

問4　水酸化バリウムの水溶液に希硫酸を加えた場合に生成する沈殿の化学式を、次の①～⑤から一つ選びなさい。 18

①　BaS　　②　BaO　　③　$Ba(HSO_4)_2$　　④　$BaSO_3$　　⑤　$BaSO_4$

問5　石灰水に二酸化炭素を加えた場合に生成する沈殿の化学式を、次の①～⑤から一つ選びなさい。 19

①　Ca　　②　CaO　　③　$Ca(OH)_2$　　④　$CaCO_3$　　⑤　$Ca(HCO_3)_2$

問6　石灰水にフェノールフタレイン溶液を加えた場合に示す色を、次の①～⑤から一つ選びなさい。 20

①　赤色　　②　黄色　　③　青色　　④　緑色　　⑤　無色

〔V〕　芳香族化合物に関する次の問い（問1～4）に答えなさい。
（解答番号 21 ～ 25 ）

問1　塩化鉄(Ⅲ) $FeCl_3$ 水溶液と反応し、青色や紫色などを呈する芳香族化合物を、次の①～⑥から**二つ**選びなさい。 21 ・ 22

①　安息香酸　②　テレフタル酸　③　アニリン　④　フェノール　⑤　トルエン
⑥　*o*-クレゾール

問2　炭酸、カルボン酸、フェノール類を酸の強さの強い順に並べた場合、正しいものを、次の①～⑥から一つ選びなさい。 23

①　フェノール類＞炭酸＞カルボン酸
②　炭酸＞フェノール類＞カルボン酸
③　カルボン酸＞フェノール類＞炭酸
④　カルボン酸＞炭酸＞フェノール類
⑤　炭酸＞カルボン酸＞フェノール類
⑥　フェノール類＞カルボン酸＞炭酸

問3　安息香酸、フェノール、ベンゼン、トルエンが含まれるジエチルエーテル混合溶液に、炭酸水素ナトリウム水溶液を加えて振り混ぜた場合、塩となって水層に移るものを、次の①～④から一つ選びなさい。 24

①　安息香酸　②　フェノール　③　ベンゼン　④　トルエン

問4　サリチル酸に無水酢酸と濃硫酸を作用して得られる化合物をA、サリチル酸にメタノールと濃硫酸を作用して得られる化合物をBとするとき、AとBの組み合わせとして正しいものを、次の①～⑥から一つ選びなさい。 25

	A	B
①	アセトアニリド	アセチルサリチル酸
②	アセトアニリド	サリチル酸メチル
③	アセチルサリチル酸	アセトアニリド
④	アセチルサリチル酸	サリチル酸メチル
⑤	サリチル酸メチル	アセトアニリド
⑥	サリチル酸メチル	アセチルサリチル酸

生　物

（60分）

〔Ⅰ〕　遺伝情報の流れに関する次の文章A及びBを読み、以下の問いに答えなさい。

A　真核生物では、DNAの塩基配列が[ア]でRNAに[イ]されたのち、不要な部分が切除され、同時にタンパク質の遺伝情報を持つ部分がつなぎ合わされてmRNAが完成する。タンパク質の遺伝情報を持つ領域を[ウ]といい、[エ]によって取り除かれる領域を[オ]という。この[エ]は[ア]で起こり、完成されたmRNAは[カ]を通って細胞質基質に移動する。

問1．文章中の空欄[ア]～[カ]に入る最も適当な語句を、次の①～⓪のうちからそれぞれ一つずつ選びなさい。なお、同じ記号には同じ語句が入る。解答番号はア－[1]、イ－[2]、ウ－[3]、エ－[4]、オ－[5]、カ－[6]。

① スプライシング　② 核内　③ 細胞膜　④ 翻訳
⑤ 核膜孔　⑥ イントロン　⑦ 複製　⑧ 転写
⑨ 選択的　⓪ エキソン

問2．文章中の空欄[エ]についての次のa～cの文のうち、正しいものの組み合わせを、次の①～⑦のうちから一つ選びなさい。解答番号は[7]。

a　[エ]によって、一つの遺伝子から数種類のmRNAができることがある。
b　[エ]後のmRNAを前駆体mRNAと呼ぶ。
c　主に真核生物で起こる。

① aのみ　② bのみ　③ cのみ　④ a・b　⑤ b・c
⑥ a・c　⑦ a・b・c

B　真核生物では、mRNAからタンパク質が合成される。タンパク質に含まれるアミノ酸は20種類あるので、4種類の塩基で指定するには3塩基の並び方であれば十分である。この塩基3つの組は[キ]と呼ばれる。mRNAの各[キ]がどのアミノ酸に対応するかをまとめた表が遺伝暗号表であり、mRNAの[キ]をコドンと呼ぶ。遺伝暗号のAUGはアミノ酸の[ク]に対応するコドンであるとともに、翻訳の[ケ]を指定するコドンなので、[ケ]コドンと呼ばれる。一方、UAA、UAG、UGAは[コ]コドンと呼ばれる。

問3．文章中の空欄[キ]～[コ]に入る最も適当な語句を、次の①～⓪のうちからそれぞれ一つずつ選びなさい。解答番号はキ－[8]、ク－[9]、ケ－[10]、コ－[11]。

① DNA　② メチオニン　③ トリプレット　④ rRNA
⑤ 開始　⑥ セリン　⑦ 伸長　⑧ tRNA
⑨ トレオニン　⓪ 終止

問4．遺伝情報の変化について説明した次のa～cの文のうち、正しいものの組み合わせを、次の①～⑦のうちから一つ選びなさい。解答番号は［12］。

a　フェニルケトン尿症の患者に対して、フェニルアラニンを含まない食事を与える治療法がある。
b　突然変異が起きると、必ずアミノ酸の置換を生じる。
c　かま状赤血球貧血症の患者は、マラリアに対する抵抗性が低い。

① aのみ　② bのみ　③ cのみ　④ a・b
⑤ b・c　⑥ a・c　⑦ a・b・c

〔Ⅱ〕　動物のからだと代謝に関する次の文章を読み、以下の問いに答えなさい。

多細胞生物である動物では、［ア］細胞が集まって(1)組織をつくり、［イ］種類の組織が集まって［ウ］はたらきをする器官を形成している。そして、関連するはたらきをする器官が集まって消化器系や循環器系などの器官系を構成している。個体の生命活動は多くの器官系が協調してはたらくことで維持されている。

消化器系では、口腔や胃、腸などでさまざまな消化酵素が分泌され、摂取した食物をさまざまな栄養素に分解する。これらの酵素は細胞外に分泌されてはたらくが、その他の多くの酵素は(2)細胞内の代謝における何千もの化学反応に関わっている。(3)各酵素の反応速度は、pHなどによって影響を受ける。

問1．文章中の空欄［ア］～［ウ］に入る最も適当な語句の組み合わせを、次の①～⑥のうちから一つ選びなさい。解答番号は［13］。

	ア	イ	ウ
①	異なる	類似した	特定の
②	異なる	特定の	類似した
③	類似した	異なる	特定の
④	類似した	特定の	異なる
⑤	特定の	異なる	類似した
⑥	特定の	類似した	異なる

問2．下線部（1）について、以下の①～⑤の組織のうち、動物の組織ではないものを一つ選びなさい。解答番号は［14］。

① 海綿状組織　② 結合組織　③ 神経組織　④ 筋組織　⑤ 上皮組織

問3．下線部（2）について、ミトコンドリアや核、細胞質基質に存在する酵素の種類について正しいものの組み合わせを、次の①～⑥のうちから一つ選びなさい。解答番号は **15** 。

	ミトコンドリア	核	細胞質基質
①	光合成に関与する酵素	呼吸に関与する酵素	多様な物質合成に関与する酵素
②	光合成に関与する酵素	多様な物質合成に関与する酵素	呼吸に関与する酵素
③	呼吸に関与する酵素	消化に関与する酵素	光合成に関与する酵素
④	呼吸に関与する酵素	DNA合成に関与する酵素	多様な物質合成に関与する酵素
⑤	消化に関与する酵素	多様な物質合成に関与する酵素	DNA合成に関与する酵素
⑥	消化に関与する酵素	DNA合成に関与する酵素	多様な物質合成に関与する酵素

問4．下線部（3）のpHについて、下の図のA～Cのような反応速度を示す酵素の名称として正しいものの組み合わせを、次の①～⑥のうちから一つ選びなさい。解答番号は **16** 。

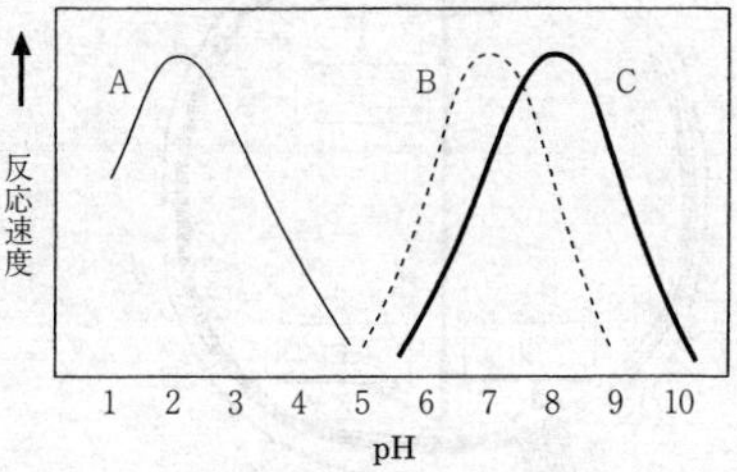

図

	A	B	C
①	ペプシン	アミラーゼ	トリプシン
②	ペプシン	トリプシン	アミラーゼ
③	アミラーゼ	ペプシン	トリプシン
④	アミラーゼ	トリプシン	ペプシン
⑤	トリプシン	ペプシン	アミラーゼ
⑥	トリプシン	アミラーゼ	ペプシン

問5．酵素の特徴について述べた以下のａ～ｅの文のうち、正しいものの組み合わせを、次の①～⑧のうちから一つ選びなさい。解答番号は **17** 。

a　酵素は特定の物質にのみ作用する。

b　酵素の作用は温度によって影響を受けない。

c　酵素の主成分はタンパク質である。

d　酵素は触媒としてはたらいて消費される。

e　一つの酵素は多数の化学反応の触媒としてはたらく。

① a・b　② a・c　③ a・d　④ b・c
⑤ b・d　⑥ b・e　⑦ c・d　⑧ c・e

〔Ⅲ〕　以下の問いに答えなさい。

問1．図1はヒトの眼球の構造の模式図である。図中の空欄[ア]～[エ]に入る最も適当な語句を、次の①～⑧のうちからそれぞれ一つずつ選びなさい。解答番号はア－[18]、イ－[19]、ウ－[20]、エ－[21]。

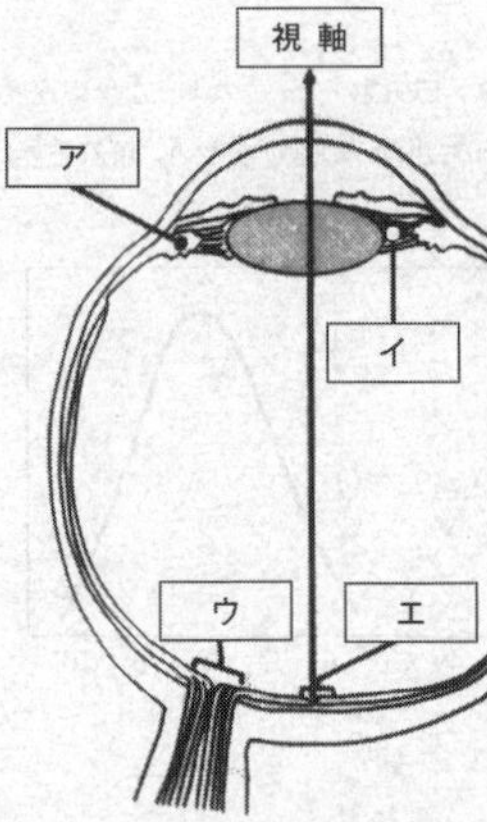

図1　ヒトの眼球の構造

① 黄斑　② 角膜　③ ガラス体　④ 虹彩
⑤ 水晶体　⑥ チン小帯　⑦ 盲斑　⑧ 毛様体

問2．以下の文は、ヒトの眼の遠近調節に関する記述である。文中の空欄[オ]、[カ]、[キ]に入る最も適当な語句の組み合わせを、次の①～⑧のうちから一つ選びなさい。解答番号は[22]。

ヒトが遠くのものを見るときは、眼の毛様筋が[オ]し、チン小帯が[カ]ため、水晶体は[キ]なる。

	オ	カ	キ
①	弛緩	引かれる	厚く
②	弛緩	引かれる	薄く
③	弛緩	緩む	厚く
④	弛緩	緩む	薄く
⑤	収縮	引かれる	厚く
⑥	収縮	引かれる	薄く
⑦	収縮	緩む	厚く
⑧	収縮	緩む	薄く

問3．ヒトの眼の特徴に関する説明として適当なものはどれか。次の①～⑤のうちから二つ選びなさい。解答番号は 23 、 24 で順不同。

① 暗順応は、桿体細胞が一時的に増加することで暗所に適応する反応である。
② 錐体細胞はおもに明るいところではたらく細胞で、網膜全体に均一に分布する。
③ ヒトの桿体細胞は500 nmの波長の光を最もよく吸収し、明暗に反応する。
④ ヒトの３種類の錐体細胞のうち、最も長い波長の光をよく吸収するのは赤錐体細胞である。
⑤ ロドプシンはオプシンとレチナールが結合した物質で、色の識別に関与する。

問4．図２のような盲斑検出板を作成し、あるヒトにおいて盲斑の位置を調べるため次のような実験を行った。検出板を両手で持ち、検出板の＋印が右眼の視野の中央に来るように腕を伸ばして顔の前に掲げた。次に左眼を閉じ、＋印が右眼の視野の中央にある状態を維持したまま検出板を顔に近づけた。その結果、検出板と右眼の距離が24 cmのところで●印が見えなくなった。このヒトの盲斑と黄斑間の距離に最も近い数値を、次の①～⑤のうちから一つ選びなさい。なお、水晶体と黄斑の距離は２cmとする。解答番号は 25 。

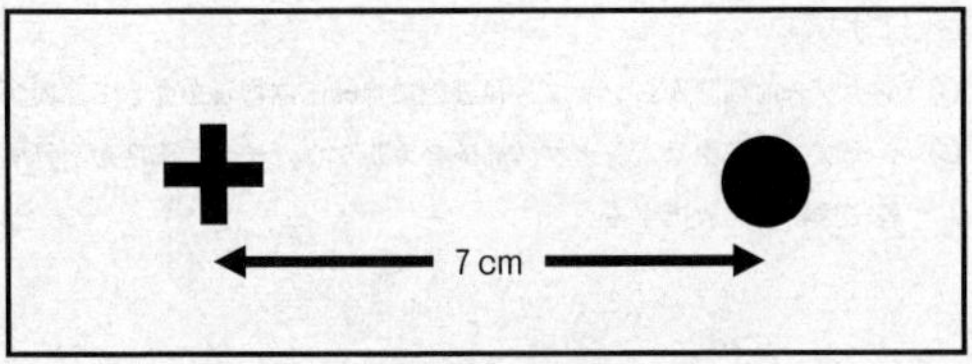

図2　盲斑検出板

① 0.3 cm　② 0.4 cm　③ 0.5 cm　④ 0.6 cm　⑤ 0.7 cm

問5．動物は、さまざまな刺激を目や耳などを介して受け入れる。その情報は神経系により、筋肉などに伝えられ刺激に対する反応が生じる。神経系において情報を処理するのは神経細胞である。神経細胞は電気的な信号を利用することで、情報を速やかに処理している。(a)神経細胞と神経細胞の接続部の隙間はシナプス間隙と呼ばれ、アセチルコリンなどの物質を介して情報を伝えている。以下の設問（1）～（3）に答えなさい。

（1）　神経系の特徴の説明として適当なものはどれか。次の①～⑤のうちから二つ選びなさい。解答番号は 26 、 27 で順不同。

① 神経細胞は、核のある細胞体と、細胞体から長く伸びた軸索や多数の樹状突起が突き出した形をしている。

② 髄鞘は電気を通しやすく、神経細胞で発生した電気的信号を速やかに伝えることが可能である。

③ 中枢神経では、オリゴデンドロサイトが神経細胞をおおい、神経細胞のはたらきを助けている。

④ ヒトは外部からの刺激を、中枢神経系を経て感覚細胞に伝えることで認識する。

⑤ 空気中の化学物質は、味覚芽（味蕾）の適刺激である。

（2）　興奮とその伝導に関する説明として最も適当なものはどれか。次の①～⑤のうちから一つ選びなさい。解答番号は 28 。

① １本の軸索に生じる活動電位の大きさは、刺激が強ければ強いほど大きくなる。

② 刺激を受けていない神経細胞の内側は、外側に対して電位が低い。

③ 神経細胞の刺激に対する閾値はすべての細胞で同じである。

④ 神経細胞の軸索は刺激を受けるとカルシウムチャネルが開き、カルシウムイオンが細胞内に取り込まれることで活動電位が発生する。

⑤ 無髄神経繊維では、興奮がランビエ絞輪間を跳躍するように伝わる跳躍伝導が起こる。

（3）　下線部（a）についての記述として最も適当なものはどれか。次の①～⑤のうちから一つ選びなさい。解答番号は 29 。

① シナプス後細胞が１つのシナプス前細胞から短時間にくり返し刺激を受けたとしても、１回あたりの刺激が閾値を超えない限り活動電位は発生しない。

② シナプス後細胞が複数のシナプス前細胞から同時に刺激を受けた場合、その刺激は乗算される。

③ シナプス後細胞は、神経伝達物質の作用により塩化物イオンが細胞内に流入すると膜電位が低下する。

④ シナプス前細胞からシナプス後細胞に神経伝達物質を介して、興奮が伝導する。

⑤ シナプス前細胞は、シナプス間隙のカルシウムイオン濃度が上昇すると、シナプス小胞から神経伝達物質を放出する。

〔Ⅳ〕　生態系に関する次の文章を読み、以下の問いに答えなさい。

生態系は生物群集とそれを取りまく非生物的環境からなり、生物群集はさまざまな個体群から構成されている。個体群の特徴を考えるうえで重要な尺度として、個体群の大きさと個体群密度がある。個体群の大きさは、個体群に属する個体の総数であり、(a)個体群密度は一定の面積や体積あたりの個体数である。同じ個体群の個体どうしでは、食物をめぐる争いや子育ての協力などがみられることがある。(b)こうした種内の相互作用に加え、種間でもさまざまな相互の関係性を保ちながら、生態系は複雑なバランスのうえに成り立っている。

問１．下線部（a）について、底面積250 m^2 の池に生息するザリガニの数を調べた。ザリガニはランダムに池底に分布し、調査期間中に死亡や産卵もしくは池に出入りする個体はないものとする。以下の設問（1）と（2）に答えなさい。

（1）　池の中のザリガニ100個体を捕獲して水中でも消えないインクで殻に標識し、再び池に放流した。数日後に、池の同じ場所で30個体を捕獲したところ、うち6個体が標識個体だった。この池の中のザリガニの個体群密度（個体/m^2）はいくつになると推定できるか。最も適当なものを、次の①～⑥のうちから一つ選びなさい。ただし、標識に用いたインクはザリガニの行動に影響を与えないものとする。解答番号は 30 。

①　3000　　②　500　　③　200　　④　20　　⑤　2　　⑥　0.2

（2）　（1）の推定結果について検証するため、この池の水を全部抜いて実際にザリガニの全個体数を数えたところ300個体が見つかった。また、標識の付いた脱皮殻も見られたことから、1回目と2回目の捕獲の間に一定数の個体が脱皮していたことが判明した。標識し放流した後に脱皮が起こると、インクで殻につけた標識が失われるため、再捕された標識個体数は実際より少なく数えられ、その結果、個体群密度は実際より高く見積もられることになる。この調査では、1回目と2回目の捕獲の間に何％の個体が脱皮していたと考えられるか。最も適当なものを、次の①～⑥のうちから一つ選びなさい。解答番号は 31 。

①　60　　②　50　　③　40　　④　30　　⑤　20　　⑥　10

問２．下線部（b）について、以下の説明文Ⅰ～Ⅳは生物の多様な生活様式や種内・種間関係について述べたものである。以下の設問（1）～（3）に答えなさい。

説明文Ⅰ　ゾウリムシとヒメゾウリムシを一緒に飼育すると、最初は両種とも増加するが、まもなくゾウリムシの個体数が減り始め、やがてヒメゾウリムシだけになってしまう。これは両種の生活に必要な環境条件が似ており、小形のヒメゾウリムシのほうが機敏でえさを効率よくとることができ、ゾウリムシがえさをめぐる種間競争に負けるためである。

説明文Ⅱ　個体群を構成する個体は、食物や生活空間など生存と繁殖に必要な資源に制限がなければ、際限なく増えていく。一方、資源に制限がある場合は、維持できる個体数には上限があるため、ある一定の値で安定する。

説明文Ⅲ　晩死型の種では出生直後に死亡する個体が少なく、多くの個体が最大寿命の近くまで生き残る。早死型の種では出生後初期の生存率は非常に低いが、ごく一部の個体が平均寿命よりはるかに長く生存して多数の子を産む。

説明文Ⅳ　群れをつくる利点の一つは、天敵をいち早く察知できることである。群れが大きくなると１個体が天敵を見張る時間が少なくてすむが、他の個体と食物をめぐって争う時間が増える。そのため、採食行動に最も多くの時間を費やせるのは、見張りや争いに費やす時間が最小となる中程度の群れの大きさの時である。

（1）　説明文Ⅰ～Ⅳの内容を表したグラフとして最も適当なものを、以下の図のグラフ１～４のうちからそれぞれ一つずつ選びなさい。選ぶ際の各グラフの番号は、グラフ１を①、グラフ２を②、グラフ３を③、グラフ４を④とする。解答番号は説明文Ⅰ - [32]、説明文Ⅱ - [33]、説明文Ⅲ - [34]、説明文Ⅳ - [35]。

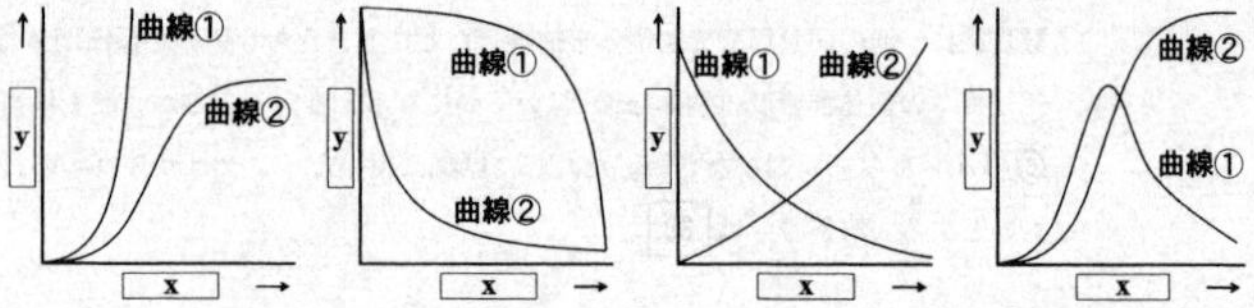

グラフ１　グラフ２　グラフ３　グラフ４

図

（2）　説明文Ⅰ～Ⅳに対応する図の各グラフの軸ｘおよびｙに入る語句について最も適当なものはどれか。次の①～④のうちからそれぞれ一つずつ選びなさい。ただし、同じ番号を繰り返し用いてもよい。解答番号はグラフ１のｘ - [36]・ｙ - [37]、グラフ２のｘ - [38]・ｙ - [39]、グラフ３のｘ - [40]・ｙ - [41]、グラフ４のｘ - [42]・ｙ - [43]。

①　個体数　　②　相対年齢　　③　時間　　④　群れの大きさ

（3）　説明文Ⅰ～Ⅳに対応する図の各グラフの曲線①および曲線②を説明したものとして、次の①～⑧のうちから最も適当な組み合わせを選びなさい。解答番号はグラフ１ - [44]、グラフ２ - [45]、グラフ３ - [46]、グラフ４ - [47]。

	曲線①	曲線②
①	ゾウリムシ	ヒメゾウリムシ
②	ヒメゾウリムシ	ゾウリムシ
③	争う時間	見張る時間
④	見張る時間	争う時間
⑤	晩死型	早死型
⑥	早死型	晩死型
⑦	資源に制限がある	資源に制限がない
⑧	資源に制限がない	資源に制限がある

聴音

（30分
解答省略）

単旋律

複旋律

新曲視唱

（50分
解答省略）

視唱　1

視唱　2

[21]。

イ　言葉や映像が断片的であるがゆえの時間や場所の飛躍を、BGMを持続的に流すことで、一つの連続したまとまりとして示すことができる。[20]

ロ　映画とミュージカルには違いがあるが、「音楽そのもの」の持つストーリー・テリングの役割は、共通して認められるものである。[21]

問十一　太線部「演劇や映画」とあるが、演劇や映画と日本文学との関係について説明した次の文章の空欄（　ア　）・（　イ　）に入れるのに最も適当なものを、①～⑥のうちから、それぞれ選びなさい。解答番号は[22]・[23]。

演劇や映画に積極的に関わり、多方面で活躍した作家は多い。（　ア　）もそのひとりで、『砂の女』や『他人の顔』など多数の作品が映画化されている。また、ノーベル文学賞作家として知られる（　イ　）の『伊豆の踊子』や『古都』も繰り返し映画化され、今日まで親しまれている。

ア　[22]　イ　[23]

①　夏目漱石　②　安部公房　③　島崎藤村
④　小島信夫　⑤　三島由紀夫　⑥　川端康成

とされ、登場人物のみに聞こえていることが意図されたものである。

問八　傍線部D「フィクションであっても一貫性をもって完結している」とあるが、その説明として最も適当なものを、次の①～⑤のうちから選びなさい。解答番号は [18] 。

① 当該の物語は現実社会とは全く異なるものではあるが、登場人物たちに共感したり感情移入したりできる、物語世界内での真実性を持っている。

② 当該の物語は現実社会にはありえることではないが、現実世界の「お約束」を共有しており、ありえるかもしれないと現実世界の延長線上に受け取ることができる。

③ 当該の物語は現実社会とは区別されるものではあるが、現実世界を生きている人物によって演じられているために感情を共有でき、リアリティが生まれている。

④ 当該の物語は現実社会には通用しないものではあるが、物語内で整合性が成り立っているために、その物語世界内の「お約束」を理解することができる。

⑤ 当該の物語は現実社会とは区別されるべきものではあるが、登場人物たちの行動や感情は現実社会と同じであるために、区分が感じられなくなっている。

問九　傍線部E「歌は物語内世界と物語外世界の要素を同時に併せ持っている」とあるが、その説明として最も適当なものを、次の①～⑤のうちから選びなさい。解答番号は [19] 。

① 歌は登場人物によって舞台上で歌われるものでありながら、同じ空間にいる観客も参入できる舞台の外に開かれたものでもある。

② 歌はドラマを展開させていくとともに、他の台詞との「段差」によって観客に違和感を与えて物語の展開を阻害するものでもある。

③ 歌は台詞としてドラマを進めるものであるとともに、ドラマの外にいるミュージカルの観客に聴かせることが意図されたものでもある。

④ 歌は音楽としてドラマの中で鳴り響くものであるとともに、台詞の意味を補足しながら断片化された言葉の意味を繋ぎあわせるものでもある。

⑤ 歌は登場人物によって歌われるものでありながら、ドラマの流れをいったん止めて観客が音楽に集中するよう意図されたものでもある。

問十　次のイ・ロの文のうち、本文の内容と合致するものには①を、合致しないものには②を、それぞれ選びなさい。解答番号は [20] ・

共通する認識があるということ。

③ 歌うという行為に入る前には、芸術のリテラシーを身につけておく必要があるということ。

④ 歌うという行為が適当であるとされる場は、集団をなしている必要があるということ。

⑤ 歌うという行為が許可されるためには、定められたルールを習得しておく必要があるということ。

問六　傍線部B「ドラマと同じ次元にはない」とあるが、映画の背景的な効果を担う音や音楽がこのように述べられる理由として最も適当なものを、次の①～⑤のうちから選びなさい。解答番号は 15 。

① ドラマは登場人物の身体表現によって展開されるのに対して、音や音楽は、身体ではなく別の楽器によって奏でられるものであるから。

② ドラマはフレーム内に映されたものによって展開されるのに対して、音や音楽は、フレームの外から付け加えられた、映像と無関係のものであるから。

③ ドラマは視覚表現とともに音や音楽のような音源も必須とするが、音や音楽は、独立した聴覚表現として観客に届くものであるから。

④ ドラマはフレーム内に映されたものの連続性によって意味を持つが、音や音楽は、断片的なものであっても、観客を魅了する効果を持つものであるから。

⑤ ドラマはフレーム内の視覚表現によって展開されるのに対して、音や音楽は、フレーム内の音源の有無や映像との関係は問われないから。

問七　傍線部C「音や音楽が視覚的に提示されているものとどのような関係にあるかという観点」とあるが、それについて述べた一文として適当なものを、次の①～⑥のうちから二つ選びなさい（解答の順序は問わない）。解答番号は 16 ・ 17 。

① 映画の視聴者に直接聴かせることを意図した音楽は、「フレーム外の音」と呼ばれる。

② 音源が物語の場面と関係のないものは「オフの音」とされ、BGMはこれに当たる。

③ 同じ音楽が「フレーム内の音」・「フレーム外の音」・「オフの音」と機能を変えることはない。

④ 画面に映っていなくても、その場面の中にあるものが音源であると観客に認識させることができる。

⑤ 音源が映像のフレーム内にない場合の音楽は、非物語世界の音楽と呼ばれ、物語場面との相互関係は意図されていない。

⑥ 音源が映像のフレーム内にあるときは、「フレーム内の音」

⑤ 芸道のシンズイを究める。

クエン用 [8]

① 遠足がエンキになった。
② 野球部のオウエンに行く。
③ 私鉄のエンセンに住む。
④ 部活動のエンセイ試合に参加する。
⑤ 俳優がエンジュクした演技を見せる。

問二　空欄《 a 》～《 c 》に入れる語句の組み合わせとして最も適当なものを、次の①～⑥のうちから選びなさい。解答番号は [9]。

① a しばしば　b ひいては　c 総じて
② a たいてい　b おそらく　c しいて
③ a さらに　b おそらく　c むしろ
④ a しばしば　b かえって　c むしろ
⑤ a たいてい　b かえって　c 総じて
⑥ a さらに　b ひいては　c しいて

問三　空欄 [X] ・ [Y] に入れる語として最も適当なものを、次の①～⑨のうちから、それぞれ選びなさい。解答番号は [10] ・ [11]。

X [10]　Y [11]

① 観念　② 副次　③ 様式　④ 古典　⑤ 潜在
⑥ 超越　⑦ 幻想　⑧ 画一　⑨ 依存

問四　波線部「物心がつく」とあるが、「心」を用いた慣用表現として、正しく用いられたものを、次の①～⑥のうちから二つ選びなさい（解答の順序は問わない）。解答番号は [12] ・ [13]。

① 将来のことを思うと心が晴れない。
② 心に懸ける出来事があって眠ることができなかった。
③ 待ちに待った朗報に心が騒ぐ。
④ 彼女の心が解けるまで、見守っておこう。
⑤ 心に適う悲しい出来事があった。
⑥ 心に余るほどの感動的な出来事があった。

問五　傍線部A「歌う行為とは、TPOをわきまえる礼儀のように、きわめて社会化されている」とあるが、その説明として最も適当なものを、次の①～⑤のうちから選びなさい。解答番号は [14]。

① 歌うという行為がふさわしくない場においては、ルールに則《のっと》った取り締まりがあるということ。
② 歌うという行為が許される文脈については、多くの人の間に

問一　二重傍線部ア〜クの片仮名と同じ漢字を用いるものを、次の各群の①〜⑤のうちから、それぞれ選びなさい。解答番号は 1 〜 8 。

ア　セイ唱　1
① 鬼をセイバツする。
② 木々がイッセイに芽を吹く。
③ よくトウセイのとれた仲間を作る。
④ セイダイな歓迎会を開く。
⑤ 選手の代表がセンセイする。

イ　抑ヨウ　2
① 意気ヨウヨウと会見する。
② 内心のドウヨウを隠す。
③ 民族ブヨウを鑑賞する。
④ 試合のモヨウを中継する。
⑤ 人権をヨウゴする。

ウ　戸マドう　3
① 不安をフッショクする。
② 営業フシンに陥る。
③ ゾウワイの罪に問われる。
④ ユウワクとたたかう。
⑤ 不法にセンキョして立てこもる。

エ　キン迫　4
① 著書をキンテイする。
② キンサで勝利を逃す。
③ 担当者とキンミツな連絡をとる。
④ キンベンに働く。
⑤ キョウキンを開いて語り合う。

オ　ハバ　5
① 二人の間にカンゲキが生じた。
② 雨水がソッコウを流れていく。
③ 彼はロボウの人にすぎない。
④ バクフが鎌倉に開かれた。
⑤ ゼンプクの信頼を寄せる。

カ　セン律　6
① ソッセンして練習する。
② 証拠の有無をセンサクする。
③ 彼はセンサイな神経の持ち主だ。
④ 文化のゲンセンをたどる。
⑤ 大空をセンカイする。

キ　付ズイ　7
① 任務をスイコウする。
② ジュンスイに利益を追求する。
③ 同様の例からルイスイする。
④ 大臣の外遊にズイコウする。

そして鳴り続けている歌は人物の動きからずれ始める。歌はそのまま続く一方、映像はその後の二人の別れや困難、数年にわたる文通による繋がり、成長したバーナムが求婚に訪れ、結婚して新居の屋上で踊るまでの流れを映し続ける。この一連の場面は、開始時にこそ台詞から歌への断絶があったものの、その後は映像と歌が分離するにつれ、歌がBGMとして機能し、長い年月の経過を表現する役割に変わる。その間の経緯は断片的な言葉と映像で説明される。場面は次々に異なる時間と場所のカットを映すのに、音楽は一曲の歌のまま連続して流れ、それが二人の物語の継続性と幼少期の記憶をも負っているわけである（映像に合わせて歌声は少年の声から大人の男声に変わり、チャリティも歌声を重ねる）。個別の場面を連ねる際に生じる時間や場所の飛躍が、持続する音楽によって一つのシークエンス（ショットやシーンのまとまり）として成立しうるということは、映像の世界ではよく知られた技法である。

これは映画という表現形態の例だが、舞台のミュージカルでも、しばしばこれに類するものがある。登場人物たちが時間的・空間的に、または心情的に離れているなど、物語進行上の何らかの断絶を音楽によって繋ぐという場面である。

ここで目を向けたい要素は、台詞世界と歌の世界を繋ぐ〝音楽そのもの〟、つまりアンダースコアの役割である。その機能をここでは「音楽の物語り（ストーリー・テリング）」と呼んでおこう。この視点を加えると、ミュージカルが体現するリアリティ世界は、台詞で展開される次元、登場人物自身の歌によって展開される次元、それに加えて音楽の語りによって展開される次元の三つとなる。ここに先に挙げた映画音楽論の図式をクエン用すれば、台詞は物語世界内のものであるが、アンダースコアの音楽は観客にだけ聴こえる非物語世界にあり、歌については、詞は台詞と同等に物語世界内にありながら、そのセン律と伴奏はアンダースコアと同様に非物語世界に属する（劇中歌や劇中ショーは物語内の音楽である）。E歌は物語内世界と物語外世界の要素を同時に併せ持っていると解釈できる。つまりミュージカルの台詞・歌・アンダースコアは物語世界内外のリアリティを複層的に含みこんでいる。そして、映画で画面が切り替わる断絶を音楽が繋ぐように、ミュージカルにおいても、異なる次元で展開しているドラマを音楽が繋ぐのである。

映画論においてはアンダースコアの重要性が指摘されるが、その音楽は観客によって意識的に聴かれるものではない。つまりコンサートで音楽を集中して鑑賞するようには聴かれず、あくまで主要な役割は映像にあるということである。ミュージカルにおいても、ナンバーとなっている歌以外の音楽が意識されることはほとんどない。しかしその音楽は、台詞と歌で進むドラマの中で大きな役割を果たしている。これらの三つの次元を、ミュージカルが成立する前から、種々の音楽劇は調停してきた。

（宮本直美『ミュージカルの歴史』ただし一部変更した箇所がある）

（注）アンダースコア……台詞の邪魔をしない程度に、映像を強調・補足する、主に楽器演奏だけの楽曲。

いるリアリティ世界という見方をしよう。

「リアリティ」には、現実社会にありえることという意味とは別に、物語内での真実性という意味がある。たとえばファンタジーの物語は私たちの現実社会とは全く異なる世界であるにもかかわらず、その中で生きる登場人物たちの行動に共感したり涙したりして感情移入する場合、私たちはそれをリアルだと感じている。それはフィクションとしての物語の一貫した世界の中の出来事であり、いかに現実社会に起こりえないことであっても人間ドラマとして説得力を持つのである。私たちは、実際には起こりえないことを理解した上で、諸々の前提となる「お約束」を共有して、その物語世界の中に入っていく。そもそも、現実社会に起こりうるドラマにおいてさえ、登場人物を、演じている俳優の名前を認識しながら物語世界の人物として二重に見ることに慣れている。ドラマの中の登場人物が死んだとしても、その俳優が死んだわけではないことを十分分かっていながら、物語内の人物の死を悲しむ。Dフィクションであっても一貫性をもって完結していることを前提として、それを自分たちの現実世界とは区別をして受け取っているのである。

設定が何であれ、台詞で進められる演劇の世界は、私たちの日常と同じような形態のリアリティ世界である。そのドラマの最中に流れている音楽はあくまで会話ベースのドラマの背後にあり、BGMである。たとえ映画などで物語の最中に主題曲をじっくり聴かせる場面があったとしても、それは台詞とは異なる情緒を補強する（あるいは劇的効果として対置させる）ためのものであり、台詞と同じ次元の存在にはならない。

しかし一方、歌（歌詞&カセン律＋伴奏）でドラマを進めるミュージカルにおいては、歌が台詞の代替として同等の存在となる。全編が歌で進められるミュージカルの場合、それは歌の世界のリアリティとして成立しているのであり、私たちの日常世界とは異次元の一貫した物語として受け止めることができる。「すべてが歌で綴られる世界」だと了解できる人にとっては、常に歌で芝居が進められることにそれほど違和感はないかもしれない。

音楽劇においては台詞で成立する世界と、歌によって成立する世界それぞれが独自の論理を持って一貫したリアリティを築けるという前提に立てば、ミュージカルにしばしばキ付ズイする違和感は、これが混在し、二つのリアリティ世界を行き来する時に生じると考えられる。会話で進んでいた話が、突然歌に変わる時、歌い終わってまた話し出す時、などである。そこでは物語を進める言葉の流れとテンポに断絶が生じてしまうわけである。ミュージカルとは、本質的にこの断絶を抱え込んだジャンルだと言えよう。しかし、映画の音楽が時間と場所の飛躍を無理なく繋ぐように、ミュージカルの音楽も、異なる次元の世界を繋ぐ役割を果たせるはずである。

人気のミュージカル映画である『グレイテスト・ショーマン』（二〇一七年アメリカ公開、二〇一八年日本公開）の冒頭には次のような場面があった。幼いバーナムとチャリティが海辺で話し始めると間もなくバーナムが突然歌いだす。登場人物が歌うということの「ミュージカル場面」が始まって間もなく、二人がいつのまにか林に入っていく映像に切り替わる。

る――たとえばスクリーンに映っている部屋で、ラジオ自体は画面に映ってはいなくともラジオから流れる音楽が聞こえる場面のように。それに対して、物語の場面から直接生み出されるのではない――つまり音源が場面とは無関係の――音・音楽が「オフの音」とされる。不安を煽《あお》るようなサスペンス感のある効果音、BGMなどがこれに当たる。映画音楽については「物語世界の音楽」と「非物語世界の音楽」という分類もあるが、これも音源が物語世界内にあるか、その外側（観客側）にあるかという点での区別である。

《　a　》例に出されるのは映画『タイタニック』（一九九七年アメリカ・日本公開）における客船の沈没前の弦楽四重奏の描写である。スクリーンに映る演奏者たちは、船内の楽隊員であり、彼らが奏でる音楽は「フレーム内の音」となる。しかし映像はやがて演奏者から離れ、船内を逃げマドう人々を映し出す。そこでも弦楽四重奏は引き続き流れており、その時その音楽は「フレーム外の音」となっている。さらに、状況が(エ)キン迫して演奏どころではなくなっているはずなのにその音楽が鳴り響いている時、それは「オフの音」、つまりBGMとして機能している。映像はパニック状態になっている船内を映し出しているのに、流れる音楽は静かでゆったりした室内楽であり、視覚的な情報と聴覚的な情報を敢《あ》えて正反対のものにすることによって、《　b　》場面の劇的効果を高めている。それは物語内世界に鳴っている音楽ではなく、映画の視聴者に直接聴かせるための音楽である。

映画ではこのような音楽の使い方は珍しくない。音楽はフレームの内外とオフの音という次元をシームレスに往復しているのである。映画で綴られるドラマの中で、観客に聴こえる音楽は物語内世界とその外部世界とを――言い換えれば物語のリアル世界と観客のリアル世界を――行ったり来たりするわけだが、そこに断絶はない。《　c　》スクリーン上で場面が切り替わっても、鳴り響く音楽によって繋《つな》がっているように見せるという映像作品ならではの役割を果たしているとも言える。

視覚表現と聴覚表現とを別に制作して編集時に効果的に埋め込む作業過程を取る映画の考え方を、ライヴ・パフォーマンスであるミュージカルにそのまま適用することはできない。しかし映画音楽の分析視覚からヒントを得て、ミュージカルにおける異なる次元という見方を採用してみることはできるだろう。まずは台詞の世界と歌の世界という二つを考えたい。

ミュージカルのストーリーと音楽の関係を『ドラマとしてのミュージカル』で論じたスコット・マクミリンは、台詞で進行する台本の時間（ブック・タイム）と、その流れを止めて歌のナンバーがドラマを動かす時間（リリック・タイム）とを区別したうえで、ミュージカルというものは二つの異なる次元の時間によって成り立つものだと述べている。台詞から歌に、あるいはその逆に移行する際に生じるそれぞれの時間の「中断」こそがミュージカルの本質であって、それが表現の(オ)ハバを拡張する契機であると考えているのである。

マクミリンのミュージカルにおける二つの次元という視角は共有したい。しかしここでは、その二つの次元を「時間」という線的な方向性を持つ概念で捉えるのではなく、台詞と歌という表現法の違いが成り立たせてきとるのに支障のない範囲は守られる。ドラマの中の会話は現実世界の私たち観客と似たテンポや話し方に沿って行われる。フィクションの設定の可能性は無限にあるにもかかわらず、登場人物が突然歌って台詞を言うことはない――それをした途端に「ミュージカル」、あるいは「ミュージカル風」だとカテゴライズされることになる。

　つまりミュージカルは、語ればよい台詞を歌って告げるジャンルなのである。日常的に台詞で進む映像ドラマに慣れていれば、このこと自体が奇妙に感じられるのもやむをえない。台詞で進行する劇の中に歌が入ってくるタイプのものには ウ戸マドう人がいる――それが気楽なコメディではなくまじめなストーリーであればなおさらである。しかしそのミュージカルの中でも、語りの台詞がほぼなく、全編が歌で進行するタイプのものにはそれほど違和感を持たないという声も聞かれる。はじめから終わりまで、すべて歌で綴《つづ》られる芝居は、観ている側も比較的容易に「これは歌で物語が進むジャンルなのだ」と文脈を了解できるからなのだろう。だとすると、違和感の源は「突然歌いだす」――台詞から突然歌いだして歌い終わると普通に話しだす――ことにあるようだ。台詞と歌の切り替えの際に何らかの「段差」を感じるということだろう。様々なタイプのミュージカルに慣れているはずの筆者自身、違和感とまでは言わないが、演目によっては歌と台詞の「段差」を強く感じることがある。では、歌で展開するドラマとしてのミュージカルの中で、全編が歌われるタイプと台詞・歌が混在するタイプとで、違和感に違いが生じるとすれば、それはなぜなのだろうか。

　ドラマと音楽の関係を考えるために、ここで映画音楽の分析枠組を参照してみよう。実はミュージカルとは異なり、映画音楽の研究はかなりの積み重ねがある。映画はその制作過程においても、受容場面においても、視覚的効果と台詞以外の聴覚的効果を分けて考えることが当たり前になっている。映画では、物語は台詞で進められ、音楽はあくまでその次元とは異なる背景音楽として重ねられているためであろう。その音楽はドラマ進行の背後に加えられるBGMなのだ。これを映画音楽の世界ではアンダースコアと呼んでいる。

　背景的な効果を担う音と音楽は、その画面の背後に映っている家具や風景と似たような役割を与えられている。それは決して［ Y ］的な存在だという意味ではない。その役割は映像にとって重要ではあるが、しかし台詞と登場人物の身体（表情や身振りを含む）によって進められる Bドラマと同じ次元にはない。役者による芝居が前面にあるとすれば、音楽は背後にある。それがいわゆる劇伴音楽の位置づけだろう。映画においては、視覚表現と聴覚表現を分けたうえで、 C音や音楽が視覚的に提示されているものとどのような関係にあるかという観点で、その機能の分析が行われる。

　映画音楽論者のミシェル・シオンにならって言えば、映画において「フレーム内の音」（あるいは「インの音」）と呼ばれるものは、音源がスクリーン上に存在する音のことであり、物語の場面の中に存在する音が登場人物にも映画視聴者にも聞こえている状態を表す。一方、スクリーン上に映されていなくても、音源がその場面には存在することが理解できる場合には「フレーム外の音」とされる。この二者の違いは、音源がカメラによって捉えられているか否かであって、どちらも物語の中に音源は存在す

国語

（六〇分）

次の文章を読んで、後の設問に答えなさい。

　人が人前で歌うのは通常、周囲が歌うことを許容している文脈においてであって、いつでもどこでも歌えるという日常はない。学校の授業やサークル活動での合唱、人々が集まったイベントでのセイ唱、友人とのカラオケなど、歌う場面は、社会において暗黙のうちにある程度ルール化されている。日常のコミュニケーションの中で突然歌い始める人がいれば、周囲は「変な人」と感じるかもしれないし、それがまじめなシチュエーションであれば「ふざけているのか」と思われかねない。その意味で、歌う行為とは、ＴＰＯをわきまえる礼儀のように、きわめて社会化されていると言ってよいだろう。

　ということは、「ここは歌う場である」と了解されている状況では、人々は歌唱に対して違和感を持つことはない。ミュージカルというジャンル自体がその一つであり、少なくとも、劇場や映画館にミュージカル作品を観《み》に足を運ぶ観客には「登場人物が歌う」という認識が共有されているはずである。その認識を持っているかどうかは、実はリテラシーの問題で、その人が過去にどのような文化に接してきたかという慣れ親しみに依《よ》っている。たとえば物心がつく前からミュージカルに親しんでいた人にとっては不自然なものではないだろうし、大人になってから初めてそれに触れる人にとっては、慣れないものかもしれない。しかしここではリテラシーの問題にするのではなく、それでもなお台詞《せりふ》が歌になる時に違和感が生じる理由を検討してみよう。

　演劇や映画で描かれるドラマは、そもそもは人間生活の疑似的な再現として、台詞を話すことで進められる。そこでは登場人物は現実世界と同じように振る舞う。歴史ものでも、ＳＦでも、ロボットや動物が主要な役割を担うファンタジーでさえも、登場するキャラクターは言語を使って会話し、心を持ち、人間のように行動する。歴史ものでは多少古めかしい言葉を使うにしても、現代人が理解可能な言葉でやりとりをするし、オペラや能のような Ｘ 化された声ではなく、通常の会話と同じ声を用いる。ロボットの声が機械音で抑ヨウのない台詞であったとしても、観る側が聴

解答編

英語

解答　**(1)**—④　**(2)**—②　**(3)**—③　**(4)**—④　**(5)**—①　**(6)**—④　**(7)**—①
(8)—①　**(9)**—②　**(10)**—④　**(11)**—③　**(12)**—③　**(13)**—④　**(14)**—④
(15)—①　**(16)**—②　**(17)**—④　**(18)**—②　**(19)**—④　**(20)**—②

解説

《犬はどのように気持ちを表現するのか》

(1)　bonds「絆」と置き換えることができるのは④ties である。

(2)　when it comes to *doing*「～するとなると」は，定型句であるから，②の動名詞 displaying が適切である。

(3)　下線部を含む文の前文に「犬の行動の専門家と話した」とあり，下線部は「犬の笑いと，犬が喜んでいることを示す他の兆候について語った」という文意の主語に当たる代名詞であるから，③experts が適当である。

(4)　on purpose「意図して」と置き換えることができるのは④with intention である。

(5)　並べ替えた箇所の語順は “humans do to express” となる。in the same way S V「～が…するのと同じやり方で」

(6)　evidence「証拠」と置き換えることができないのは，④theory「理論」である。

(7)　並べ替えた箇所の語順は “much more than the” となる。犬は体で感情をはっきりと表現できるのだが，「それは顔よりもはるかに多くのものを伴うのである」が文意。

(8)　犬の専門家は，犬の感情を読み取るために「耳の位置，尻尾の位置やその動き，姿勢や筋肉の緊張や体がどのように動いているかを観察している」となればよいので，①at が適切である。

(9)　下線部を含む文は「つまり，私たちは犬たちが大きく反応をすることなく周囲に注意を向けられることを想定している」となる。不定詞 to attend to ～「～に注意を向ける」は，その目的語 their ability を修飾する形容詞的な用法である。したがって，②「その店では買うものが何も見つからなかった」が同じ用法なので適切である。

①「チョコレートの販売額は，今年 200 万ドルにまで増えた」

③「おいしいチョコレートを買うためにその店へ行った」

④「チョコレートを食べ過ぎないようにしなさい」

(10)　*A* rather than *B*「*B* よりもむしろ *A*」に着目する。*A*，*B* は対比的な関係になるので，各空所の後の形容詞 fluid「なめらかな，優美な」と full of energy「元気いっぱいである」が対比されていることを手がかりに，並列して自然な組み合わせを選べばよい。④(a)「ゆっくりとした」，(b)「荒々しい」が適切である。

(11)　「犬が喜んでいるかどうかは，どのようにわかるのか」において，if は名詞節「～かどうかということ」を導く接続詞である。同じ用法は，③「彼女は私が地理の勉強は好きかどうかたずねた」である。

①「たとえ雨が降っても私は出かける」

②「もし先生方の支えがなければ，私はその試験に合格することはないだろう」

④「早起きすればきれいな日の出を見ることができる」

(12)　clues「手がかり」と最も近い意味は③hints「ヒント」である。

(13)　tight「緊張した」と置き換えることができるのは④stiff「堅苦しい」である。

(14)　engage「従事する」と置き換えることができるのは④take part「関与する，参加する」である。

(15)　indicate「～を示す」と置き換えることができないのは，①select「～を選択する」である。

(16)　your dog が主語なので，能動態の②is feeling が適切である。

(17)　最後から 3 段目（We can also …）に，犬の尻尾が教えてくれることが述べられている。くるくるあちらこちらに回る尻尾や低くゆっくりと動く尻尾は，犬が喜んでいることを示すとあることから，④「尻尾の動きは犬がどう感じているかを示す」が適切である。①「高い尻尾」，②「空腹」，

③「散歩」については本文に述べられていない。

⒅「犬が飼い主を見つめて目を閉じる理由」は最後から２段目（You might not…）に述べられている。「犬がこちらをじっと見て，次にゆっくりと目を閉じる場合は，非常にくつろいでいる」のであるから，②が適切である。feel at ease「落ち着いている，安心している」

⒆「犬が喜んでいることを示すもの」として挙げられていないのは，④「緊張した目」である。

⒇　犬の感情表現の仕方を説明している文章なので，表題としては，②「犬はどのように気持ちを表現するのか」が適切である。

日本史

Ⅰ 解答 《古代・中世の天皇と音楽，室町時代の京都》

問1． ③ **問2．** ④ **問3．** ③ **問4．** ① **問5．** ② **問6．** ③
問7． ③ **問8．** ④ **問9．** ⑤ **問10．** ②

問4 螺鈿紫檀五絃琵琶 出典追記：正倉院宝物

Ⅱ 解答 《近世の政治・文化・外交》

問1． ④ **問2．** ② **問3．** ① **問4．** ③ **問5．** ② **問6．** ①
問7． ③ **問8．** ① **問9．** ② **問10．** ④

Ⅲ 解答 《琉球処分，足尾銅山鉱毒事件》

問1． ⑤ **問2．** ④ **問3．** ③ **問4．** ① **問5．** ② **問6．** ③
問7． ② **問8．** ④ **問9．** ① **問10．** ④

Ⅳ 解答 《昭和戦前・戦後の経済・政治・外交》

問1． ② **問2．** ② **問3．** ③ **問4．** ⑤ **問5．** ④ **問6．** ②
問7． ② **問8．** ① **問9．** ① **問10．** ④

世界史

Ⅰ　解答　《中世地中海世界》

問1．⑤　**問2．**②　**問3．**②　**問4．**③　**問5．**②　**問6．**③
問7．②　**問8．**③　**問9．**③　**問10．**⑤

(注)　**問9．**ササン朝ペルシアは，619～628年の間，エジプトを領有した。

Ⅱ　解答　《啓蒙主義》

問1．①　**問2．**②　**問3．**④　**問4．**③　**問5．**④　**問6．**②
問7．②　**問8．**①　**問9．**③　**問10．**④

Ⅲ　解答　《アフリカ・インドの植民地化》

問1．②　**問2．**①　**問3．**③　**問4．**①　**問5．**②　**問6．**④
問7．③　**問8．**⑤　**問9．**④　**問10．**③

Ⅳ　解答　《宋と清》

問1．②　**問2．**③　**問3．**③　**問4．**③　**問5．**②　**問6．**⑤
問7．①　**問8．**④　**問9．**⑥　**問10．**⑤

数学

Ⅰ　解答　《整式の割り算，極大値・極小値，共通接線，面積》

(1) 1 ―②　2 ―①　3 ―③　4 ―②

(2) 5 ―②　6 ―④　7 ―④　8 ―②

(3) 9 ―①　10―④　11―①　12―⓪

(4) 13―②　14―④　15―②　16―⓪

(5) 17・18―⑥④　19―③

Ⅱ　解答　《連立漸化式》

(1) 20―②　21―②　22―②　23―②

(2) 24―⑧　25―⑧

(3) 26―②　27―⓪

(4) 28―①　29―④

(5) 30―④

Ⅲ　解答　《共線条件，内積，三角形の面積》

(1) 31―③　32―④　33―⑦　34―③　35―⑦　36―④　37―④　38―③

(2) 39・40―①②　41・42―②⑤

(3) 43・44―⓪⑨　45・46―①②　47・48―①⑥

(4) 49・50―④⑨

(5) 51・52―③⑦　53―②

(6) 54・55―③⑦　56・57・58―③②⑤　59・60―⑥⑤

化学

I　解答　《気体と溶液の性質》

問1． ②・④（順不同）　**問2．** ③　**問3．** ③

II　解答　《電解質溶液》

問1． a－④　b－③　c－⑥　**問2．** ①　**問3．** ⑤

III　解答　《金属元素》

問1． ①　**問2．** ①　**問3．** ④　**問4．** ③

IV　解答　《1族および2族元素》

問1． ①・⑥（順不同）　**問2．** ②　**問3．** ③　**問4．** ⑤　**問5．** ④
問6． ①

V　解答　《芳香族化合物》

問1． ④・⑥（順不同）　**問2．** ④　**問3．** ①　**問4．** ④

生　物

Ⅰ　解答　《RNAのスプライシング，DNAのコドンとその変化》

問1． **ア**―②　**イ**―⑧　**ウ**―⓪　**エ**―①　**オ**―⑥　**カ**―⑤　**問2．** ⑥

問3． **キ**―③　**ク**―②　**ケ**―⑤　**コ**―⓪　**問4．** ①

Ⅱ　解答　《動物の組織と器官，酵素の種類と働き》

問1． ③　**問2．** ①　**問3．** ④　**問4．** ①　**問5．** ②

Ⅲ　解答　《眼の構造と働き，興奮の伝導と伝達》

問1． **ア**―⑧　**イ**―⑥　**ウ**―⑦　**エ**―①　**問2．** ②

問3． ③・④（順不同）　**問4．** ④

問5． (1)―①・③（順不同）　(2)―②　(3)―③

Ⅳ　解答　《個体群密度の調査，種内関係と種間関係》

問1． (1)―⑤　(2)―③

問2． (1) **Ⅰ**―④　**Ⅱ**―①　**Ⅲ**―②　**Ⅳ**―③

(2) **1のx**―③・**y**―①　**2のx**―②・**y**―①

3のx―④・**y**―③　**4のx**―③・**y**―①

(3) **1**―⑧　**2**―⑤　**3**―④　**4**―①

に則った取り締まり」、③「芸術のリテラシー」、④「集団をなしている必要」、⑤「定められたルールを習得」がそれぞれ不適。

問六　①「別の楽器によって奏でられる」が不適。②「映像と無関係のもの」ではない。③ドラマに「音源」が「必須」のものではない。④「音や音楽」が「断片的なものであっても、観客を魅了する効果を持つ」とは言っていない。

問七　次段落で説明されている。②は「音源が場面とは無関係の――音・音楽が『オフの音』」「ＢＧＭなどがこれに当たる」と合致している。④は「スクリーン上に映されていなくても、音源がその場面には存在することが理解できる」に合致している。

問八　傍線部Ｄを含む段落冒頭に「現実社会…別に、物語内での真実性という意味がある。…現実社会とは全く異なる世界…登場人物たちの行動に共感したり涙したりして感情移入」とあり、①の内容が合致している。②「現実世界の『お約束』」ではない。③「物語世界の人物として二重に見ることに慣れている」のであって、「現実世界を生きている人物」が演じていることは関係ない。④「現実社会に起こりうるドラマにおいてさえ」とあるので、「現実社会には通用しない」は不適。⑤傍線部直後に「現実世界とは区別をして受け取っている」とあるので、「区分が感じられなく」」は不適。

問九　直前の「歌については、詞は台詞と同等に物語世界内にありながら、その旋律と伴奏は…非物語世界に属する」から考える。③の内容が合致している。①「観客も参入できる舞台の外に開かれた」が不適。②「物語の展開を阻害する」とは言っていない。④「断片化された言葉の意味を繋ぎ」が不適。⑤「ドラマの流れをいったん止めて」が不適。

問十　**イ、**後ろから四段落目の「時間や場所の飛躍が、持続する音楽によって…まとまり）として成立しうる」に合致している。**ロ、**『音楽そのもの』の持つストーリー・テリング」とは、後ろから二段落目にあるように、「台詞世界と歌の世界を繋ぐ」という要素であり、映画・ミュージカルどちらにも備わることが読み取れる。

国語

出典　宮本直美『ミュージカルの歴史―なぜ突然歌いだすのか』〈第1章　歌の世界と台詞の世界〉（中公新書）

解答

問一　**ア**―②　**イ**―①　**ウ**―④　**エ**―③　**オ**―⑤　**カ**―⑤　**キ**―④　**ク**―②
問二　④
問三　**X**―③　**Y**―②
問四　①・④（順不同）
問五　②
問六　⑤
問七　②・④（順不同）
問八　①
問九　③
問十　**イ**―①　**ロ**―①
問十一　**ア**―②　**イ**―⑥

解説

問五　第一段落に「歌う場面は、社会において暗黙のうちにある程度ルール化されている」とある。社会にある「暗黙の」「ルール」とは何か。②の「多くの人の間に共通する認識がある」がこれに当たる。他の選択肢は、①「ルール

一般選抜前期B日程：全学部

問題編

▶試験科目・配点

学部等	教　科	科　　　目	配　点
国際・文・心理・人間科・音楽（音楽キャリアデザイン）	外国語	コミュニケーション英語Ⅰ・Ⅱ・Ⅲ，英語表現Ⅰ・Ⅱ	100点
	国　語	国語総合，現代文B，古典B（いずれも漢文を除く，現代文・現古選択問題あり）	100点
音楽（音楽表現）	外国語	コミュニケーション英語Ⅰ・Ⅱ・Ⅲ，英語表現Ⅰ・Ⅱ	100点
	選　択	聴音，新曲視唱，副科ピアノ実技（ピアノ志願者を除く）から1科目選択〈省略〉	100点
	実　技	主専修実技*〈省略〉	300点

*　器楽専修オルガン・チェンバロ志願者は，主専修実技をピアノで受験することができる。

▶備　考

• 「英語」「国語」とも共通の問題。

〔スタンダード型〕

英語（100点）＋国語（100点）＝総点200点で合否を判定する。

〔得意科目重視型〕

高得点の科目を2倍にし，総点300点で合否を判定する。得意科目重視型へ出願する場合は，スタンダード型への出願が必要（得意科目重視型だけの出願はできない）。

〔英語資格試験利用型〕

大学が定める英語の資格・検定試験の基準スコアを有する場合，「英語」の得点を「みなし得点」に換算して利用することができる。個別学力試験「英語」を受験することが必須で，「英語」と「みなし得点」のどちらか高い得点を合否判定に使用する。

英 語

(60分)

Read the passage and answer the questions that follow.

An elderly man with mental illness started wandering off from his home in Singapore. He often walked miles before being found. His family was (1) a loss about how to know where he was, until a technology company suggested having him wear a GPS device. His family also (2) motion detectors in the 74-year-old's apartment and a security camera at its doorway so they could monitor him from a distance. The public housing building (3)has a further six security cameras in the common areas to watch over its senior residents. "We have more peace of mind since we installed these, as we can more easily watch over residents and get to them quickly in case they have a fall or (4)wander off," said a volunteer.

Similar monitoring technologies are increasingly common in Singapore and other Asian nations with rapidly aging populations. (5) keep older people safe, while technology experts say it affects privacy and is too accessible to criminals. "The issue with a lot of technology for seniors is that it is installed to monitor them, so they may feel they are being watched, and the control they have over their privacy is being (6)taken away," said Han Ei Chew, a senior research scientist at the National University of Singapore.

By 2050, one in four people in Asia and the Pacific will be over 60 years old, (7) the United Nations. That situation has significant social and economic (8)consequences for Japan, South Korea, Singapore, China, and other countries. Smart home technologies such as cameras, robots, motion detectors, and speakers using artificial intelligence (AI) (9) to help take care of the elderly population. But the devices, many of which were designed to be security and monitoring systems, can violate the privacy of a population that may not fully understand (10)them.

The number of people aged 65 years or older in the world is forecast to double to 1.6 billion by 2050. (11)In Japan—which has the most aged society in the world—the government has been funding the development of robots and training of animals, like dogs, to help fill in for a lack of people to care for the elderly population. The robots can monitor users, engage in conversation, and assist with movement. Japan also has the world's highest (12)proportion of elderly people with mental illness, the leading cause for falls and missing-person cases. In several towns, officials have installed Wi-Fi monitors on streets to track seniors. In Singapore, where the government partially finances the cost of devices for seniors, (13)firms are working on several new technologies that use AI to study video and voice to detect if a person has fallen or needs help. With all of these, it is important to let seniors "make informed decisions about letting technology—especially monitoring technology—into their lives, and ____(14)____ it off," said Chew.

(15)However, sometimes families decide that it is not possible. Lim, 74, had security cameras installed to watch her 96-year-old mother who has mental illness, and has had two falls. "She first said, 'I want my privacy. I don't want security cameras.' But we were worried, and she doesn't (16)think about them now," said Lim.

Lim, who also lives alone, had motion detectors installed in her own flat a few years ago. (17)They send a warning if no motion is detected, which then causes an automatic phone call to check on her. If she does not answer, or indicates she needs help, a message is sent to her family member, as well as to the technology service company, which then calls her or calls emergency services. "I feel very (18)safe knowing that someone is caring about me, that someone will call to check on me," Lim said. "There aren't enough care workers, and young people don't monitor elderly family members; these companies perform (19)that task."

Choose the best answer for each question and mark ①, ②, ③, or ④ on your answer sheet for questions [1] – [20].

(1) Which of the following is the best word for ____(1)____ ? [1]

① at

② by

③ in

④ to

(2) Which of the following is the best word for ____(2)____ ? [2]

① defined

② placed

③ tracked

④ warned

(3) Which of the following usages of "has" is most similar to $_{(3)}$has? [3]

① It has been a long time.

② She always has her best friend take notes.

③ The student has a new textbook.

④ The teacher has heard about the student.

(4) Which of the following can best replace $_{(4)}$wander? [4]

① fly

② hop

③ sleep

④ walk

(5) Put the words ① to ④ into the correct order for ___(5)___. Which word should be in position (b)? [5]

…aging populations. (a) (b) (c) (d) keep older people safe…

① helps

② it

③ say

④ supporters

(6) Which of the following can best replace $_{(6)}$taken away? [6]

① grown

② lost

③ protected

④ seen

(7) Which of the following is the best phrase for ＿＿(7)＿＿ ? [7]

① according to

② by way of

③ in reply to

④ instead of

(8) Which of the following CANNOT replace (8)consequences ? [8]

① negative effects

② negative ideas

③ negative outcomes

④ negative results

(9) Which of the following is the best choice for ＿＿(9)＿＿ ? [9]

① are being introduced

② are being introducing

③ are introducing

④ introduced

(10) What does (10)them refer to ? [10]

① countries

② devices

③ elderly population

④ the United Nations

(11) What does the author suggest in the underlined sentence (11) ? [11]

① The Japanese government is asking dog owners to care for elderly people.

② The Japanese government is paying to develop robots to care for elderly people.

③ The Japanese government is working with other countries to care for elderly people.

④ The Japanese government lacks elderly people who can develop robots.

(12) Which of the following is closest in meaning to (12)proportion? 12

① area

② capacity

③ percentage

④ supply

(13) Which of the following is closest in meaning to (13)firms? 13

① companies

② governments

③ officials

④ towns

(14) Put the words ① to ④ into the correct order for ____(14)____. Which word should be in position (b)? 14

...into their lives, and (a) (b) (c) (d) it off," said Chew.

① choosing

② to

③ turn

④ when

(15) What does the author suggest in the underlined sentence (15)? 15

① Families are not happy about technology service companies' decisions.

② For families, rights of seniors are more important than their safety.

③ Not all seniors can make good decisions about how they are monitored.

④ Seniors want to be fully monitored by technology for their safety.

(16) Which of the following is closest in meaning to (16)think about? 16

① determine

② expect

③ notice

④ suppress

(17) What does (17)They refer to? 17

① flats

② motion detectors

③ security cameras

④ years

(18) Which of the following can best replace (18)safe? 18

① secure

② sensitive

③ special

④ subtle

(19) What does (19)that task refer to? 19

① bathing elderly family members

② chatting with elderly family members

③ eating with elderly family members

④ monitoring elderly family members

(20) Which of the following is the best title for this passage? 20

① Asian Countries Explore Using Technology for Elderly Care

② Elderly Asians Protest Smart Home Technologies

③ Technology Experts Recommend More Monitoring of the Elderly

④ The Elderly Population in Asian Countries Is Rapidly Growing

将来お金を得たときに何をしようかと考えることは自由に行うことができる。

② お金がなくて、生活の不安を乗り越えるために自由を犠牲にしていても、その経験から将来を考えるための知識は自由に得ることができる。

③ お金がなくて、同年代の友人とは異なる学生生活を送っているが、仕事をすることで社会に参加するという自由の目的を果たすことができている。

④ お金がなくて、それによって充たされる自由の実感はなくても、目的を達成するためにできることを考える自由は与えられている。

⑤ お金がなくて、同年代の友人たちとは異なる生活を送らなければならないが、目的を達成するために動く自由は与えられている。

問八　次のイ～ハの文のうち、本文の内容と合致するものには①を、合致しないものには②を、それぞれ選びなさい。解答番号は 32 ～ 34 。

イ　自由の理念は、自己の生き方に関わることなので、他者を支援することは含意されていない。 32

ロ　一人ひとりの努力によって自由を維持しなければ、再び生の選択肢が狭まってしまう可能性も充分あり得る。 33

ハ　ヘーゲルは、自己の行為を自在に決定する権利が、自由への欲望を充足させるものであると論じた。 34

問九　太線部「ジャン＝ジャック・ルソー」とあるが、ルソーの自伝『告白』を日本に紹介したのは森鷗外であった。森鷗外の作品として不適当なものを、次の①～⑤のうちから選びなさい。解答番号は 35 。

① うたかたの記　② 舞姫　③ 雁
④ 阿部一族　⑤ 三四郎

問四　傍線部A「そうして、人間は真に自己の主人となる」とあるが、その理由として最も適当なものを、次の①〜⑤のうちから選びなさい。解答番号は 28 。

① 社会契約を放棄することによって、社会的なものの外部に立つこととなり、〈私〉のルールのみに従うことができるという精神の自由を得られるから。

② 社会契約によって、何をしてもよいという自由を手放すこととなるが、社会のルールに従った〈私〉のルールが決められて安定した社会生活が得られるから。

③ 自由を手放すことによって、社会から承認されることになり、人間を縛るものとなっていた単なる欲望の衝動から解放された精神の自由を得られるから。

④ 他者との連帯を求めることによって、社会のルールに従うことになるが、他者から権利を保障された主体となることができるから。

⑤ 社会契約によって、〈私〉のルールと社会のルールが一致することとなり、自分で決めたルールに自分で従うという精神の自由が得られるから。

問五　空欄 X ・ Y に入れる語の組み合わせとして最も適当なものを、次の①〜⑤のうちから選びなさい。解答番号は 29 。

① X　正当　Y　具体

② X　標準　Y　抽象

③ X　具象　Y　経験

④ X　最大　Y　相対

⑤ X　事業　Y　経済

問六　傍線部B「自由の相補性」とあるが、その説明として最も適当なものを、次の①〜⑤のうちから選びなさい。解答番号は 30 。

① 他者がもつ承認の欲望を充足させるため、〈私〉の自由を解体させているということ。

② 自由への欲望の充足のために、〈私〉の自由と他者の自由が互いに承認し合っているということ。

③ 自分に属する可能性として、他者を認めることができるということに気がついているということ。

④ 関係性を充足させるために、規則によって〈私〉の自由と他者の自由に相互の折り合いをつけているということ。

⑤ 〈私〉と他者とが互いに認め合うために、ともに自由であることが最も重視されるべきであるということ。

問七　傍線部C「自由でなくても、不自由ではない」とあるが、その説明として最も適当なものを、次の①〜⑤のうちから選びなさい。解答番号は 31 。

① お金がなくて、それによって可能となる活動は行えないが、

自由の普遍性は、その時代に生きる者のたゆまぬ努力が創出するものであって、あらかじめ世界に用意されているレディメイドではない。幸福の基礎条件としての自由の普遍性は、人間の努力によってのみ維持されるのだから。この努力を止めてしまえば、闘争状態に差し戻され、一人ひとりの生の選択肢は極端に狭くなってしまう。

それでも、人間は自由を選ぶ。私はそう信じている。

（岩内章太郎『〈普遍性〉をつくる哲学』　ただし一部変更した箇所がある）

（注）　ソロ充……一人でも生活を楽しめることを指す俗語。

問一　二重傍線部ア・イの片仮名と同じ漢字を用いるものを、次の各群の①～⑤のうちから、それぞれ選びなさい。解答番号は 24 ・ 25 。

ア　フク従　24

① 物語のフクセンを回収する。
② 職場のフクム規律を守る。
③ フクギョウに従事する。
④ フクメンで仮装する。
⑤ フクアンを練る。

イ　ソウ大　25

① ソウガク堂から合唱が聞こえる。
② 夏の間ベッソウで過ごす。
③ 実行するには時期ショウソウである。
④ 滋養キョウソウの薬を飲む。
⑤ 在庫をイッソウする。

問二　空欄《　a　》～《　c　》に入れる語句の組み合わせとして最も適当なものを、次の①～⑥のうちから選びなさい。解答番号は 26 。

① a　しかし　b　というのも　c　そればかりか
② a　また　b　ところが　c　何はともあれ
③ a　たしかに　b　ところが　c　そして逆に
④ a　しかし　b　なおかつ　c　そして逆に
⑤ a　また　b　なおかつ　c　そればかりか
⑥ a　たしかに　b　というのも　c　何はともあれ

問三　空欄（　ア　）・（　イ　）に入れる語句の組み合わせとして最も適当なものを、次の①～⑤のうちから選びなさい。解答番号は 27 。

① ア　国家的　イ　複数の
② ア　一般的　イ　政治的な
③ ア　精神的　イ　国家的な
④ ア　精神的　イ　無制限の
⑤ ア　一般的　イ　精神的な

考えてきたのだ。

最後に、私が担当した授業を受講した学生のレポートを紹介しよう。タイトルは「自由について」である。彼女は、奨学金を借りて、アルバイトをしながら大学に通っている。同年代の友人はアルバイト代を遊びや旅行に使って学生生活を楽しむが、自分は学費と定期代にすべて消えてしまい、新学期が近づくたびに教材費の出費で不安になる。そうして、自分の境遇に悩み、「お金があれば、自由になれるのに」と書く。が、しかし、自分は「C自由でなくても、不自由ではない」とも言う。その理由をこう書いている。

　自分で考えること。これはお金がなくてもできます。

　私が今できる唯一のことです。

　今、考えることをやめなければきっといつか自由になれると私は思います。

　そして、私と同じように、自由になりたいと思っている人たちにこのことを伝えたいと私は思います。

　「自由」と「不自由」――対になるこの言葉は、人間に当てはめると対ではなくなるのだと。

　考えることをやめ、選ぶこともやめ、実行できる未来を諦めた時、私たちは「不自由」になるのだと。

　だから今は何ができるのか、何をしなくてはいけないのか、それを考えることが「自由」になるために必要なことであると。

　そして、考え続けた先に実行できるその日が待っており、ようやく「自由」になれるのだと私は思います。

生活の［Y］的な場面で感じる自由の意識を正直に描写する彼女の言葉は、自由の本質に届いている。お金がなくて自由を実行できなくても、考える自由を手放すわけにはいかない。そうしてしまえば、真に人間は不自由になるから。やりたいことがあっても、それをやりとげるための手段（お金）を構成できなければ、自由を実感することはできないだろう。しかし、どうすれば目的を達成できるのか、そのために何ができるのか。これらを考えるための自由は与えられている。だから、不自由ではない。考え続けるいまが、いつか実行するそのときをたしかに支える、というのだ。

自由は自分の生き方を一人で決めることを意味しない。自己実現、多様性、自己固有性にコミットできなければ、この社会の成員である資格がない、ということでもない。「私と同じように、自由になりたいと思っている人たちにこのことを伝えたい」と彼女は書いている。〈私〉の自由が他者の自由を支え、他者の自由が〈私〉の自由を支えるときに初めて、自由の理念が十全化する可能性が出てくるのである。

自由への疲労を感じる者と自由から見放された者は、全く異なる理由から生の困難に直面する。そういう人びとにとって、〈普遍性〉という概念は、あまり重要なものには見えない。それは自由な生を楽しむことができる者の理屈であり、自分たちはそこから除外されているように思われるからだ。このリアリティは深いものである。

針となる「一般意志」（公共の福祉を目指して、国家権力を指導する原理）は、例外を許さない普遍的な原理であり、「一般意志が真に一般意志であるためには、その本質におけると同様に、その対象においても、一般的でなければならない」。

《　a　》、精神の自由は社会の一般性と逆立する形で尖鋭《せんえい》化することがある。一般性とのズレの意識が、自己の特殊性や固有性を際立たせて、そこに〈私〉はどう生きるべきかという実存の問題が現れる。だが、いつまでも社会と和解することのない実存は、その自由を自らのためにしか使用できない。そういう形でしか、自由の意識を容認できなくなるのだ。これが従来の実存哲学の舞台設定である。

《　b　》、ヘーゲルが的確に論じたように、自己の行為を自在に決定する権利だけでは自由への欲望は充《み》たされず、その行為が社会的に承認されて、別言すれば、他者がその行為に価値を認めるときに初めて、自由への欲望が充足する可能性は出てくる。実在と社会が自由を媒介にして一つのものにならなければ、自由への疲労から抜け出すことは決してできない。

社会が精神的自由を保障しなければ、《　c　》、私たちが精神的自由を行使して自由の普遍性を承認しなければ、自由への欲望はその正しさを失う。自由なき社会では、自由に幸福を追求することさえ許されず、関係性の充足もソロ充の快楽もありえない。端的に言えば、不自由である方がましという言い分は、ソウ大な勘違いなのである。

自由を先へ推し進めて、その邪魔になるような物語はすべて徹底的に解体する。そのうえで、〈私〉の自由と他者の自由が支え合う仕組みを考える。複数の自由な存在が、自由の意識を互いに補完する相補的関係に至ることができれば、自由であることはそれほど居心地の悪いものではないだろう。

自由と承認の議論では、自己の価値を認めさせるために、〈私〉が他者による承認を求めていることが強調される。認められたい、救われたい、愛されたい。これらの欲望は分かりやすい。しかし当然、他者もまた、認められたい存在、救われたい存在、愛されたい存在である。だとすれば、〈私〉は他者が持つ承認の欲望を充たすことができる存在でもある。この認識を持っている人はあまりいない。

本来、自分が他者を認めることと他者から自分が認められることは、二つで一つのことなのである。自由の意識を補完しあうためには、互いが互いにとっての他者として主体性を発揮することが必要なのではないだろうか。簡単に言えば、認めること、救うこと、愛すること――これらのことは自分に属する可能性である、と気づくことが、自由の相補性への最初の一歩になるのだ。自由のチケットを単に受け取るのではなく、私たちはもう一度、自由であることの意味を選択する場面に来ている。簡単な課題ではないが、倦怠《けんたい》に苦しんで一人で悶々《もんもん》とするよりはましである。

自由はさまざまな生き方の可能性を認めるだけではない。不遇な立場にいる人や生きがたさを抱える人を支援することも、自由の理念には含まれている。普遍性は社会の構成員に例外なく適用されるのだから、それは特定の人びとの部分的利益を代表しない。もちろん、独断化した普遍性は危険である。しかし、相対性だけで社会は回らない。だから私たちは、普遍性を単に相対化する方法ではなく、普遍性を独断化させないための原理を

選択問題　〔二〕「現代文」

（マークシートの「受験日程・解答科目欄」にある「前期B日程―国語現代文選択」を必ずマークすること）

次の文章を読んで、後の設問に答えなさい。

自由は実存と社会が共有する普遍的な基礎条件であり、社会的なものや一般的なものの外部に立つことを真正の自由とみなすことはできない。一人で処理すべき自己実現、多様性、自己固有性は、自由の限られた一面でしかない。孤立感を深めることなく、むしろ他者との連帯に連なっていく自由の概念を考えるべきなのだ。

ジャン＝ジャック・ルソーはこう述べている。

人間が社会契約によって喪失するものは、その生来の自由と、彼の心を引き、手の届くものすべてに対する無制限の権利とである。これに対して人間の獲得するものは、社会的自由と、その占有するいっさいの所有権とである。〔中略〕社会状態において得たものには、精神的自由を加えることができよう。精神的自由のみが、人間を真に自己の主人たらしめる。これを加える理由は、単なる欲望の衝動は人間を奴隷状態に落とすものであり、自分の制定した法へのフク従[ア]が自由だからである。

社会契約によって人間は、何をしてもよいという無制約の自由を失うが、その代わりに、公的に承認された社会的自由と所有権を手にする。社会状態は人間に精神的自由をも与えるだろう。そうして、人間は真に自己の主人となる[A]。というのも、自分で決めたルールに自分でフク従することが精神の自由の本質的意味だとすれば、複数の〈私〉の合意に基づいて制定された法に従うことは、自分で決めたルールに従うことに等しいからである。つまり、社会契約において〈私〉のルールと社会のルールは一致するはずなのである。だからこそ、政治的権限はすべての成員の自由が確保される場合にのみ、［X］化されうる。

この社会契約のあらゆる条項は、よく理解されるならば、ただ一つの条項に帰着する。すなわち、各構成員は、自己をそのあらゆる権利とともに共同体全体に譲り渡すということである。それはなぜかというと、まず第一に各人はいっさいを譲り渡すので、万人にとって条件は平等となるからであり、条件が万人に平等であるなら、だれも他人の条件の負担を重くすることに関心をいだかないからである。

自己とそのすべての権利を共同体に譲渡することは、自由を放棄して国家の決定に従属することを意味しない。社会契約論は国家的全体主義に帰着するという批判はよくあるが、ルソーが言っているのは、（　ア　）自由と社会的自由を普遍的に確保するために、（　イ　）自由を手放して社会状態を創出するしかない、ということである。したがって、その指

⑤ 樵夫の通報により集まった。

問六　傍線部Ⅲ「ほれぼれとして、いふかひなかりければ、行徳ほどこすにも及ばず」とあるが、その説明として最も適当なものを、次の①～⑤のうちから選びなさい。解答番号は 31 。

① 持者を見る者は、どうしようもないほどうっとりとして持者の行徳によっても改善しなかった。

② 持者は、放心してどうにもならない様子でこの先は行徳を示すこともなかった。

③ 持者は、心奪われるほどの素晴らしい姿となり以後は仏道修行から離れた。

④ 持者を見る者は、言いようのないほど持者に心惹《ひ》かれ加持祈禱を受ける必要はなかった。

⑤ 持者は、ぼんやりとなり手の施しようがなかったが加持祈禱によって以前のさまに戻った。

問七　傍線部Ⅳ「これらはさておきつ」とあるが、この前後の本文構成について述べた一文として最も適当なものを、次の①～⑤のうちから選びなさい。解答番号は 32 。

① 前の部分で教訓を示し、さらに続けて類話を載せる形となっている。

② 後に述べることが、前に述べた主張の例話であることが明示されている。

③ 前の話をいったん区切り、話題を転じて後の部分が続いている。

④ 前の話に対する反証がこの後続き、最後は教えで締めくくっている。

⑤ 前の部分をいったん要約し、この後同じ話題をさらに深める形となっている。

問八　傍線部Ⅴ「その案に落つまじきなり」に含まれる教訓として最も適当なものを、次の①～⑤のうちから選びなさい。解答番号は 33 。

① おろかなままではなく徳を積みなさい。

② 仏道修行を重ね天魔が付け入らないようにしなさい。

③ 思慮深くして失敗により落ち込むことを予防しなさい。

④ 人のたくらみや企てには用心しなさい。

⑤ 僧は俗世の人のおろかな誘いに乗らないようにしなさい。

問九　説話文学作品を次の①～⑥のうちから三つ選び、成立順に並べなさい。解答番号は 34 ～ 36 。

34 → 35 → 36

① 今昔物語集　② 太平記　③ 徒然草

④ 古今著聞集　⑤ 日本霊異記　⑥ 雨月物語

④ 浅はかさを馬鹿にする様子で

⑤ 驚きあきれるほどばかげたさまで

問三　傍線部Ⅰ「輿」に当てはまる図として最も適当なものを、次の①〜⑤のうちから選びなさい。解答番号は 28 。

①
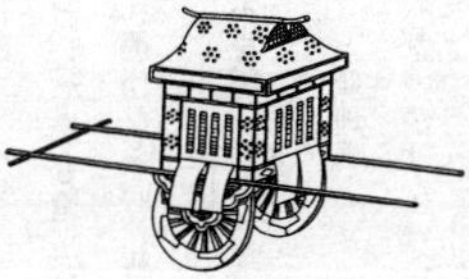

②
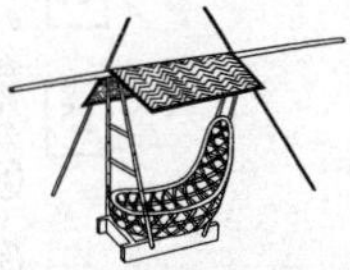

③

④

⑤

出典追記
①・②：『古語辞典 新版』旺文社
③・④・⑤：『古語辞典 第八版』旺文社

問四　空欄 X に入れるのに最も適当なものを、次の①〜⑤のうちから選びなさい。解答番号は 29 。

① うそぶく声
② わめく声
③ 話す声
④ 笑ふ声
⑤ うめく声

問五　傍線部Ⅱ「近辺の住人」とあるが、その行動について述べた一文として不適当なものを、次の①〜⑤のうちから選びなさい。解答番号は 30 。

① 高い木であったため、鷹の巣を下ろす者を雇った。
② 千手陀羅尼の持者を連れ帰り世話をした。
③ 高い木を見上げて、人がいることを認識した。
④ 法師を木の先端に結びつけた。

などをも、よくよく思慮すべし。V その案に落つまじきなり。

（『十訓抄』七ノ二）

（注）千手陀羅尼の持者……『千手陀羅尼経』を常に念誦《ねんじゅ》する僧。
験徳……加持、祈禱《きとう》等で効験を得ること。
行徳……仏道修行によって得た験徳。
樵夫……木こり。
さきのこと……本文の前話である天空への飛翔に失敗した僧の話を指す。

問一　二重傍線部a「不思議」の本文中での解釈、b「かの僧」に相当する人物として最も適当なものを、次の各群の①～⑤のうちから、それぞれ選びなさい。解答番号は 24 ・ 25 。

a　不思議　24
① 天変地異
② 思いがけないこと
③ 不毛な議論
④ 非常識な振舞い
⑤ 謎めいた奇妙な行動

b　かの僧　25
① 千手陀羅尼の持者
② 善宰相清行卿
③ 見るもの
④ 樵夫
⑤ 鷹の巣下ろすもの

問二　波線部A・Bの解釈として最も適当なものを、次の各群の①～⑤のうちから、それぞれ選びなさい。解答番号は 26 ・ 27 。

A　つひには魔界のためにたぶらかさるべし　26
① とうとう魔界におちてだまされたのだろう
② 最終的に魔界のものによってだまされたのに違いない
③ 修行の果てに魔界に入ってしまい人々をだますようになるに違いない
④ 魔界に魅せられて結局は取り入られてしまったのかもしれない
⑤ 最後には魔界のものによってだまされるだろう

B　あさましともおろかにて　27
① 驚きあきれると言っても言い足りないほどで
② さげすむのもはばかられる様子で
③ あきれ果てて言葉もでないありさまで

選びなさい。解答番号は 23 。

① 宮沢賢治　② 堀辰雄　③ 夏目漱石
④ 谷川俊太郎　⑤ 萩原朔太郎

選択問題　〔二〕「古文」

（マークシートの「受験日程・解答科目欄」にある「前期B日程－国語古文選択」を必ずマークすること）

次の文章を読んで、後の設問に答えなさい。

延喜年中ごろ、美濃の国、伊吹の山に、千手陀羅尼《だらに》の持者住みけり。二三十日なれども断食にて、験徳のかたがた、[a]不思議多かりけるあひだ、遠近の貴賤《きせん》集まり拝みける時に、善宰相清行卿《きよゆききやう》、これを聞きわたりて、かの所へおはして、この僧に対面して、物語し給《たま》ひけるが、かたはらの人々に語りていはく、「この人はかく行徳あるやうなれども、無智《むち》のあひだ、[A]つひには魔界のためにたぶらかさるべし」といひて、帰り給ひにけり。

そののちほどへて、ある時にもろもろの天女、紫雲に乗りて、妓楽《ぎがく》をなし、玉の[Ⅰ]輿《こし》を飾り来て、この僧を迎へ取りて去りにけり。見るもの、いくばくぞ。みな奇異の思ひをなしたりけるほどに、四五日ありて、樵夫《せうふ》の山へ入りたりければ、はるかに高き木の上に、蚊の鳴くやうにて、人の[X]聞こえけるをあやしみて、人に告げたりければ、[Ⅱ]近辺の住人集まりて、これを見るに、人のやうには見なしたれども、たやすくのぼるべき木ならねば、鷹《たか》の巣下ろすものをやとひて、のぼせたりければ、法師を木の末に結ひつけたり。やうやうに支度をして、解き下ろしたるを見るに、この千手陀羅尼の持者なりけり。[B]あさましともおろかにて、具し帰り、さまざまにあつかひければ、命ばかりは生きたりけれども、[Ⅲ]ほれぼれとして、いふかひなかりければ、行徳ほどこすにも及ばず。

これは、[b]かの僧のすすめることにはあらず、天魔の所為なれども、おろかなるよりおこれるうへ、さきのことにあひ似たるあひだ、しるす。

[Ⅳ]これらはさておきつ。しかるべき人の習ひとして、心をはかり見むために、なにごとをもあらはに見せ知らせず、心をまはして、つくりも出だし、いひもせられたらむを、よくよく案じめぐらして、不覚せぬやうに振《ふる》舞《ま》ふべし。よろづにつけて用意深くして、人のあざむき、たばからむこと

娯楽的要素も伴っていなければならない。

⑤ 研究を進めるにはよくよく観察することが大切で、みずから一喜一憂しながら没頭するような感覚がよい。

問九　傍線部D「宗教的な大義名分」とあるが、その説明として最も適当なものを、次の①～⑤のうちから選びなさい。解答番号は 16 。

① ギリシャ時代に栄えた文化や学問を復興し、もう一度神のもとでやり直さねばならないとすること。

② 分類学のような科学的探求に没頭することは、神から授けられた使命であるとすること。

③ 人類は「暗黒時代」から脱し、神への信仰心を取り戻さなければならないとすること。

④ 自然物には神の御業が表れるのだから、それを知るのは神を知ることにつながるとすること。

⑤ 奇妙な生き物への強い好奇心は、人間に与えられた神からの贈り物であるとすること。

問十　空欄 Y ・ Z に入れるのに最も適当なものを、次の①～⑥のうちから、それぞれ選びなさい。解答番号は 17 ・ 18 。

Y 17　Z 18

① 一石を投じる　② 水を差す

③ 拍車をかける　④ 目を見開かされた

⑤ 心を奪われた　⑥ 手をこまねいた

問十一　次のイ～ニの文のうち、本文の内容に合致するものには①を、合致しないものには②を、それぞれ選びなさい。解答番号は 19 ～ 22 。

イ 客観的観察に基づき、より多くの生物の特徴を可能なかぎり記述に残すことによって、多様な生き物を種類分けし整理するという分類学の根幹となる営みが可能となる。 19

ロ 日常生活における実用的関心は多様性への視点を欠いており、私たちはもう一度すべての自然物に対する純粋な驚きの感覚に立ち戻る必要がある。 20

ハ ルネサンスから大航海時代を迎えたヨーロッパには、当時の人々の想像を超えた珍奇な生き物が次々ともたらされ、人々の好奇心を刺激するとともに分類学を再興させた。 21

ニ 実用性を重んじる「暗黒時代」を経て発展した博物学は、古代ギリシャから続く科学的な知識の体系を刷新することに成功した。 22

問十二　動物に関係する文学作品は多い。詩集『青猫』を発表し、口語自由詩として日本近代詩を確立させた詩人を、次の①～⑤のうちから

[8] → [9] → [10] → [11]

問五　傍線部A「アリストテレスの記載」とあるが、その説明として不適当なものを、次の①～⑤のうちから選びなさい。解答番号は [12] 。

① 役に立つ情報もそうでない情報も区別せず書き記した。
② 今日の科学では明らかに否定されるような見解も含んでいた。
③ 実用性重視の当時の社会からは否定されていた。
④ 後世の博物学や分類学を導く礎となるものだった。
⑤ 観察事実に基づく客観的記述のお手本のようなものだった。

問六　傍線部B「その当時は「意味がない」と思われた特徴が、後に大きな意味を持ってくる」とあるが、その説明として最も適当なものを、次の①～⑤のうちから選びなさい。解答番号は [13] 。

① 科学的知識に基づく学説は、たとえそのときは反対する者ばかりであったとしても、いつか必ず賛同する者が現れる。
② 科学的探求は、当初はどこが目的かわからないまま始められたとしても、やがて自然にその道筋が定まってくる。
③ 最初はとくに意識せず行われていた科学的観察が、続けているうち、本人にとって明確な自覚のもと行われるようになる。
④ 取るに足らないような地道な観察やそれに基づく記述でも、科学の進展によって、あらためてその真価が判明してくる。
⑤ 当初の学説に含まれていたいくつもの解釈のうち、時代を経て淘汰《とうた》され生き残ったものが、真の科学として樹立される。

問七　空欄 [X] に入れるのに最も適当なものを、次の①～⑤のうちから選びなさい。解答番号は [14] 。

① 科学的知見に役立つ
② 誰からも認められる
③ 標本として活用できる
④ その地域に存在する
⑤ 人々の生活に関わる

問八　傍線部C「博物学の発展において、「目で楽しむ」「目を楽しませる」という行為が果たした役割」とあるが、それについて述べた一文として最も適当なものを、次の①～⑤のうちから選びなさい。解答番号は [15] 。

① 科学の発展において視覚の占める割合は、他の諸感覚と比べて非常に大きかったことが推察される。
② いっけん無邪気な好奇心に属するように思われるものが、科学的探求を導いていたということは否定できない。
③ 驚きの感覚は子どもじみたものと思われがちだが、当時の貴族たちにとっては立派な学問的営みとされていた。
④ 科学の営みには真剣な向上心ばかりでなく、見せ物としての

② 報酬をカクヤクする。
③ クカクの整理をする。
④ あの人はベッカクだ。
⑤ カクセイの感がある。

イ　イ光 [2]
① イギョウを成し遂げる。
② 優先ジュンイをつける。
③ チャクイを整える。
④ 国にとってのキョウイとなる。
⑤ ゆるやかにスイイする。

ウ　抜スイ [3]
① それはブスイなふるまいだ。
② 疲労のためスイマに襲われる。
③ かなりのスイジャクが見られる。
④ スイソウ楽部に所属する。
⑤ 当初の目的をカンスイする。

エ　ツチカった [4]
① 十分なヨウブンを蓄える。
② 肥沃なドジョウに恵まれる。
③ 野菜をサイバイする。
④ 学力のシンチョウが著しい。
⑤ 若手をイクセイする。

問二　空欄《 a 》～《 c 》に入れる語句の組み合わせとして最も適当なものを、次の①～⑥のうちから選びなさい。解答番号は [5]。

① a いよいよ　b とくに　c せめて
② a さらに　b むしろ　c まさに
③ a いよいよ　b だから　c まさに
④ a かなり　b とくに　c とはいえ
⑤ a さらに　b だから　c とはいえ
⑥ a かなり　b むしろ　c せめて

問三　太線部「生物」とあるが、生物を用いた慣用表現として、正しく用いられたものを、次の①～⑥のうちから二つ選びなさい（解答の順序は問わない）。解答番号は [6]・[7]。

① この店はすっかり客足が途絶え、閑古鳥が鳴いているね。
② あの人の剣幕といえば、虎の子に出会った勢いだね。
③ 今日の出来事は、雀《すずめ》百まで踊り忘れずのようにしたいね。
④ いつも親切そうなあの人が、ついに馬脚をあらわしたよ。
⑤ その問題なら、いたちごっこですぐに解決するよ。
⑥ あまりに無茶な申し出に、脱兎《だっと》のごとく抵抗したよ。

問四　本文中の点線で囲んだ【①】～【④】の文を正しい順に並べ直し、その順序を示しなさい。解答番号は [8] ～ [11]。

まったく生活の役には立たない生物を収集することに人々が惹《ひ》かれた理由は、D宗教的な大義名分だけではないと、私は思う。普段は見られない変わったものを見る、目新しいものに魅力を感じるということは本能的なものであり、それだけで私たち人間の脳は純粋に喜びを感じられるようになっているのではないだろうか。

なぜこのような奇妙な生き物がいるのかと想像を巡らせ、興味を持つことは、非常に自然なことではないかと思う。たとえば私は、すでに死して動かないクモヒトデの標本でも、その形をじっと観察しているうちに想像が膨らみ、それが生きて動いていたときのイメージが湧き上がってくることがある。当時のヨーロッパでも、そのような感覚を持った人は少なくなかったのではないだろうか。

そしてこのような、珍しいものに［Y］人々、とくに王侯貴族のもとに、続々と物品や骨董《こっとう》品が集まっていく。中には動植物の標本も多分に含まれていたに違いない。そしてそれを愛《め》で、さらなる珍奇なものを求める行為に［Z］出来事が起こる。大航海時代の幕開けだ。

15世紀の大航海時代に突入し、新大陸が発見され、インド航路が開発されると、大勢のヨーロッパ人が海を渡るようになった。そして、彼らが長い探検の末に海外からヨーロッパに動植物を持ち帰るのである。とくに、東南アジアや中南米、アフリカ大陸から持ち帰られた品々は、ヨーロッパ人を驚愕《きょうがく》させたに違いない。今でもそうだが、これらの地域の生物の多様性、とくにその形の派手さや奇妙さは、ヨーロッパとは比較にならないのだから。

すでにこの頃には、珍しいものを見たいという欲求に取りつかれた人々は増えつつあっただろう。そんな中で、自国では目にできないような奇抜な、また似たものであってもまったく異なる鮮やかな色彩を呈する生物たちは、当時の貴族たちの目にどのように映ったのか。

残念ながら、地球の各所を探検隊が踏破してしまっている現在では、見たことのない大型の生き物が続々と目の前に現れるということは少ない。しかしそれでも私自身、調査船で、深海に下ろされていた網が上がってくる瞬間は、何度味わっても胸が躍ってしまう。ひょっとすると、自分が見たことがない生物がそこにかかっているかもしれない、その瞬間に立ち会えるかもしれないと想像するだけで昂《たかぶ》ってしまうのだ。

もちろん、私自身も珍しい生物を目にしたことはあるが、その比ではない生物が毎日のように上陸していた当時のヨーロッパは、私たちのような珍しい生物好きの性質を持つ人間にとっては夢のような時代だっただろう。

（岡西政典『生物を分けると世界が分かる』ただし一部変更した箇所がある）

（注）物産学や本草学……いずれも東洋で発展した学問。分類学の基礎を作った。

問一　二重傍線部ア～エの片仮名と同じ漢字を用いるものを、次の各群の①～⑤のうちから、それぞれ選びなさい。解答番号は［1］～［4］。

ア　カクする　［1］

①　トウカクをあらわす。

しかし博物学と聞けば、やや古臭いイメージ――まるで博物館の奥に長い間展示され、ほこりをかぶった標本のような――を抱く方も少なくないのではないか。これはそのまま博物学の長い歴史そのものを表しており、その点においてこのイメージは正しいといえるだろう。

博物学を進めるうえでは、さまざまな自然物を収集し、実用の有無にかかわらず客観的に記述していく過程が不可欠である。紀元前にアリストテレスらギリシャ人が築き上げた科学的な知識の体系はまさしくこの基盤になりうるものだったが、のちにヨーロッパの覇権を握るローマ人によって退縮してしまったという。ローマ人は、ギリシャ人とは対照的に、実用を重んじる民族であったからだ。

実用を重んじるということは、生物学界隈《かいわい》に関して言えば、興味の対象が［　X　］生物に限られるということである。ぱっと思いつくところでは、食用となる哺乳類や鳥類、魚類、甲殻類、貝類などだろう。そのほかにもカイメン、イソギンチャク、ミミズ・ゴカイ、ヒトデ、ウミウシなど、この地球上にはさまざまな生物がいるが、少なくとも食用種としてはおよそ人の役に立たないような生物などは扱われなかった。記載されていた情報も、それを自然界の中で見分けるだけの限られたもの、すなわち方法論に近いものとなる。

たとえばローマ帝国の官僚であったプリニウスは、紀元77年に37巻にわたる百科事典『博物誌』を編纂《へんさん》したが、これは当時先行していた書物の抜スイで、宇宙、気象、鉱物、植物、民族、そして芸術作品にまで幅広く及んでいるものの、新たな博物学的な情報は加えられていない。

そしてその後３９５年にローマ帝国が東西に分裂し、さらに西ローマ帝国が崩壊を迎えると、西ヨーロッパの社会は衰退し、ギリシャ人がツチカった古代の文化や学問は、中世にかけて《　a　》衰退することになる。いわゆる「暗黒時代」が長く続いたのである。この時期は、《　b　》東洋のほうが物産学的な研究が進んだと言われている。

これを打破したのが14世紀に興ったルネサンスである。ルネサンスとは、フランス語でRenaissance、「復興」の意を表し、ギリシャの残した知的文化に立ち返り、復興しようという社会的な動きのことを指す。このルネサンスこそが、《　c　》文化の復興であったわけだが、ここに千年以上の時を経て、分類学の火が再燃した。

なぜなら、ここに至ってヨーロッパの人々は、当時のキリスト教支配による「多様性を認めない文化」から脱却し、自然をもう一度、自由な好奇心をもって見るようになったからである。――そして自然物とは宇宙の神秘の産物であり、神の御業《みわざ》であり、とくに「変わったもの」「珍しいもの」にこそ、それが強く表れると考えた。

たとえば、アメリカ大陸で発見され船でヨーロッパに運ばれたアルマジロなどは、ヨーロッパ人には想像もつかないような奇妙な形をした動物であっただろう。硬い鱗《うろこ》に体を覆われ、種によってはダンゴムシのようにボール状に丸まる。しかしその本体はネズミのような顔をした生物で、多くの人々が好奇心を刺激されたはずである。そして全ヨーロッパにおいて、そうした珍しい物を収集する趣味が流行することとなった。

こうした流れが、分類学の母体となる博物学の幕開けとなった。博物学の発展において、「目で楽しむ」「目を楽しませる」という行為が果たした役割は決して小さくなかっただろう。

つまり物産学や本草学は、その地域で採れたものから見分けられる、という実用性があればよいので、「他の似たすべての種から見分ける」という視点を持たないのである。

　一方アリストテレスの記載では、その生物が持つ特徴のうち、似たものと見分けるために必要のない部分までも、きちんと詳細に書きだされている。これこそがアリストテレスの記載が科学的であるゆえんだと思う。アリストテレスがそれを目的としていたかは不明だが、こうすることによって、より多くの生物の比較が可能になるからだ。つまりこうした記載によって、生物を「まとめる」「分ける」という分類学の基本作業を、広範な生物に対しておこなえるのである。

　私たちの生活に直結する特徴だけでなく、客観的にすべての生物の特徴をつぶさに述べていくという生物学的知見の蓄積は、そのまま人類共有の知的財産の蓄積となる。その当時は「意味がない」と思われた特徴が、後に大きな意味を持ってくるということがあるのだ。それが分類学、ひいては生物学の原点であり、アリストテレスの功績は、そのスタートラインを明確に引いたという点にあると私は思う。そしてこれなくしては、膨大な数の生物種を扱う分類や、系統といった学問の誕生や発展は起こりえなかったはずである。

　このようなアリストテレスの記載は、形態のみならず、交尾行動、産卵行動、食性や習性にまでおよび、近代の生物学の域にほぼ達しているものも少なくない。中には「ウナギが泥から発生する」といった現代では完全に否定されている説も記述されているが、このような間違いは、顕微鏡もなかった時代に、ウナギの稚魚がまったく見られないことに対してさまざまな思考をめぐらした結果であり、アリストテレスの科学的な記載の光を貶《おとし》めることにはまったくなりえないと私は思う。

　むしろアリストテレスの『動物誌』の評価は、先に述べたようになるべく多くの動物の形や性状を、ただただ客観的に記載したという点にあるだろう。実際、アリストテレスの功績は、後に血液循環論を著したウィリアム・ハーベイや、進化論を唱えたチャールズ・ダーウィンにも大きな影響を与えている。

　詳しくは後述するが、アリストテレスの活躍の後、ヨーロッパは暗黒時代に突入し科学の発展はストップしてしまうのだが、このような科学的な記述がしっかりとお手本として残されていたからこそ、ヨーロッパにおけるその後の博物学の興りがあったのではないだろうか。

　「博物学」とは、動物や植物などの生物や鉱物といった自然界に存在するものを、その性質ごとに種類分けし、整理する学問である。平たくいえば「自然物すべての分類学」であり、生物を相手にした「分類学」のいわば母体的な存在である。

　博物学では、研究者が自然から採取したそれを手元に持ち帰り研究をする。鉱物であれば、研究に必要な分を分割したもの、生物であれば、生きているときの状態をなるべく維持したものを持ち帰る。これを「標本」と呼ぶ。

　基本的に標本の役割は、その形を残すためのものである。ただし近年のＤＮＡ解析技術の発展によって、標本が持つ価値はさらに高まっており、少なくとも標本を相手にする分類学は、この点において、現在も発展を続けている新しい分野の一つである。

国語

（六〇分）

（注）〔二〕は「古文」「現代文」のいずれかを解答すること。

〔一〕　次の文章を読んで、後の設問に答えなさい。

アリストテレスは『動物誌』の中で、五百種以上におよぶ動物を詳細に記録している。その範囲は、マグロやサバ、ウシなどの食用になる動物から、アリ、クモ、カイメンなど、およそ人の生活に直接役に立ちそうにない（そのまま食用や薬用にはならない）動物にまで多岐にわたる。そしてこの『動物誌』が他の実学と一線をカク(ア)するところは、その記述が、当時としては非常に詳細かつ、客観的な「観察事実に基づいている」点にある。

物産学や本草学は、あくまでも解剖はおこなわずに、外観だけで似たものの中から私たちにとっての有用種を見分けるための特徴のみがピックアップされる。

【①】その中には、オレンジの縞《しま》模様や黒の縞模様の種もたくさんいるはずで、これらからクルマエビとブラックタイガーを見分けるためには、色以外の情報も必要である。

【②】たとえばクルマエビとクルマエビによく似た食用のブラックタイガーを分けるだけであれば「クルマエビはオレンジがかった縞模様で、ブラックタイガーは黒っぽい縞模様を持つ」などといった具合になるだろう。

【③】実際、現在正確にこれらの種を分けるためには額角上の鋸歯《きょし》の数の違いや第一歩脚の棘《とげ》の配置、メスの生殖器の形の違いなどを用いる。

【④】しかし現在の分類ではクルマエビとブラックタイガーはクルマエビ属に属しており、世界的に見れば、50種以上がこの属に含まれる。

解答編

英語

解答　(1)—①　(2)—②　(3)—③　(4)—④　(5)—③　(6)—②　(7)—①
(8)—②　(9)—①　(10)—②　(11)—②　(12)—③　(13)—①　(14)—④
(15)—③　(16)—③　(17)—②　(18)—①　(19)—④　(20)—①

解説

《アジア諸国が高齢者介護のためにテクノロジー利用を進める》

(1)　①at が適切である。定型表現の be at a loss「途方に暮れている」となれば，この箇所は「家族は彼がどこにいるのかをどのように知ればいいか途方に暮れていた」となって文意が成立する。

(2)　motion detectors「人感センサー」が目的語なので，②placed「～を設置した」が適切である。

(3)　「その公営住宅にはさらに 6 台の監視カメラが設置されている」の動詞 have は，「～を持っている，所持する」を意味する他動詞である。③「その学生は新しい教科書を持っている」が適切である。
①「長い時間がたっている」の have は，現在完了の have である。
②「彼女はいつも親友にノートをとってもらう」の have は，使役動詞の have である。
④「先生はその生徒のことは聞いたことがある」の have は，現在完了の have である。

(4)　wander「歩き回る」と置き換えられるのは④walk である。

(5)　並べ替えた箇所の語順は “supporters <u>say</u> it helps”「支持する人たちは，それは高齢者の安全を確保するのに役立つと言っている」が文意。help *do*「～するのに役立つ」

(6)　taken away「取り去られる」と置き換えられるのは，ほぼ同意の②

lost「失われる」である。

(7) ①according to「～によれば」が入れば「国連によれば，2050年にはアジア太平洋地域の4人に1人が60歳以上になるだろう」となって文意が成立する。
②「～経由で」 ③「～に答えて」 ④「～の代わりに」

(8) consequences「(必然的な) 結果」と置き換えることができないのは②「否定的な考え」である。consequenceがideaを意味することはない。

(9) introduce「～を導入する」は他動詞である。受動態の①が入れば，「高齢者の介護を補助するために…が導入されつつある」となり適切である。

(10) 「しかし，その装置は，多くが安全監視システムを目的としているのだが，それらを十分に理解していないかもしれない住民のプライバシーを侵害する可能性がある」 この文意から，②devicesが適切である。a population「住民」

(11) 「世界で最も高齢化している日本では，政府が，高齢者の介護をする人々の不足を埋めるのに役立つロボットの開発と動物の訓練に資金を提供している」が文意である。したがって，②「日本政府は高齢者の介護をするロボットの開発に資金を出している」が適当である。
①「日本政府は，犬の飼い主に高齢者の介護を頼んでいる」
③「日本政府は，高齢者の介護を行うために他国と協力している」
④「日本政府は，ロボットを開発できる高齢者を欠いている」

(12) proportion「割合」に最も近い意味は③percentageである。

(13) firms「会社」に最も近い意味は①companiesである。

(14) 並べ替えた箇所の語順は“choosing when to turn”「および，その電源を切る時を選ぶこと」が，and以下の意味である。このchoosingは，この文のabout letting～と並列している動名詞である。「これらすべてにおいて，高齢者が『テクノロジー，とりわけ監視用のテクノロジーを自分の生活に取り入れること，および，それをオフにする時を選ぶことについて，情報に基づいた決定を下すこと』が重要である」が文意となる。

(15) 「しかしながら，それはできないと家族が判断する時もある」が下線部の文意。この段落では，転倒の経験があり精神疾患を持つ高齢の母親のために，監視カメラを設置したが，プライバシーがほしいと母親は反対したと述べられている。すなわち，高齢者の理解と判断を得られないことがあるのである。したがって，この下線部で示唆されているのは，③「すべての高齢者が，自分がどのように監視されるかについて適切な判断を下せるわけではない」である。

⒃　ここで「～について考える」とは，文脈から高齢の母親がもはや監視カメラが気になることはなくなったことを意味している。したがって，最も近い意味は③notice「～に注意を払う」が適切である。

⒄　「それらは動きを感知しなければ警告を送る」のであるから，主語 They は，②motion detectors「人感センサー」が適当である。

⒅　safe「安心な」と置き換えることができるのは，①secure である。

⒆　「介護福祉士の数は足りないし，若い人は高齢の家族をずっと見ているわけではないので，これらの会社がその仕事をやってくれるのです」が文意であるから，that task は④「高齢の家族を監視すること」が適当である。

⒇　高齢化が進んでいるアジア諸国が，監視カメラや人感センサーなどテクノロジーの助けを借りて対策を講じている，という主旨の文章であるから，①「アジア諸国が，高齢者介護のためにテクノロジー利用を進める」が適切である。

②「高齢のアジアの人たちは，進んだ家庭用テクノロジーに抗議する」
③「テクノロジーの専門家たちは，高齢者の監視増強を推奨する」
④「アジア諸国の高齢者人口は急速に増大している」

解説

問四　傍線部前後の内容から考える。「社会契約において〈私〉のルールと社会のルールは一致する」と「自分で決めたルールに自分で服従することが精神の自由の本質的意味」とあるので、⑤の内容が合致している。

問六　第八段落に「複数の自由な存在が、自由の意識を互いに補完する相補的関係」とある。この場合の「複数の自由な存在」「互い」とは、第十段落冒頭で「自分が他者を認めることと他者から自分が認められること」「互いが互いにとっての他者として主体性を発揮する」と説明されている。「〈私〉の自由と他者の自由が互いに承認し合っている」とする②が適切。⑤は「互いに認め合うために」としているので順序が逆である。

問七　直後の「その理由をこう書いている」がヒント。「自分で考えること。これはお金がなくてもできます」と書いている。これについての筆者の解説は、「お金がなくて自由を実行できなくても、考える自由を手放すわけにはいかない」である。④の内容が合致している。

問八　**イ**、第十一段落に「不遇な立場にいる人…支援することも、自由の理念には含まれている」とあるので、「他者を支援することは含意されていない」は不適。**ロ**、後ろから二段落目の内容に合致している。**ハ**、第六段落に「ヘーゲルが的確に論じたように、自己の行為を自在に決定する権利だけでは自由への欲望は充たされず」とある。「自由への欲望を充足させる」は不適。

法師を助けた側である。

問六　「ほれぼれ」は〝心が奪われてぼんやりしている、正気を失っている〟意。「いふかひなし」は〝言ってもしかたがない、どうしようもない〟の意。「行徳」は〝仏道修行によって身に備わる徳〟のこと。

問七　「これらはさておきつ」は〝これらの話はいったん置いておいて〟の意味である。後で語られている話は、直前までの法師の話とは変わっている。

問八　「案」には〝たくらみ、計略〟などの意味がある。「よろづにつけて用意深く」「人のあざむき、たばからむ…よくよく思慮すべし」から考えるとよい。

二　現代文

出典　岩内章太郎『〈普遍性〉をつくる哲学―「幸福」と「自由」をいかに守るか』〈終章　もう一度、自由を選ぶ　自由の普遍性〉（ＮＨＫブックス）

解答

問一　**ア**―②　**イ**―④
問二　③
問三　④
問四　⑤
問五　①
問六　②
問七　④
問八　**イ**―②　**ロ**―①　**ハ**―②
問九　⑤

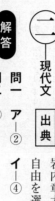

二　古文

出典　『十訓抄』〈七ノ二〉

解答

問一　a―②　b―①
問二　A―⑤　B―①
問三　③
問四　⑤
問五　④
問六　②
問七　③
問八　④
問九　⑤→①→④

解説

問一　b、直前の「これは」の指示する内容を正確に押さえること。高い木の上から人の声がしたので、見てみると法師が木に縛り付けられていた。木から下ろしてみたところ「この千手陀羅尼の持者」だった、という内容である。

問二　A、「つひに」は〝とうとう、最後には〟の意。「たぶらかす」は〝だます、あざむく〟意。「る」は受身の助動詞の終止形。「べし」は推量の助動詞の終止形である。

B、「あさまし」は〝驚きあきれる〟の意。「おろかなり」は「言ふもおろかなり」「…とはおろかなり」などの形で、〝言い足りない、言い尽くせない〟の意味になる。

問四　木の端に縛り付けられていた法師の声であったことから考える。

問五　④「法師を木の先端に結びつけた」のは「天魔の所為」だったとある。「近辺の住人」は「解き下ろした」ので、る」の具体例として、②の「クルマエビ」と「ブラックタイガー」が挙げられている。この後④「現在の分類」が提示され、①「色以外の情報」が必要なことが示されている。

問五　四つ後の段落に「アリストテレスの活躍…このような科学的な記述がしっかりとお手本として残されていた」とある。③のように「当時の社会からは否定されていた」という記述はない。

問六　①「そのときは反対する者ばかり」とは述べられていない。②科学の発展は必要なので「自然にその道筋が定まって」は不適。③「本人にとって」の「明確な自覚」は無関係である。⑤「真の科学」になるとは言っていない。

問七　同段落内の「およそ人の役に立たないような生物などは扱われなかった」から考える。

問八　①「視覚」が「他の諸感覚と比べて非常に大きかった」とは述べられていない。③「貴族たち」にとって「立派な学問的営み」だとはしていない。④「見世物としての娯楽的要素」が不適。⑤「一喜一憂しながら没頭する」とは書かれていない。

問九　「宗教的な大義名分」とは、三つ前の段落の「自然物とは宇宙の神秘の産物であり、神の御業であり、…表れると考えた」ということであるから、④が正解。

問十一　**ロ**、空欄cの次の段落に「当時のキリスト教支配による『多様性を認めない文化』から脱却し」とある。「日常生活」での「実用的関心」が「多様性への視点を欠いて」いたわけではない。**ニ**、空欄cのある段落に「ルネサンス」は「ギリシャの残した知的文化に立ち返り、復興しようという社会的な動き」とある。「古代ギリシャから続く科学的な知識の体系」はおかしい。

国語

一

出典　岡西政典『生物を分けると世界が分かる―分類すると見えてくる、生物進化と地球の変遷』〈第2章　分類学のはじまり―人は分けたがる生き物である〉（ブルーバックス）

解答

問一　**ア**―③　**イ**―④　**ウ**―①　**エ**―③
問二　②

問三　①・④（順不同）

問四　②→④→①→③

問五　③

問六　④

問七　⑤

問八　②

問九　④

問十　**Y**―⑤　**Z**―③

問十一　**イ**―①　**ロ**―②　**ハ**―①　**ニ**―②

問十二　⑤

解説

問四　それぞれの文冒頭の語から順序を確定していくとよい。直前の「外観だけで似たものの中から…ピックアップされ

一般選抜前期C日程：国際・文・心理・人間科学部

問題編

▶試験科目・配点

教 科	科 目	配 点
外国語	コミュニケーション英語Ⅰ・Ⅱ・Ⅲ，英語表現Ⅰ・Ⅱ	100点
国 語	国語総合（古典を除く），現代文B	100点

▶備　考

- 「英語」「国語」とも共通の問題。

〔スタンダード型〕

英語（100点）＋国語（100点）＝総点200点で合否を判定する。

〔得意科目重視型〕

高得点の科目を2倍にし，総点300点で合否を判定する。得意科目重視型へ出願する場合は，スタンダード型への出願が必要（得意科目重視型だけの出願はできない）。

〔英語資格試験利用型〕

大学が定める英語の資格・検定試験の基準スコアを有する場合，「英語」の得点を「みなし得点」に換算して利用することができる。個別学力試験「英語」を受験することが必須で，「英語」と「みなし得点」のどちらか高い得点を合否判定に使用する。

英語

（60分）

Read the passage and answer the questions that follow.

In Japan, plastic use is considerable. And since the coronavirus pandemic, (1)with the increased orders of delivery food from restaurants and measures to prevent the spread of disease, the number of plastic products has been increasing. This is a problem not limited to urban environments. When the waste makes its way to the ocean and (2)joins vast amounts of other garbage, marine environments are put in severe danger.

In Japan, it is required to separate your garbage and recycle your plastics. However, garbage at disposal centers can be spread by animals or rough weather and enter streams and rivers. And there is, of course, the street garbage ＿＿(3)＿＿ or dropped into bodies of water. According to the 2019 Arakawa Clean Aid Survey, 83 percent of the garbage in the Arakawa River, which flows from Saitama Prefecture to Tokyo Bay, consists of packages and containers—material that is thrown out without thinking.

And a great portion of this river-transported waste, from plastic containers to fibers, ends up in the sea, with about 80 percent of marine garbage coming from land areas. The Kansai Regional Union estimates that 3 million plastic bags and 6.1 million pieces of garbage made from plastic sit in Osaka Bay.

Plastic (4)remains permanently in the environment. When falling apart, larger pieces could become very tiny pieces of plastic called "microplastics," which are almost too small to see with your eyes. Microplastics can be plastic waste that has broken apart, pieces of tires, manufactured fibers, or containers for agricultural chemicals. Even though (5)they are so small, these materials contain the substances of the original product while entering food chains, including the food we eat from the sea. Microplastics have been detected in about 80 percent of the fish in Tokyo Bay. People (6)consume an average of 5 grams of microplastics per week – equivalent to the weight of a credit card.

(7)Japan's plastic use is larger than we might think. The amount per person of plastic containers and packages, at over 30 kilograms a year, is only second to that of the US. Most of the packages are one-time use, the (8)sum of our quick lunches, grocery trips, clothes washing, and more.

Moreover, the country produces around 10 million tons of plastic a year (the third highest amount in the world), (9)78 percent of which is disposed of within a year. Despite a national reputation for efficiency, most plastic waste is (10)treated carelessly. Since 2017, Japan ___(11)___ part of its plastic waste to Southeast Asia, from which much ocean plastic flows. Ultimately, only 18 percent of the total is recycled in Japan.

The World Wildlife Fund (WWF), in cooperation with the Wild Bird Society of Japan, has developed educational materials about plastic waste. They (12)claim that there is over 150 million tons of plastic in the world's oceans, with 8 million tons entering waters annually. It is predicted that, if we keep with this (13)pace, the weight of all the plastic in the ocean will be more than the weight of the fish by 2050. It is common knowledge that birds mistakenly consume such garbage ___(14)___ accident. Some 800 species, including marine animals and fish, are affected.

It might seem that Japan does not care about these problems. ___(15)___, Japan has shown great potential to reform its plastic habits. The government ___(16)___ businesses to charge customers for plastic bags. Recycling requirements and the custom of taking your garbage home ___(17)___ you is a start.

At the center of the problem, however, is waste. We use too much unnecessary plastic. The WWF recommends the establishment—or at least discussion—of a "circle economy," in which all raw materials are recycled. Europe is already working towards this notion of a recycling-dependent society.

This kind of change starts small. Try to pick up the garbage around you, limit the amount of PET bottles you buy, and use your own grocery bag. Support businesses that are friendly to the environment. The sum of these efforts could save lives.

Choose the best answer for each question and mark ①, ②, ③, or ④ on your answer sheet for questions [1] — [20].

(1) Which of the following usages of "with" is most similar to (1)with? [1]

出典追記：Japan's Plastic Footprint Is Larger Than You May Think, Tokyo Weekender on July 23, 2020 by Taylor Stewart

① It is difficult to deal with the education problems.

② She has become wiser with age.

③ They played the game with an old shoe.

④ We are with the local baseball team.

(2) Which of the following is closest in meaning to (2)joins? 2

① combines with

② compares with

③ consults with

④ copes with

(3) Put the words ① to ④ into the correct order for ____(3)____. Which word should be in position (b)? 3

...the street garbage (a) (b) (c) (d) or dropped into bodies of water.

① be

② blown

③ can

④ that

(4) Which of the following can best replace (4)remains? 4

① dies

② harms

③ plays

④ stays

(5) What does (5)they refer to? 5

① agricultural chemicals

② microplastics

③ original products

④ substances

(6) Which of the following can best replace (6)consume? [6]

① admit

② deposit

③ eat

④ purchase

(7) What does the author suggest in the underlined sentence (7)? [7]

① Japan's plastic use is decreasing every year.

② Japan's plastic use is increasing every year.

③ Most people think Japan's plastic use is less than it is.

④ Most people think Japan's plastic use is more than it is.

(8) Which of the following is closest in meaning to (8)sum? [8]

① concept

② fraction

③ structure

④ total

(9) What does the author suggest in the underlined phrase (9)? [9]

① Japan recycles most of its own plastic, unlike Southeast Asia.

② Japan throws away more plastic than the US.

③ Most plastic in Japan is thrown away in less than a year.

④ The US gets rid of 78 percent of its garbage in one year.

(10) Which of the following usages of "treated" is most similar to (10)treated? [10]

① He was treated for a broken arm at the hospital.

② Her dog was treated very well.

③ She treated her friend to a movie at the theater.

④ She treated herself to cake.

(11) Which of the following is the best choice for ____(11)____ ? [11]

① has been shipping

② shipped

③ was shipped

④ will ship

(12) Which of the following CANNOT replace (12)claim ? [12]

① assert

② deny

③ insist

④ state

(13) Which of the following CANNOT replace (13)pace ? [13]

① clip

② rate

③ speed

④ task

(14) Which of the following is the best word for ____(14)____ ? [14]

① at

② by

③ in

④ to

(15) Which of the following is the best choice for ____(15)____ ? [15]

① However

② In addition

③ On top of that

④ That is

(16) Which of the following is the best choice for ___(16)___ ? 16

① has required

② is required

③ was required

④ will be required

(17) Which of the following is the best word for ___(17)___ ? 17

① for

② in

③ of

④ with

(18) Based on the passage, which of the following statements is true? 18

① Plastic garbage has caused health problems for people in Japan.

② The Japanese government is taking steps to reduce plastic use.

③ The majority of plastic waste in Japan is recycled.

④ Tokyo Bay has more plastic garbage than Osaka Bay.

(19) Based on the passage, what is being done in Japan to manage plastic waste? 19

① Banning delivery food in plastic containers.

② Decreasing the amount of plastic production.

③ Requiring separating garbage and recycling plastic.

④ Saving birds and fish affected by plastic.

(20) Which of the following is the best title for this passage? 20

① Government Methods to Deal with Plastic Waste

② Plastic Recycling in Japan and Other Countries

③ The Danger of Microplastics in Japanese Rivers

④ The Plastic Garbage Problem in Japan

問七　傍線部B「『わたし』の存在はそのひとの手によって棄却されたことになる」とあるが、その理由として最も適当なものを、次の①〜④のうちから選びなさい。解答番号は 32 。

① 「わたし」の存在がはかなく、誰からも棄却されうるから

② そのひとにとって「わたし」は唯一の存在だから

③ そのひとは「わたし」にとってかけがえのない存在だから

④ 「わたし」のアイディアはそのひとに否定されたから

問八　傍線部C「苦くも豊饒だ」とあるが、その意味として最も適当なものを、次の①〜⑤のうちから選びなさい。解答番号は 33 。

① 苦しい気持ちもいつか良い経験になるという意味

② 皮肉にも多彩であるという意味

③ 苦々しいことが十分に表現されうるという意味

④ 苦しさより豊かさが前面に出ているという意味

⑤ 苦痛でもあり豊作でもあるという意味

問九　傍線部D「吉本がフランクルと違うのは、こうした意識の切り換えを別の次元でふたたび〈意味〉への問いへと更新しないところだ」とあるが、その理由として最も適当なものを、次の①〜⑤のうちから選びなさい。解答番号は 34 。

① 吉本は、実感を伴う抽象性に重点をおいたから

② 吉本は、相手からの視線に対して敏感になれないから

③ 吉本は、人生の意味を問うことを〈空想〉的だと批判し、拒否したから

④ 吉本は、時間を細かく切り刻むことのみに関心を持ったから

⑤ 吉本は、なりゆきを相手にあずけて受け身になることができないから

問十　次のイ〜ホの文のうち、本文の内容と合致するものには①を、合致しないものには②を、それぞれ選びなさい。解答番号は 35 〜 39 。

イ　期限がないのに待たねばならないとき、人は希望をもつものだ 35

ロ　フランクルは、極端な視野狭窄によって、待つことを耐え忍んだ 36

ハ　吉本は、時間を小刻みに捉え、実感を増すことで、老化を防いだ 37

ニ　無数の小さな問題にかかずらうことで、待つ苦しみから逃れられる 38

ホ　「空き地」とは、〈待つ〉を論じるときの観点の転換点を示唆するものである 39

⑤　左右が非タイショウである

問二　（設問省略）

問三　次の一文を入れるのに最も適当な位置を、本文中の【①】〜【④】のうちから選びなさい。解答番号は 28 。

待つことに区切りがあり、残りの時間が少しずつ減ってゆき、待つことの終わりが近づいてくる。

問四　空欄 X に入れるのに最も適当なものを、次の①〜⑤のうちから選びなさい。解答番号は 29 。

①　見かえす
②　見ならう
③　見かぎる
④　見なおす
⑤　見すかす

問五　空欄 Y に入れるのに最も適当なものを、次の①〜⑤のうちから選びなさい。解答番号は 30 。

①　ゆだねなければ
②　ゆるさなければ
③　ゆさぶらなければ
④　ゆがめなければ
⑤　ゆきづまらなければ

問六　傍線部A「思いの支点をちょっとでもじぶんのほうへ引き寄せ（る）」とあるが、その例として最も不適当なものを次の①〜⑤のうちから選びなさい。解答番号は 31 。

①　待てば少しは希望があるのではないかと内心ドキドキする
②　待っていればきっと大丈夫だとひそかに自分に言い聞かせる
③　待つと決めても相手に託しきれず、つい自分の願いを考えてしまう
④　待つ間、一見何もしていないが、実は「急がば回れ」の気持ちで期待している
⑤　相手を待ち続けることには価値がないと決めつける

実感が伴う具体的なことについては、そういうふうに周期を短く考えるようにすることです。……幸・不幸とかも、長く大きくとらないで、短く、小さなことでも、一日の中でも移り変わりがあるんだよと小刻みにとらえて、大きな幸せとか大きな不幸というふうには考えない。小さなことだって、幸・不幸はいつでも体験してるんだ、と考える。そういうふうに大きさを切り刻むということ、時間を細かく刻んで、その都度いい気分だったら幸福だと思い、悪い気分だったら不幸だと思う。そんなふうに刻んでいくことが、僕の場合はある程度実感にかなっていることで、それしか僕は思いつかないですね。

（『幸福論』）

D ただ吉本がフランクルと違うのは、こうした意識の切り換えを別の次元でふたたび〈意味〉への問いへと更新しないところだ。【④】先の視野狭窄をかろうじてくぐり抜けたところで、フランクルは次のような空き地に出た。いや、出ざるをえなかった。「人生から何をわれわれはまだ期待できるかが問題なのではなくて、むしろ人生が何をわれわれから期待しているかが問題なのである」という、「観点の変更」である。これは、向こう側からの視線というものにじぶんを［Y］待ちきることはできないという、〈待つ〉を論じるときのひとつの転換点を示唆するものではある。が、吉本は逆に、そんな空き地に出たらだめだという。「『何のために』人間は生きるかという問いは、『何のために』人間は死ぬかという問いとおなじように、〈空想〉的にしか論ぜられません。だからこの問いを拒否することが〈生きる〉ということの現実性だというだけです」。

（鷲田清一『「待つ」ということ』　ただし一部変更した箇所がある）

問一　二重傍線部ア〜ウの片仮名と同じ漢字を用いるものを、次の各群の①〜⑤のうちから、それぞれ選びなさい。解答番号は［24］〜［26］。

ア　キン慎　［24］
① キンシされた薬物が検出された
② ハイキン主義者が集まった
③ シュッキン途中の出来事だった
④ 年賀状にキンガ新年と書いた
⑤ 彼が試合のキンコウを破った

イ　熟セイ　［25］
① セイブツ多様性の研究をする
② 健康のためセイケツな環境を保つ
③ セイゾウ物責任法について説明する
④ 子どもは好奇心がオウセイだ
⑤ サンセイ多数で可決された

ウ　推ショウ　［26］
① ショウギ部で活躍する
② ショウガク金制度を利用する
③ ショウリの女神が微笑んだ
④ 県大会にショウジュンを合わせた

めるからだ。

　金の取り立てのように、貸しがあって待つときには、かんたんに最後通牒《ちょう》を突きつけることができる。[X]こともできる。が、それは待つというより待ってやる、延ばしてやることであり、期限までの時間をずっと待つというかたちでくぐり抜けるわけではない。ときどき、あと何日と思い出すだけである。刑期明けの日、[ア]キン慎処分が解ける日のように、自由になる時がかならず来るとわかっているときは、あと何日と数えられる。【①】出産の時を待つ、ワインの[イ]熟セイを待つなどというときにも、いつか終わる、いつか時が満ちるという希望のなかで待つことができる。

　待つことが空回りをはじめるのは、この〈待つ〉に終わりが保証されていないとき、時が満ちるという予感もなしに、〈待つ〉という位置に縛りつけられるときだ。相手への憤懣《まん》が内で渦巻いているあいだはまだいい。じぶんに言い聞かせ、思いなおして、ふたたび待つという態勢に身を置くこともできる。【②】が、だれかに拒まれる、棄《す》てられる、去られるばあいは違う。

　棄てられる、置き去りにされるというのは、戻ってきてくれるのを待っている相手の、その意識からじぶんが外されることである。そのひとの眼中にはもう「わたし」はいない。「わたし」のかけらももはや存在しない。その事実が「わたし」を押し潰す。そのひととの関係が「わたし」にとって関係のワン・オブ・ゼムであるなら、「わたし」は逆に、こちらから縁切りだ、と心のなかで言い返すこともできよう。が、そのひととの関係が「わたし」の存在にとって決定的なものであるなら、[B]「わたし」の存在はそのひとの手によって棄却されたことになる。棄却したという意識すらなく打ちのめされ、矜《きょう》持のかけらも潰されても、それでも待つ。これは一時のことだとして、待つ。戻ってきてくれるその可能性になんの保証もないところでただひたすら待つしかないとき、「わたし」は果てしなく続くようにおもわれるその時間を、いったいどのようにしてくぐり抜けるのだろう。【③】

　無限に続くとおもわれるこの時間との折り合いについては、言葉に事欠かない。待ちわびて、待ちあぐねて、待ちかねて、待ちくたびれて、待ち明かして、待ちつくして……というふうに、あてどなく待つときの想《おも》いを表わす言葉は、[C]苦くも豊饒《じょう》だ。

　無数の小さな問題にかかずらうことでかろうじてしのぐというのが、V・E・フランクルのとった方法であった。「今晩の食事には何が与えられるだろうか？《　b　》追加として与えられるであろう一片のソーセージをパンの一片と取りかえた方がよいだろうか？　二週間前私に報償として「特給」された最後の煙草をスープ一杯と取引きすべきだろうか？　どうして切れてしまった靴紐《ひも》の代りに鉄条網の切端をみつけるべきか？　労働場で自分がよく慣れた労働グループにうまく入れるだろうか、それとも他のグループに入れられて、怒りっぽい苦しめる監督の下で殴られるだろうか？……」（『夜と霧』、霜山徳爾訳）。

　《　c　》、まずは極端な視野狭窄《さく》へとじぶんを追い込むこと。同じことは吉本隆明も、老いの鬱《ふさ》ぎをしのぐ方法として[ウ]推ショウしている。

生じるものだから

② 人びとは普段から多くのエネルギーを記憶や情報の再編成に用いているから

③ 安静時の脳が創造性を発揮しやすいようにはたらいているから

④ 人びとは普段から矛盾や問題を抱え、そうした情報を処理しきれていないから

⑤ 脳の中では、いつも学びのネットワークが結びつくはたらきをしているから

問十二　次のイ～ホの文のうち、本文の内容と合致するものには①を、合致しないものには②を、それぞれ選びなさい。解答番号は 15 ～ 19 。

イ　準備期には、個人の内外における矛盾や問題に対して、解決したい思いが生じる 15

ロ　孵卵期は、全く何もないかのように、落ち着いている 16

ハ　気づきの時期には、突然外界から何かを授かる感覚をもつ 17

ニ　洞察期は、意識下にあったものが形となって意識に現れる時期である 18

ホ　検証期には、生みの苦しみを終え、制作物を現実化する分野もある 19

問十三　次のイ～ニの文のうち、本文の内容と合致するものには①を、合致しないものには②を、それぞれ選びなさい。解答番号は 20 ～ 23 。

イ　アクシデントや一見不運な出来事を受け入れる勇気は、非認知的スキルの一側面である 20

ロ　我慢強さがあれば、安定した孵《ふ》卵期を過ごすことができる 21

ハ　セレンディピティは、完全に偶然の産物である 22

ニ　創造性は、元からある古い情報の新しい結びつきに関連するものである 23

〔二〕　次の文章を読んで、後の設問に答えなさい。

待つ、ひたすら待つ。その姿は痛々しいものである。

相手からの呼びかけやなんらかのアクションをひたすら待つ、それは、あたりまえのことだが、ひたすら受け身でいることである。事のなりゆきを相手にあずけることである。A思いの支点をちょっとでもじぶんのほうへ引き寄せれば、〈待つ〉は破綻する。待つじぶんに哀れをかけてしまい、ひたすら待つことに耐えきれなくなるからだ。《　a　》くぐるべき時間を期待というかたちで現在へとたぐってしまい、そのたぐりが焦《じ》れとともにしだいに速まってきて、待つことが苛立ちに侵蝕《しょく》され、空回りをはじ

⑤ 萎縮されていない

問七　傍線部A「安静時の脳の活動は、記憶の定着も行っているが、そうした情報を取り込む活動より、情報を創り出して、新たな可能性を常に探索している」とあるが、その例として最も適当なものを、次の①～⑤のうちから選びなさい。解答番号は 11 。

① 睡眠時の脳は、前日の学習内容を整理し、翌日の試験で検索できるようにしている

② ぼんやりしている時の脳は、情報のインプットより創造的アウトプットを試みている

③ 瞑《めい》想時の脳は、抑うつ的ではなく活性化している

④ 手術後、絶対安静時の脳は、次々に創造性をはたらかせることが得意である

⑤ ゆったりした気分の時は、脳の活動スピードも遅く、新しいことに前向きに取り組める

問八　傍線部B「卓越した創造的な演奏をしたのは、予想外のアクシデントを受け入れたことによる産物だった。」とあるが、その理由として最も適当なものを、次の①～⑤のうちから選びなさい。解答番号は 12 。

① 若いプロデューサーやファンへの思いやりがこもっていたから

② 本領を発揮するのにぴったりのピアノに巡り合えたから

③ 機能しない鍵盤やずれた音を修正して弾いてみたかったから

④ 無調整の古いピアノに挑戦する中で、自身も知らなかった能力が発揮されたから

⑤ 演奏をキャンセルするよりアクシデントを受け入れることは創造的だから

問九　傍線部C「自分の中にいろいろな多様性を併せ持った混乱している人（messy mind）」とあるが、その説明として最も適当なものを、次の①～⑤のうちから選びなさい。解答番号は 13 。

① 多数の人格があり、アイデンティティが混乱している人

② 問題、矛盾や混乱があったが、それらの混乱を乗り越えた人

③ 自分の様々な矛盾や問題に気づき、混乱した感覚をもつ人

④ 人種や障害、宗教にかかわらず、多様な生き方を認めようと奮闘している人

⑤ 自分のこころの中にある多様性についての認識が混乱している人

問十　傍線部D「創造性は我々の日常生活にとって身近なものであるはずである」とあるが、その理由として最も不適当なものを、次の①～⑤のうちから選びなさい。解答番号は 14 。

① 創造性は特別なものではなく、突然外界からひらめきとして

③ 生活キバンを整える
④ カイキ月食を楽しみにする
⑤ 図書館に本をキゾウした
⑥ ア 合理的 イ 抽象的 ウ 個人的

問二 空欄《 a 》〜《 c 》に入れる語句の組み合わせとして最も適当なものを、次の①〜⑥のうちから選びなさい。解答番号は 6 。

① a いわんや b しかし c 例えば
② a いわんや b したがって c 例えば
③ a いわんや b したがって c いわゆる
④ a 一方で b したがって c いわゆる
⑤ a 一方で b しかし c いわゆる
⑥ a 一方で b しかし c 例えば

問三 空欄（ ア ）〜（ ウ ）に入れる語句の組み合わせとして最も適当なものを、次の①〜⑥のうちから選びなさい。解答番号は 7 。

① ア 定型的 イ 抽象的 ウ 個人的
② ア 定型的 イ 日常的 ウ 個人的
③ ア 定型的 イ 日常的 ウ 科学的
④ ア 合理的 イ 日常的 ウ 科学的
⑤ ア 合理的 イ 抽象的 ウ 科学的

問四 次の一文を入れるのに最も適当な位置を、本文中の【①】〜【⑤】のうちから選びなさい。解答番号は 8 。

すなわち創造性はすべての人にとって、日常的ないし科学、技術の最先端まで、様々な状況で必須なスキルなのである。

問五 空欄 X に入れるのに最も適当なものを、次の①〜⑤のうちから選びなさい。解答番号は 9 。

① 自由に想像し多様な考えを発展させる過程
② 収束的な思考により一つの道筋にまとめる過程
③ 偶然の出会いに翻弄される過程
④ 気づきに至るまでの明確な方法を示す過程
⑤ 極めて非線形で不安定で複雑な過程

問六 空欄 Y に入れるのに最も適当なものを、次の①〜⑤のうちから選びなさい。解答番号は 10 。

① 意識されていない
② 消費されていない
③ 淘汰《とうた》されていない
④ 障がいを受けていない

ただし一部変更した箇所がある）

（注）非認知的スキル……意欲、協調性、粘り強さ、忍耐力、計画性、自制心、創造性、コミュニケーション能力といった、測定できない個人の特性による能力。学力（認知的スキル）と対照して用いられる

ミハイ・チクセントミハイ……ハンガリー出身のポジティブ心理学の研究者

グレーアム・ウォーラス……イギリスの政治学者、社会学者

レジリエンス……精神的回復力、自発的治癒力

セレンディピティ……思わぬものを偶然に発見する能力。幸運を招き寄せる力

モジュール……寸法あるいは機能の単位

クラスター……同種のものが集まってつくる一団・群れ

ハブ……（活動などの）中心。中枢

問一　二重傍線部ア～オの片仮名と同じ漢字を用いるものを、次の各群の①～⑤のうちから、それぞれ選びなさい。解答番号は［1］～［5］。

ア　即キョウ　［1］

① 今回の出来事は、今後のキョウクンになる
② 地域のギョキョウ組合と連携した
③ 古墳からドウキョウが発掘された
④ 劇のハンキョウは大きかった
⑤ キョウミ本位に脚色する

イ　凡ヨウ　［2］

① タイヨウの光を浴びる
② チュウヨウの道から外れない
③ この道具のヨウトは広い
④ ドウヨウを隠せない様子だった
⑤ ジュウヨウな決定事項だ

ウ　ゾクして　［3］

① カゾクの絆を確かめる
② マンゾクな結果が得られた
③ あくまでもゾクセツである
④ トウゾクの潜伏先が判明した
⑤ キンゾク音が響いていた

エ　シ福　［4］

① シジョウ命令が下った
② ともに戦うドウシとして集結した
③ シユウ地に立ち入ってはならない
④ シゲンの無駄遣いではなかろうか
⑤ 多くの方のシエンを得てやり遂げた

オ　キ知　［5］

① キジョウの筆記用具を片づける
② 学校のキソクに従う

鍵になる。しかし、気づきがいつどのような形で訪れるのか、また産まれてくるのか、これにも多くの逸話があるが、極めて予測しにくい現象である。偶然という言葉は、必ずしも正確でなく、何かを求め構えている心にとっては、偶然が引き寄せられるような、不思議な感覚であろう。

　洞察期は気づきから、これまでのモヤモヤした過程が一気に意識化される時期である。洞察は英語ではインスピレーションといい、あたかも何かが吹き込まれたような感覚を意味する。実態は自分がこれまで意識化できていなかった意識下の無形の何かが、急に形を持って意識の前に現れたために、外から何かを授かったような感覚を表現したのであろう。

　検証期では、その創造性の分野に応じて異なる形態を示す。すなわち（　ウ　）発見であれば論理で検証する時期であり、また芸術の分野では思いついた制作物を現実のものにする時期である。いずれにしても、このまま検証期に移行すれば、長く暗闇の中をさまよった後の輝きであり[エ]シ福の瞬間であろう。しかし、結局検証できず、再び振り出しに戻ることは多いと思われる。【④】

　創造性に関する脳の過程として、どのような形が考えられるであろうか？　様々な情報が脳のネットワーク内の細胞の結びつきで表現されているとすると、創造性とは記憶にはない、新しい細胞のネットワークの結びつきを創発して、それが情報表現として意識され表現され、人と共有できるような外部表現となることではなかろうか。もちろん実際には無から有を生じるというより、[オ]キ知の情報の中に新しい関係性を発見する、または創り出すことがほとんどであろう。しかし歴史を振り返ると、新しい概念の登場で不連続に大きく変化することがある。《　c　》パラダイム転換である。

　ところで、脳を構成する細胞は多数あり、その可能な組み合わせは天文学的な数になる。潜在的には膨大な情報空間があるが、実際に意味のある情報表現で、かつ意識がアクセスできる情報表現はほんの一部である。また脳内のネットワークの情報は分散的であり、多くの機能的なモジュールに分かれているため、互いに関係性をまだ持っていない情報、いわば距離の離れたネットワークのクラスターが多数あり、これらは［Y］に違いない。

　安静時の脳活動では、常々脳の内部で記憶や情報の再編成が行われている。多くのエネルギーをこのような安静時の脳活動に消費していることから考えると、[D]創造性は我々の日常生活にとって身近なものであるはずである。抱えている問題や矛盾が大きければ大きいほど創造性のレベルも高いものが期待される。しかし創造性をある方向性に向けてきちんとガイドするにはやはりスキルが求められる。

　創造性には発散的思考が重要であるという指摘がある。一つのことから様々なことを派生して想像するのが発散的思考であり、脳の基本系ネットワークが様々な可能性を想像し、結果として新しい情報や、関係性を創り出し、それが創造性と関わることが指摘されている。基本系ネットワークは脳のハブとして機能しているので、ここを介して様々な情報が関連し合ったり、またさらに勝手に新しいネットワークの結びつきを創発することに関わっていても不思議はない。【⑤】

（虫明元『学ぶ脳　ぼんやりにこそ意味がある』）

について検討していきたい。

　創造性はどのような人で見られるのであろうか？　様々な事例から、創造性を発揮する人は、しばしば自分の中にいろいろな多様性を併せ持った混乱している人（messy mind）であるという。また、周囲の混乱や、様々な問題を感じ取っている人と考えられている。そして、さらに何らかの強い情動が加わり、その人を創造性へと駆り立てる。科学者なら発見へ、芸術家なら創作へ、起業家なら新しい製品にと創造性を発揮する。我々はこのような例を、特別な才能ある人の特異な例と思い、自分には創造性は関係ないと思っていないだろうか？

　ミハイ・チクセントミハイは創造性の事例を多く検討して、創造性を発揮する（　ア　）パターンは見つからないと報告した。才能は一つのきっかけにはなるかもしれないが、前提ではない。凡ヨウな人でも創造性を発揮することがあり、どのようなきっかけで創造性のある仕事にいたるかは予測がつかないとしている。

　さらには様々な社会問題や自然災害、身近な家庭、学校や職場での問題など、（　イ　）に問題の発生する現代では、すべての人が、何らかの問題を抱え、ないしは問題や矛盾に囲まれて生きている。一人の人が様々なコミュニティーにゾクしていれば、そのために課題は多面的になり、いく重にも捻れ複雑さを増す。この状態に気づかない人は、「自分が知らないこと」を知らないのではなかろうか。【③】

　グレーアム・ウォーラスによれば、創造性は五つのステージに分かれる。すなわち準備期、孵《ふ》卵期、気づき、洞察期、検証期である。しかし実際には多様で複雑な過程で進むと考えられている。

　準備期には、創造性の発揮される分野に応じて、外界から問題や矛盾を課せられることも、個人の内面の複雑な心の有り様から、その内面の矛盾を解決するために何かを創り出したいと思う気持ちが湧き出ることもあるだろう。外界からの課題でも、心の内面の課題でも、さらには、内面と外面の不一致や矛盾であっても、その矛盾に気づくことは個人個人で異なる。《　b　》個人のこれまでの生きてきた経験次第で全く違った方向に創造性を発揮することもあるであろう。

　孵卵期は、気づきに至るまでのある種の潜伏期間であり、実態が分かりにくい時期である。あえて、その時期の様子を記述するとすれば、発散的思考で自由に想像し多様な考えを発展させる過程と、収束的思考で何か一つの道筋にまとめようとする過程が交互に繰り返す時期であろう。ある製作物についての創造性に関して少し具体的に述べれば、実際の作品制作と修正や破壊を繰り返し、外界への働きかけや実験によって進行する時期である。

　本人にとっては必ずしも楽しいばかりでなく、むしろ不安定で、何度も挫折しそうになるかもしれない。それでも諦めないのは、強い情熱や達成動機があるからであろう。また不安定な状況を維持しつつ、多くの失敗で挫折しないのは、レジリエンスや粘り強さがあるからであろう。すなわち、孵卵期は［　X　］であるといえる。次の気づきの時期までの過程は一人一人で全く異なるであろう。このような創造の前の不安定な時期を耐えられるのは、非認知的スキルを総動員しているからであろう。

　気づきの時期は、具体的ではないが、何かの手がかりを掴《つか》んだ瞬間である。その多くでセレンディピティによる偶然の出会いや徴候への気づきが

国語

（六〇分）

〔一〕　次の文章を読んで、後の設問に答えなさい。

脳は安静時にも活動しており、脳にとってはネットワークの間を活動が切り替わりながら始終学び続けている。このような継続的で多様な学びの仕組みを備えていることの意義は何であろうか？　A安静時の脳の活動は、記憶の定着も行っているが、そうした情報を取り込む活動より、情報を創り出して、新たな可能性を常に探索している活動の方がむしろ正しい描像と思われる。そのような学びの目指すものは、人、事物、自然に囲まれた環境と生活の中で新しい関係を構築する創造性の発揮であろう。【①】

創造性は、これまでの学びと違い、非常に多様な現れ方をする。例えばジャズピアニストのキース・ジャレットはあるコンサートで指定していたピアノが届かず、演奏をキャンセルするか、それとも会場にある練習用の無調整の古いピアノを使うかの判断に迫られた。彼は、演奏会を準備した若いプロデューサーと期待して会場に集まった多くのファンに対して、思い切った決断をした。すなわち、あえてその無調整のピアノを使い演奏会をすることにしたのだ。このピアノには機能しない鍵盤がいくつもあり、音がずれているものもあった。彼は即アキョウで演奏しながら鍵盤の使い方を臨機応変に変えて演奏会を乗り切った。結果、そのコンサートは歴史的成功をおさめ、コンサートのアルバムもミリオンセラーになった。創造性にはいろいろな側面があるが、十分に経験を積んだピアニストですらも、B卓越した創造的な演奏をしたのは、予想外のアクシデントを受け入れたことによる産物だった。【②】

芸術でも科学でも、多くの創造的仕事の背景には、何らかの困難や予想外の状況がある。このような状況は、避けられるものであれば避け、すべて予想通りに済ませたいのが心情である。《　a　》、準備する時間もなく直感の命ずるままに待ったなしの判断で動かなければならない場面も多々ある。必要なのは、アクシデントや一見不運な出来事も受け入れる勇気、即応力のように思われる。このような能力は、実は非認知的スキルの大切な側面である。

創造性は多面的で、捉えるのが難しい。しかし創造性に関わる脳の働きは、昨今の安静時脳活動の理解とともに、次第にいろいろなことが分かってきた。創造性に焦点をあてながら、創造性を育む学び方を学び直す方法

解答編

英語

解答 (1)―② (2)―① (3)―③ (4)―④ (5)―② (6)―③ (7)―③
(8)―④ (9)―③ (10)―② (11)―① (12)―② (13)―④ (14)―②
(15)―① (16)―① (17)―④ (18)―② (19)―③ (20)―④

解説

《日本のプラスチックゴミ問題》

(1) with the increased orders of delivery food from restaurants and measures to prevent the spread of disease は，「レストランからの配達注文が増えたことと，病気の拡大を防ぐための対策がとられるなかで」を意味する。この with は，付帯的状況を表す用法。同じ用法の②「彼女は年齢を重ねるにしたがっていっそう賢くなっている」が適切である。

①「教育問題に対処するのは難しい」の with は，動詞句として deal with ～「～に対処する」という意味になる。

③「彼らは古い靴を使ってゲームをした」の with は，手段・道具を表す。

④「私たちは地元の野球チームに所属している」の with は，所属を表す。

(2) joins「～に加わる」とほぼ同意なのは①「～と一緒になる」である。
②「～と較べる」 ③「～に相談する」 ④「～をうまく処理する」

(3) 並べ替えた箇所の語順は“that can be blown”である。「もちろん，風で飛ばされたり落とされたりして水域に入る街頭のゴミもある」が文意。

(4) remains「とどまる」と置き換えることができるのは④stays である。

(5) 文の主語 these materials を指すが，these materials はその前文の Microplastics である。したがって，②が適切である。

(6) consume はここでは「食べる」の意味で用いられているので，③eat が適切である。

(7)「日本のプラスチック使用量は，思っている以上に多い」により示唆されるのは，③「たいていの人は，日本のプラスチック使用量は実際よりも少ないと考えている」である。
①「日本のプラスチック使用量は，年々減っている」
②「日本のプラスチック使用量は，年々増えている」
④「たいていの人は，日本のプラスチック使用量は実際よりも多いと考えている」
(8) sum「合計」に最も近い意味は④total である。
(9)「その 78 パーセントは 1 年以内に処理される」が下線部の文意。which は，日本が生産する年約 1000 万トンのプラスチックを指す関係代名詞。dispose of ～「～を処分する」したがって，下線部によって示唆されるのは③「日本のプラスチックの大部分が 1 年以内に捨てられる」である。
①「日本は東南アジアとは異なり，自国のプラスチックのほとんどを再利用している」
②「日本は合衆国よりも多くのプラスチックを捨てている」
④「合衆国は，1 年でゴミの 78 パーセントを処理している」
(10)「扱う」を意味する treat を選べばよいので，②「彼女の犬は，とても良い扱いを受けていた」が適当である。
①「彼は骨折した腕を病院で手当てしてもらった」(手当てをする)
③「彼女は友人を劇場の映画でもてなした」(treat *A* to *B*「*A* に *B* をおごる」)
④「彼女は奮発してケーキを買った」(treat *oneself* to ～「～を奮発する」)
(11) part of its plastic waste が他動詞 ship「船で輸送する」の目的語になっている。文頭に Since があることから，能動態で現在完了時制の①が適切である。
(12) claim「主張する，断言する」と置き換えることができないのは，②deny「否定する」である。
(13) pace「速さ」と置き換えることができないのは，④task「仕事」である。
(14) ②by を選ぶとイディオム by accident「偶然に」ができる。「鳥が偶然にそのようなゴミを間違って食べることがよく知られている」となり文意が成立する。

⒂　①「しかしながら」で前後をつなげば,「日本はこういった問題に無頓着だと思えるかもしれない。だが, 日本は, 自らのプラスチックの扱い方を改革する大きな潜在的能力を示した」となって譲歩を表す文意が成立する。

②「さらに加えて」 ③「その上に」 ④「つまり」

⒃　businesses が目的語になっていることに着目すれば, 能動態の①が選べる。

⒄　④ with が入れば,「リサイクルの要求とゴミを持ち帰る習慣が手始めである」となり文意が成立する。

⒅　空所 16 を含む文（The government …）に, 政府が商店にビニール袋に課金するように求めたことが述べられているので, ②「日本政府は, プラスチックの使用を減らす方策を講じている」が本文の内容に一致する。

①「プラスチックのゴミは日本の人々に健康上の問題を引き起こしている」

　魚を通してマイクロプラスチックを人が体内に取り入れているという記述はあるが, それが原因の健康問題そのものについては具体的に述べられていない。

③「日本におけるプラスチック廃棄物の大部分は再利用されている」

④「東京湾には, 大阪湾よりも多くのプラスチックゴミがある」

⒆　第 2 段第 1 文（In Japan, it …）に「日本では, ゴミを分別しプラスチックを再利用することが求められている」とあるので, 同じ内容の③「ゴミを分別しプラスチックの再利用を求めること」が適切である。

①「プラスチック容器で食事を配達するのを禁止すること」

②「プラスチックの生産量を減らすこと」

④「プラスチックの影響を受ける鳥と魚を救うこと」

⒇　日本におけるプラスチック廃棄物の現状と課題が述べられているので, ④「日本のプラスチックゴミ問題」が適切である。

①「プラスチック廃棄物を処理する政府の方法」

②「日本および他国のプラスチック再利用」

③「日本の河川におけるマイクロプラスチックがもたらす危険」

問五「人生から…期待できるか」ではなく「人生が何を…期待しているか」というように、主体が「人生」に転換していることに着目する。

問六「思いの支点をちょっとでもじぶんのほうへ引き寄せ」れば、「〈待つ〉は破綻する」とある。これは「くるべき時間を期待というかたちで現在へとたぐってしまい、…待つことが苛立ちに侵蝕され、空回りをはじめる」からであり、二段落後に「待つことが空回りをはじめる」のは「〈待つ〉という位置に縛りつけられるとき」と記されている。これに合致しないのは、⑤「相手を待ち続けることには価値がないと決めつける」である。

問七 直前の「そのひととの関係が『わたし』の存在にとって決定的なもの」の内容を正確に押さえること。「そのひと」にとって「わたし」の存在が「決定的」なのではなく、「わたし」にとって「そのひと」の存在が「決定的」なのである。

問八「豊饒」は〝豊かで実りのよい〟意。「無限に続くとおもわれる」苦しいこの時間であるにもかかわらず、この時間を説明する言葉は、「待ちわびて、待ちあぐねて、…待ちつくして…」というように「言葉に事欠かない」ということ。

問九 最終段落で吉本の言葉が引用されている。「〈空想〉的にしか論ぜられません。…拒否することが〈生きる〉ということの現実性だ」と述べている。

問十 **イ**、第三段落で述べているように、「希望のなかで待つことができる」のは、「かならず来るとわかっているとき」なので、「期限がない…希望をもつ」は不適。**ロ**、第八・九段落の内容に合致している。**ハ**、「老いの鬱ぎをしのぐ方法」なので、「老化を防いだ」は不適。**ニ**、第八段落の内容に合致している。**ホ**、最終段落の内容に合致している。

ができる」は不適。**ハ**、第十二段落に「偶然という言葉は、必ずしも正確でなく」とある。**ニ**、創造性は、第十五段落に「既知の情報の中に新しい関係性を発見する、または創り出すことがほとんど」とあり、適切。

二

出典　鷲田清一『「待つ」ということ』〈6　是正〉（角川選書）

解答

問一　**ア**—④　**イ**—⑤　**ウ**—②
問二　（設問省略）
問三　①
問四　③
問五　①
問六　⑤
問七　③
問八　②
問九　③
問十　**イ**—②　**ロ**—①　**ハ**—②　**ニ**—①　**ホ**—①

解説

問三　「待つことの終わりが近づいてくる」について触れている箇所を探すと、空所①の後に「いつか時が満ちるという希望のなかで待つことができる」とある。

問四　直前の「最後通牒を突きつける」の意味から考える。この場合は〝金を期限内に返済しなければ、何か行動を起こす〟と相手に要求する意。

う点に触れている箇所を探す。第五段落の「自分には創造性は関係ないと思っていないだろうか？」もヒントになる。

問五　直前の段落の「その時期の様子を記述するとすれば、…交互に繰り返す時期」と、空欄直後の「このような創造の前の不安定な時期」から考える。

問七　「安静時の脳の活動」なので、①「睡眠時の脳」、③「瞑想時の脳」、④「手術後、絶対安静時の脳」は不適。②か⑤ということになるが、「情報を取り込む活動より、情報を創り出して」に合致しているのは、②「情報のインプットより創造的アウトプット」である。

問八　第三段落に「アクシデントや一見不運な出来事も受け入れる」「このような能力は、実は非認知的スキル」とある。これに該当するのは④「無調整の古いピアノに挑戦」「自身も知らなかった能力」である。

問九　直後に「周囲の混乱や、様々な問題を感じ取っている人」とある。また、後ろから二段落目の「抱えている問題や矛盾が大きければ大きいほど創造性のレベルも高い」もヒントになる。①「多数の人格」が不適。②「混乱を乗り越えた」とは言っていない。④「多様な生き方を認めよう」とは述べていない。⑤「多様性を併せ持った」とあるので、「多様性についての認識が混乱」はおかしい。

問十　②・③・④・⑤の内容は最後の四つの段落の内容におおむね合致している。①「突然外界からひらめきとして生じる」が誤り。「無から有を生じるというより、既知の情報の中に新しい関係性を発見する、または創り出す」とある。

問十一　**イ**、第九段落の内容に合致している。**ロ**、第十一段落に「創造の前の不安定な時期」とあるので「全く何もないかのよう」は不適。**ハ**、第十三段落にあるように「突然外界から何かを授かる感覚」を持つのは「洞察期」。**ニ**、第十三段落の「意識下の無形の何かが、急に形を持って意識の前に現れた」に合致している。**ホ**、第十四段落の「芸術の分野では思いついた制作物を現実のものにする時期」に合致している。

問十二　**イ**、第三段落の「アクシデントや一見不運な出来事…非認知的スキルの大切な側面」に合致している。**ロ**、第十一段落に「不安定な状況を維持…粘り強さがある」とあるので、「我慢強さがあれば、安定した孵卵期を過ごすこと

国語

一

出典　虫明元『学ぶ脳―ぼんやりにこそ意味がある』〈5　創造的な学びをどう学ぶか〉（岩波科学ライブラリー）

解答

問一　**ア**―⑤　**イ**―②　**ウ**―⑤　**エ**―①　**オ**―④

問二　④

問三　③

問四　③

問五　⑤

問六　①

問七　②

問八　④

問九　③

問十　①

問十一　**イ**―①　**ロ**―②　**ハ**―②　**ニ**―①　**ホ**―①

問十二　**イ**―①　**ロ**―②　**ハ**―②　**ニ**―①

解説

問四　挿入文の「すべての人にとって、…必須なスキル」に着目する。空所前後で「すべての人」「必須なスキル」とい

· memo ·

· memo ·

· memo ·

2023年度

問題と解答

■学校推薦型選抜（公募制）：文・人間科・音楽学部

問題編

▶適性検査科目・配点

学部・学科等		教　科	科　　目	配　点
文　学　部		外国語	コミュニケーション英語Ⅰ・Ⅱ・Ⅲ，英語表現Ⅰ・Ⅱ	100点
		国　語	国語総合（古典を除く）	100点
人間科学部		外国語	コミュニケーション英語Ⅰ・Ⅱ・Ⅲ，英語表現Ⅰ・Ⅱ	100点
		選　択	「数学Ⅰ・A（「場合の数と確率」「整数の性質」「図形の性質」の３項目）」，化学基礎，生物基礎，「国語総合（古典を除く）」より１科目選択	100点
音楽学部音楽学科	器楽専攻 声楽専攻 ミュージック・クリエイション専攻	音　楽	楽典	100点
			ソルフェージュ（聴音・新曲視唱）	100点
			主専攻実技＊1〈省略〉	500点
			副専攻ピアノ実技＊2〈省略〉	100点
	舞踊専攻	音　楽	舞踊実技（指示課題）〈省略〉	200点
			舞踊実技（自由課題）〈省略〉	300点

▶備　考

・文学部・人間科学部では，上記の他に調査書（全体の学習成績の状況を４倍（小数点以下は四捨五入），20点）を得点化し，総点で判定する。

＊1　器楽専攻オルガン・チェンバロ志願者は，主専攻実技をピアノで受験することができる。

＊2　副専攻ピアノ実技は，器楽専攻志願者には課されない。

英語

(50 分)

Read the passage and answer the questions that follow.

Something is deeply wrong with the way we plan our cities. For the past century, at least, it has usually been a process of making the landscape flat, burying waterways*, and creating road systems based on easy ＿(1)＿ for cars. Our cities are like pieces that have been placed next to the landscape without really belonging.

Designing a city should be more (2)like gardening. Designers should (3)take care of living things and make room for people, but never allow them to lose sight of their dependence upon the natural world. Rather than erasing large areas and "improving," we need to remember the process of gentle and gradual change. Cities planned in this way, like Edo† was, can still support a large population and its complex economic activity and transportation systems.

While Edo was the only city ＿(4)＿ the planet with more than one million people during the middle of the eighteenth century, and there were only a handful a century ago, today there are over four hundred. In addition, over twenty urban areas have populations of ten million or more. The fact that many people ＿(5)＿ in cities requires collecting massive quantities of food, water, energy, and materials, and taking care of subsequent waste. Increasingly, the need to source (6)these things at a great distance, even across continents and oceans, separates people in cities from the natural ecological system in which they live, and from a sense of connection to and responsibility for their natural areas.

Cities that, like Edo, have been carefully placed into their local ecological systems enjoy clear benefits for both the environment and the residents. Such cities are more easily warmed up and cooled down by nature, have a larger variety of trees and bushes, better support food production within the city limits, and have better and more reliable water sources. It is important that humans understand how to (7)form a harmonious whole with natural systems and leave nature alone wherever possible. The process is, in fact, a lot like gardening.

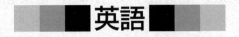

Many cities were planned around waterways that played as large a role in daily transportation as they did in Edo. It was a mistake to stop using these waterways as the car became more common. Older urban water transportation systems were entirely separate from the road network but linked to it at some meeting points, and physically the two were built on separate levels. This allowed heavy goods to be easily moved by boat without (8)interfering with ground traffic, and the resulting decrease in heavy road traffic encouraged lively pedestrian networks.

Urban waterways are interesting and provide regular opportunities for a fundamental kind of entertainment. In the past, water transportation depended (9)primarily on wind power and streams, and it has remained the most energy-efficient transportation method for goods since the shift to coal, gas, and oil for fuel. Recent technical developments in wind power and water-based power are extremely promising. The result is that soon water transportation may ____(10)____ both extremely clean and almost free.

Restoring urban water transportation networks is only a part of the overall new way of thinking about urban transport that is necessary now. Preferably, the use of individual cars should be limited, and our cities should be made accessible through a combination of buses, light rail, bicycles, and pedestrians. European countries like Holland, Germany, and Denmark have made great (11)progress in this direction. Their systems, which combine easy ways of getting around, efficiency, and environmental and personal health, can serve as models for the rest of us.

* waterways: rivers or canals used for transporting people and goods

† Edo: the old name of Tokyo

A. Choose the best answer for each question and mark ①, ②, ③, or ④ on your answer sheet for questions [1] – [14].

(1) Which of the following is the best word for ____(1)____? [1]

① access

② impression

③ purchase

④ resistance

(2) Which of the following usages of "like" is most similar to $_{(2)}$like? **2**

① Driving is not like riding a bicycle.

② I would like you to drive me to school.

③ They like driving cars more than trucks.

④ You can do many things, like drive a car.

(3) Which of the following is closest in meaning to $_{(3)}$take care of? **3**

① give up

② look after

③ make out

④ wait for

(4) Which of the following is the best word for ＿(4)＿? **4**

① at

② in

③ on

④ with

(5) Which of the following is the best choice for ＿(5)＿? **5**

① live

② lived

③ living

④ to live

(6) What does $_{(6)}$these things refer to? **6**

① continents and oceans

② food, water, energy, and materials

③ subsequent waste

④ urban areas

(7) Which of the following CANNOT replace (7)form? 7

① construct

② establish

③ make

④ ruin

(8) Which of the following can best replace (8)interfering with? 8

① affecting

② happening

③ introducing

④ pulling

(9) Which of the following CANNOT replace (9)primarily? 9

① largely

② lightly

③ mainly

④ mostly

(10) Which of the following is the best choice for ＿(10)＿? 10

① became

② become

③ becomes

④ becoming

(11) Which of the following can best replace (11)progress? 11

① decay

② disposal

③ illustration

④ improvement

(12) According to the passage, which of the following statements is NOT true about cities carefully placed into their local ecological systems compared to other cities? **12**

① They are more easily warmed up and cooled down by nature.

② They better support food production within the city limits.

③ They have fewer types of trees and bushes.

④ They have superior water resources.

(13) According to the passage, which of the following statements is true? **13**

① Humans should ignore systems used in European countries.

② Humans should increase the use of cars for transportation.

③ Humans should restore urban water transportation networks.

④ Humans should use urban waterways for wind power.

(14) Which of the following would be the best title for this passage? **14**

① An Introduction to Gardening

② City Planning Lessons Learned from Edo

③ How to Travel Between European Cities

④ The Best Ways to Transport Waste Away from Cities

B. Complete the following sentences using all of the words from ① to ④ below. Which word should be in position (b)? Mark ①, ②, ③, or ④ on your answer sheet for questions [15] and [16] .

(15) During the earthquake drill, the teacher instructed the students to (a) (b) (c) (d) their head cover. [15]

① everything

② except

③ for

④ leave

(16) I met a good friend of mine (a) (b) (c) (d) from school. [16]

① home

② my

③ on

④ way

数学

(50分)

解答上の注意

- 1つの解答番号には1つの数字が対応します．[11] のように1つの番号が書かれた枠は1桁の数に，[12, 13] のように2つの番号が書かれた枠は2桁の数に対応します．例えば [12, 13] に45と解答したい場合は，解答番号12の解答欄の ④ と，解答番号13の解答欄の ⑤ にマークしてください．

- 分数形で解答する場合，それ以上約分できない形で解答してください．例えば，$\frac{2}{3}$ と答えるところを，$\frac{4}{6}$ のように答えてはいけません．

- 比の形で解答する場合も，最小の整数比の形で解答してください．例えば，2：3と答えるところを，4：6のように答えてはいけません．

- 同一の問題文中に [14] のような枠が2度以上現れる場合，同じ解答番号は同じ数字に対応します．また，2度目以降は，原則として [14] のように細字，細枠で表記します．

〔Ｉ〕　x の二次関数 $f(x) = 4x^2 - 4px + 6p - 9$ について，以下の空欄 [1] ～ [22] を正しい数値で埋めなさい．ただし，p は実数の定数とする．

(1)　$y = f(x)$ のグラフの y 軸との交点の y 座標は

[1] p − [2]

となる．

(2)　$f(x)$ は

$$x = \frac{[3]}{[4]}p$$

のとき最小値をとり，その最小値を p を含む式で表すと，

$$-p^2+\boxed{5}\,p-\boxed{6}$$

となる.

(3) $f(x)$の最小値をpの関数$g(p)$とみなしたとき, $g(p)$は

$$p=\boxed{7}$$

のとき最大値$\boxed{8}$をとる.

(4) $f(x)\leqq 0$となるようなxの値の範囲は, pの値によって場合分けをして,

$p<\boxed{9}$のとき, $p-\dfrac{\boxed{10}}{\boxed{11}}\leqq x\leqq\dfrac{\boxed{12}}{\boxed{13}}$

$p=\boxed{9}$のとき, $x=\dfrac{\boxed{14}}{\boxed{15}}$

$p>\boxed{9}$のとき, $\dfrac{\boxed{16}}{\boxed{17}}\leqq x\leqq p-\dfrac{\boxed{18}}{\boxed{19}}$

と表される.

(5) $y=f(x)$のグラフが, 2点 $(1,2)$ と $(2,1)$ を両端とする線分と共有点をもたないようなpの値の範囲は

$$\boxed{20}<p<\dfrac{\boxed{21}}{\boxed{22}}$$

である.

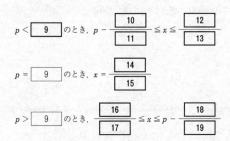

〔Ⅱ〕　すべての自然数の集合 U を全体集合とし，U の部分集合 P，Q，R を以下のように定める．

$P = \{ n \mid n$ は偶数 $\}$

$Q = \{ n \mid n$ は3の倍数 $\}$

$R = \{ n \mid n$ は6で割った余りが3となる数 $\}$

また，集合 P，Q，R の U に関する補集合を，それぞれ $\overline{P}$，$\overline{Q}$，$\overline{R}$ で表すものとし，空集合を $\emptyset$ で表すものとする．

(1)　次の（a），（b），（c）は，これらの集合の関係を表したものである．

（a）$P \subset \overline{R}$

（b）$R \subset Q$

（c）$P \cap Q \cap R = \emptyset$

次の空欄 **23** に当てはまるものを下の①～⑧のうちから1つ選んで，その番号をマークしなさい．

（a），（b），（c）の正誤の組み合わせとして正しいものは **23** である．

	①	②	③	④	⑤	⑥	⑦	⑧
（a）	正	正	正	正	誤	誤	誤	誤
（b）	正	正	誤	誤	正	正	誤	誤
（c）	正	誤	正	誤	正	誤	正	誤

(2)　n を自然数として，以下の空欄 **24** ～ **28** に当てはまるものを下の①～④のうちからそれぞれ1つずつ選んで，その番号をマークしなさい．（同じものを繰り返し選んでもよい．）

- $n \in \overline{P}$ は，$n \in R$ であるための **24** ．
- $n \in R$ は，$n \in P \cup Q$ であるための **25** ．
- $n \in R$ は，$n \in \overline{P} \cap Q$ であるための **26** ．
- $n \in P \cap Q$ は，$n \in R$ であるための **27** ．
- $n \in P \cup Q$ は，$n \in P \cup R$ であるための **28** ．

① 必要十分条件である

② 必要条件であるが十分条件ではない

③ 十分条件であるが必要条件ではない

④ 必要条件でも十分条件でもない

〔Ⅲ〕 袋の中に 2 と書かれた玉が 2 個，3 と書かれた玉が 3 個，5 と書かれた玉が 5 個の合計 10 個の玉が入っている．以下の空欄 [29] ～ [37] を正しい数値で埋めなさい．

（1） この袋から無作為に玉を 1 個取り出して袋に戻すという操作を 2 回行ったとき，取り出した玉に書かれた数字の和がちょうど 10 になる確率は $\dfrac{\boxed{29}}{\boxed{30}}$ である．

（2） この袋から無作為に玉を 1 個取り出して袋に戻すという操作を 3 回行ったとき，取り出した玉に書かれた数字の和がちょうど 10 になる確率は $\dfrac{\boxed{31}}{\boxed{32,\ 33}}$ である．

（3） この袋から無作為に玉を 2 個同時に取り出したとき，取り出した玉に書かれた数字の和がちょうど 10 になる確率は $\dfrac{\boxed{34}}{\boxed{35}}$ である．

（4） この袋から無作為に玉を 3 個同時に取り出したとき，取り出した玉に書かれた数字の和がちょうど 10 になる確率は $\dfrac{\boxed{36}}{\boxed{37}}$ である．

〔Ⅳ〕　△ABC において，AB = 15，AC = 4，$\cos\angle BAC = \dfrac{3}{5}$ とする．また，C を通り辺 BC に垂直な直線と，A を通り辺 AB に垂直な直線の交点を D とする．以下の空欄 $\boxed{38,\ 39}$ ～ $\boxed{53}$ を正しい数値で埋めなさい．

(1)　辺 BC の長さは $\boxed{38,\ 39}$ である．

(2)　△ABC の外接円の半径は $\dfrac{\boxed{40,\ 41}}{\boxed{42}}$ である．

(3)　線分 AD の長さは $\dfrac{\boxed{43,\ 44}}{\boxed{45}}$ である．

(4)　$\sin\angle ACD$ の値は $\dfrac{\boxed{46}}{\boxed{47,\ 48}}$ である．

(5)　$\cos\angle CAD$ の値は $-\dfrac{\boxed{49}}{\boxed{50}}$ である．

(6)　△ABC と△ACD の面積比は $\boxed{51,\ 52}$: $\boxed{53}$ である．

■化学■

(50分)

必要があれば、原子量は次の値を使用しなさい。
H 1.0　C 12　N 14　O 16

〔Ⅰ〕 物質の構成と原子・分子に関する次の問い（問1～5）に答えなさい。
（解答番号 1 ～ 8 ）

問1　1分子あたりの質量が最も大きいものを、次の①～④のうちから一つ選びなさい。 1

①　メタノール　②　アンモニア　③　水素　④　二酸化炭素

問2　極性のある二原子分子および極性のない二原子分子を、次の①～⑤のうちからそれぞれ一つずつ選びなさい。
極性のある二原子分子 2 　極性のない二原子分子 3

①　窒素　②　メタン　③　一酸化炭素　④　アルゴン　⑤　水

問3　水 0.36 g 中に含まれる酸素原子の個数を、次の①～④のうちから一つ選びなさい。ただし、アボガドロ定数を 6.0×10^{23}/mol とする。 4

①　1.2×10^{23} 個　②　1.2×10^{22} 個　③　1.2×10^{-22} 個　④　1.2×10^{-23} 個

問4　単体および化合物を、次の①～⑤のうちからそれぞれ一つずつ選びなさい。
単体 5 　化合物 6

①　黒鉛　②　空気　③　牛乳　④　ガラス　⑤　アンモニア

問5　同素体の関係にあるものを、次の①～⑤のうちから**二つ**選びなさい。 7 ・ 8

①　一酸化炭素と二酸化炭素　②　窒素とオゾン　③　ダイヤモンドとフラーレン
④　塩化ナトリウムと塩化カリウム　⑤　単斜硫黄と斜方硫黄

〔Ⅱ〕　イオンの電子配置、化学結合と結晶に関する次の問い（問1～4）に答えなさい。
（解答番号 [9] ～ [12] ）

問1　共有結合に関する記述として下線部に**誤りを含むもの**を、次の①～⑤のうちから一つ選びなさい。 [9]

① フッ化水素分子内の水素原子とフッ素原子の間に生じる共有結合は、単結合である。
② エタン分子内の炭素原子間に生じる共有結合は、二重結合である。
③ 窒素分子内の窒素原子間に生じる結合は、三重結合である。
④ 塩素分子内の塩素原子間に生じる結合は、単結合である。
⑤ 水分子内の水素原子と酸素原子の間に生じる共有結合は、単結合である。

問2　以下の結晶のうち、共有結合の結晶を、次の①～⑤のうちから一つ選びなさい。 [10]

① 二酸化ケイ素　② アルミニウム　③ 二酸化炭素（ドライアイス）
④ ヨウ素　⑤ 塩化ナトリウム

問3　イオンの電子配置に関する記述として下線部に**誤りを含むもの**を、次の①～④のうちから一つ選びなさい。 [11]

① Na^+ の電子配置は、Mg^{2+} の電子配置と同じである。
② Li^+ の電子配置は、Ne の電子配置と同じである。
③ S^{2-} の電子配置は、Ar の電子配置と同じである。
④ F^- の電子配置は、Mg^{2+} の電子配置と同じである。

問4　以下に示すイオン結晶の組成式として**誤りを含むもの**を、次の①～⑤のうちから一つ選びなさい。 [12]

① $CuCl_2$　② NaI　③ MgO　④ K_2NO_3　⑤ $Al_2(SO_4)_3$

〔Ⅲ〕　酸と塩基に関する次の問い（問1～6）に答えなさい。
（解答番号 13 ～ 23 ）

問1　2価の酸および3価の酸を、次の①～⑤のうちから一つずつ選びなさい。
2価の酸 13　　3価の酸 14

① 酢酸　② 硝酸　③ シュウ酸　④ リン酸　⑤ 塩化水素

問2　以下に示す組み合わせのうち、強酸どうしの組み合わせを、次の①～④のうちから一つ選びなさい。 15

① 酢酸と硫酸　② 硫酸とリン酸　③ 硝酸と酢酸　④ 硝酸と硫酸

問3　水溶液が酸性を示す塩および塩基性を示す塩を、次の①～⑤のうちから一つずつ選びなさい。
酸性を示す塩 16　　塩基性を示す塩 17

① KCl　② Na_2SO_4　③ NH_4Cl　④ $NaNO_3$　⑤ K_2CO_3

問4　酸性塩および塩基性塩を、次の①～⑤のうちから一つずつ選びなさい。
酸性塩 18　　塩基性塩 19

① $MgCl(OH)$　② $NaHCO_3$　③ K_2CO_3　④ CH_3COONa　⑤ $LiCl$

問5　2.0×10^{-2} mol/L の塩酸を純水で20倍に希釈した水溶液がある。この水溶液に関する問い（a・b）に答えなさい。

a　この水溶液の水素イオン濃度 $[H^+]$ を、次の①～④のうちから一つ選びなさい。ただし、塩化水素は完全に電離するものとする。 20

① 1.0×10^{-2} mol/L　② 1.0×10^{-3} mol/L　③ 1.0×10^{2} mol/L　④ 1.0×10^{3} mol/L

b　この水溶液の pH を、次の①～④のうちから一つ選びなさい。 21

① −2　② −3　③ 2　④ 3

問6　希硫酸を水酸化ナトリウム水溶液で中和滴定した。これに関する問い（a・b）に答えなさい。

a　この中和滴定において、水酸化ナトリウム水溶液を入れる実験器具を、次の①～④のうちから一つ選びなさい。 22

① メスフラスコ　② ビュレット　③ コニカルビーカー　④ ホールピペット

b　ある濃度の希硫酸 20.0 mL を過不足なく中和するのに、0.100 mol/L の水酸化ナトリウム水溶液が 10.0 mL 必要であった。この希硫酸のモル濃度を、次の①～④のうちから一つ選びなさい。 23

① 2.50×10^{-2} mol/L　② 2.50×10^{-3} mol/L
③ 5.00×10^{-2} mol/L　④ 5.00×10^{-3} mol/L

〔Ⅳ〕 酸化と還元に関する次の問い（問1～5）に答えなさい。
（解答番号 [24] ～ [31] ）

問1 次の化学式A、B、Cの下線を引いた原子の酸化数を、次の①～⑦のうちから一つ選びなさい。

A：$\underline{Cu}O$ [24]　B：$\underline{N}H_4^+$ [25]　C：$Ca\underline{C}O_3$ [26]

① −3　② −2　③ −1　④ 0　⑤ +2　⑥ +4　⑦ +7

問2 以下に示す化学反応式のうち、下線を引いた物質が還元剤としてはたらいているものを、次の①～④のうちから一つ選びなさい。 [27]

① $\underline{Ca(OH)_2} + CO_2 \rightarrow CaCO_3 + H_2O$
② $2\underline{CuO} + C \rightarrow 2Cu + CO_2$
③ $\underline{NaHCO_3} + HCl \rightarrow NaCl + CO_2 + H_2O$
④ $\underline{Ca} + 2H_2O \rightarrow Ca(OH)_2 + H_2$

問3 金属と金属イオンの反応に関する記述で**誤りを含むもの**を、次の①～④のうちから一つ選びなさい。 [28]

① 硫酸銅(Ⅱ)水溶液に銀片を入れると、銅が析出する。
② 硫酸亜鉛水溶液にマグネシウム片を入れると、亜鉛が析出する。
③ 酢酸鉛(Ⅱ)水溶液にカルシウムの粒を入れると、鉛が析出する。
④ 硝酸銀水溶液に亜鉛片を入れると、銀が析出する。

問4 金属と酸の反応に関する記述で**正しいもの**を、次の①～④のうちから一つ選びなさい。 [29]

① アルミニウムに希硫酸を加えても反応しない。
② 亜鉛に希塩酸を加えると反応して水素を発生する。
③ 銅に希硝酸を加えると反応して水素を発生する。
④ 銀に希塩酸を加えると反応して塩化水素を発生する。

問5 硫酸酸性の過酸化水素水を過マンガン酸カリウム水溶液で滴定した。これに関する問い（a・b）に答えなさい。ただし、この反応に関する化学反応式は下記の通りである。

$$2KMnO_4 + 5H_2O_2 + 3H_2SO_4 \rightarrow 5O_2 + 2MnSO_4 + K_2SO_4 + 8H_2O$$

a この反応で酸化された物質を、次の①～④のうちから一つ選びなさい。 [30]

① $MnSO_4$　② K_2SO_4　③ $KMnO_4$　④ H_2O_2

b　ある濃度の過酸化水素水 20 mL に希硫酸を加えて酸性にし、0.025 mol/L の過マンガン酸カリウム水溶液で滴定したところ、10 mL を加えたときに水溶液の赤紫色が消えなくなった。この過酸化水素水のモル濃度を、次の①～④のうちから一つ選びなさい。 31

① 3.1×10^{-3} mol/L　② 3.1×10^{-2} mol/L　③ 5.0×10^{-3} mol/L　④ 5.0×10^{-2} mol/L

生物

(50分)

〔Ⅰ〕　細胞または細胞小器官に関する以下の問いに答えなさい。

A　次のa～eの細胞または細胞小器官に関する以下の問いに答えなさい。

a．大腸菌　　b．ゾウリムシ　　c．タマネギの表皮細胞　　d．葉緑体
e．ヒトの精子

問1．a～eの細胞または細胞小器官について，その大きさの相対的な関係はどのようになるか。大きいものから順に，ア ≧ b ＞ イ ＞ ウ ＞ エとした場合，最も適切なものを以下の①～④から一つ選びなさい。解答番号は 1 。

	ア	イ	ウ	エ
①	c	e	a	d
②	c	e	d	a
③	e	c	a	d
④	e	c	d	a

問2．a～eの細胞または細胞小器官について，細胞壁をもつものを過不足なく選んだ組み合わせとして最も適切なものを，以下の①～⑧から一つ選びなさい。解答番号は 2 。

①　a，b，c　　②　a，c　　③　a，c，d　　④　b，c
⑤　b，c，e　　⑥　c，d　　⑦　c，d，e　　⑧　d，e

問3．a～eの細胞または細胞小器官について，核をもつものを過不足なく選んだ組み合わせとして最も適切なものを，以下の①～⑧から一つ選びなさい。解答番号は 3 。

①　a，b，c　　②　a，b，c，d　　③　a，b，c，e
④　b，c，d　　⑤　b，c，e　　⑥　b，c，d，e
⑦　b，d，e　　⑧　c，d，e

問4．a～eの細胞または細胞小器官について，ミトコンドリアをもつものを過不足なく選んだ組み合わせとして最も適切なものを，以下の①～⑧から一つ選びなさい。解答番号は 4 。

①　a，b，c　　②　a，b，c，d　　③　a，b，c，e
④　b，c，d　　⑤　b，c，e　　⑥　b，c，d，e
⑦　b，d，e　　⑧　c，d，e

問5．a～eの細胞または細胞小器官について、DNAをもつものを過不足なく選んだ組み合わせとして最も適切なものを、以下の①～⑥から一つ選びなさい。解答番号は 5 。

①　a，b，c，d　　②　a，b，c，e　　③　a，b，d，e
④　a，c，d，e　　⑤　b，c，d，e　　⑥　a，b，c，d，e

問6．a～eの細胞または細胞小器官について、ATPをもつものを過不足なく選んだ組み合わせとして最も適切なものを、以下の①～⑥から一つ選びなさい。解答番号は 6 。

①　a，b，c，d　　②　a，b，c，e　　③　a，b，d，e
④　a，c，d，e　　⑤　b，c，d，e　　⑥　a，b，c，d，e

B　真核細胞に関する以下の問いに答えなさい。

問7．真核細胞の細胞質を構成する構造体の組み合わせとして最も適切なものを、以下の①～⑧から一つ選びなさい。“+”はその構造体が細胞質を構成することを、“−”は細胞質を構成しないことを示す。解答番号は 7 。

	細胞膜	細胞質基質	核以外の細胞小器官	核
①	+	+	+	+
②	+	+	+	−
③	+	+	−	+
④	+	+	−	−
⑤	−	+	+	+
⑥	−	+	+	−
⑦	−	+	−	+
⑧	−	+	−	−

〔Ⅱ〕　生物の体液とその恒常性に関する以下の問いに答えなさい。

問1．次の文章中の空欄［ A ］～［ D ］に入る語の組み合わせとして最も適切なものを、以下の①～⑧より一つ選びなさい。解答番号は［ 8 ］。

哺乳類の心臓は、２つの心房と２つの心室からできている。全身から戻ってきた血液は、［ A ］に入り［ B ］を経て肺に送られる。肺からの血液は、［ C ］に入り［ D ］を経て全身へ送られる。

	A	B	C	D
①	右心房	左心室	左心房	右心室
②	右心房	右心室	左心房	左心室
③	右心室	左心房	左心室	右心房
④	右心室	右心房	左心室	左心房
⑤	左心房	左心室	右心房	右心室
⑥	左心房	右心室	右心房	左心室
⑦	左心室	左心房	右心室	右心房
⑧	左心室	右心房	右心室	左心房

問2．次のａ～ｅの記述のうち、適切でないものの組み合わせを以下の①～⓪から一つ選びなさい。解答番号は［ 9 ］。

ａ．生物の種類により、血管系には毛細血管のない閉鎖血管系と、毛細血管で動脈と静脈がつながれた開放血管系がある。

ｂ．ヒトの動脈の血管壁は、心臓から送り出された血液がもつ高い血圧に耐えられるように、厚く、弾力性に富んでいる。

ｃ．ヒトの心臓は、自動的に拍動する心筋をもっており、拍動をつくり出しているのは、洞房結節《とうぼうけっせつ》である。

ｄ．ヒトの白血球は、核をもたない細胞であり、アメーバのように形をかえながら毛細血管壁を通り抜け、血管外へ出ることができる。

ｅ．ヒトの組織液は、血しょうが毛細血管からしみ出て、体の細胞や組織のすき間へと流れ込んだ体液である。

①　ａ，ｂ　　②　ａ，ｃ　　③　ａ，ｄ　　④　ａ，ｅ　　⑤　ｂ，ｃ
⑥　ｂ，ｄ　　⑦　ｂ，ｅ　　⑧　ｃ，ｄ　　⑨　ｃ，ｅ　　⓪　ｄ，ｅ

問3．血液凝固に関する次のａ～ｅの記述のうち、適切でないものの組み合わせを以下の①～⓪から一つ選びなさい。解答番号は［ 10 ］。

ａ．血管が損傷するとその部分に血小板が集まる。

ｂ．トロンビンは血しょう中のフィブリンをフィブリノーゲンに変える。

ｃ．フィブリンを分解して血ぺいなどを溶かすしくみを線溶（繊《せん》溶）という。

ｄ．採血した血液を試験管に入れて静置すると血ぺいが沈殿する。

ｅ．プロトロンビンが赤血球などをからめて、血ぺいをつくる。

①　a，b　②　a，c　③　a，d　④　a，e　⑤　b，c
⑥　b，d　⑦　b，e　⑧　c，d　⑨　c，e　⓪　d，e

問4．次の文章は、ヒトの体内における酸素と二酸化炭素の運搬に関するものである。以下の問い（1）～（3）に答えなさい。

ヒトの赤血球は、直径［ a ］μm の細胞で、血液 1 mm^3 中に［ b ］含まれている。また赤血球は、ヘモグロビンというタンパク質を大量に含み、肺から各組織へ酸素を運搬している。ヘモグロビンは、酸素濃度が［ ア ］ときは酸素と結合して酸素ヘモグロビンに変化しやすく、また、同じ酸素濃度のもとでは、二酸化炭素濃度が［ イ ］ほど酸素を解離しやすい。このように、ヘモグロビンは酸素濃度によって、酸素との結びつきやすさが変化する。これを図示したのが$_1$酸素解離曲線である。肺では酸素濃度が［ ウ ］のに対して、二酸化炭素濃度は［ エ ］。一方組織では、酸素濃度が［ オ ］のに対して、二酸化炭素濃度は［ カ ］。酸素の結合・解離に影響を与える条件として、温度、pH などがある。酸素ヘモグロビンは温度が高いほど、あるいは pH が低いほど、酸素を解離しやすい。肺胞においてヘモグロビンが酸素と結合している時、血液は［ c ］をしている。

（1）上の文章の空欄［ a ］～［ c ］に入る数値もしくは語句の組み合わせとして最も適切なものを、以下の①～⑨から一つ選びなさい。解答番号は［11］。

	a	b	c
①	2～5	330～570万個	暗い赤色
②	2～5	10～40万個	鮮やかな赤色
③	2～5	4000～9000個	暗い赤色
④	7～8	330～570万個	鮮やかな赤色
⑤	7～8	10～40万個	暗い赤色
⑥	7～8	4000～9000個	鮮やかな赤色
⑦	5～20	330～570万個	暗い赤色
⑧	5～20	10～40万個	鮮やかな赤色
⑨	5～20	4000～9000個	暗い赤色

（2）上の文章の空欄［ ア ］～［ カ ］に入る語句の組み合わせとして最も適切なものを、以下の①～⓪から一つ選びなさい。解答番号は［12］。

	ア	イ	ウ	エ	オ	カ
①	高い	低い	低い	高い	高い	低い
②	高い	高い	低い	高い	高い	低い
③	高い	低い	低い	高い	低い	高い
④	高い	高い	高い	低い	低い	高い
⑤	高い	低い	高い	低い	高い	低い
⑥	低い	高い	高い	低い	高い	低い
⑦	低い	低い	高い	低い	高い	低い
⑧	低い	高い	低い	高い	低い	高い
⑨	低い	低い	低い	高い	低い	高い
⓪	低い	高い	低い	高い	高い	低い

（3） 上の文章の下線部１の酸素解離曲線を下図に示した。酸素濃度と二酸化炭素濃度はいずれも相対値とし、図中の２本の曲線のうち、曲線ａは二酸化炭素濃度40、曲線ｂは二酸化炭素濃度60のものである。この図に関する以下の問い（イ）～(ハ）に答えなさい。なお、肺での酸素濃度は100で、二酸化炭素濃度は40、組織での酸素濃度は30で、二酸化炭素濃度は60とする。

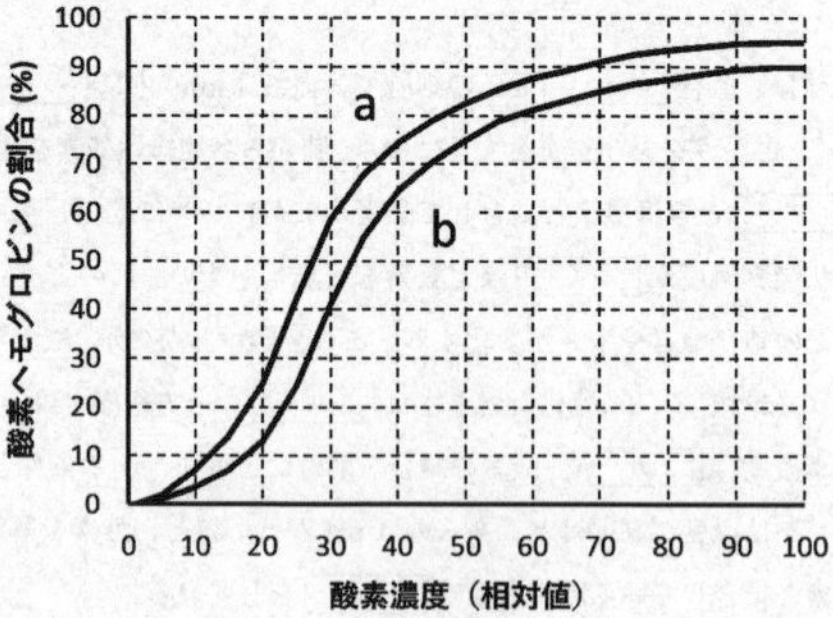

図 酸素解離曲線

（イ） 肺における酸素ヘモグロビンの割合は何％か。最も適切なものを以下の①～⓪から一つ選びなさい。解答番号は 13 。

① 20%　② 40%　③ 60%　④ 65%　⑤ 70%
⑥ 75%　⑦ 80%　⑧ 90%　⑨ 95%　⓪ 100%

（ロ） （イ）で解答した酸素ヘモグロビンの何％が組織で酸素を解離したか。最も適切なものを以下の①～⓪から一つ選びなさい。ただし、酸素ヘモグロビンは組織に到着するまで酸素を解離しないものとする。なお、①～⓪は四捨五入した整数値として示してある。解答番号は 14 。

① 19%　② 25%　③ 36%　④ 44%　⑤ 58%
⑥ 67%　⑦ 79%　⑧ 81%　⑨ 89%　⓪ 95%

（ハ） 肺から組織に1000 mL の血液が流れたとき、組織に放出される酸素は何 mL か。最も適切なものを以下の①～⓪から一つ選びなさい。ただし、肺胞を取り巻く毛細血管中の血液100 mL には酸素が20 mL 含まれているものとし、酸素ヘモグロビンは組織に到着するまで酸素を解離しないものとする。解答番号は 15 。

① 52 mL　② 65 mL　③ 76 mL　④ 88 mL　⑤ 92 mL
⑥ 105 mL　⑦ 116 mL　⑧ 121 mL　⑨ 139 mL　⓪ 145 mL

〔Ⅲ〕　DNAの抽出実験および抽出したDNAに関する以下の問いに答えなさい。

〈DNA抽出実験〉

手順-1　15%［　ア　］100 mLに家庭用中性洗剤1 mLを加えてよく混合し、DNA抽出液を調製した。

手順-2　ブロッコリーの花《か》芽《が》50 gをはさみで切り落とし、乳鉢でよくすりつぶした。

手順-3　乳鉢に30 mLのDNA抽出液を注ぎ、穏やかにかき混ぜた。

手順-4　4枚に重ねたガーゼでろ過し、ろ液をビーカーに移した。

手順-5　あらかじめ冷却した［　イ　］30 mLをビーカーの縁に沿うように静かに加えた。

手順-6　しばらく静置し、$_1$現れたDNAをガラス棒で巻き取った。

手順-7　巻き取ったDNAに含まれている［　イ　］をろ紙でよく吸い取ってから、［　ア　］が入ったビーカーに入れて溶かし、手順-4から手順-7を繰り返した。

手順-8　$_2$得られたDNAをろ紙に取り、乾燥させた。DNAであることを確認するため、ろ紙を酢酸オルセイン溶液に約5分間浸し、水で洗った後、［　ウ　］色に染色されているのを観察した。

問1．上の文章中の空欄［　ア　］に入る語として、最も適切なものを以下の①～④より一つ選びなさい。解答番号は［16］。

①　塩化ナトリウム溶液　　②　水酸化ナトリウム溶液　　③　エタノール　　④　氷酢酸

問2．上の文章中の空欄［　イ　］に入る語として、最も適切なものを以下の①～④より一つ選びなさい。解答番号は［17］。

①　塩化ナトリウム溶液　　②　水酸化ナトリウム溶液　　③　エタノール　　④　蒸留水

問3．上の文章中の空欄［　ウ　］に入る語として、最も適切なものを以下の①～⑤より一つ選びなさい。解答番号は［18］。

①　青　　②　赤　　③　青緑　　④　青紫　　⑤　黒

問4．上の文章の下線部1に関して、出現したDNAの観察結果を説明した以下の①～⑤の文の中から、最も適切なものを一つ選びなさい。解答番号は［19］。

①　DNAは下層に白い繊維状の物質として現れた。
②　DNAは下層に白い沈殿物として現れた。

③ DNAは下層に緑色の繊維状の物質として現れた。

④ DNAは上層に白い繊維状の物質として現れた。

⑤ DNAは上層に緑色の繊維状の物質として現れた。

問5. 上の文章の下線部2に関して、得られたDNAの遺伝情報を説明した以下の①～④の文の中から、最も適切なものを一つ選びなさい。解答番号は [20]。

① ブロッコリーの花芽から抽出したDNAが持つ遺伝情報と、同じ個体のブロッコリーの葉から抽出したDNAが持つ遺伝情報は一致する。

② ブロッコリーの花芽から抽出したDNAの全塩基配列と、同じ個体のブロッコリーの花芽から抽出したRNAの全塩基配列は一致する。

③ ブロッコリーの花芽から抽出したDNAには、ブロッコリーの花芽に存在するタンパク質のアミノ酸配列に関する遺伝情報のみが含まれる。

④ ブロッコリーの花芽から抽出したDNAには、ブロッコリーの茎の成長に関わる遺伝子は含まれない。

問6. 次の文章を読んで以下の問い（1）～（4）に答えなさい。

3抽出したDNAを構成するヌクレオチドは、4糖と塩基とリン酸が結合した化合物である。DNAを構成する糖は [エ] である。DNAを構成する塩基にはアデニン、[オ]、グアニン、[カ] の4種類があり、アデニンと [オ] が、グアニンと [カ] がそれぞれ水素結合で結ばれている。このように塩基どうしが互いに対になるように特異的に結合する性質を塩基の [キ] という。

DNAの4種類の塩基のうち、アデニンと [オ]、グアニンと [カ] の数の比が等しいことを発見したのは [A] である。また、[B] と [C] はDNAのX線回析の結果から、DNAが細長く、らせん構造をしていることを予測した。さらに、[D] と [E] はこれらの研究結果などから、DNAが二重らせん構造をとっていることを明らかにした。

（1） 上の文章中の空欄 [エ] ～ [キ] に入る語の組み合わせとして最も適切なものを、以下の①～⑧より一つ選びなさい。ただし、同じ記号には同じ語が入る。解答番号は [21]。

	エ	オ	カ	キ
①	デオキシリボース	シトシン	チミン	相補性
②	デオキシリボース	シトシン	チミン	対称性
③	デオキシリボース	チミン	シトシン	相補性
④	デオキシリボース	チミン	シトシン	対称性
⑤	リボース	シトシン	チミン	相補性
⑥	リボース	シトシン	チミン	対称性
⑦	リボース	チミン	シトシン	相補性
⑧	リボース	チミン	シトシン	対称性

（2） 上の文章中の下線部3に関して、ブロッコリーの花芽1gあたり5.0×10^{6}塩基対のDNAが含まれていた。10塩基対分の長さを3.4×10^{-9} mとした時、ブロッコリーの花芽1gに含まれるDNAの長さは何cmか。最も適切なものを以下の①～⑨から一つ選びなさい。解答番号は [22]。

① 0.068 cm　② 0.17 cm　③ 0.34 cm　④ 0.68 cm
⑤ 1.7 cm　⑥ 3.4 cm　⑦ 6.8 cm　⑧ 17 cm
⑨ 34 cm

(3) 上の文章中の下線部4に関して、DNAはヌクレオチドが鎖状に多数つながってできている。その構造の模式図として最も適切なものを以下の①～⑤の中から一つ選びなさい。解答番号は 23 。

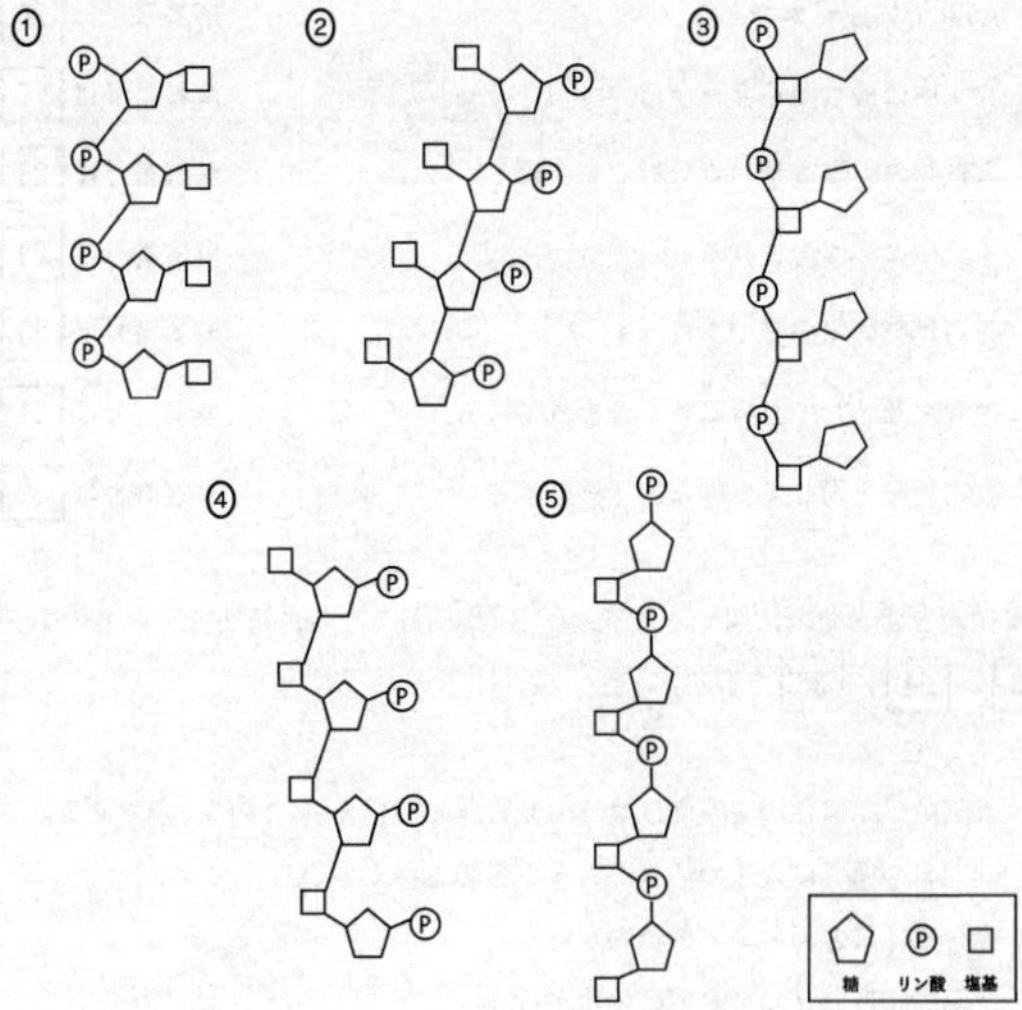

(4) 上の文章中の空欄 A ～ E に入る人物名の組み合わせとして最も適切なものを、以下の①～⑨より一つ選びなさい。解答番号は 24 。

	A	B	C	D	E
①	ワトソン	ウィルキンス	シャルガフ	フランクリン	クリック
②	シャルガフ	ワトソン	クリック	フランクリン	ウィルキンス
③	ウィルキンス	シャルガフ	フランクリン	ワトソン	クリック
④	クリック	ウィルキンス	フランクリン	ワトソン	シャルガフ
⑤	ウィルキンス	ワトソン	クリック	シャルガフ	フランクリン
⑥	フランクリン	シャルガフ	クリック	ウィルキンス	ワトソン
⑦	ワトソン	クリック	シャルガフ	ウィルキンス	フランクリン
⑧	シャルガフ	ウィルキンス	フランクリン	ワトソン	クリック
⑨	フランクリン	シャルガフ	ウィルキンス	ワトソン	クリック

〔Ⅳ〕　地球上の炭素循環と窒素循環に関する以下の問いに答えなさい。

問1．炭素と窒素に関する以下のア～クの文について、それぞれ、炭素のみにあてはまる場合は①、窒素のみにあてはまる場合は②、炭素と窒素の両方にあてはまる場合は③を選びなさい。

ア．アミノ酸の構成元素である。　解答番号は 25

イ．ATP の構成元素である。　解答番号は 26

ウ．大気中に最も多く存在する。　解答番号は 27

エ．有機物の乾燥重量の半分近くを占める。　解答番号は 28

オ．土壌中に必ず含まれる。　解答番号は 29

カ．化石燃料の主成分である。　解答番号は 30

キ．栄養塩類として肥料に多く含まれている。　解答番号は 31

ク．食物連鎖を通して生態系内を移動する。　解答番号は 32

問2．炭素循環と窒素循環に関する以下の①～⑥の文のうち、適切でないものを三つ選びなさい。解答番号は 33 、 34 、 35 で順不同。

① 大気中の二酸化炭素濃度は植物の光合成の影響を受けずに一定である。
② 両元素の循環に人類の活動が大きな影響を与えている。
③ 光合成はほとんど全ての植物が行う。
④ 窒素固定はほとんど全ての生物が行う。
⑤ 地球上の窒素の循環に関わっているのは主に真核生物である。
⑥ 炭素は生態系内のほとんど全ての生物によって地球大気に返される。

問3．窒素の循環に関する以下の文章中の空欄 ア ～ ウ に入る語句や数値の組み合わせとして最も適切なものを、以下の①～⑧の中から一つ選びなさい。解答番号は 36 。

植物は根から硝酸イオンやアンモニウムイオンを吸収してアミノ酸を合成し、さらにアミノ酸からタンパク質や核酸などを合成している。この働きを ア という。窒素は大気成分の約 イ %を占めるが、多くの生物は大気中の窒素を直接利用できない。しかし、一部のシアノバクテリアや土壌中に生息するアゾトバクター、マメ科植物の根に共生する ウ などは、大気中の窒素からアンモニウムイオンを合成することができる。

	ア	イ	ウ
①	窒素固定	80	根粒菌
②	窒素固定	80	硝化菌
③	窒素固定	20	根粒菌
④	窒素固定	20	硝化菌
⑤	窒素同化	80	根粒菌
⑥	窒素同化	80	硝化菌
⑦	窒素同化	20	根粒菌
⑧	窒素同化	20	硝化菌

楽典

(50 分
解答省略)

次の楽譜は、ヴェルディ作曲の歌劇『運命の力』序曲の抜粋を、大譜表に書き表したものである。

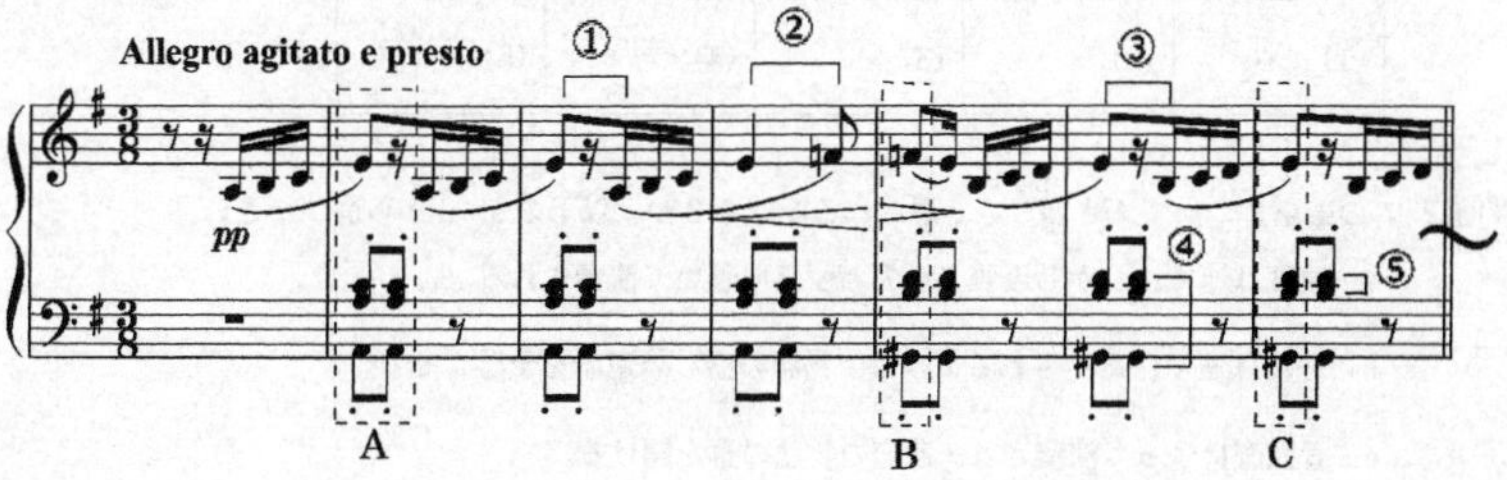

問題 1　①〜⑤の 2 音間の音程を単音程で答えなさい。種類(長・短・完全など)と度数を書くこと。

①＿＿＿＿＿②＿＿＿＿＿③＿＿＿＿＿④＿＿＿＿＿⑤＿＿＿＿＿

問題 2　ABC で示された和音について答えなさい。

A,B の和音の種類を書きなさい。(例:長 3 和音　のように)

C は属 7 の和音の第［　］転回位置である。(下の解答欄に数字を入れなさい)

A	B	C

問題 3　この作品の調号は［(1)］短調のものであるが、この楽譜の部分は［(2)］調である。

(2)調は(1)短調から見て［(3)］調の関係にある。(例:属調　のように)

(1)	(2)	(3)

問題 4　楽譜の高音部譜表の部分をすべて、長 2 度高い調に移調しなさい。

調号を用いずに書くこと。高音部記号を書き、スラーなども忘れずに書き入れること。

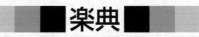

問題5　ロ短調の和声短音階上行形を、アルト譜表に調号を用いて全音符で1オクターヴ書きなさい。

問題6　以下の文章の空欄にあてはまるものを下から選びなさい。

ヴェルディは(1)の作曲家で、主要な作品には(2)(3)などがある。
歌劇は(4)時代に誕生したと言われるが、(5)などによる古典派の歌劇の時代を経て、
特にロマン派の時代に劇的で表現豊かな総合芸術へと発展した。

A イタリア　B ドイツ　C 歌劇『フィガロの結婚』　D 歌劇『椿姫』　E レクイエム
F ピアノ・ソナタ　G 現代　H バロック　J モーツァルト　K プッチーニ　L ワーグナー

(1)	(2)	(3)	(4)	(5)

問題7　この楽譜についてふさわしいと思われる記述を2つ、以下のa～dから選びなさい。

a　速度は速く、しかし優雅さを失わず落ち着いて演奏される。

b　速度は速く、急かされるように、物語の激しい運命を予感させる。

c　管弦楽によって演奏され、悲恋の物語の幕を開ける。

d　オルガンによって荘厳に演奏される華々しい音楽である。

ソルフェージュ

聴音

単旋律 1

単旋律 2

和声

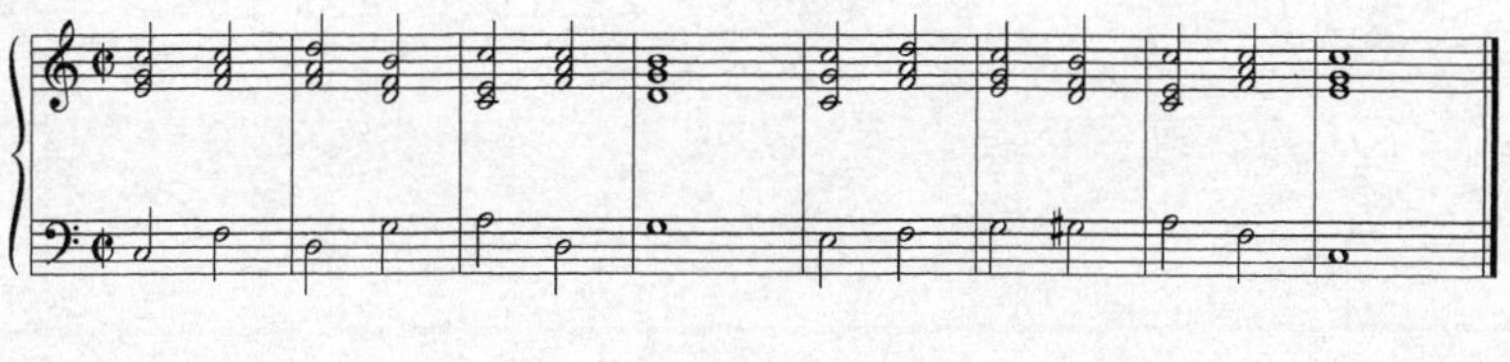

新曲

③ 時代に即した過去の芸術の思考様式の特徴を捉えた上で、それらを批判しながら、「発展」的に新しい在り方を提唱すること。

④ さまざまな地方に伝わってきた民話を収集し、それらを一つの国のものと枠付けし、国の「伝統」という新たな意味づけのもとに置くこと。

⑤ 芸術的価値を支える神による「イデア」の産出力とは何かについて、神話を中心点としながら、歴史的に立ち返りつつ説明すること。

⑥ 過去の芸術において重視されていた、思考様式に即した表現を気にかけることなく、それぞれの芸術家が自分らしさを表出すること。

問八　「オリジナリティ」について述べた次のイ～ニの文のうち本文の内容に合致するものには①を、合致しないものには②を、それぞれ選びなさい。解答番号は 19 ～ 22 。

イ　オリジナリティとは、芸術家が「神」と同等の新しいものを作り出す力をその「内面」にもつことの証拠となるため、作品の芸術性を支えるものとなる。 19

ロ　芸術作品を鑑賞する人がそれを生み出した芸術家のオリジナリティを感じ取ることが、作品が芸術と認められる源泉となった。 20

ハ　芸術家自身が伝えたいと思っているコンセプトを明確に具現化することができた作品が、オリジナリティのある作品と認められ、高く評価された。 21

ニ　オリジナリティとは、歴史的な伝統や過去の芸術とは切り離された文脈から誕生した作品に与えられる芸術的な価値である。 22

問九　太線部「夏目漱石、森鷗外」とあるが、各作家の作品として最も適当なものを、次の①～⑥のうちから、それぞれ選びなさい。解答番号は 23 ・ 24 。

夏目漱石 23　　森鷗外 24

① 羅生門　② それから　③ うたかたの記
④ 砂の女　⑤ 金閣寺　⑥ 蠅

問五　傍線部Ａ「伝統的な芸術観」とあるが、その説明として最も適当なものを、次の①〜⑤のうちから選びなさい。解答番号は 15 。

① 物事を創造することができるのは神のみであり、芸術の価値とは、その神が創造した物事を正確に模倣できているかどうかにあるという考え方。

② 神が自然に託した理念を芸術家が完璧に理解し、その理解に基づいた作品を作り出し得ているかが、芸術的価値を左右するものであるという考え方。

③ 世界の物事はすべて神によって創造されるものであるため、人間がいくらそれを模倣しても、真の意味では芸術作品と認められることはないという考え方。

④ 芸術的価値とは神によって作り出された自然に宿るため、人間はその自然を模倣することでしか、芸術に迫ることができないという考え方。

⑤ 物事が神の手によって生み出されたと知るのは人間のみであるため、その物事の「イデア」を理解し芸術作品として作り出すことができるのは、人間のみであるという考え方。

問六　傍線部Ｂ「「自然」概念の読み替え」とあるが、その説明として最も適当なものを、次の①〜⑤のうちから選びなさい。解答番号は 16 。

① 自然とは特別なものではなく、神によって生み出されたという意味において人間と同等であるという認識の変化が起きた。

② 自然とは人間の外側にあるものを指すのではなく、人間もまたその自然の一部であると考えられるようになった。

③ 自然とは自明のものではなく、人間との関わりによってはじめて見出されるものと捉えられるようになった。

④ 自然とはその全てが神の作り出したものなのではなく、人の手によって生まれたものもあるという産出能力が認められた。

⑤ 自然とは生まれたものを意味するのではなく、新しいものを生み出す能力を持つものと捉えられるようになった。

問七　傍線部Ｃ「制作者の立場から見て芸術作品に「神聖性」を与えるには、具体的に何をすればいいのでしょうか」とあるが、その例として適当なものを、次の①〜⑥のうちから二つ選びなさい（解答の順序は問わない）。解答番号は 17 ・ 18 。

① さまざまな地方に伝わっていた民話を収集したうえで、作家が新たに学んだ結果をまとめ、それを他の情報と結びつけて体系化すること。

② 各地に伝わっていた民話を収集し、それらを歴史的な経過が分かるよう整理し、一冊の本の中で組み合わせて提示すること。

ケ　マイ葬 [9]

①　あの家のシマイはとても似ている。
②　迷ったのでアイマイな回答をする。
③　マイショク後に欠かさず薬を飲む。
④　この種の例はマイキョにいとまがない。
⑤　研究にマイボツした日々を送る。

問二　空欄《　a　》〜《　c　》に入れる語句の組み合わせとして最も適当なものを、次の①〜⑥のうちから選びなさい。解答番号は [10]。

①　a　しかし　b　すなわち　c　ところで
②　a　また　b　なにしろ　c　つまり
③　a　さらに　b　なにしろ　c　もちろん
④　a　しかし　b　とはいえ　c　もちろん
⑤　a　また　b　とはいえ　c　ところで
⑥　a　さらに　b　すなわち　c　つまり

問三　本文中の空欄 [X]・[Y] に入れる語として最も適当なものを、次の各群の①〜⑤のうちから、それぞれ選びなさい。解答番号は [11]・[12]。

X [11]
①　独立　②　偏向　③　限定　④　異質　⑤　依存

Y [12]
①　限定　②　観念　③　潜在　④　画一　⑤　幻想

問四　波線部「「……なら」と条件を付ける」とあるが、仮定条件の例として適当なものを、次の①〜⑥のうちから二つ選びなさい（解答の順序は問わない）。解答番号は [13]・[14]。

①　A「来週、東京に行こうと思っているんだ。」
　　B「それなら、新幹線で行くといいよ。」
②　A「私は車を持っています。」
　　B「車があるなら、いろんな場所に行けて便利ですね。」
③　A「北海道に行くかどうか、迷っています。」
　　B「北海道に行くなら、彼に連絡したほうがいいよ。」
④　A「将来、日本で大きな地震が起きるかもしれない。」
　　B「地震が起きるなら、はやめに対策を立てないと。」
⑤　A「失礼します。先生はいらっしゃいますか。」
　　B「そこに座っていた先生ならさっき出かけましたよ。」
⑥　A「先月、旅行に出かけたんだよ。」
　　B「旅行に出かけたのなら、写真を見せてよ。」

④　ゴクヒ情報を得る。
⑤　ゴウジョウを張る。

イ　一コ　[2]

①　仕事をカイコされる。
②　コモンの先生に相談する。
③　コチョウして話す。
④　リコ的な態度をとる。
⑤　自動車ジコにあう。

ウ　発キ　[3]

①　合格をキガンする。
②　人生のキロに立つ。
③　フンキして困難に挑戦する。
④　音楽をシキする。
⑤　事業がキドウに乗る。

エ　チュウ告　[4]

①　原文にチュウジツに翻訳する。
②　けんかをチュウサイする。
③　キョウチュウを吐露する。
④　商品をハッチュウする。
⑤　海外にチュウザイする。

オ　コン跡　[5]

①　ツウコンの失敗をする。
②　犯罪をコンゼツする。
③　道路にケッコンを見つけた。
④　会議はコンメイを極めた。
⑤　何かコンタンがあるだろう。

カ　高ショウ　[6]

①　結果を公表するには時期ショウソウだ。
②　室内の装飾にイショウを凝らす。
③　全権をショウチュウに収める。
④　伝統芸能をケイショウする。
⑤　出来事のショウサイが報じられた。

キ　マギらわしい　[7]

①　営業をボウガイする。
②　ケンチョな例をあげて説明する。
③　ハンザツな手続きを終える。
④　空き地に雑草がハンモする。
⑤　フンソウ地帯で銃撃が起きた。

ク　開チン　[8]

①　チンキャクを迎える。
②　執筆にチンセンする。
③　チンツウ薬を服用する。
④　店頭に商品をチンレツする。
⑤　労働者がチンギン交渉を行う。

「歴史的伝統」を作ったのです。こうして「新しい神話」を作ることが芸術の役割と見なされるようになりました。

《　b　》、そうした新しい「歴史的伝統」もひとたび構築されてしまうと、後続する芸術家がオリジナリティを発キする機会は失われてしまいます。同じようなことをしても、「模倣」と見なされてしまうからです。後に続く芸術家たちが「オリジナリティ」を示し続けるには、さらに「新しいもの」を示す必要があるでしょう。では、その「新しいもの」は、どうやって見つければいいのでしょうか。単に個々の芸術家がそれぞれの主観をク開チンするだけでは、みんなにとっての「新しいもの」にはなりません。一定の客観性をもつものでなければ、神の創造に比されるような「オリジナリティ」があるとはいえないからです。

それゆえ芸術はこれ以後、それまでの物語をいったん共有した上で違いを示すというかたちで展開することになりました。過去の芸術とは異なる「新しいもの」を提示するにしても、同じ「芸術」の枠組みを共有しつつ、それを発展させていく必要があります。そうでなければ「新しいもの」を共有することもできません。過去の芸術を否定しつつも受け継いでいくという契機が芸術の「発展」をもたらしたのです。実際、芸術作品の価値がイデアの模倣であるという考え方を採る限り、そこに「発展」を見る契機はほとんどありませんでした。さまざまな芸術のスタイルがあり、時代時代の思考様式に即した表象がありうるとしても、それらの優劣を語り、ひとつの芸術の物語に統合する必要はなかったのです。芸術が「発展」するために、「オリジナリティ」によって「新しいもの」が生み出されるという「物語」を共有する必要が生まれました。

《　c　》、ロマン主義芸術以前にも、バロックやルネサンス美術、ゴシックなどさまざまな芸術の様式が存在していました。芸術の「物語」はその限りで、ロマン主義を出発点としていると考えることはできません。それでも、芸術を「発展」の歴史と捉える考え方は、ロマン主義を出発点にしていると考える必要があります。「芸術」の歴史はその後、「新しいもの」によってそれ以前の芸術を乗り越えるというかたちで、急激に「発展」していきました。写実主義が「伝統」に挑んでロマン主義をケマイ葬し、「権威」から逃れる印象派が「新しい芸術」として人々の支持を集め、シュールレアリズムやキュビズムが真に独創的な芸術として神格化されていきます。いずれの芸術運動も、それまでとは比べものにならないほど短いスパンでそれまでの歴史を否定的に引き継ぎながら、新たな「オリジナリティ」を打ち立て、芸術の「発展」を担っていったのです。

（荒谷大輔『使える哲学』　ただし一部変更した箇所がある）

問一　二重傍線部ア〜ケの片仮名と同じ漢字を用いるものを、次の各群の①〜⑤のうちから、それぞれ選びなさい。解答番号は 1 〜 9 。

ア　ワザ　1
① 試合をホウキする。
② キョギの発言をする。
③ ギョウセキを積む。

C制作者の立場から見て芸術作品に「神聖性」を与えるには、具体的に何をすればいいのでしょうか。新しいものを作り出す力を芸術家の内面に見るという「考え方」を導入することで、鑑賞する側の人間が「神聖性」を読み取るという回路は理解できました。「神」にのみ認められていた創造性が、特定の理路を経由して芸術家の内面に見出されると考えられることで、その作品が神々しいものと見られるというわけです。

では、それを作る側の芸術家はどうすればいいのでしょう。芸術家もまたオリジナリティの神話を信じてひたすら内面を掘り返していれば、素晴らしい作品を作り出すことができるのでしょうか。「私らしさ」なるものに「オリジナリティ」を探そうとする人がいたとして、その具体的な方法を見出すのは容易ではありません。「オリジナリティ」なるもの自体が非常に［Y］的で、具体性を欠いているからです。

旧来の芸術観から新しい芸術観を引き出したシュレーゲル兄弟自身が、その問題に突き当たりました。「私」の内面といっても、いったいどこを掘り下げればいいのか――「君たちは詩作にあたって、自分の仕事にとっての支えが、つまり母なる大地、天空、生動的大気が欠けていることをしばしば感じたに違いない。(…)古代人の文学にとっては神話が中心点だったが、そうした中心点がわれわれの文学には欠けている」と弟のフリードリヒ・フォン・シュレーゲル(一七七二―一八二九)は訴えています。それまでは与えられた神話の中にイデアを見出し、そのイデアを模倣することが芸術とされてきたけれども、芸術家が自分で「イデア」を生み出さなければならないとすれば、芸術家はいったい何をすればいいのでしょう。

これまでなかった新奇な組み合わせを提示してみせるだけでは、その作品に「神聖性」を与えるのは難しいでしょう。また単に過去のものを知らずに自分にとっての新しさを示すだけでは、オリジナルなものとはいえません。それがいかに「私」の内面から出てきたものであったとしても、単に知らなかっただけのものに、神による「イデア」の産出力と同等の力を認めることはできないのです。それゆえ、シュレーゲルは、オリジナリティの源泉を「私」の底にある「古い力と高カショウな精神」に求めました。私たちの内面の奥底には「今日まで人に知られることなくまどろんでいる古い力と高ショウな精神」があり、その未知の力を「再び解き放つこと」で芸術作品に神聖性が与えられるとされたのです。

《　a　》、そうした「古い力」を得ることと「古代の神話」を模倣することは、どう違うのでしょうか。過去に価値の源泉を求める点では同じように見えるのでキマギらわしいのですが、シュレーゲルの方は「今日まで知られていなかった古い力」を求める点で、それまでとは異なる一歩を踏み出しているといえます。他のロマン主義者と同様、シュレーゲル兄弟もまた「神話」や「歴史的伝統」を重視した芸術論を展開しましたが、その「神話」や「伝統」自体が新しく作り上げられたものだったのです。例えばロマン主義者であるグリム兄弟は、ドイツのさまざまな地方に伝わる民話を「グリム童話」として編纂《へんさん》し、それによって「ドイツ民族」なるものを新しく定義することに成功しました。地方ごとに別々に伝わっていたものを「ドイツ」の民話としてまとめることで、それまで存在しなかったいものを生み出す能力が備わっていると考える点で、シュレーゲルの条件は非常に大きな考え方の転換を迫るものになっていることが分かるでしょう。新しい何かを生み出す「オリジナリティ」が「自然」のうちに宿っているという考え方が、そこには示されているのです。

　自然自体にそのような「オリジナリティ」があるとすれば、「自然の模倣」を試みる芸術家にも「オリジナリティ」を発キ[ウ]する能力が少なくとも潜在的には与えられていることになります。人間もまた「自然」の一部だからです。シュレーゲルはこうして「芸術＝自然の模倣」という旧来の考え方を、オリジナリティの源泉を示すものへと転換させることに成功しました。芸術は、そこで「自然」がもつ「生む力」を模倣するものと考えられるようになったのです。

　では、その「生む力」は、どうすれば引き出されるのでしょうか。興味深いことにシュレーゲルは、その力の源泉を芸術家の「内面」に求めました。「芸術家にとって師たる創造的自然は外的現象のうちには含まれていないのだから、芸術家は創造的自然からどこにチュウ告[エ]を見出すべきか。芸術家はそれを自己自身の内面のうちに、自己の存在の中心点のうちに、精神的直観を通して見出しうるだけであり、それ以外のところに見出すことはできない」。人間も「自然」の一部である以上、芸術家の「内面」に「生む力」が宿るというのは理解できます。

　しかし、人間の外にある「自然」には、なぜその力が見出されないのでしょうか。ここでシュレーゲルがほぼ何の理由づけもなく、外の「自然」には生む力がないと断定しているのは、近代における「オリジナリティ」の成り立ちを考える上で興味深い点だと思います。近代的な世界観を前提にしてシュレーゲルの言葉を聞く限りでは何の違和感も覚えないかもしれませんが、シュレーゲルが「自然」というものを、「個人」の枠組みで「内」と「外」に分けられると当然のように言うことができたからには、この時代においてすでに、個々の「私」の［ X ］性が確立していたはずです。

　ともあれ、芸術家が「偉大」だと見なされるのは、彼が人間でありながら「神」に比される「オリジナリティ」をその「内面」にもつからだとされていることが分かりました。芸術家の苦悩や葛藤もまたその限りで、神ならぬ人間の限界を示すのではなく、彼の「内面」の深さを示すものとされます。「内面」の深さと見なされるものが、作品の創造性を保証すると考えられているのです。作られた作品の背後にある「内面」に価値の源泉があるのなら、出来上がったものを形だけ真似たものに創造性が欠けていると見なされるのは当然でしょう。

　コピーを作る人間は、どれだけ技術をもっていたとしても、単に「生まれた自然」を模倣するだけで「生む力」には触れていないと見なされます。芸術作品が芸術作品であるためには、そこに生み出す自然の力のコン跡[オ]がなければなりません。そこでは「オリジナルであること」が、自然の生む力を証明するものになっているのです。こうした考え方が今日「芸術」と称されるものがもつ魔法の源泉になっています。その魔法がどれだけの効力をもつものだったのか、その後の「芸術」の歴史を概略的に辿ってみましょう。

のです。

しかし、「オリジナリティ」は、なぜそうした「価値」をもっていると見なされるのでしょう。考えてみると不思議なことです。というのも、広い歴史的な視野で見ると、芸術作品の価値は長らく「完璧に模倣できていること」に求められていたからです。そこで言われる「模倣」とは、神が定めた物事の理念としての「イデア」の模倣だったのですが、世界の物事の真の姿を可能な限り正確に写し取るということが、芸術作品の価値を保証していたのです。その背景には、真の意味で物事を創造できるのは神だけであるという考え方がありました。「オリジナリティ」とはその意味で「神」にだけ認められるものであり、人間がもちうるものとは見なされなかったのです。

ではなぜ、人間が「オリジナリティ」をもつと考えられるようになったのでしょうか。初期ロマン主義の作家であるシュレーゲル兄弟にその起源がみられます。

シュレーゲル兄弟は「自然の模倣」という旧来の芸術観を前提にしつつ、人間がもちうるものとして「オリジナリティ」を示しました。少し分かりづらいものですが、兄のアウグスト・ヴィルヘルム・シュレーゲル（一七六七―一八四五）の文章を見てみましょう。

> 自然を生まれたものとしてではなく生むものそれ自体として理解するなら、〔…〕芸術は自然を模倣すべきであるという原則は反論の余地がなく、また欠点もない。

シュレーゲルはこうしてまずは「自然の模倣」というA伝統的な芸術観を共有するところからはじめます。「自然を模倣すべきであるという原則は反論の余地がない」といわれる通りです。しかし同時に、「……なら」と条件を付けることで、シュレーゲルは「自然の模倣」という言葉の意味を変えようとしています。「自然を生まれたものとしてではなく生むものそれ自体として理解するなら」というのが、その条件です。

「自然（nature）」という言葉は「生む（naturo）」というラテン語に由来しますが、自然という言葉を「生む」という動詞の過去分詞（＝「生まれたもの（naturata）」）としてではなく、現在分詞（＝「生むもの（naturans）」）として理解することを、ここでシュレーゲルは提案しています。こうしたB「自然」概念の読み替えは、実際のところ、必ずしもシュレーゲルの「オリジナル」ではないのですが（ルネサンス期のジョルダーノ・ブルーノ（一五四八―一六〇〇）の思想にその源泉を辿《たど》ることができます）、「芸術」という概念の転回という点ではきわめて特異な役割を果たしました。シュレーゲルにおいてその「自然」の読み替えは、「オリジナリティ」を人の手に帰するという重要な役割を果たしたのです。

自然を「生まれたもの」と見なす考え方は、その「自然＝生まれたもの」を「生む者」として「神」を想定しています。「神」が世界をそのようなものとして作ったのであり、私たちはその自然の中に生きているというわけです。しかし、自然を「生まれたもの」ではなく「生むもの」と考えることは「自然」の中に産出能力を見出すことを意味します。その産出能力に「神」がどのように関わるかは別にして、「自然」そのものに新し

国語

（五〇分）

次の文章を読んで、後の設問に答えなさい。

一定の「教養」を身につけて理想の人格を形成することこそが人間にとって最も美しい生き方だと考える教養主義の「価値」を支える存在は「天才」でした。天賦の才によるとしか考えられないような素晴らしい作品を鑑賞することが、感性に基づく「正しい」判断の基礎になると見なされたのです。

しかし、「天才」とは何でしょう。「神作品」という言葉が乱発される以前、天才が神聖視された時代がありました。日本では、夏目漱石、森鷗外などがその「天才」にあたります。彼らの才能を称賛し、その作品を社会全体で共有することによって、社会全体で通用する価値判断の基準を設定しようとしたのです。ここでの天才もまた、文字通りの意味での「神」ではありません。サブカルチャーが提供する「神聖性」と同様に、天才が担う「神聖性」も神ならぬ人間のワザ[ア]によるものでした。「尊さ」の感情を人々に抱かせるような「神聖性」をもつ天才は、あくまでも人間としてその役割を担ったのです。サブカルチャーの「神」とは異なり、教養主義の「天才」は「大きな物語」の共有によって鑑賞者の「私」を矯正する機能をもちましたが、神ならぬ人間が「神聖性」を帯びる点では同じ役割を果たしているようにも思えます。

では、教養主義の発展の中で「天才」と見なされた人々の「偉大さ」は何に由来していたのでしょうか。

教養主義の「感性」を支えたのは、ロマン主義という芸術運動でした。その芸術運動の中に「オリジナリティ」という近代美学の基本概念の源泉を見出《みいだ》すことができます。

「オリジナリティ」は、芸術作品の芸術性を支えるものだと理解されます。誰かの作品を真似《まね》た作品は、少なくともハイカルチャーの文脈では、いまだに「コピー」として一コ[イ]だにされません。コピーの方がずっと完成度が高く、元の作品のコンセプトをより明確に具現化している場合でも、「コピー」であるというだけで価値のないものと見なされます。つまり、オリジナルの価値は、作品が芸術であることを保証するものになっている

解答編

英語

解答　A．(1)—①　(2)—①　(3)—②　(4)—③　(5)—①　(6)—②　(7)—④　(8)—①　(9)—②　(10)—②　(11)—④　(12)—③　(13)—③　(14)—②

B．(15)—①　(16)—②

出典追記：Azby Brown『Just Enough: Lessons in Living Green From Traditional Japan』Tuttle Publishing

解説　≪江戸から学ぶ都市計画の教訓≫

A．(1)①「接近方法」が入れば，creating～cars は「車がすぐに利用できることを基本にして道路網をつくること」となり，文意が成立する。

(2)本文の like は，「～に似ている」を意味する用法で，「都市を設計することは，造園にむしろ似たものであるべきだ」が文意。①「車の運転は自転車に乗ることに似てはいない」が最も適切である。②は would like～で「～したい」。③「好む」　④「たとえば」

(3)「～の面倒を見る」を意味する成句。②look after が同意である。①「～をあきらめる」　③「～を理解する」　④「～を待つ」

(4)the planet「惑星」につく前置詞は③on である。

(5)The fact が S，requires が V，collecting / taking 以下が O となる。that～cities は The fact を修飾する代名詞節のため，①live が適切である。「多くの人々が都市に住んでいるという事実は～を必要としている」

(6)「これらのもの」とは直前の文に述べられている「食料，水，エネルギー，資材」を指しているので，②が適切である。

(7)「～と調和の取れた全体を形づくる」と置き換えられないものは，④ruin「破滅させる」である。

(8)interfere with～「～に干渉する，～を妨げる」　下線部が含まれる箇所の文意は「これによって，重い品物は陸上交通に干渉することなく船で容易に運ぶことができた」となる。①affecting「(強い) 影響を及ぼすこと」に置き換えることができる。

(9) primarily「第一に，主に」 置き換えることができないものは② lightly「わずかに，軽く」である。

(10)助動詞 may の次に位置しているので，動詞原形の② become が適切である。

(11) progress「進歩」に置き換えることができるのは④ improvement「進歩，向上」である。①「衰退」 ②「処分」 ③「具体例」

(12)「他の都市と比較して，地域の生態系の中に置かれた都市についてあてはまらないもの」を選べばよい。第 4 段第 2 文（Such cities are …）に「そのような都市は，自然による暖冷房が容易で，多様な高木と低木があり，～」とあることから，③「高木と低木の種類が少ない」があてはまらない。

(13)第 5 段第 2 文（It was a …）に「自動車が普及すると，こういった水路を使わなくなったのは間違いであった」とある。また，第 6 段（Urban waterways are …）に，都市の水路は今も昔も最もエネルギー効率の良い輸送法であることが述べられ，その未来が明るいことも述べられている。このことから，③「人は，都市における水路の輸送網を復活させるべきである」が本文の内容に一致する。

(14)本文が，江戸を手本として自然と調和してつくられた都市のあるべき姿を論じているので，②「江戸から学ぶ都市計画の教訓」が表題として最も適切である。①「庭造り入門」 ③「ヨーロッパの都市を旅してまわる方法」 ④「廃棄物を都市から輸送する最もよい方法」

B．(15)並べ替えた箇所の語順は“leave everything except for”となる。「地震の避難訓練中，先生は生徒たちに，頭を覆うもの以外はすべて置いておくように指示した」が文意。except for ～「～以外」

(16)並べ替えた箇所の語順は“on my way home”となる。「学校から家に帰る途中で仲の良い友達に会った」が文意。on *one's* way home「帰宅途中に」

数学

Ⅰ　解答　≪2次関数のグラフのy軸との交点，最大値と最小値，放物線が線分と共有点をもたない条件≫

(1) [1] 6　[2] 9

(2) [3] 1　[4] 2　[5] 6　[6] 9

(3) [7] 3　[8] 0

(4) [9] 3　[10] 3　[11] 2　[12] 3　[13] 2　[14] 3　[15] 2　[16] 3　[17] 2　[18] 3　[19] 2

(5) [20] 3　[21] 7　[22] 2

Ⅱ　解答　≪集合，必要条件と十分条件≫

(1) [23]－①

(2) [24]－②　[25]－③　[26]－①　[27]－④　[28]－①

Ⅲ　解答　≪確　率≫

(1) [29] 1　[30] 4

(2) [31] 9　[32, 33] 50

(3) [34] 2　[35] 9

(4) [36] 1　[37] 4

Ⅳ　解答　≪三角比，余弦定理，正弦定理，面積比≫

(1) [38, 39] 13

(2) [40, 41] 65　[42] 8

(3) [43, 44] 25　[45] 4

(4) [46] 5　[47, 48] 13

(5) [49] 4　[50] 5

(6) [51, 52] 16　[53] 5

化学

I　解答　≪物質の成分と構成元素，物質量≫

問1．④

問2．極性のある二原子分子：③　極性のない二原子分子：①

問3．②

問4．単体：①　化合物：⑤

問5．③，⑤（順不同）

II　解答　≪イオンの電子配置，化学結合と結晶≫

問1．②

問2．①

問3．②

問4．④

III　解答　≪酸と塩基の反応≫

問1．２価の酸：③　３価の酸：④

問2．④

問3．酸性を示す塩：③　塩基性を示す塩：⑤

問4．酸性塩：②　塩基性塩：①

問5．a－②　b－④

問6．a－②　b－①

IV　解答　≪酸化還元反応≫

問1．A－⑤　B－①　C－⑥

問2．④

問３．①

問４．②

問５．ａ－④　ｂ－②

生物

I　解答　≪細胞の種類と細胞の構造≫

問1．② 問2．② 問3．⑤ 問4．⑤ 問5．⑥ 問6．⑥
問7．②

II　解答　≪血液の循環，ヒトの赤血球，酸素解離曲線≫

問1．② 問2．③ 問3．⑦

問4．(1)―④ (2)―④ (3)(イ)―⑨ (ロ)―⑤ (ハ)―⑦

III　解答　≪DNAの抽出，DNAの構造≫

問1．① 問2．③ 問3．② 問4．④ 問5．①

問6．(1)―③ (2)―② (3)―① (4)―⑧

IV　解答　≪生態系内の炭素と窒素の循環≫

問1．ア―③ イ―③ ウ―② エ―① オ―③ カ―①
キ―② ク―③

問2．①，④，⑤（順不同）

問3．⑤

問六　⑤第十一段落の「自然を『生まれたもの』ではなく『生むもの』と考えることは『自然』の中に産出能力を見出すことを意味します」「『自然』そのものに新しいものを生み出す能力が備わっていると考える」に合致している。

問七　③最後から二段落目の「過去の芸術を否定しつつも受け継いでいく……芸術の『発展』をもたらした」、最終段落の「それまでの歴史を否定的に引き継ぎながら、新たな『オリジナリティ』を打ち立て、芸術の『発展』を担っていった」に合致している。

④第二十一段落のグリム兄弟の例に合致している。

問八　イ、第十二段落から第十五段落の内容に合致している。

ロ、二重傍線部オ前後に「芸術作品が芸術作品であるためには……『オリジナルであること』が、自然の生む力を証明するものになっているのです。こうした考え方が今日『芸術』と称されるものがもつ魔法の源泉になっています」とあり、これに合致する。

ハ、第五段落に「元の作品のコンセプトをより明確に具現化している場合」でも「コピー」であれば「価値のないものと見なされ」るので、高くは評価されない。

ニ、前問の③で解説したように、「過去の芸術を否定しつつも受け継いでいく」ことで芸術は発展してきたのであるから、「歴史的な伝統や過去の芸術とは切り離された文脈」は不適。

国語

出典　荒谷大輔『使える哲学－私たちを駆り立てる五つの欲望はどこから来たのか』＜Ⅱ　美：「尊さ」への欲望　深度2　1800年：「芸術」という神話＞（講談社選書メチエ）

解答

問一　ア－③　イ－②　ウ－④　エ－①　オ－③　カ－①　キ－⑤　ク－④　ケ－⑤

問二　④

問三　X－①　Y－②

問四　③・④（順不同）

問五　①

問六　⑤

問七　③・④（順不同）

問八　イ－①　ロ－①　ハ－②　ニ－②

問九　夏目漱石：②　森鷗外：③

解説

問四　②と⑥は、Aの話の内容が事実として確定していることなので確定条件の「なら」。⑤は体言を受けて話題のものを提示する働きの「なら」で、「は」と置き換えることが可能。①と③が紛らわしいが、①は東京に行くことが確定していると考えられる。

問五　第六段落の「世界の物事の真の姿を可能な限り正確に写し取るということが、芸術作品の価値を保証していた」「真の意味で物事を創造できるのは神だけであるという考え方がありました」から考える。

■一般選抜前期Ａ日程：文・人間科・音楽学部

問題編

〔文学部・人間科学部〕

▶試験科目・配点

学部・学科		科目型	試験科目		配点
文	英文	2科目型	必須	英語	200点
			選択	日本史・世界史・数学・国語から１科目	100点
		3科目型	必須	英語・国語	英：200点 国：100点
			選択	日本史・世界史・数学から１科目	100点
	総合文化	2科目型		英語・国語	各100点
		3科目型	必須	英語・国語	各100点
			選択	日本史・世界史・数学から１科目	100点
人間科	心理・行動科	2科目型	必須	英語	100点
			選択	日本史・世界史・数学・生物・国語から１科目	100点
		3科目型	必須	英語・国語	各100点
			選択	日本史・世界史・数学・生物から１科目	100点
	環境・バイオサイエンス	2科目型	必須	英語	80点
			選択	日本史・世界史・数学・化学・生物・国語から１科目	120点
		3科目型	必須	英語	100点
			選択	化学・国語から１科目および日本史・世界史・数学・生物から１科目	各100点

▶備　考

- 全科目とも共通の問題。
- 英語資格試験利用型：大学が指定する英語の資格・検定試験の基準スコ

アを有する場合，「英語」の得点を「みなし得点」に換算して利用することができる。本制度を利用する場合は，「英語」を受験する必要はないが，受験した場合は，高得点の方が合否判定に採用される。

▶出題範囲

試験科目	出　題　範　囲
英　語	コミュニケーション英語Ⅰ・Ⅱ・Ⅲ，英語表現Ⅰ・Ⅱ
日本史	日本史Ｂ
世界史	世界史Ｂ
数　学	数学Ⅰ，数学Ａ（「場合の数と確率」「整数の性質」「図形の性質」の３項目）および数学Ⅱ，数学Ｂ（「数列」「ベクトル」の２項目）
化　学	化学基礎，化学
生　物	生物基礎，生物
国　語	国語総合，現代文Ｂ，古典Ｂ（いずれも漢文を除く）

〔音楽学部〕

▶試験科目・配点

学部・学科等		教　科	科　目	配　点
音楽学部音楽学科	器楽専攻 声楽専攻 ミュージック・クリエイション専攻	外国語	コミュニケーション英語Ⅰ・Ⅱ・Ⅲ，英語表現Ⅰ・Ⅱ	100 点
		音　楽	楽典	100 点
			ソルフェージュ（聴音・新曲視唱）	100 点
			主専攻実技＊1〈省略〉	500 点
			副専攻ピアノ実技＊2〈省略〉	100 点
音楽学部音楽学科	舞踊専攻	外国語	コミュニケーション英語Ⅰ・Ⅱ・Ⅲ，英語表現Ⅰ・Ⅱ	100 点
		音　楽	舞踊実技（指示課題）〈省略〉	200 点
			舞踊実技（自由課題）〈省略〉	300 点

▶備　考

＊1　器楽専攻オルガン・チェンバロ志願者は，主専攻実技をピアノで受験できる。

＊2　副専攻ピアノ実技は，器楽専攻志願者には課されない。

• 英語資格試験利用型：大学が指定する英語の資格・検定試験の基準スコアを有する場合，「英語」の得点を「みなし得点」に換算して利用することができる。本制度を利用する場合は，「英語」を受験する必要はないが，受験した場合は，高得点の方が合否判定に採用される。

英語

（70分）

Read the passage and answer the questions that follow.

It may seem strange to talk to young people about growing old and dying. Becoming old and dying seems so far away and (1)remote to young people. But death will happen to all of us. Because we all face death sometime in the future, there is some pressure in our lives. We have only a limited amount of time to achieve our goals.

I have done research about the elderly in hospitals in the United States. I talked with many old people about living and about dying. Many of them told me that when they were young, they failed to set goals or they failed to try to reach their goals. They were thinking only of having fun or they were too shy. Now they are old and dying and unable to reach their goals. Now they can never fulfill their dreams. ____(2)____! They advised me to find purposes in life and to achieve them while I could. "Don't wait ____(3)____ it is too late," they said.

There are two kinds of purposes: larger life purposes and smaller immediate purposes. One way to discover larger life purposes is to imagine a future ____(4)____ you have already grown old and died. What did you do in the life you imagined? What ____(5)____ be forty or fifty or sixty? Did you have children? What were your hobbies in this imagined life? What goals did you want to complete, but failed to complete, in this imagined life?

Try to create your imagined life with as much detail as possible. What were the names of your closest friends when you died? How old were they? Where were you living when you were seventy years old? What was your (6)income then?

After you have thought about this imagined future, you are ready to compare it with what you really want for your life. What ____(7)____ you about that imagined life? What was not satisfying about it? What can you do now (8)to prepare yourself for that life? What can you do now to make changes in that future life? Now you have some definite, concrete purposes for your life.

But there is another kind of purpose: immediate purpose. There is a purpose behind everything we do. There is a reason why I study the way I do, a reason why I ate bread instead of rice for lunch today, a reason why I opened the door with my right hand just now.

It is helpful to understand our purposes in these everyday activities. When we know our immediate purposes and succeed in achieving them, we develop confidence in ourselves. It may take many years to achieve our larger life purposes, but we can have many small successes every day by achieving immediate purposes.

People without clear purposes simply drift in life. Drifting in life may seem romantic or honest or modern. $_{(9)}$However, drifting in life leads to great despair. There is no way to win the game of life while drifting, and there are many ways to lose. Remember that life is short. Remembering how short life is might help you to ___(10)___ drifting and encourage you to live a life of purpose.

I recommend that you educate yourself with purpose. $_{(C)}$Decide on some work you might like to do in the future and plan your education to achieve that goal. Even if your goal is to be a housewife or a general office worker, you can prepare yourself to do that work well. Just drifting along in school is not the best course for your life.

A few years ago, a group of cancer patients climbed Mt. Fuji. They had the goal of climbing Mt. Fuji. They trained. Then, along with volunteers, $_{(11)}$they succeeded in climbing to the top of the mountain. They were very happy to succeed at achieving their purpose. Working hard to achieve our purposes gives meaning to life.

A. Choose the best answer for each question and mark ①, ②, ③, or ④ on your answer sheet for questions [1] − [12].

(1) Which of the following is closest in meaning to $_{(1)}$remote? [1]

① available

② broken

③ distant

④ exact

出典追記：David K. Reynolds『Constructive living for young people』朝日出版社

(2) Which of the following is the best phrase for ___(2)___? 2

① How automatic

② How marvelous

③ How mysterious

④ How tragic

(3) Which of the following is the best word for ___(3)___? 3

① after

② before

③ though

④ until

(4) Which of the following is the best phrase for ___(4)___? 4

① by which

② in which

③ to which

④ with which

(5) Put the words ① to ④ into the correct order for ___(5)___. Which word should be in position (b)?

…life you imagined? What (a) (b) (c) (d) be forty or fifty or sixty? 5

① it

② like

③ to

④ was

(6) Which of the following is closest in meaning to (6)income? 6

① debt

② interest

③ loan

④ salary

(7) Which of the following is the best choice for ＿(7)＿? 7

① satisfaction

② satisfied

③ satisfy

④ satisfying

(8) Which of the following usages of "to" is most similar to (8)to? 8

① Deciding where to live is not so easy.

② He was anxious to buy the painting.

③ I have no one to help me on this issue.

④ They voted immediately to approve the plan.

(9) What does the author suggest in the underlined sentence (9)? 9

① You will achieve happiness by drifting in life.

② You will be sad if you do not have purpose in life.

③ You will enjoy a clear purpose in life if you wander.

④ You will have many small successes every day by drifting.

(10) Which of the following is the best word for ＿(10)＿? 10

① avoid

② embrace

③ increase

④ promote

(11) What does (11)they refer to? 11

① cancer patients

② old people

③ purposes

④ volunteers

(12) According to the passage, which of the following statements is true? 12

① It is important to drift along in school and learn what you like.

② It is important to focus on immediate purposes instead of larger ones.

③ It is important to have clear purposes for a satisfying life.

④ It is important to make a goal to climb Mt. Fuji.

B. Answer the following questions in Japanese.

1. According to the passage, why did the elderly in hospitals fail to set goals or fail to try to reach their goals?

2. According to the author, what happens when we know our immediate purposes and succeed in achieving them?

C. Translate the underlined sentence (C) into Japanese.

D. What is one goal you hope to achieve during your lifetime? In a paragraph of 50 to 60 English words, explain your goal. Do not copy from the passage. Do not make a list.

日本史

（60分）

〔Ⅰ〕　次の文章A・Bを読み、以下の問いに答えなさい。

A　古代の律令国家は、戸籍を整備し、6歳以上の男女に口分田を授ける制度を設けた。これを［　ア　］法という。ただし、ⓐこの制度では民衆の負担は大きく、口分田を捨てて逃げ出す者があいついだ。律令国家はこれに対して、様々な政策を採っていく。下記の史料もその一つである。

史料1

詔して曰く、「聞くならく、墾田は養老七年の格《きゃく》(注1)に依りて、限《げん》満つる後、例に依りて収授す。是《これ》に由《よ》りて農夫怠倦《たいけん》(注2)して、開ける地復《ま》た荒る、と。今より以後、任《まま》に(注3)私財と為《な》し、三世一身を論ずること無く、咸悉《みなことごと》くに永年取る莫《なか》れ。」

（『続日本紀』）

（注1）　養老七年の格：三世一身法のこと。

（注2）　怠倦：なまけること。

（注3）　任に：意のままに。

問1　空欄［　ア　］に入る語句を書きなさい。

問2　下線部ⓐに関連して、この時期の民衆の負担について述べた次の文a～dについて、正しいものの組み合わせを、下の①～④のうちから一つ選びなさい。解答番号は［1］。

a　租は、口分田などの収穫から稲を納めたものである。

b　女性も男性と同じ面積の口分田が与えられ、負担も同じであった。

c　宮城の警備にあたる防人として、成年男性は徴発されることもあった。

d　兵士の武器や食料は、自弁が原則であった。

①　a・c　　②　a・d　　③　b・c　　④　b・d

問3　**史料1**の法令の名称を書きなさい。

問4　**史料1**の法令が出された背景やその内容について述べた文として正しいものを、次の①～④のうちから一つ選びなさい。解答番号は［2］。

①　三世一身法により、新しく灌漑《かんがい》施設を作って開墾した者には本人一代に限って墾田の私有が認められた。

② 三世一身法の施行によっても口分田が荒れ果てたため、政府は百万町歩開墾計画をたてて実施した。

③ **史料1**の法令によって、一定の限度内で開墾した土地の永年私有が認められた。

④ **史料1**の法令によって、荘園の形成が禁止された。

問5　**史料1**の法令が出された8世紀の文化を代表する建築物を、次の①～④のうちから一つ選びなさい。解答番号は 3 。

①

②

③

④

④の写真は著作権の都合により，類似の写真と差し替えています。

B　次の**史料2**は、近江国（滋賀県）今堀《いまぼり》で定められた掟《おきて》（規約）の一部である。

史料2

定《さだむ》　今堀地《じ》下《げ》掟の事

合《あわせて》　ⓑ延徳元年(注1)己酉十一月四日

一、薪・す《(炭)》みは、 イ のをた《(焚)》くべし。

一、 イ の地と私の地と、さいめ(注2)相論は、金にてす《(済)》ますべし。

一、 イ 森にて青木は《(とカ)》葉かきたる物《(者)》(注3)は、ⓒ村人は村を落すべし。村人にて無《なき》物《(者)》は地下をはらうべし。

一、家売たる人の方より、ⓓ百文には三文ずつ、壱貫文には卅《(三十)》文ずつ、 イ へ出すべき者なり。

この旨を背く村人は、ⓔ座をぬくべきなり。

（『今堀日吉神社文書』）

（注1）　延徳元年：1489年。

（注2）　さいめ：際目。境界のこと。

（注3）　青木は《(とカ)》葉かきたる物《(者)》：青木と葉を取った者。

問6　空欄 イ に入る、農民たちがみずからつくり出した自治組織の名称を漢字1文字で書きなさい。

問7　下線部ⓑの前後の時期に起こった政変・事件について述べた次の文Ⅰ～Ⅲについて、古いものから年代順に正しく配列したものを、下の①～⑥のうちから一つ選びなさい。解答番号は 4 。

Ⅰ　加賀の一向宗門徒らが守護を倒し、その後、一揆が実質的に領国を支配していった。

Ⅱ　近江坂本の馬借の蜂起を契機に、正長の徳政一揆（土一揆）が起こった。

Ⅲ　有力守護の赤松満祐が6代将軍足利義教を殺害した。

① Ⅰ―Ⅱ―Ⅲ　② Ⅰ―Ⅲ―Ⅱ　③ Ⅱ―Ⅰ―Ⅲ
④ Ⅱ―Ⅲ―Ⅰ　⑤ Ⅲ―Ⅰ―Ⅱ　⑥ Ⅲ―Ⅱ―Ⅰ

問8　下線部ⓒのように、掟に基づいて警察権・裁判権を村民みずからが行使することを何というか。次の①～④のうちから一つ選びなさい。解答番号は 5 。

① 寄合　② 地下請　③ 自検断　④ 逃散

問9　下線部ⓓに関連して、室町時代の貨幣流通について述べた文として**誤っている**ものを、次の①～④のうちから一つ選びなさい。解答番号は 6 。

① 富本銭などの宋銭が使用された。
② 遠隔地間の銭の輸送や貸借を避けるため、割符が利用された。
③ 国内で模造された私鋳銭が流通した。
④ 幕府や大名は経済的混乱に対応するため撰銭令を発布した。

問10　下線部ⓔに関して、この史料における座について述べた次の文X・Yについて、その正誤の組み合わせとして正しいものを、下の①～④のうちから一つ選びなさい。解答番号は 7 。

X　関銭免除・販売独占権などの特権を認められた。

Y　氏神・鎮守の祭祀や豊作祈願を行った。

① X 正　Y 正　② X 正　Y 誤
③ X 誤　Y 正　④ X 誤　Y 誤

〔II〕　次の文章**A**～**C**を読み、以下の問いに答えなさい。

A　1600年の関ヶ原の戦いで［ア］らの西軍に勝利した徳川家康は、征夷大将軍に就任し、江戸に幕府を開いた。一方、大坂には豊臣秀吉の子秀頼がおり、権威を保っていた。家康は口実をみつけて豊臣氏を追いつめ、1614年の大坂冬の陣、翌年の大坂夏の陣によって秀頼を攻め、豊臣氏を滅ぼした。

大坂夏の陣によって大坂は荒廃したものの、幕府はⓐ直轄領（天領、幕領）として都市の復興を進めた。焼失した大坂城も後に再建され、ⓑ幕府による西国大名監視の拠点となった。

問1　空欄［ア］に入る、合戦後に処刑された五奉行の１人の名前を書きなさい。

問2　下線部ⓐに関して述べた次の文X・Yについて、その正誤の組み合わせとして正しいものを、下の①～④のうちから一つ選びなさい。解答番号は［8］。

X　幕領には、大坂・京都・神戸の三都が含まれていた。
Y　幕府は、佐渡や但馬生野などの鉱山も直轄した。

①　X　正　Y　正　　②　X　正　Y　誤
③　X　誤　Y　正　　④　X　誤　Y　誤

問3　下線部ⓑに関連して述べた文として正しいものを、次の①～④のうちから一つ選びなさい。解答番号は［9］。

①　大坂には城代が置かれ、西国大名の監視と城下役人の統率を行った。
②　大坂には勘定奉行が置かれ、西国の旗本領の監視と裁判を行った。
③　幕府は大坂に六波羅探題を置き、西国大名とともに、朝廷を監視させた。
④　幕府は大坂に大目付を置き、老中に属して西国大名を監視させた。

B　大坂は流通・商業の中心都市となり、「天下の台所」と呼ばれて大変な賑《にぎ》わいを見せた。各大名家の蔵屋敷が数多く建てられ、そこには各城下から運ばれた年貢米・特産品などが［イ］として集積され、［ウ］などと呼ばれる商人を通じて販売された。こうした集積物を船で運ぶため、出羽酒田から下関、大坂を経て江戸にいたる［エ］航路（海運）も整備されている。

また、大坂では町人による文化も花開いた。ⓒ元禄期には、上方の都市を中心に、優れた文学作品や舞台が様々に生み出された。また、化政期から幕末にかけても、学問が大きく発達し、儒学や洋学などを教授する塾が開設された。

問4　空欄［イ］と［ウ］に入る語句の組み合わせとして正しいものを、次の①～④のうちから一つ選びなさい。解答番号は［10］。

①　イ　俵物　ウ　庄屋
②　イ　俵物　ウ　蔵元
③　イ　蔵物　ウ　庄屋
④　イ　蔵物　ウ　蔵元

問５　空欄［　エ　］に入る航路（海運）の名称を書きなさい。

問６　下線部ⓒに関して述べた次の文ａ～ｄについて、正しいものの組み合わせを、下の①～④のうちから一つ選びなさい。解答番号は［11］。

ａ　松尾芭蕉は『おらが春』など、人間の欲をありのままに描く作品を残した。
ｂ　歌舞伎俳優の坂田藤十郎が、和事の演じ手として名を知られた。
ｃ　蘭学者の緒方洪庵によって、大坂に鳴滝塾が設立された。
ｄ　貧民救済をかかげて蜂起した大塩平八郎は、陽明学を講じていた。

①　ａ・ｃ　　②　ａ・ｄ　　③　ｂ・ｃ　　④　ｂ・ｄ

C　幕末になると、大坂は再び政治的に重要な都市となる。1858年に調印されたⓓ日米修好通商条約では、江戸とともに大坂の開市も決められている。

その後、ⓔ幕府は長州藩を征伐するために軍事的な拠点を大坂城に置き、第一次の征伐では長州藩を屈服させた。しかし、高杉晋作が実権を握り、桂小五郎（木戸孝允）などを登用した長州藩は再び幕府に対抗しようとしたため、第二次の征伐が行われた。この時の征伐は、第14代将軍［　オ　］が死去したことを理由に中止された。

跡を継いだ第15代将軍徳川慶喜は、ⓕ大政奉還を宣言して事態の打開を図ったが、薩長を中心とする倒幕派は王政復古の大号令を発して、慶喜抜きの新政権を樹立しようとした。その後、鳥羽・伏見の戦いが起こり、幕府軍は敗退した。

問７　下線部ⓓにより開始された貿易とその影響について述べた文として**誤っている**ものを、次の①～④のうちから一つ選びなさい。解答番号は［12］。

①　金銀比価が日本と外国で異なっていたことから、大量の金が海外へ流出した。
②　開国後の日本の最大の貿易国は、アメリカであった。
③　幕府は五品江戸廻送令を出して、貿易の統制を図った。
④　日本からは生糸や茶・海産物などの農水産物やその加工品が輸出された。

問８　下線部ⓔに関連して、長州征伐にいたる幕末の動きに関して述べた次の文Ⅰ～Ⅲについて、古いものから年代順に正しく配列したものを、下の①～⑥のうちから一つ選びなさい。解答番号は［13］。

Ⅰ　老中の堀田正睦は、通商条約調印の勅許を得ることができなかった。
Ⅱ　新撰組が京都の旅館池田屋を襲撃し、尊王攘夷派の志士を殺傷した。
Ⅲ　幕府による攘夷実行命令を受けて、長州藩が外国船を砲撃した。

①　Ⅰ―Ⅱ―Ⅲ　　②　Ⅰ―Ⅲ―Ⅱ　　③　Ⅱ―Ⅰ―Ⅲ
④　Ⅱ―Ⅲ―Ⅰ　　⑤　Ⅲ―Ⅰ―Ⅱ　　⑥　Ⅲ―Ⅱ―Ⅰ

問９　空欄［　オ　］に入る人名を書きなさい。

問10　下線部ⓕに関連して、大政奉還・王政復古の大号令に関して述べた次の文Ｘ・Ｙについて、その正誤の組み合わせとして正しいものを、下の①～④のうちから一つ選びなさい。解答番号は［14］。

X　大政奉還は、土佐藩の前藩主山内豊信（容堂）の建議によって実行されたものである。

Y　王政復古の大号令によって、将軍・摂政・関白が廃止されることとなった。

①X 正　Y 正　　②X 正　Y 誤
③X 誤　Y 正　　④X 誤　Y 誤

〔Ⅲ〕　次の文章**A**・**B**を読み、以下の問いに答えなさい。

A　1870年代からのⓐ自由民権運動の高まりに押され、明治政府は憲法制定・国会開設を避けられないものと判断した。そこで、機先を制して上から立憲制を創り出し、政府の基礎に民心を組み込もうと意図した。

ⓑ明治十四年の政変をつうじて、政府内では岩倉具視、伊藤博文が主導権を握るようになった。また舞台裏では、明治憲法の実質的な起草者となる井上毅が活躍した。同年、憲法制定の基本方針は、岩倉の「大綱領」として集大成される。岩倉は莫大な皇室財産を設定し、これを近代天皇制の基礎にしようと考えた。

しかし、1883年に岩倉は亡くなる。残された伊藤は、日本国民の宗教意識の弱さを「皇室・天皇」制によって埋めることを重視した。

一時期下火に見えた自由民権運動は、1887年前後に、ⓒ条約改正問題とからんで再び高まる。民権派の星亨一派が政府の憲法情報を『西哲夢物語』(1887年) として非合法下に出版し、反政府運動を刺激する事件も起こった。

1889年2月11日、紀元節の日にⓓ大日本帝国憲法（明治憲法）が発布された。その内容は、多くの民権派の憲法草案を何も考慮しないものだった。[ア]が、この憲法について「通読一遍唯《た》だ苦笑する耳《のみ》」といい、発布一周年に際しては「予も祝し居る也、彼の下らない憲法をば」と言いかけて大声で笑った、と弟子の[イ]は伝えている。

76カ条からなる大日本帝国憲法の第一の特徴は、憲法第1条の「大日本帝国ハ万世一系ノ天皇之ヲ統治ス」および第3条の「天皇ハ神聖ニシテ侵スヘカラス」にしめされている。天皇は主権者であるとともに、絶対で、神聖な存在だということである。

（田中彰『明治維新』を参照の上、作成した。）

問1　下線部ⓐについて述べた次の文a～dについて、正しいものの組み合わせを、下の①～④のうちから一つ選びなさい。解答番号は[15]。

a　自由民権運動は、民撰議院設立の建白書を提出したことをきっかけに高まった。

b　自由民権運動推進のために、山県有朋は立憲改進党をつくり党首となった。

c　自由民権運動は、讒謗律などによって政府の圧力を受けた。

d　自由民権運動に押されて、井上馨は国会期成同盟を結成した。

①a・c　②a・d　③b・c　④b・d

問2　下線部ⓑについて述べた次の文X・Yについて、その正誤の組み合わせとして正しいものを、下の①～④のうちから一つ選びなさい。解答番号は[16]。

X　イギリス流の議院内閣制の早期導入を主張していた大隈重信は、政府を追われた。

Y　政変の後、内務卿に就任した大久保利通は、岩倉具視・伊藤博文らを支えた。

①X 正　Y 正　　②X 正　Y 誤
③X 誤　Y 正　　④X 誤　Y 誤

問３　下線部ⓒについて述べた次の文ａ～ｄについて、正しいものの組み合わせを、下の①～④のうちから一つ選びなさい。解答番号は [17]。

ａ　安政の五カ国条約を改正しようとする明治政府の外交交渉である。

ｂ　日朝修好条規を改正しようとする明治政府の外交交渉である。

ｃ　焦点となったのは領事裁判権の撤廃と関税自主権の回復だった。

ｄ　これを契機に明治政府はロシアとの同盟を結んだ。

①　ａ・ｃ　　②　ａ・ｄ　　③　ｂ・ｃ　　④　ｂ・ｄ

問４　下線部ⓓのように、君主が定めて国民に与える憲法のことを何というか。書きなさい。

問５　空欄 [ア] と [イ] に入る人物の説明の組み合わせとして正しいものを、次の①～④のうちから一つ選びなさい。解答番号は [18]。

①　ア　『民約訳解』を刊行した松方正義　　イ　後に社会民主党を創立する大杉栄

②　ア　『民約訳解』を刊行した中江兆民　　イ　後に社会民主党を創立する幸徳秋水

③　ア　『文明論之概略』を書いた松方正義　　イ　関東大震災の時に殺害された大杉栄

④　ア　『文明論之概略』を書いた中江兆民　　イ　関東大震災の時に殺害された幸徳秋水

B　日露戦争後、日本は世界の列強との軍拡競争に加わっていく。また日露戦争における数々の戦術的失敗は隠蔽《いんぺい》され、陸海軍は政治勢力として大きな発言権を獲得していった。軍事は政治の一部であるという本来のあり方が、軍事が政治を引きずるものへと変化していく。1907年に軍部主導で決定された「帝国国防方針」はその象徴といえる。外交や財政を規定する国家の基本方針を、軍部が提起し、天皇の裁可を取り付けてオーソライズするという方法がはじめてとられたのである。

1914年７月、ヨーロッパで世界大戦がはじまると、日本（第二次大隈重信内閣）は、ⓔ日英同盟を理由に、８月23日、ドイツに宣戦布告を行った。日本はイギリスからドイツ艦艇掃討を要請されたとして、ⓕ青島だけでなく山東鉄道や太平洋のドイツ領諸島を11月までに占領した。日本政府は、これらの占領を一時的なものとは考えず、12月１日、イギリスに対して南洋群島の永久保持を希望する旨を表明した。

また日本は、欧米列強にアジアをかえりみる余裕がないと見て、中国での独占的な利権の拡大を図った。1915年１月、中国の袁世凱政権に [ウ] を行ったのである。これによって山東半島におけるドイツ権益の継承、ⓖ関東州租借期限と満鉄権益の99カ年延長など、南部「満州」と東部内蒙古での日本の優越権の強化を求めた。日本政府は、中国に最後通牒《つうちょう》を発し、５月にはこれの大部分を認めさせた。

加えて、この時期の対外膨張策として、ロシア革命への英・米・仏との共同干渉戦争である [エ] があげられる。これはロシア国内の反革命勢力を支援しようとしたものである。しかし、1919年秋までにロシアの反革命地方政権は崩壊し、共同干渉は失敗に終わった。

（歴史教育者協議会編『日本社会の歴史（下）』を参照の上、作成した。）

問６　下線部ⓔに関して述べた次の文ａ～ｄについて、正しいものの組み合わせを、下の①～④のうちから一つ選びなさい。解答番号は [19]。

ａ　ロシアの南下策に対抗して締結された。

ｂ　ドイツのアジア進出に対抗して締結された。

c　日露戦争後、イギリスは日本による中国の保護国化を承認した。

d　日露戦争後、イギリスは日本による韓国の保護国化を承認した。

①　a・c　　②　a・d　　③　b・c　　④　b・d

問7　下線部ⓕの場所を、下の地図中の位置①～④のうちから一つ選びなさい。解答番号は 20 。

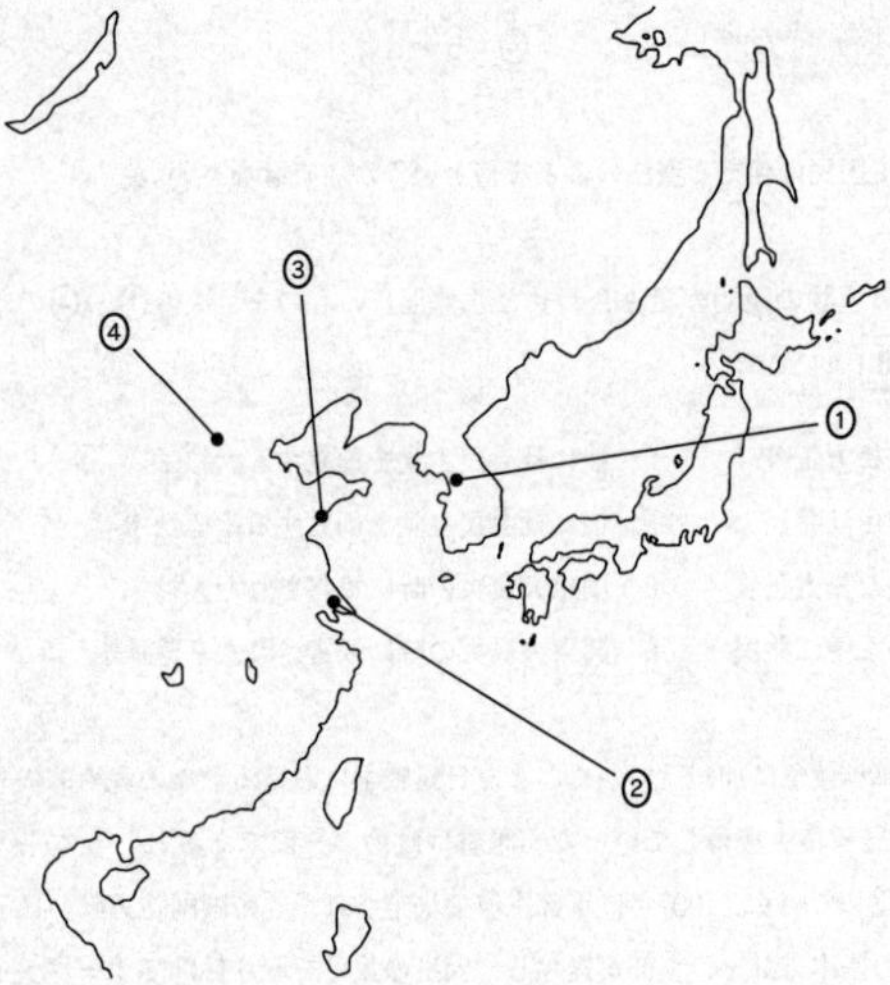

問8　空欄 ウ に入る、山東省にあるドイツ権益の譲渡など、中国政府に対する日本政府からの要求の名称を書きなさい。

問9　下線部ⓖに関して述べた次の文X・Yについて、その正誤の組み合わせとして正しいものを、下の①～④のうちから一つ選びなさい。解答番号は 21 。

X　租借は他国の領土の一部の借用だが、その領土に対する独占的・排他的な管理特権を持った。

Y　満鉄の権益に関心を持つイギリスが、のちに中立化提案をおこなった。

①　X　正　Y　正　　②　X　正　Y　誤

③　X　誤　Y　正　　④　X　誤　Y　誤

問10　空欄 エ に入る語句を書きなさい。

〔Ⅳ〕　次の文章を読み、以下の問いに答えなさい。

ⓐ太平洋戦争は、ある朝、突然、私たちの寝こみを襲った。もはや取り返しのつかない出来事として、おそらくは私自身を含めて数百万人の日本人の死を意味するほかないだろう事業の始まりとして。それがどれほど私から遠くみえ、どれほどあり得ないことのように感じられていたとしても、そういう感じは、いくさが起こるか起こらぬかとは、何の関係もない。

私は今そのことを想い出し、ⓑ核兵器の時代に東アジアを舞台にした戦争を考える。もしそういう戦争が起これば、今度は数百万人でなく、数千万人の日本人が死ぬだろう。そういう事態は、太平洋戦争よりも、もっと想像し難い。しかし想像し難いことは、起こり得ないことではない。

昨日は遠くて、今日は近きものがある。たとえば、文部省が日本のⓒ「中国侵略」という代わりに「中国進出」といいたがること。首相の［　ア　］公式参拝、または国家神道の復活。ⓓ憲法第９条の空文化、またはⓔ巨大な軍事予算。［　イ　］の「もち込ませず」が、あらゆる証言にも拘らず、そのまま静かに見逃されること。

また今日は遠くて、明日は近きものもあるだろう。たとえば「自衛のための」核武装。ⓕ「国際的責任のための」海外派兵。「愛国心のための」徴兵制度。「平和と自由のための」局地戦争。またはⓖ両超大国間の軍事的紛争へのまきこまれ。

ⓗ物質的に豊かな日本社会、多くの商品と多くの広告と多くの消費、夏休みに自家用車で遠出する家族、海と浜辺を見に飛行機でグアム島まで出かける若者たち、３日に一度ぐらい創刊される雑誌、私の身の周りの酒や煙草、殷周銅器から浮世絵までの美術、フェミニスト、漠然と自由主義的な考えの男女、その他親切な多くの人々、――そういうものすべてが、忽《たちま》ち消えてなくなることは、今日想像し難いけれども、今日の過程が方向を変えないかぎり、他日大いにあり得ると思う。

（加藤周一『言葉と戦車を見すえて』より、一部改変した。）

問１　下線部ⓐに関連して、太平洋戦争にいたる出来事について述べた次の文Ⅰ～Ⅲについて、古いものから年代順に正しく配列したものを、下の①～⑥のうちから一つ選びなさい。解答番号は［22］。

Ⅰ　共産主義の拡大を阻止することを目的に、日本とドイツのあいだで、日独防共協定が調印された。

Ⅱ　関東軍が南満州鉄道を爆破した柳条湖事件をきっかけにして、東三省を満州国として独立させる満州事変が起きた。

Ⅲ　第二次近衛文麿内閣のもと、近衛首相を総裁とする大政翼賛会が成立し、上意下達の国民総動員体制ができた。

①　Ⅰ―Ⅱ―Ⅲ　　②　Ⅰ―Ⅲ―Ⅱ　　③　Ⅱ―Ⅰ―Ⅲ
④　Ⅱ―Ⅲ―Ⅰ　　⑤　Ⅲ―Ⅰ―Ⅱ　　⑥　Ⅲ―Ⅱ―Ⅰ

問２　下線部ⓑに関連して述べた次の文Ｘ・Ｙについて、その正誤の組み合わせとして正しいものを、下の①～④のうちから一つ選びなさい。解答番号は［23］。

Ｘ　アメリカの大統領チャーチルの決定により、人類最初の原子爆弾が広島に投下された。

Ｙ　ビキニ環礁でのアメリカの水爆実験で、日本の第五福龍丸が被ばくした事件ののち、原水爆禁止運動が拡大していった。

①　Ｘ　正　Ｙ　正　　②　Ｘ　正　Ｙ　誤
③　Ｘ　誤　Ｙ　正　　④　Ｘ　誤　Ｙ　誤

問3　下線部ⓒに関連して、日中戦争勃発後の出来事について述べた文として**誤っている**ものを、次の①～④のうちから一つ選びなさい。解答番号は 24 。

① 軍事物資の不足から、欧米の植民地である南方に進出し、「大東亜共栄圏」の建設を図ろうとする主張が強まった。

② 作家の徳永直が自身の従軍体験を記録した『太陽のない街』が人気を博した。

③ 満州西北部の満蒙国境をめぐり、ソ連・モンゴル軍と衝突した関東軍が壊滅的な打撃をこうむった。

④ 中国・仏印からの撤兵、中国を満州事変以前の状態に戻すことなどを要求したアメリカ側の提案をうけて、日本は対米交渉を打ち切り、米・英に対する開戦を決定した。

問4　空欄 ア に入る宗教施設の名前を漢字4文字で書きなさい。

問5　下線部ⓓに関連して、日本国憲法の3原則は「主権在民」「基本的人権の尊重」ともう一つはなにか。書きなさい。

問6　下線部ⓔに関連して、アメリカの日本防衛義務、日本の自衛力増強義務などを定めた、日米相互協力及び安全保障条約（新安保条約）に調印した首相の名前として正しいものを、次の①～④のうちから一つ選びなさい。解答番号は 25 。

① 吉田　茂

② 竹下　登

③ 田中角栄

④ 岸　信介

問7　空欄 イ に入る、1967年の佐藤首相の国会答弁にはじまる、原子爆弾などの核兵器についての政府の方針を書きなさい。

問8　下線部ⓕに関連して、1991年の湾岸戦争に関して述べた文として正しいものを、次の①～④のうちから一つ選びなさい。解答番号は 26 。

① 湾岸戦争で日本は、多国籍軍に対して多額の資金援助を行うとともに、陸上自衛隊を派遣した。

② 日本の国際平和に対する貢献のあり方が議論され、自衛隊はイラクの戦闘地域でテロ防止活動に参加することが決定された。

③ 憲法違反だとする反対意見があったが、湾岸戦争後、ペルシア湾に海上自衛隊の掃海《そうかい》部隊が派遣された。

④ 湾岸戦争後、自衛隊派遣について検証作業が行われ、クウェート国民への人道的支援のための特別措置法が制定された。

問9　下線部ⓖについて述べた次の文a～dについて、正しいものの組み合わせを、下の①～④のうちから一つ選びなさい。解答番号は 27 。

a　1950年、冷戦を背景として朝鮮戦争がはじまった。

b　1954年、南北ベトナムの暫定的境界を定めたインドシナ休戦協定が、ソ連とベトナムの間で成立した。

c　1973年、アメリカの支援を受けたエジプトと、ソ連陣営のシリア・ヨルダン・サウジアラビアとの間で第四次中東戦争が開戦した。

d　1979年末、ソ連が親ソ政権擁護のためにアフガニスタンに侵攻し、日・米・西独などが、1980年のモスクワオリンピックをボイコットした。

①　a・c　　②　a・d　　③　b・c　　④　b・d

問10　下線部ⓗに関連した説明として**誤っている**ものを、次の①～④のうちから一つ選びなさい。解答番号は 28 。

① 経済成長優先の矛盾から、生活環境の破壊が深刻となり、公害行政と環境保全施策を一本化した環境庁が設置された。

② 第一次産業から第二次・第三次産業への産業転換が進み、就業人口に占める第一次産業就業者の割合は、1970年には2割未満まで減少した。

③ アジア最初の大会となる東京オリンピック後に、カラーテレビが急速に普及した。

④ 1970年の日本万国博覧会の開催にあわせて、日本最初の自動車専用高速道路である名神高速道路が開通した。

世界史

（60分）

〔Ⅰ〕　次の文章**A**、**B**を読み、以下の問いに答えなさい。

A　ギリシアの周辺では紀元前3000年紀からすでに(1)エジプトや(2)メソポタミアのような河川文明が繁栄していました。(3)ギリシアはそうした地域との商業的交流によって進んだ文化を受け取ったのです。それは、日本が中国から刺激を受けて文化を発展させたのと同じです。……（中略）……

こうした刺激によって、(4)地中海のクレタ島では本土より一足先に文化が発展しました。この島の伝説的王とされるミノスの名をとって、紀元前2000年紀にはミノス文明（ミノア文明とも）が花開きます。現在のクレタ島の中心都市イラクリオンの側には[a]宮殿と呼ばれる壮大な遺跡があり、またイラクリオンの博物館にはそこから発掘された見事な品々が展示されています。その後、前1650年頃には、本土でも文化が発達し、中心の都市の名を取って[b]文明と呼ばれました。

（松村一男『はじめてのギリシア神話』より、一部改変）

問1　下線部（1）に関する記述として、正しいものを次の①～④のうちから一つ選びなさい。解答番号は[1]。

① 中王国時代のクフ王らによって、ピラミッドやスフィンクスが盛んにつくられた。

② 中王国時代には中心地が下エジプトのテーベから上エジプトのメンフィスに移った。

③ 新王国時代、アメンホテプ4世はアモンを唯一の神とする改革をおこなった。

④ 紀元前14世紀に栄えたアマルナ美術は写実的芸術であった。

問2　下線部（2）に関連して、次の記述中の空欄[ア]に入る民族の名称を書きなさい。

紀元前17世紀にアナトリアに強力な国を築き、鉄製の武器の使用で知られたインド・ヨーロッパ語系の[ア]人は、メソポタミアにも遠征し、バビロン第1王朝を滅ぼした。

問3　下線部（3）に関連する出来事A～Cの順序として、正しいものを次の①～⑥のうちから一つ選びなさい。解答番号は[2]。

A　アテネを中心とするデロス同盟と、スパルタを中心とするペロポネソス同盟が戦争に突入した。

B　アテネにおいてソロンが改革をおこなった。

C　マラトンにて、アテネ軍がペルシア軍を撃破した。

① A → B → C

② A → C → B

③ B → A → C

④ B → C → A
⑤ C → A → B
⑥ C → B → A

問4　下線部（4）に関する記述として、**誤っているもの**を次の①～④のうちから一つ選びなさい。解答番号は[3]。

① オリエントの影響を受けた青銅器文明であった。
② 壮大で複雑な構造の宮殿建築を特徴とした。
③ 宮殿は堅固な城壁で囲まれていた。
④ この文明の担い手の民族系統は不明である。

問5　空欄[a]・[b]に入る地名の組み合わせとして、正しいものを次の①～④のうちから一つ選びなさい。解答番号は[4]。

① a－キプロス　　b－ミケーネ
② a－ミレトス　　b－キプロス
③ a－クノッソス　b－ミレトス
④ a－クノッソス　b－ミケーネ

B　紀元前53年、ポンペイウス、クラッスス、[c]の三人による三頭政治の均衡が、クラッススの死によって崩れ、ポンペイウスと[c]の対立構造が明確になります。……(中略)……[c]が武勲を立てれば立てるほど、(5)元老院は独裁者を危惧する(6)ローマの常で、[c]に恐れを抱くようになりました。……(中略)……[c]の死後、覇権を争ったのは[c]の腹心だった(7)マルクス・アントニウスと、[c]の養子である(8)オクタウィアヌスでした。

（本村凌二『はじめて読む人のローマ史1200年』より、一部改変）

問6　空欄[c]に入る人名を書きなさい。

問7　下線部（5）に関連して、元老院議員が統治の任務を負った属州において、徴税を請け負った富裕層の呼称を、次の①～④のうちから一つ選びなさい。解答番号は[5]。

① 騎士
② 護民官
③ 僭主
④ 執政官

問8　下線部（6）に関連して、共和政時代のローマがフェニキア人植民市のカルタゴとの間で3回にわたって戦った戦争の名称を記しなさい。

問9　下線部（7）とプトレマイオス朝の女王クレオパトラの連合軍が、紀元前31年に敗れた戦いの名称として正しいものを、次の①～④のうちから一つ選びなさい。解答番号は[6]。

① カイロネイアの戦い
② アクティウムの海戦
③ プラタイアの戦い
④ イッソスの戦い

問10 下線部（8）がアウグストゥスの称号を与えられて以降のローマについて述べた、次のA～Cの文の正誤の組み合わせとして、正しいものを以下の①～⑥のうちから一つ選びなさい。解答番号は [7] 。

A テオドシウス帝がミラノ勅令によってキリスト教を公認した。
B 五賢帝の一人トラヤヌス帝の時代に、ローマの領土は最大となった。
C ディオクレティアヌス帝によって四帝分治制（テトラルキア）が開始された。

① A－正 B－正 C－誤
② A－正 B－誤 C－正
③ A－正 B－誤 C－誤
④ A－誤 B－正 C－正
⑤ A－誤 B－正 C－誤
⑥ A－誤 B－誤 C－正

〔Ⅱ〕 次の文章**A**、**B**を読み、以下の問いに答えなさい。

A 西中欧から西欧や東中欧、南欧の一部に勢力圏を広げた(1)神聖ローマ帝国は、962年にオットー1世が(2)教皇からローマ皇帝に加冠され、世界統治を標榜《ひょうぼう》したことに始まるとされるが、制度的裏づけはなく、皇帝は地方の諸侯や都市すら統制できなかった。ようやく(3)14世紀以降、皇帝を選出する選帝侯が特定され、諸侯や都市が領邦を形成する中、(4)オーストリアのハプスブルク家を皇帝とし、相互平和と外部からの防衛を担う帝国改造を進め、16世紀には合意に基づく領邦の連合体となる。……(中略)……1517年に始まる(5)宗教改革は、統治権の正統性を支えるキリスト教信仰の分裂を生み、再び皇帝・諸侯・都市の対立をもたらす。彼らは1555年の(6)アウクスブルク宗教和議の下、帝国の維持で一致するが、対立を深めて(7)三十年戦争に至る。

（皆川卓「神聖ローマ帝国論」『論点・西洋史学』より、一部改変）

問1 下線部（1）が関係した出来事を年代の早い順に正しく配列したものを、次の①～⑥のうちから一つ選びなさい。解答番号は [8] 。

① フス戦争 － 大空位時代 － イタリア戦争の勃発 － シュマルカルデン同盟の成立
② フス戦争 － 大空位時代 － シュマルカルデン同盟の成立 － イタリア戦争の勃発
③ 大空位時代 － フス戦争 － イタリア戦争の勃発 － シュマルカルデン同盟の成立
④ 大空位時代 － フス戦争 － シュマルカルデン同盟の成立 － イタリア戦争の勃発
⑤ イタリア戦争の勃発 － 大空位時代 － フス戦争 － シュマルカルデン同盟の成立
⑥ イタリア戦争の勃発 － フス戦争 － 大空位時代 － シュマルカルデン同盟の成立

問2 下線部（2）に関連して、1095年にクレルモン宗教会議を招集し、聖地回復の聖戦をおこすことを提唱した教皇の名を書きなさい。 〔解答欄〕＿＿＿＿＿世問3　下線部（3）に関連して、1356年に皇帝カール4世によって発布され、神聖ローマ皇帝の選出権を7名の選帝侯に認めた帝国法の名称を書きなさい。

問4　下線部（4）が関係した出来事を年代の早い順に正しく配列したものを、次の①～⑥のうちから一つ選びなさい。解答番号は 9 。

① 三月革命（ウィーン） － 七年戦争 － プロイセン・オーストリア戦争
② 三月革命（ウィーン） － プロイセン・オーストリア戦争 － 七年戦争
③ 七年戦争 － 三月革命（ウィーン） － プロイセン・オーストリア戦争
④ 七年戦争 － プロイセン・オーストリア戦争 － 三月革命（ウィーン）
⑤ プロイセン・オーストリア戦争 － 三月革命（ウィーン） － 七年戦争
⑥ プロイセン・オーストリア戦争 － 七年戦争 － 三月革命（ウィーン）

問5　下線部（5）に関連して、次の記述中の空欄 ア ・ イ に入る語の組み合わせとして、正しいものを以下の①～④のうちから一つ選びなさい。解答番号は 10 。

以下の木版画には、宗教改革の歴史にとり重要な人物が複数登場している。製粉職人を演じるイエスが袋から穀物をホッパー（じょうご状の木箱）にいれ、粉に挽《ひ》く。袋からでた穀物は小麦ではなく、四福音書の著者とパウロとしてえがかれている。挽かれた粉を粉袋に入れている人物は、 ア を著した人文主義者の イ である。この人物と背中合わせにルターが粉を捏《こ》ね上げ、できあがったパンは聖書としてえがかれている。

① ア－『キリスト教綱要』　イ－ペトラルカ
② ア－『キリスト教綱要』　イ－エラスムス
③ ア－『愚神礼賛』　イ－ペトラルカ
④ ア－『愚神礼賛』　イ－エラスムス

問6　下線部（6）に関連して、以下の地図上の宗教改革に関係する都市A～Cと地名の組み合わせとして、正しいものを次の①～⑥のうちから一つ選びなさい。解答番号は 11 。

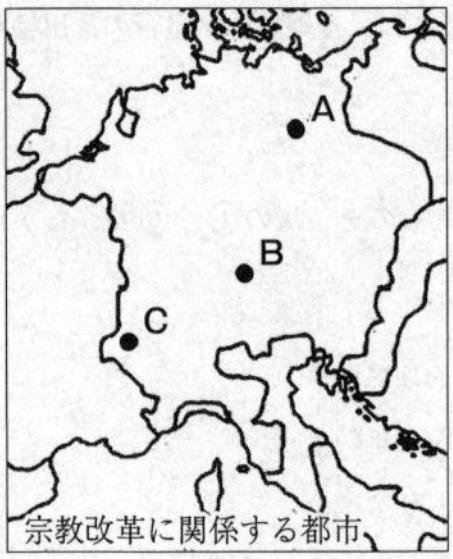

宗教改革に関係する都市

① A－ジュネーヴ　　B－ヴィッテンベルク　　C－アウクスブルク
② A－ジュネーヴ　　B－アウクスブルク　　C－ヴィッテンベルク
③ A－ヴィッテンベルク　　B－ジュネーヴ　　C－アウクスブルク
④ A－ヴィッテンベルク　　B－アウクスブルク　　C－ジュネーヴ
⑤ A－アウクスブルク　　B－ヴィッテンベルク　　C－ジュネーヴ
⑥ A－アウクスブルク　　B－ジュネーヴ　　C－ヴィッテンベルク

問7　下線部（7）に関連して、次の記述中の空欄［ウ］に入る適切な語を漢字で書きなさい。

三十年戦争はウェストファリア条約で終結した。この条約が大半のヨーロッパ諸国の参加する国際会議でまとめられたことは、ヨーロッパの［ウ］体制の確立を示すものであった。

B　大西洋奴隷貿易の実証研究が進展するにつれて、奴隷貿易がアフリカ社会の人口構造に及ぼした影響や、(8)今日のアフリカの経済的状況との関連を問う研究も多く出た。その一方で、ウィリアムズの研究以後、アフリカは、(9)ヨーロッパ諸国の搾取による「犠牲者」として位置づけられることが多かった。しかしながら、アフリカ沿岸部での奴隷購入は、現地の商人との交渉のもとに行われており、(10)アフリカの人々が求める商品をヨーロッパから持ち込まない限り、取引が成立しなかった。つまりアフリカ側の需要が奴隷取引に大きな影響を及ぼしていたのである。

（小林和夫「大西洋奴隷貿易」『論点・西洋史学』より、一部改変）

問8　下線部（8）に関連して、第二次世界大戦後のアフリカに関係する出来事の記述として、**誤っているもの**を次の①～④のうちから一つ選びなさい。解答番号は［**12**］。

① 1955年にアジア・アフリカ会議がバンドンで開催され、平和十原則が採択された。
② 1963年にアフリカ諸国の団結と協力を推進するため、アフリカ統一機構が結成された。
③ 南アフリカでのデクラーク大統領によるアパルトヘイト関連諸法の撤廃は、アメリカ合衆国で公民権法が成立する契機となった。
④ アルジェリア戦争を経て、1962年にアルジェリアはフランスから独立した。

問9　下線部（9）に関連して、ヨーロッパ諸国による植民地化に対する抵抗運動の記述として、**誤っているもの**を次の①～④のうちから一つ選びなさい。解答番号は［**13**］。

① フィリピンのホセ・リサールは、政治小説を執筆して植民地統治を批判した。

② ベトナムではファン・ボイ・チャウを中心に、イギリスからの独立と立憲君主制の樹立をめざす運動が組織された。

③ スーダンでは、ムハンマド・アフマドが率いるマフディー派が、イギリス軍と戦った。

④ エジプトでは、ウラービーらが列強の内政干渉に対抗し、決起した。

問10　下線部（10）に関連して、次の記述中の空欄［ エ ］・［ オ ］に入る語の組み合わせとして、正しいものを以下の①～④のうちから一つ選びなさい。解答番号は［**14**］。

西アフリカで奴隷と交換された国際商品である［ エ ］は、［ オ ］で製造されてヨーロッパに輸入されたものの再輸出品であった。この商品は当時世界屈指の品質のよさで知られ、ヨーロッパで生産されたものは品質の点でそれに及ばなかった。

① エ－毛織物　　オ－中国

② エ－毛織物　　オ－インド

③ エ－綿織物　　オ－中国

④ エ－綿織物　　オ－インド

〔Ⅲ〕　次の文章を読み、以下の問いに答えなさい。

(1)ワシントンがアメリカ合衆国の初代大統領に就任したのと同年、フランス革命が起こった。革命の過程で絶対王政がたおれ、その後、共和政の樹立が宣言されたが、政体は安定せず社会不安が広がった。混迷が続くフランスにおいて、(2)ナポレオンは(3)イタリア遠征軍を指揮して一躍名声を高めた。イギリスの勢力牽《けん》制を狙った(4)エジプト遠征は失敗に終わったが、フランスに戻ったナポレオンは民衆に歓呼の声で迎えられ、権力を手にした。皇帝の座につき、新たな専制的君主政体を敷いたナポレオンは、革命の社会的成果をある程度定着させた。しかし、勢力拡大を狙い対外戦争を繰り返した。大軍を率いて(5)ロシアにまで遠征したが、これをきっかけに起こった［ a ］で破れ、失墜した。ヨーロッパ諸国は(6)ウィーン会議を開き、フランス革命およびナポレオンの戦争によって乱された国際秩序の回復を図った。

フランス革命が掲げた普遍主義は、反動としてヨーロッパ各地に土着の伝統的な文化や歴史、個人の感情や想像力を重視する［ b ］主義の潮流を生んだ。(7)産業の発展に伴い文化の担い手が貴族から市民層へと広がり、ヨーロッパにおいて近代的な国民国家の成立と(8)国民文化の基盤づくりを促した。

問1　下線部（1）の大統領就任後に起きた出来事として、正しいものを次の①～④のうちから一つ選びなさい。解答番号は［**15**］。

① トマス・ジェファソンが中心となって起草した独立宣言が発表された。

② パリ条約により、イギリスがアメリカ合衆国の独立を承認した。

③ アメリカがモンロー教書によりヨーロッパ諸国との相互不干渉を表明した。

④ トマス・ペインが『コモン・センス』を発表した。

問2　下線部（2）の事績として、**誤っているもの**を次の①～④のうちから一つ選びなさい。解答番号は［**16**］。

① ローマ教皇と宗教協約を結び、カトリック教会との対立を解消した。
② 法の前の平等や契約の自由などを定めたナポレオン法典を発布した。
③ 大陸封鎖令を出し、ヨーロッパ大陸諸国とイギリスとの通商を禁止した。
④ 農奴解放令により、フランスの資本主義化を促進した。

問3　下線部（3）に関連する出来事A～Dの順序として正しいものを、以下の①～④のうちから一つ選びなさい。解答番号は 17 。

A　ガリバルディが両シチリア王国を占領した。
B　サルディーニャ王国がロンバルディアを獲得した。
C　イタリア王国がヴェネツィアを併合した。
D　マッツィーニの参加するローマ共和国が建設された。

① A → B → C → D
② D → B → A → C
③ B → A → C → D
④ A → D → B → C

問4　下線部（4）に関して、この遠征によるオスマン帝国の混乱に乗じて総督となった人物を次の①～④のうちから一つ選びなさい。解答番号は 18 。

① シモン・ボリバル
② ムハンマド・アリー
③ アフガーニー
④ スレイマン1世

問5　下線部（5）に関連して、1853年にロシアがギリシア正教徒の保護を理由にオスマン帝国に対して始めた戦争の名称を書きなさい。

問6　空欄 a に入る語として、正しいものを次の①～④のうちから一つ選びなさい。解答番号は 19 。

① ライプツィヒの戦い（諸国民戦争）
② レパントの海戦
③ プラッシーの戦い
④ フロンドの乱

問7　下線部（6）に関連する記述として、正しいものを次の①～④のうちから一つ選びなさい。解答番号は 20 。

① イギリス議会におけるアイルランド自治法案の成立を強力に後押しした。
② ヴィルヘルム1世を皇帝とするドイツ帝国の成立が取り決められた。
③ オーストリアの外相メッテルニヒが議長となり主導した。
④ イタリアを中心に列強の勢力の均衡が保たれた状態は「パクス・ロマーナ」と呼ばれた。

問8　空欄 [b] に入る適切な語を書きなさい。

問9　下線部（7）に関連して、1833年にイギリスで労働条件の改善のために制定された法律を漢字で書きなさい。

問10　下線部（8）に関連して、作家とその作品名の正しい組み合わせを次の①～⑥のうちから一つ選びなさい。解答番号は [21]。

① ゲーテ『ファウスト』　ユゴー『レ・ミゼラブル』　ドストエフスキー『罪と罰』
② ゲーテ『ファウスト』　ユゴー『レ・ミゼラブル』　ドストエフスキー『戦争と平和』
③ ゲーテ『レ・ミゼラブル』　ユゴー『ファウスト』　ドストエフスキー『罪と罰』
④ ゲーテ『レ・ミゼラブル』　ユゴー『戦争と平和』　ドストエフスキー『ファウスト』
⑤ ゲーテ『罪と罰』　ユゴー『レ・ミゼラブル』　ドストエフスキー『戦争と平和』
⑥ ゲーテ『罪と罰』　ユゴー『ファウスト』　ドストエフスキー『レ・ミゼラブル』

〔Ⅳ〕　次の文章を読み、以下の問いに答えなさい。

仏教は(1)隋代に栄え、601年には文帝が全国各地に舎利塔を建立させた。(2)唐代には、太宗、高宗、(3)則天武后の庇《ひ》護により仏教の地位は確固たるものになり、唐の都である [a] に堂々たる僧院が築かれた。……(中略)……

中国には仏典がなく、新興の宗教である仏教は書物による基盤を欠いていた。この問題を解消するため、外国の僧が中国に招かれた。たとえば、4世紀後半から5世紀初に活躍したクチャ（現在のカシミール近く）出身の学者である [b] は300の仏典を携えて中国の宮廷に赴き、中国語への翻訳を指揮し、『法華経』『阿弥陀経』『維摩経』など多数の仏典を漢訳した。中国の巡礼者たちも、仏教の知識と書物を旅から持ち帰った。そうした巡礼者のうち、最も広く知られている(4)玄奘は、(5)インドの [c] 僧院で過ごした5年を含め、16年を巡礼の旅に費やし、母国へ持ち帰ったたくさんの仏典のうち73を翻訳した。

アラブからの侵攻により巡礼路の西側が遮断されると、インドへの巡礼の旅に出る中国の仏教徒たちは新たな障害に直面した。インドへ向かう旅人たちは、より危険で時間のかかる海路をとらざるをえなくなった。このルートを通った有名な巡礼者が、仏僧の(6)義浄である。義浄は25年に及ぶ外国生活のすえに、400を超える仏典を中国に持ち帰った。

国内では、仏教に対する姿勢が硬化しつつあった。840年代までに26万人もの仏僧や尼を抱えるようになった仏教施設の富は、伝統的な儒教を信奉する官僚の嫉妬心をかき立てた。750年代の(7)安史の乱以後、唐の皇帝たちは仏教も含めた国外の影響に対し閉鎖的になっていった。

（佐川英治・岸本美緒監修『ビジュアル大図鑑 中国の歴史』東京書籍より、一部改変）

問1　下線部（1）に関する記述として、**誤っているもの**を次の①～④のうちから一つ選びなさい。解答番号は [22]。

① 北周の軍人出身である楊堅が建国した。
② 九品中正を廃止し、試験によって広く人材を求める科挙の制度をつくった。
③ 第2代皇帝の煬帝は高句麗遠征を3回行ったが、いずれも失敗した。
④ 黄河と大運河の接点にある開封に都をおいた。

問2　下線部（2）に関する記述として、**誤っているもの**を次の①～④のうちから一つ選びなさい。解答番号は 23 。

① 隋の制度を受け継ぎ、律・令・格・式からなる律令を完成させた。

② 征服した地は藩部とよばれ、理藩院の監督のもとで間接統治が行われ、各地域の実情に合わせた自治が認められた。

③ 都には、仏教寺院のほかに、景教（ネストリウス派キリスト教）・祆教（ゾロアスター教）・マニ教の寺院もつくられた。

④ 中央には三省（中書省・門下省・尚書省）・六部（吏・戸・礼・兵・刑・工）や御史台などの中央官制を設けた。

問3　下線部（3）に関する記述として、**誤っているもの**を次の①～④のうちから一つ選びなさい。解答番号は 24 。

① 中国史上唯一、女性で帝位についた。

② 科挙官僚を積極的に登用した。

③ 張騫を西域に派遣した。

④ 国号を周と改めた。

問4　空欄　a　に入る地名を漢字で書きなさい。

問5　空欄　b　に入る人名として、正しいものを次の①～④のうちから一つ選びなさい。解答番号は 25 。

① 謝霊運

② 法顕

③ 鳩摩羅什

④ 顧愷之

問6　下線部（4）が著したインド旅行記の名称を漢字で書きなさい。

問7　下線部（5）に関連して、7世紀のインドに関する記述として、正しいものを次の①～④のうちから一つ選びなさい。解答番号は 26 。

① グプタ朝がおこり、チャンドラグプタ2世の時に最盛期を迎えた。

② ハルシャ王がヴァルダナ朝をおこして北インドの大半を支配した。

③ ムガル帝国がラージプート諸国を平定し、北インドを統一した。

④ ガズナ朝にかわってゴール朝が北インドにイスラーム支配の基礎をきずいた。

問8　空欄　c　に入る適切な語をカタカナで書きなさい。

問9　下線部（6）がインドへの往復の途中で滞在した、スマトラ島のパレンバンを中心に海上交易を支配して繁栄していた王国の名称を書きなさい。

問10　下線部（7）に関連して、次の記述中の空欄［ア］・［イ］に入る語の組み合わせとして、正しいものを以下の①～⑥のうちから一つ選びなさい。解答番号は［27］。

安史の乱は、玄宗の信任を得て3つの［ア］を兼ねていた安禄山とその部将の史思明によりおこされた。唐朝は、玄宗が四川に逃亡する途中で退位するなど苦境にあったが、東突厥を滅ぼし強勢を誇っていた［イ］の援軍を得てこの乱を鎮圧した。しかし、この乱の後、有力な［ア］が地方の行財政の権力を握り独立傾向を示した。

① ア－中正官　イ－契丹（キタイ）
② ア－中正官　イ－ウイグル
③ ア－中正官　イ－柔然
④ ア－節度使　イ－契丹（キタイ）
⑤ ア－節度使　イ－ウイグル
⑥ ア－節度使　イ－柔然

数学

（60分）

解答上の注意

- 以下では，1つの解答番号には1つの数字が対応します．$\boxed{11}$ のように1つの番号が書かれた枠は1桁の数に，$\boxed{12,\ 13}$ のように2つの番号が書かれた枠は2桁の数に対応します．例えば $\boxed{12,\ 13}$ に45と解答したい場合は，解答番号12の解答欄の ④ と，解答番号13の解答欄の ⑤ にマークしてください．

- 分数形で解答する場合，それ以上約分できない形で解答してください．例えば，$\dfrac{2}{3}$ と答えるところを，$\dfrac{4}{6}$ のように答えてはいけません．分数形の解答が整数の場合は分母を1とし，① にマークしてください．

- 係数などが1や0になる場合も省略せずに，① や ⓪ にマーク，あるいは，分数形の場合は $\dfrac{1}{1}$ や $\dfrac{0}{1}$ のように，分母を1とし ① にマーク，分子はそれぞれ ① ⓪ にマークしてください．

- 同一の問題文中に $\boxed{20}$ のような枠が2度以上現れる場合，同じ解答番号は同じ数字に対応します．また，2度目以降は，原則として $\boxed{20}$ のように細字，細枠で表記します．

〔Ⅰ〕　下の図のように，正六角形ABCDEFの辺AFと辺BCの延長線の交点をOとし，線分OEと線分DFの交点をGとする．以下の空欄 $\boxed{1}$ ～ $\boxed{19}$ を正しい数値で埋めなさい．

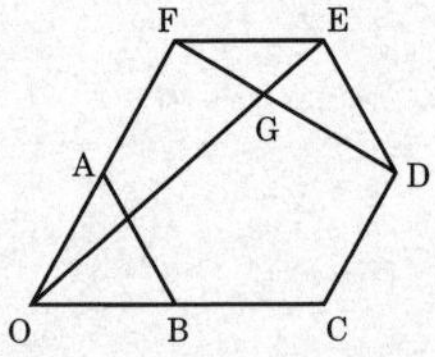

（1）$\overrightarrow{\mathrm{OF}}$ を $\overrightarrow{\mathrm{OA}}$, $\overrightarrow{\mathrm{OB}}$ を用いて表すと，$\overrightarrow{\mathrm{OF}} = \boxed{1}\,\overrightarrow{\mathrm{OA}} + \boxed{2}\,\overrightarrow{\mathrm{OB}}$

（2）$\overrightarrow{\mathrm{AB}}$ を $\overrightarrow{\mathrm{OA}}$, $\overrightarrow{\mathrm{OB}}$ を用いて表すと，$\overrightarrow{\mathrm{AB}} = -\boxed{3}\,\overrightarrow{\mathrm{OA}} + \boxed{4}\,\overrightarrow{\mathrm{OB}}$

（3）$\overrightarrow{\mathrm{OD}}$ を $\overrightarrow{\mathrm{OA}}$, $\overrightarrow{\mathrm{OB}}$ を用いて表すと，$\overrightarrow{\mathrm{OD}} = \boxed{5}\,\overrightarrow{\mathrm{OA}} + \boxed{6}\,\overrightarrow{\mathrm{OB}}$

（4）$\overrightarrow{\mathrm{OG}} = s\overrightarrow{\mathrm{OE}}$（$s$ は実数）とし，$\overrightarrow{\mathrm{OG}}$ を s, $\overrightarrow{\mathrm{OA}}$, $\overrightarrow{\mathrm{OB}}$ を用いて表すと，$\overrightarrow{\mathrm{OG}} = \boxed{7}\,s\overrightarrow{\mathrm{OA}} + \boxed{8}\,s\overrightarrow{\mathrm{OB}}$

（5）$\overrightarrow{\mathrm{OG}} = \overrightarrow{\mathrm{OF}} + t\overrightarrow{\mathrm{FD}}$（$t$ は実数）とし，$\overrightarrow{\mathrm{OG}}$ を t, $\overrightarrow{\mathrm{OA}}$, $\overrightarrow{\mathrm{OB}}$ を用いて表すと，

$\overrightarrow{\mathrm{OG}} = (\boxed{9} - \boxed{10}\,t)\,\overrightarrow{\mathrm{OA}} + \boxed{11}\,t\overrightarrow{\mathrm{OB}}$

（6）（4），（5）より，s, t の値は，$s = \dfrac{\boxed{12}}{\boxed{13}}$, $t = \dfrac{\boxed{14}}{\boxed{15}}$

（7）線分 OG と線分 GE の長さの比を最も簡単な整数比で表すと，OG : GE = $\boxed{16} : \boxed{17}$ である．

（8）線分 FG と線分 GD の長さの比を最も簡単な整数比で表すと，FG : GD = $\boxed{18} : \boxed{19}$ である．

〔Ⅱ〕　点 $(1,2)$ を通り，傾きが a の直線 ℓ と，放物線 $y = x^2$ との交点を A，B とし，その x 座標をそれぞれ α, β（$\alpha < \beta$）とする．また，点 A における放物線 $y = x^2$ の接線と，点 B における放物線 $y = x^2$ の接線の交点を P とする．以下の空欄 $\boxed{20}$ ～ $\boxed{39}$ を正しい数値で埋めなさい．

（1）直線 ℓ の方程式は

$$y = \boxed{20}\,ax - \boxed{21}\,a + \boxed{22}$$

となる．

（2）直線 ℓ と放物線 $y = x^2$ とで囲まれた部分の面積 S を α, β を用いて表すと，

$$S = \frac{\boxed{23}}{\boxed{24}}(\beta - \alpha)^{\boxed{25}}$$

となる．S は，

$$a = \boxed{26}$$

のとき最小となり，最小値は

$$\frac{\boxed{27}}{\boxed{28}}$$

である．

（3）　交点Pの座標を$(x,\ y)$とするとき，x，yをそれぞれα，βを用いて表すと，

$$x = \frac{\boxed{29}}{\boxed{30}}\alpha + \frac{\boxed{31}}{\boxed{32}}\beta,\ y = \boxed{33}\ \alpha\beta$$

となる．さらに，x，yをそれぞれαを用いて表すと，

$$x = \frac{\boxed{34}}{\boxed{35}}\alpha,\ y = \boxed{36}\ \alpha - \boxed{37}$$

となる．

（4）　αの値が変化するとき，点Pは直線

$$y = \boxed{38}\ x - \boxed{39}$$

上を動く．

〔Ⅲ〕　任意の正の実数tに対して定義されている関数$f(t)$が，任意の実数x，yに対して，

$$f(xy) = f(x) + f(y)$$

を満たすとき，次の空欄$\boxed{40}$，$\boxed{41}$，$\boxed{43}$に当てはまるものを解答群Aの①～⓪のうちから，$\boxed{42}$に当てはまるものを解答群Bの①～⓪のうちからそれぞれ1つずつ選びなさい．また空欄$\boxed{44}$を正しい数値で埋めなさい．

（1）　$f(1) = \boxed{40}$

（2）　$f(x^2) = \boxed{41}$

（3）　nを自然数とするとき，$f(x^n) = \boxed{42}$

（4）　xが0でない実数のとき，$f\left(\frac{1}{x}\right) = \boxed{43}$

（5）　任意の実数x，yに対して，$x < y$ならば$f(x) < f(y)$を満たす関数を増加関数という．いま，$f(x)$が増加関数で，$f(2) = 1$であるとき，$0 < f(m) < 3$を満たす整数mの個数は$\boxed{44}$である．

解答群Ａ

①	②	③	④	⑤
1	2	$-f(x)$	$f(x)$	$2f(x)$
⑥	⑦	⑧	⑨	⓪
$\{f(x)\}^2$	$3f(x)$	$\{f(x)\}^3$	$\dfrac{1}{f(x)}$	0

解答群Ｂ

①	②	③	④	⑤
1	2	$-f(x)$	$f(x)$	n
⑥	⑦	⑧	⑨	⓪
$n+f(x)$	$nf(x)$	$\{f(x)\}^n$	$\dfrac{f(x)}{n}$	0

〔Ⅳ〕　$a_1=0,\ a_2=1,\ a_{n+2}+a_{n+1}-6a_n=0\ (n\geqq 1)$ … Ⓐ によって定められる数列 $\{a_n\}$ の一般項を求めたい.

以下の空欄 $\boxed{45}$ 〜 $\boxed{56}$ を正しい数値で埋めなさい.

（1）　漸化式Ⓐは，以下のように２通りに変形できる.

$$a_{n+2}+\boxed{45}\,a_{n+1}=\boxed{46}\,(a_{n+1}+\boxed{45}\,a_n)\ \cdots\ ①$$

$$a_{n+2}-\boxed{47}\,a_{n+1}=-\boxed{48}\,(a_{n+1}-\boxed{47}\,a_n)\ \cdots\ ②$$

（2）　①，②をそれぞれ変形すると，

$$a_{n+1}+\boxed{45}\,a_n=\boxed{49}^{\boxed{50}\,n-\boxed{51}}\ \cdots\ ①'$$

$$a_{n+1}-\boxed{47}\,a_n=(-\boxed{52})^{\boxed{53}\,n-\boxed{54}}\ \cdots\ ②'$$

（3）　①′－②′ より，数列 $\{a_n\}$ の一般項は，

$$a_n=\frac{\boxed{55}}{\boxed{56}}\left\{\boxed{49}^{\boxed{50}\,n-\boxed{51}}-(-\boxed{52})^{\boxed{53}\,n-\boxed{54}}\right\}$$

である.

化学

(60分)

必要があれば、原子量は次の値を使用しなさい。

Cu　64

〔Ⅰ〕　溶液の性質に関する次の問い（問1～4）に答えなさい。
（解答番号 1 ～ 7 ）

問1　非電解質を、次の①～⑥のうちから**二つ**選びなさい。 1 ・ 2

① 塩化ナトリウム　② グルコース　③ 炭酸ナトリウム　④ 酢酸
⑤ エタノール　⑥ 二酸化炭素

問2　アンモニアを水に溶解させた時に生成するイオンの組み合わせを、次の①～④のうちから一つ選びなさい。 3

① NH_4^+ のみ　② NH_4^+ と OH^-　③ H_3O^+ と NH_4^+　④ H_3O^+ と NH_4^+ と OH^-

問3　溶液およびこれに関連する記述として下線部に**誤りを含むもの**を、次の①～④のうちから一つ選びなさい。 4

① 溶質粒子が水分子を引きつける現象を、水和という。
② メチル基やエチル基は、疎水基の一種である。
③ イオン結晶のうち、塩化銀は水に溶けにくい。
④ スクロース水溶液の溶質は、水である。

問4　モル質量が40.0 g/molのある物質4.0 gを水46.0 gにすべて溶解させた水溶液がある。
これに関する問い（a・b・c）に答えなさい。ただし、この水溶液の密度を1.0 g/cm^{3}とする。

a　この水溶液の質量パーセント濃度を、次の①～⑥のうちから一つ選びなさい。 5

① 0.040%　② 0.40%　③ 4.0%　④ 0.080%　⑤ 0.80%　⑥ 8.0%

b　この水溶液のモル濃度を、次の①～⑥のうちから一つ選びなさい。 6

① 0.20 mol/L　② 0.22 mol/L　③ 0.25 mol/L
④ 2.0 mol/L　⑤ 2.2 mol/L　⑥ 2.5 mol/L

c　この水溶液の質量モル濃度を、次の①〜⑥のうちから一つ選びなさい。 [7]

① 0.20 mol/kg　② 0.22 mol/kg　③ 0.25 mol/kg
④ 2.0 mol/kg　⑤ 2.2 mol/kg　⑥ 2.5 mol/kg

〔Ⅱ〕　化学反応に関する次の問い（問１〜４）に答えなさい。
（解答番号 [8] 〜 [12]）

問１　亜硫酸水素ナトリウムに希硫酸を加えたときに発生する気体を、次の①〜⑤から一つ選びなさい。 [8]

① 硫化水素　② 二酸化硫黄　③ 一酸化窒素　④ 水素　⑤ アンモニア

問２　以下の気体の中で、その気体の水溶液がガラスなどのケイ酸塩や石英を腐食させるものを、次の①〜⑤から一つ選びなさい。 [9]

① 塩化水素　② 二酸化硫黄　③ 一酸化窒素　④ フッ化水素　⑤ アンモニア

問３　銅に希硝酸を加えたときに発生する気体を、次の①〜⑤から一つ選びなさい。 [10]

① 硫化水素　② 二酸化窒素　③ 一酸化窒素　④ フッ化水素　⑤ アンモニア

問４　以下の文章で、下線部に**誤りを含むもの**を、次の①〜⑥から**二つ**選びなさい。 [11] ・ [12]

① 硫化水素は腐卵臭があり、毒性が強い。
② アンモニアと塩化水素を反応させると白煙を生じるので、互いの気体の検出に用いられる。
③ 硫酸は、工業的にはオストワルト法により製造される。
④ 一酸化炭素は、酢酸に濃硫酸を加えて加熱すると得られる。
⑤ オゾンは毒性が強く、強い酸化作用を示す。
⑥ 次亜塩素酸と塩素酸を比較すると、塩素酸の方が強い酸である。

〔Ⅲ〕　電池と電気分解に関する次の問い（問１～３）に答えなさい。
（解答番号 [13] ～ [18] ）

問１　電池に関する記述として下線部に**誤りを含むもの**を、次の①～⑥のうちから**二つ**選びなさい。

[13]・[14]

① マンガン乾電池は一次電池である。
② 酸化銀電池は二次電池である。
③ ニッケル－水素電池は二次電池である。
④ ダニエル電池の負極は亜鉛である。
⑤ マンガン乾電池の負極は酸化マンガン(Ⅳ)である。
⑥ 水素－酸素燃料電池の正極では酸素が還元される。

問２　電気分解に関する記述として下線部に**誤りを含むもの**を、次の①～④のうちから一つ選びなさい。 [15]

① 白金電極を用いて塩化カルシウム水溶液を電気分解すると、陽極で塩素が発生する。
② 白金電極を用いて塩化カルシウム水溶液を電気分解すると、陰極でカルシウムが析出する。
③ 黒鉛電極を用いて硝酸銀水溶液を電気分解すると、陽極で酸素が発生する。
④ 黒鉛電極を用いて硝酸銀水溶液を電気分解すると、陰極で銀が析出する。

問３　陽極に不純物を含む粗銅板を、陰極に純銅板を使用し、硫酸酸性の硫酸銅(Ⅱ)水溶液を 5.00 A の電流で 1.93×10^3 秒電気分解した。これに関する問い（a・b・c）に答えなさい。ただし、ファラデー定数を 9.65×10^4 C/mol とする。

a　このような操作を何というか。次の①～④のうちから一つ選びなさい。 [16]

① 電解精錬　② 溶融塩電解　③ イオン交換膜法　④ ハーバー・ボッシュ法

b　陽極では、おもにどのような変化が生じるか。次の①～④のうちから一つ選びなさい。 [17]

① 酸素が発生する。
② 水素が発生する。
③ 銅(Ⅱ)イオンが銅となって析出する。
④ 銅が銅(Ⅱ)イオンとなって溶け出す。

c　析出した銅の質量はいくらか。次の①～④のうちから一つ選びなさい。 [18]

① 6.4 g　② 3.2 g　③ 0.64 g　④ 0.32 g

〔Ⅳ〕　化学平衡に関する次の問い（問1～3）に答えなさい。
（解答番号 19 ～ 23 ）

問1　化学平衡とはどのような状態か。最も適切なものを、次の①～④のうちから一つ選びなさい。 19

① 正反応の反応速度と逆反応の反応速度がいずれも0である状態。
② 正反応の反応速度が逆反応の反応速度よりも大きくなった状態。
③ 正反応の反応速度が逆反応の反応速度よりも小さくなった状態。
④ 正反応の反応速度と逆反応の反応速度が等しくなった状態。

問2　次の反応①～⑥がそれぞれ平衡状態に達しているとき、温度を一定に保ったまま［ ］内の操作を行うと平衡が左向きに移動するものを、**二つ**選びなさい。 20 ・ 21

① N_2（気体）＋ $3H_2$（気体）⇄ $2NH_3$（気体）　［H_2を加える］
② N_2（気体）＋ $3H_2$（気体）⇄ $2NH_3$（気体）　［圧力を低くする］
③ C_2H_4（気体）＋ H_2（気体）⇄ C_2H_6（気体）　［C_2H_4を加える］
④ C_2H_4（気体）＋ H_2（気体）⇄ C_2H_6（気体）　［圧力を高くする］
⑤ CH_3COOH（液体）⇄ CH_3COO^- ＋ H^+　［NaOH(固)を加える］
⑥ CH_3COOH（液体）⇄ CH_3COO^- ＋ H^+　［HClを加える］

問3　体積2.00Lの密閉容器に、水素2.00molとヨウ素2.00molを加えて加熱し、一定温度に保つと化学平衡の状態に達し、ヨウ化水素が1.60mol生成した。これについて、問い（a・b）に答えなさい。

a　平衡時に存在するヨウ素の物質量を、次の①～⑤のうちから一つ選びなさい。 22

①　0.80mol　②　1.00mol　③　1.20mol　④　1.60mol　⑤　1.80mol

b　この温度における平衡定数を、次の①～⑤のうちから一つ選びなさい。 23

①　0.444　②　0.640　③　1.11　④　1.78　⑤　2.00

〔Ｖ〕　以下のア～オの示性式ないしは簡略化された構造式を有する脂肪族化合物に関する次の問い（問１～５）に答えなさい。

（解答番号 24 ～ 30 ）

ア　CH_3-CH_2-OH　　イ　CH_3-COOH　　ウ　C_2H_5-O-C_2H_5　　エ　CH_3-CO-CH_3
オ　CH_3-COO-C_2H_5

問１　130～140℃に加熱した濃硫酸に、アの化合物を少しずつ加えると生成する化合物を、次の①～④から一つ選びなさい。 24

①　イ　　②　ウ　　③　エ　　④　オ

問２　ア～エの化合物のうちの２つの化合物を混合し、濃硫酸を少量加えて加熱すると、オの化合物が得られる。この２つの化合物の組み合わせとして正しいものを、次の①～⑤から一つ選びなさい。 25

①　アとイ　　②　アとウ　　③　アとエ　　④　イとウ　　⑤　イとエ

問３　CH_3-CH_2-CHO と構造異性体の関係にあるものを、次の①～⑤から一つ選びなさい。 26

①　ア　　②　イ　　③　ウ　　④　エ　　⑤　オ

問４　ア～オの化合物の中で、ヨードホルム反応を呈するものを、次の①～⑤から**二つ**選びなさい。

27 ・ 28

①　ア　　②　イ　　③　ウ　　④　エ　　⑤　オ

問５　以下の文章で、下線部が**誤っているもの**を、次の①～⑥から**二つ**選びなさい。 29 ・ 30

①　アの化合物は、工業的にはエチレンに水を付加して作られる。
②　アの化合物とウの化合物は互いに同素体の関係にある。
③　イの化合物は、炭酸水素ナトリウムと反応して、二酸化炭素を発生する。
④　ウの化合物は、水溶液中でわずかに電離し弱酸性を示す。
⑤　エの化合物は、酢酸カルシウムを乾留することにより得られる。
⑥　オの化合物を塩基を用いて加水分解する反応をけん化と呼ぶ。

■生物■

(60分)

〔Ⅰ〕　バイオテクノロジーに関する次の文章ＡおよびＢを読んで、以下の問いに答えなさい。

Ａ　ある真核生物のもつ特定の遺伝子を取り出して大腸菌で発現させる場合、染色体DNAから直接遺伝子を単離するのではなく、まず$_1$mRNAを鋳型として相補的な塩基配列をもつDNAを合成する。これは、真核生物では［　a　］ためである。そして、相補的なDNAをもとに、発現させたい遺伝子のみを試験管内で増幅する。このときに用いられる方法が$_2$PCR法である。PCR法では、$_3$２本鎖DNAの１本鎖への分離、プライマーの鋳型鎖への結合、プライマーを起点としたDNAの合成の３つの反応を１サイクルとし、これを繰り返すことで目的のDNA領域を多量に複製する。

問１．上の文章中の下線部１について、この反応を触媒する酵素の名称として最も適切なものを以下の①～⑤の中から一つ選びなさい。解答番号は［1］。

① DNAリガーゼ
② DNAヘリカーゼ
③ DNAポリメラーゼ
④ 逆転写酵素
⑤ RNAポリメラーゼ

問２．上の文章中の空欄［　a　］に入る語句として、最も適切なものを以下の①～④の中から一つ選びなさい。解答番号は［2］。

① エキソンがイントロンによって分断されている
② エキソンもイントロンもアミノ酸を指定する
③ エキソンの塩基が置換する
④ イントロンの塩基が置換する

問３．上の文章中の下線部２について、PCR法では増幅させたい領域の両末端と相補的な塩基配列をもつプライマーを用いて、繰り返し複製させる。いま、下図のようなプライマーＸとプライマーＹとを用いたPCR法の反応において、増幅されるDNA断片として最も適切なものを以下の①～⑤の中から一つ選びなさい。ただし、①～⑤は、DNA断片の両末端について、２本鎖のうち一方のみを示し、他方の鎖は省略している。また、・・・・の部分にはプライマーＸおよびプライマーＹと同じ塩基配列も相補的な塩基配列も存在しない。解答番号は［3］。

プライマーX 5'-GCACCTTCAT-3'

プライマーY 5'-ATATGATACG-3'

図 プライマーの塩基配列

① 5'-GCACCTTCAT・・・・TATAGTATGC-3'

② 5'-CGTGGAAGTA・・・・TATAGTATGC-3'

③ 5'-ATATGATACG・・・・GCACCTTCAT-3'

④ 5'-GCACCTTCAT・・・・ATATGATACG-3'

⑤ 5'-GCACCTTCAT・・・・CGTATCATAT-3'

問4．上の文章中の下線部3について、PCR法の1サイクルにおいて、反応温度を変化させる順番として最も適切なものを以下の①～⑥より一つ選びなさい。解答番号は［4］。

① 55℃ → 72℃ → 95℃　② 55℃ → 95℃ → 72℃

③ 72℃ → 55℃ → 95℃　④ 72℃ → 95℃ → 55℃

⑤ 95℃ → 55℃ → 72℃　⑥ 95℃ → 72℃ → 55℃

B　ある生物の特定の遺伝子を人為的に別のDNAに組み込むことを遺伝子組換えという。遺伝子組換えでは、DNAを特定の塩基配列で切断する酵素である［ b ］やDNAを連結する酵素である［ c ］、遺伝子を運ぶベクターとして$_4$プラスミドなどが用いられる。

大腸菌に目的の遺伝子を導入する場合、PCR法で増幅させたDNA断片の両端を［ b ］で切断する。次に、目的の遺伝子のDNA断片を切断するのに用いた［ b ］でプラスミドを切断する。そして、［ b ］で処理した目的の遺伝子のDNA断片とプラスミドとを混合し、両者を［ c ］を用いて連結する。このようにして作製した目的の遺伝子が組み込まれたプラスミドを大腸菌に導入する。

問5．上の文章中の空欄［ b ］および［ c ］に入る語の組み合わせとして最も適切なものを、以下の①～⑧より一つ選びなさい。ただし、同じ記号には同じ語が入る。解答番号は［5］。

	b	c
①	DNAリガーゼ	DNAポリメラーゼ
②	DNAリガーゼ	DNAヘリカーゼ
③	DNAポリメラーゼ	DNAリガーゼ
④	DNAポリメラーゼ	DNAヘリカーゼ
⑤	制限酵素	DNAリガーゼ
⑥	制限酵素	DNAポリメラーゼ
⑦	DNAヘリカーゼ	DNAリガーゼ
⑧	DNAヘリカーゼ	DNAポリメラーゼ

問6．上の文章中の下線部4に関して、プラスミドに関する記述として適切でないものを以下の①～⑤の中から一つ選びなさい。解答番号は［6］。

① 染色体DNAに比べて、分子量は小さい。
② 環状DNAである。
③ 染色体DNAからは独立して自己増殖する。
④ 1本鎖DNAからなる。
⑤ 細菌などの細胞内で染色体DNAとは別に存在する。

〔Ⅱ〕 同化と異化に関する次の文章AおよびBを読んで、以下の問いに答えなさい。

A　同化には炭酸同化（炭素同化）と${}_1$窒素同化があり、炭酸同化（炭素同化）は光合成と化学合成に大別される。光合成は${}_2$緑色植物が行う光合成と、光合成細菌が行う光合成に分けられる。一方、化学合成は、化学合成細菌が無機物を［　a　］して得たエネルギーを用いて行う炭酸同化（炭素同化）である。

問1．上の文章中の空欄［　a　］に入る語として、最も適切なものを以下の①～⑤より一つ選びなさい。解答番号は［7］。

① 分解　② 貯蔵　③ 合成　④ 酸化　⑤ 還元

問2．上の文章中の下線部1について、植物が行う窒素同化に関する記述として最も適切なものを以下の①～⑤より一つ選びなさい。解答番号は［8］。

① 窒素同化とは、大気中の窒素（N_2）から硝酸イオンを合成することである。
② 窒素同化とは、大気中の窒素（N_2）からアンモニウムイオンを合成することである。
③ 窒素同化とは、アミノ酸からタンパク質を合成することである。
④ 窒素同化とは、アンモニウムイオンから窒素（N_2）を合成することである。
⑤ 窒素同化とは、アンモニウムイオンからアミノ酸を合成することである。

問3．上の文章中の下線部2について、以下の図は緑色植物が行う光合成の反応過程を示す模式図である。図中の空欄［　ア　］～［　エ　］に入る語の組み合わせとして最も適切なものを、以下の①～⑧より一つ選びなさい。解答番号は［9］。

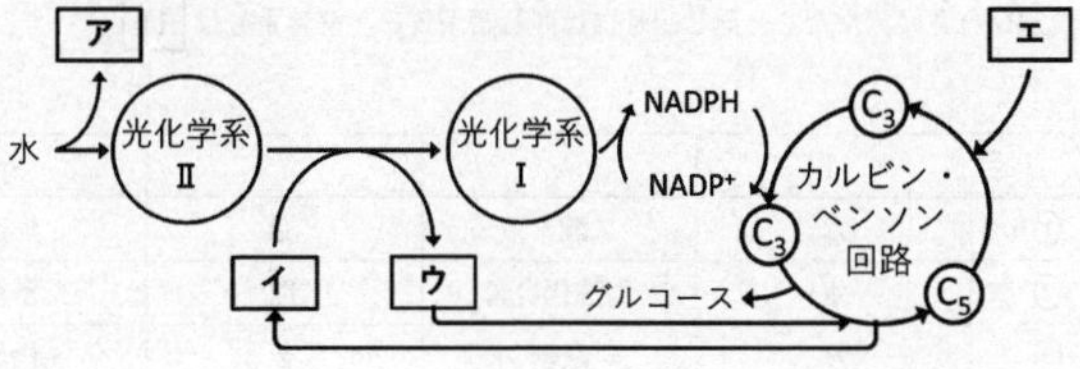

	ア	イ	ウ	エ
①	酸素	$FADH_2$	FAD	二酸化炭素
②	酸素	FAD	$FADH_2$	二酸化炭素
③	酸素	ADP	ATP	二酸化炭素
④	二酸化炭素	$NADP^+$	NADPH	酸素
⑤	二酸化炭素	ADP	ATP	酸素
⑥	水素	ATP	ADP	酸素
⑦	水素	NADPH	$NADP^+$	酸素
⑧	水素	ATP	ADP	二酸化炭素

B　生物は有機物からエネルギーを取り出し、そのエネルギーを用いて様々な生命活動を営んでいる。この有機物からエネルギーを取り出す過程を異化という。異化には酸素を用いてグルコースなどの有機物を無機物にまで分解し、[3]ATP を合成する［ b ］と、酸素を用いずに有機物を分解して ATP を合成する［ c ］がある。［ c ］には[4]乳酸菌などが行う乳酸［ c ］や、酵母菌などが 1 分子のグルコースを［ d ］と［ e ］に分解する過程で［ f ］分子の ATP を生成するアルコール［ c ］がある。乳酸［ c ］と同じ反応は動物の組織内でもみられ、これを［ g ］とよぶ。

問 4．上の文章中の空欄［ b ］および［ c ］に入る語の組み合わせとして最も適切なものを、以下の①～⑥より一つ選びなさい。ただし、同じ記号には同じ語が入る。解答番号は［10］。

	b	c
①	呼吸	光合成
②	呼吸	発酵
③	光合成	呼吸
④	光合成	発酵
⑤	発酵	光合成
⑥	発酵	呼吸

問 5．上の文章中の空欄［ d ］～［ g ］に入る語の組み合わせとして最も適切なものを、以下の①～⑥より一つ選びなさい。ただし、同じ記号には同じ語が入る。解答番号は［11］。

	d	e	f	g
①	水	酸素	38	燃焼
②	水	二酸化炭素	12	解糖
③	水	酸素	2	燃焼
④	エタノール	二酸化炭素	38	解糖
⑤	エタノール	酸素	12	燃焼
⑥	エタノール	二酸化炭素	2	解糖

問６．上の文章中の下線部３の反応に関する次のａ～ｅの記述のうち、適切なものの組み合わせを以下の①～⓪から一つ選びなさい。解答番号は [12]。

ａ．[b] は解糖系、クエン酸回路、電子伝達系の３つの反応過程に分かれており、すべてミトコンドリア内で行われる。

ｂ．解糖系、クエン酸回路、電子伝達系のすべての反応過程において酸素が消費される。

ｃ．NAD^+は、脱水素酵素の補酵素である。

ｄ．電子伝達系でのATP合成は、光リン酸化とよばれる。

ｅ．ATP合成酵素は水素イオンの濃度勾配を利用してATPを合成する酵素である。

① ａ，ｂ　② ａ，ｃ　③ ａ，ｄ　④ ａ，ｅ　⑤ ｂ，ｃ
⑥ ｂ，ｄ　⑦ ｂ，ｅ　⑧ ｃ，ｄ　⑨ ｃ，ｅ　⓪ ｄ，ｅ

問７．上の文章中の下線部４の反応式を下図に示した。反応式中の空欄 [A] および [B] に入る分子式の組み合わせとして最も適切なものを、以下の①～⑥より一つ選びなさい。解答番号は [13]。

[A] ⟶ [B] ＋ エネルギー （2ATP）

	A	B
①	$2C_2H_5OH$	$C_6H_{12}O_6$
②	$2C_2H_5OH$	$2C_3H_6O_3$
③	$2C_3H_6O_3$	$2C_2H_5OH$
④	$2C_3H_6O_3$	$C_6H_{12}O_6$
⑤	$C_6H_{12}O_6$	$2C_3H_6O_3$
⑥	$C_6H_{12}O_6$	$2C_2H_5OH$

〔Ⅲ〕　遺伝子およびその連鎖と組換えに関する次の文章A、B、Cを読んで、以下の問いに答えなさい。

A　染色体に占める遺伝子の位置を［ア］といい、ある特定の［ア］は、相同染色体の同じ位置に存在する。共通の［ア］に存在する異なる遺伝子を［イ］遺伝子という。個体のもつ遺伝子を記号などで表したものを遺伝子型という。［イ］遺伝子のうち、［ウ］性形質を発現させるものを［ウ］性遺伝子、［エ］性形質を発現させるものを［エ］性遺伝子といい、［ウ］性の遺伝子を大文字、［エ］性の遺伝子を小文字で示すことが多い。遺伝子型がAAやaaのような個体を［オ］接合体、Aaのような個体を［カ］接合体という。

問1．上の文章中の空欄［ア］～［カ］に入る語の組み合わせとして最も適切なものを、以下の①～⑥より一つ選びなさい。ただし、同じ記号には同じ語が入る。解答番号は［14］。

	ア	イ	ウ	エ	オ	カ
①	遺伝子座	対立	優	劣	ホモ	ヘテロ
②	遺伝子型	相同	劣	優	ヘテロ	ホモ
③	染色体地図	独立	優	劣	ホモ	ヘテロ
④	遺伝子座	対立	優	劣	ヘテロ	ホモ
⑤	遺伝子型	独立	劣	優	ホモ	ヘテロ
⑥	染色体地図	相同	劣	優	ヘテロ	ホモ

B　動物Xの遺伝子型AaBbの雌雄を交配させたところ、生まれた子の表現型の比が、[AB]：[Ab]：[aB]：[ab]＝33：15：15：1となり、交配に用いた雌雄の染色体ではAとb、aとBの組み合わせで連鎖し、かつ組換えが起こっていると考えられた。

問2．下図は動物Xの交配に用いた雌雄の体細胞における染色体と遺伝子A(a)、B(b)の関係を模式的に示したものである。最も適切なものを、以下の①～⑤の中から一つ選びなさい。解答番号は［15］。

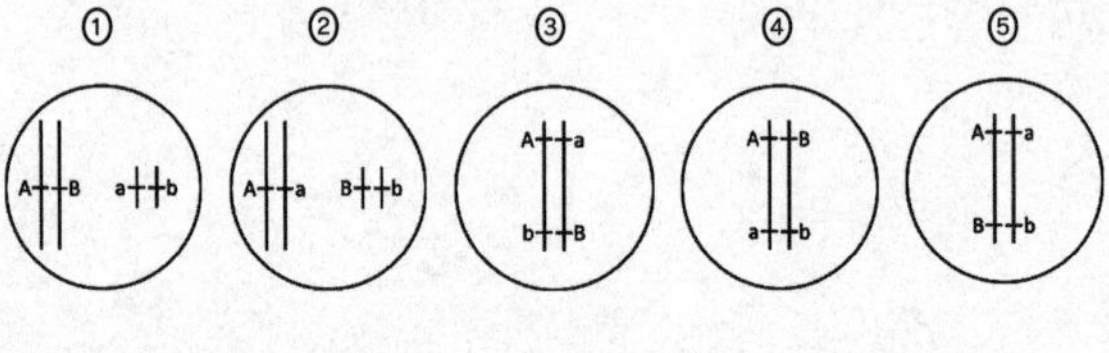

問3．動物XのAaBbの個体がつくる配偶子の比として最も適切なものを、以下の①～⑤の中から一つ選びなさい。ただし、①～⑤では、配偶子の遺伝子型の比をAB：Ab：aB：abの順に示している。解答番号は［16］。

①　3：1：3：1　②　1：3：3：9　③　9：3：3：1　④　3：1：1：3　⑤　1：3：3：1

問4．A(a)-B(b)間の組換え価として最も適切なものを、以下の①～⑤の中から一つ選びなさい。解答番号は［17］。

①　15%　②　20%　③　25%　④　30%　⑤　35%

C　染色体上で遺伝子AとB、aとbが連鎖している動物Yの遺伝子型AaBbの雌雄を交配させたところ、12.5%の組換え価で組換えが起こっていることがわかった。

問5．AaBbの個体がつくる配偶子の比として最も適切なものを、以下の①～⑤の中から一つ選びなさい。ただし、①～⑤では、配偶子の遺伝子型の比をAB：Ab：aB：abの順に示している。解答番号は 18 。

①　4：1：4：1　②　1：4：4：1　③　4：1：1：4　④　7：1：1：7　⑤　1：7：7：1

問6．動物Yの雌雄の交配の結果、生まれる子の表現型の比として最も適切なものを、以下の①～⑤の中から一つ選びなさい。ただし、①～⑤では、表現型の比を［AB］：［Ab］：［aB］：［ab］の順に示している。解答番号は 19 。

①　33：15：15：1　②　177：15：15：49　③　9：3：3：1　④　41：7：7：9
⑤　66：9：9：16

〔Ⅳ〕　地球と生命の歴史に関する以下の問いに答えなさい。

表1．地質時代区分と生物界の変遷

代	※	紀	年代（億年前）	生物界のおもなできごと
新生代	・	第四紀	（ a ）	ヒトの出現
	・	新第三紀		人類の出現
	・	古第三紀	（0.66）	被子植物、哺乳類の繁栄
中生代	①	（ Ⅰ ）		被子植物の出現、恐竜類の絶滅
	②	ジュラ紀		裸子植物、は虫類の繁栄、鳥類の出現
	③	三畳紀	（ b ）	哺乳類の出現
古生代	・	ペルム紀		三葉虫の絶滅
	④	（ Ⅱ ）		木生シダ植物の繁栄、は虫類の出現
	⑤	デボン紀		裸子植物、硬骨魚類、両生類の出現
	⑥	シルル紀		シダ植物の出現、軟骨魚類の出現
	・	オルドビス紀		植物の上陸
	⑦	（ Ⅲ ）	（ c ）	無脊椎動物の爆発的進化、無顎類の出現
先カンブリア時代	⑧		（約10）	多細胞生物の出現
	⑨		（ d ）	真核生物の出現
	⓪		（約27）	シアノバクテリアの出現と繁栄
	・		（約40）	生命の誕生
	・			地球創生

問1．表1の「紀」列の空欄（ Ⅰ ）～（ Ⅲ ）に入る地質時代名の正しい組み合わせを、以下の①～④から一つ選びなさい。解答番号は 20 。

	Ⅰ	Ⅱ	Ⅲ
①	石炭紀	白亜紀	カンブリア紀
②	石炭紀	白亜紀	エディアカラ紀
③	白亜紀	石炭紀	カンブリア紀
④	白亜紀	石炭紀	エディアカラ紀

問2．表1の「年代」列の空欄（ a ）～（ d ）にあてはまる最適な数値を、以下の①～⑨の中からそれぞれ一つ選びなさい。単位は億年とする。解答番号は、（ a ）は 21 、（ b ）は 22 、（ c ）は 23 、（ d ）は 24 。

① 0.010　② 0.026　③ 0.23　④ 1.4　⑤ 2.5
⑥ 3.6　⑦ 5.4　⑧ 約15　⑨ 約21

問3．以下のア～カの組織や器官、生物学的事象はどの時期に最初に現れたと考えられるか。それぞれ表1の※欄の①～⓪の中から一つ選びなさい。解答番号は、アは 25 、イは 26 、ウは 27 、エは 28 、オは 29 、カは 30 。

ア　重複授精　イ　花粉　ウ　酸素発生型光合成
エ　ミトコンドリア　オ　羊膜　カ　脊椎

問4．古生代や中生代の終わりなど、時代の変わり目には地球規模での生物の大量絶滅が起きたと考えられている。生物が大量絶滅した要因には様々なことが考えられるが、以下の①～⑥の項目のうち、地球規模での大量絶滅の要因として不適切なものを二つ選びなさい。解答番号は 31 、 32 で順不同。

① 巨大隕石《いんせき》の衝突　② 火山の巨大噴火　③ 大規模な森林火災
④ 極端な寒冷化などの気候変動　⑤ 恐竜類の繁栄　⑥ 人類の繁栄

〔Ⅴ〕　次の文章を読んで、以下の問いに答えなさい。

渓谷沿いの明るい林道を歩いていると、上から“ツキヒホシ、ホイホイホイ”という美しい野鳥の鳴声が聞こえてきた。声の主を求めて川沿いの森に踏み入ると、そこはうっそうとした照葉樹林であった。林内は薄暗く、川に面した急斜面にシイやカシの大木が生い茂っていた。$_{\text{A}}$しばらくして目が慣れてきたので、私は足を踏ん張って姿勢を保ちながら、$_{\text{B}}$双眼鏡で声の主を探し始めた。しかし、声はすれども姿がなかなか見えない。声の方向を確かめながら探すこと約５分、ついに樹冠を舞う雄のサンコウチョウの姿を捉えることができた。しばし観察した後、メモを取ろうとしてうっかりペンを落としてしまった。$_{\text{C}}$急傾斜に立っていて体がやや谷側に傾いていたせいか、$_{\text{D}}$ペンは私の足下より思った以上に下方の斜面に落ちた。ペンを拾ったとき、林床に美しいコケが群生しているのに気がついた。サンコウチョウはコケや地衣などをクモの巣で編んで巣をつくるという。薄暗い林内で$_{\text{E}}$しゃがみ込んでそのコケを凝視したが、種類までは分からなかった。私はコケを手にして林道に戻ると、逆さまにした双眼鏡をルーペ代わりにしてコケを観察した。野外でのコケ植物の同定には、$_{\text{F}}$明るいところで緑の微妙な色合いの違いを確かめるのが良い。繊細で色鮮やかなそのコケは渓谷林によくみられるキブリナギゴケと思われた。

問１．下線部Ａを説明する以下の文章の、空欄 ア ～ ウ に入る語の組み合わせとして最も適切なものを、下の①～④の中から一つ選びなさい。解答番号は 33 。

明るい林道から急に暗い照葉樹林に入ると、最初は林内の様子がよく見えないがしばらくすると目が慣れて見えてくるようになる。これは ア が収縮することで イ が広がり、眼の中に入る光の量が増えるためである。また、時間とともに視細胞の感度が上がることも関係しており、この現象を ウ という。

	ア	イ	ウ
①	瞳孔	虹彩	鋭敏化
②	瞳孔	虹彩	暗順応
③	虹彩	瞳孔	鋭敏化
④	虹彩	瞳孔	暗順応

問２．下線部Ｂを説明する以下の①～⑥の文のうち、適切でないものを二つ選びなさい。解答番号は 34 、35 で順不同。

① 鳥の鳴声はだいたい500～9000 Hz（ヘルツ）なので、ヒトにも十分聞こえる音域である。
② 鳥の鳴声は、外耳道から耳小骨、鼓膜、うずまき管の順に伝わって聴覚として認識される。
③ さえずる鳥の位置は、視覚を除くと左右の耳がとらえる音の強さの違いや時間差などで認識される。
④ さえずりの音の高低は、うずまき管の基部からの距離によって知覚され、距離が遠いほど高い音が知覚される。
⑤ 聴覚はうずまき管内にあるうずまき細管内の、コルチ器にある聴細胞によって感知される。
⑥ 聴覚の中枢は大脳皮質にある。

問３．下線部Ｃを説明する以下の文章の、空欄[エ]、[オ]に入る語の組み合わせとして最も適切なものを、下の①〜④の中から一つ選びなさい。解答番号は[36]。

斜面での体の傾きは、内耳の[エ]にある平衡石（耳石）が重力でずれることによって感知される。その方向や強さは、平衡石が乗っているゼリー状物質の下にある[オ]の動きによって受容される。

	エ	オ
①	前庭	感覚毛
②	前庭	平衡細胞
③	半規管	感覚毛
④	半規管	平衡細胞

問４．下線部Ｄを説明する以下の文章の、空欄[カ]、[キ]に入る語の組み合わせとして最も適切なものを、下の①〜⑥の中から一つ選びなさい。解答番号は[37]。

斜面で体の平衡を保つ際には、姿勢の保持にかかわる様々な[カ]と内耳や眼からの情報とが、中脳や[キ]といった中枢で統合されてはたらく。

	カ	キ
①	傾性	脊髄
②	傾性	小脳
③	定位	脊髄
④	定位	小脳
⑤	反射	脊髄
⑥	反射	小脳

問５．下線部Ｅを説明する以下の文の、空欄[ク]〜[コ]に入る語句の組み合わせとして最も適切なものを、下の①〜⑧の中から一つ選びなさい。なお、同じ記号には同じ語句が入る。解答番号は[38]。

地面の上のコケを這いつくばって見る場合、ヒトの眼の[ク]の周囲を取り巻いている[ケ]が収縮することで、[ク]の厚みが[コ]なり、その結果、焦点距離が短くなって、近くのものを見ることができるようになる。

	ク	ケ	コ
①	水晶体	チン小帯	薄く
②	水晶体	チン小帯	厚く
③	水晶体	毛様筋	薄く
④	水晶体	毛様筋	厚く
⑤	ガラス体	チン小帯	薄く
⑥	ガラス体	チン小帯	厚く
⑦	ガラス体	毛様筋	薄く
⑧	ガラス体	毛様筋	厚く

問６．下線部Ｆに関連して、ヒトが明るいところで色を識別するのはは網膜内のどの細胞のはたらきによるものか。適切な細胞名を下の①～④の中から一つ選びなさい。解答番号は 39 。

①　視神経細胞　　②　桿《かん》体細胞　　③　錐《すい》体細胞　　④　色素細胞

〔Ⅵ〕　生物の関係についての以下の問いＡおよびＢに答えなさい。

Ａ　生物の関係についての以下の問いに答えなさい。

問１．次の文章中の空欄 ア ～ ウ に入る語の組み合わせとして最も適切なものを、下の①～⑧の中から一つ選びなさい。なお、同じ記号には同じ語が入る。解答番号は 40 。

同じ地域に生息する異種の個体群は互いに ア をおよぼし合う関係にあり、生活に必要な様々な資源をめぐって イ が生じている場合が多い。例えば、ともに一年生植物であるソバとヤエナリでは、ソバの方がより高い位置に葉群を展開する傾向があり、同所的に発芽した場合は光をめぐる イ が生じて、ヤエナリはやがて衰退していく。両種の間にみられる現象をとくに ウ という。

	ア	イ	ウ
①	相互作用	種内競争	密度効果
②	相互作用	種内競争	競争的排除
③	相互作用	種間競争	密度効果
④	相互作用	種間競争	競争的排除
⑤	間接効果	種内競争	密度効果
⑥	間接効果	種内競争	競争的排除
⑦	間接効果	種間競争	密度効果
⑧	間接効果	種間競争	競争的排除

問２．以下のア～オについて、それぞれ、①　片利共生、②　相利共生、③　捕食－被食関係のどれにあたるか答えなさい。

ア　アリとアブラムシ　　解答番号は 41 。

イ　テントウムシとアブラムシ　　解答番号は 42 。

ウ　アブラナとモンシロチョウの成虫　　解答番号は 43 。

エ　アブラナとモンシロチョウの幼虫　　解答番号は 44 。

オ　ナマコとカクレウオ　　解答番号は 45 。

Ｂ　以下の図１～図３は２種の野草を用いた栽培実験の結果を示したものである。種Ａおよび種Ｂはヨーロッパの路傍に普通にみられる越年草である。実験ではpHの異なる土壌を入れたポットに、それぞれの種子を単独（図１および図２）または同数混ぜて（図３）まき、同じ期間栽培した後に収穫した。図にはその乾燥重量（バイオマス）を相対値で示した。種Ａは実線、種Ｂは破線で示し、それぞれ２回の繰り返し実験（それぞれ黒線と淡色線で示す）を行った。以下の問いに答えなさい。

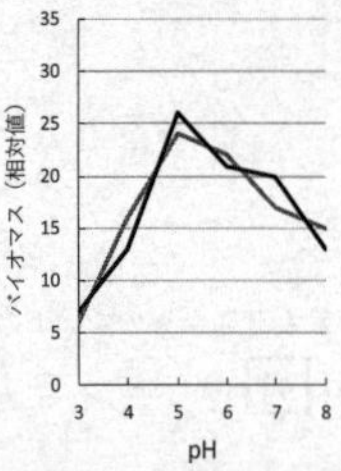

図１．種Ａの単独栽培

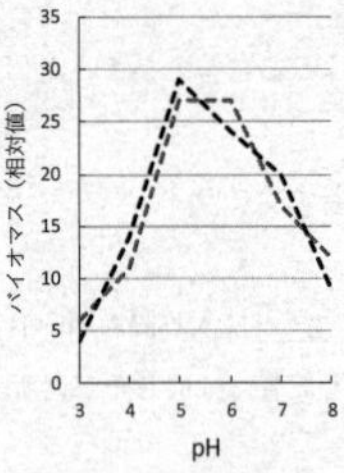

図２．種Ｂの単独栽培

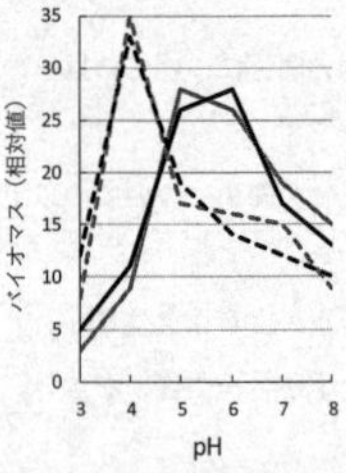

図３．両種の混植栽培

問３．図１および図２の説明として適切なものを以下の①～⑦の中から二つ選びなさい。解答番号は 46 、 47 で順不同。

① どちらの種も弱酸性の土壌で最も成長が良い。
② どちらの種も弱アルカリ性の土壌で最も成長が良い。
③ どちらの種も中性の土壌で最も成長が良い。
④ どちらの種もほぼ同じpH域で成長が良い。
⑤ 成長の良いpH域は両種間で異なっている。
⑥ 種Ａの方が全体的に成長が良い。
⑦ 種Ｂの方が全体的に成長が良い。

問４．図３の説明として適切なものを次の①～⑤の中から二つ選びなさい。解答番号は 48 、 49 で順不同。

① バイオマス（相対値）のピークがより高いので、種Ｂが競争に勝ったといえる。
② 混植栽培においては、２種の野草が成長の良いpH域を棲み分ける傾向が認められる。
③ どちらの種が競争に勝ったかは、この図からはわからない。
④ 単独栽培で成長が良いpH域と混植栽培で成長が良いpH域がほぼ一致しているので、種Ａが競争に勝ったといえる。
⑤ 両種のバイオマスの差が最大となるpH４で種Ｂの方が多いので、種Ｂが競争に勝ったといえる。

楽典

（50分）
（解答省略）

次の楽譜は、シューベルト作曲「アヴェ・マリア」の冒頭部分である。

問題１　①～⑤の２音間の音程を単音程で答え、それぞれの転回音程を答えなさい。
種類(長・短・完全など)と度数を書くこと。

	①	②	③	④	⑤
音程					
転回音程					

問題2　以下の1～5にふさわしいものをa～iから選び、記号で答えなさい。

この楽譜は[1]調である。最初の2小節間は、バスに主音である[2]音が保続された上で和音が移り変わる。点線で囲まれたAの部分は[3]の和音である。3小節目からバス音が動き、Bで示された3拍目で[4]和音の第2転回形、4小節目のCで初めての[5]和音が現れる。

a　ヘ短　b　変ロ長　c　変ロ　d　ニ　e　減七　f　属七　g　長三
h　短三　i　増三

1		2		3		4		5	

問題3　この楽譜の関係調の音階を書きなさい。調号を用いて全音符で1オクターヴ書くこと。
(1)平行調の和声短音階上行形を、アルト譜表に書きなさい。

(2)下属調の上行形を、低音部譜表に書きなさい。

問題4　以下の(1)～(6)にあてはまるものを下のA～Kから選びなさい。
(同じものを2回は使わないこと)

フランツ・シューベルト（1797～1828）はオーストリアの作曲家で、(1)世紀初頭にウィーンで活躍しました。(2) や(3) などの分野でも多くの作品を残していますが、特に歌曲の分野では詩の情景や感情を歌とピアノで巧みに表現する新しいドイツ語歌曲を多く作曲しました。歌曲の分野での代表作には(4)や(5)があります。

「アヴェ・マリア」の本来の曲名は『エレンの歌第3番』ですが、「シューベルトのアヴェ・マリア」と呼ばれ愛唱されるようになりました。冒頭の Sehr langsam はドイツ語で(6)という意味で、静かな祈りをたたえた作品です。

A　18　B　19　C　20　D 交響曲　E ジャズ　F ピアノ曲　G 子供の情景
H　魔王　I　野ばら　J とてもゆっくりと　K 快速に

(1)		(2)		(3)		(4)		(5)		(6)	

ソルフェージュ

聴音

単旋律 1

単旋律 2

和声

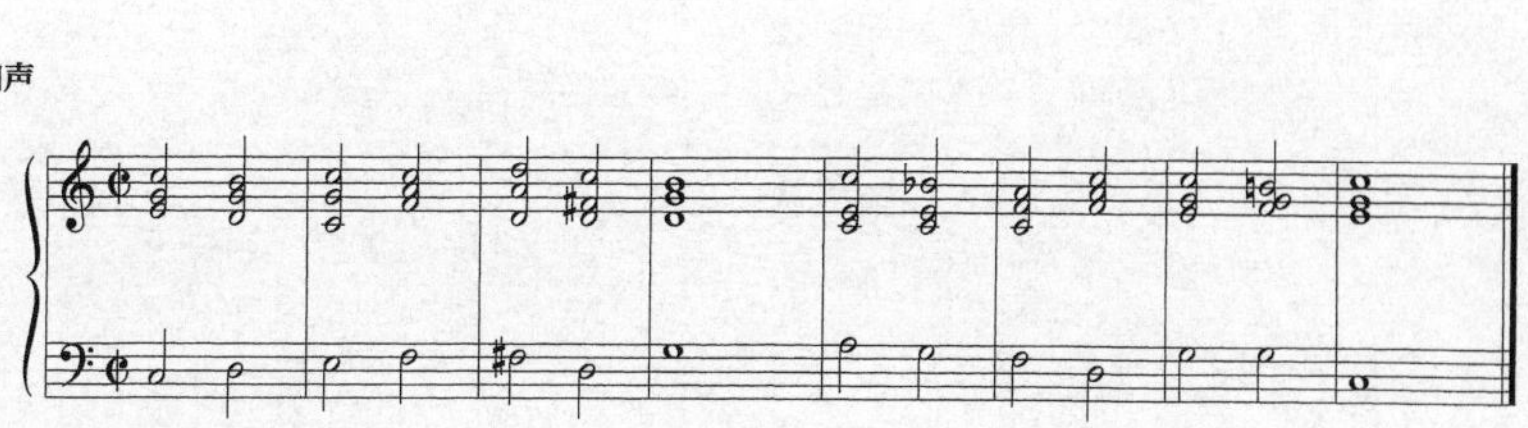

新曲

イ　環境が動作をアフォードすることを強いるために、ドアノブは誰でも簡単に摑める形状になっている。 26

ロ　動物や人間にとって都合のよい体とは、無意識のうちにさまざまな行動がうまくできることを意味する。 27

ハ　人間には個体や種族を保存しようとする欲求が見られるが、ロボットは欲求を持ってはいけないと考えられている。 28

② マルチモーダル統合の研究では、人間の顔の見え方と顔の向きの関係の学習と、果物の見え方と発音される名前の関係を別々に学習する必要があるとされている。

③ マルチモーダル統合の研究は、ロボットを人間に近づけることが狙いとされており、学習の効率化にむけて重要なものと位置づけられている。

④ マルチモーダル統合の研究は、人間が複数のモダリティを同時に認識しているという仮説から始まっており、その仮説を裏づけるような実験が行われている。

⑤ マルチモーダル統合の研究では、個々のモダリティを別々に認識することの難しさを、リンゴを用いて証明しようとしている。

問八　空欄（　ア　）・（　イ　）に入れる語の組み合わせとして最も適当なものを、次の①〜⑥のうちから選びなさい。解答番号は [20]。

① ア　本質　　イ　補助
② ア　基礎　　イ　親和
③ ア　本質　　イ　継続
④ ア　基礎　　イ　継続
⑤ ア　応用　　イ　親和
⑥ ア　応用　　イ　補助

問九　本文中の点線で囲んだ段落の【①】〜【④】の文を正しい順に並べ直し、その順序を示しなさい。解答番号は [21] 〜 [24]。

[21] → [22] → [23] → [24]

問十　傍線部D「アクセス意識」とあるが、それについて述べた一文として最も適当なものを、次の①〜⑤のうちから選びなさい。解答番号は [25]。

① 自我は人間しか持ちえないものだが、人間もそれを本当に持っているかどうかが判断できない。

② 現象的意識が強い人間は、ロボットが「私は」という言葉を使うとアクセス意識を持っていると騙《だま》されてしまう。

③ ロボットは開発途上の段階であり、「私は」という言葉を使うように開発することは至難の業である。

④ 現象的意識とアクセス意識はよく似ているため、人間には二つの違いが区別できない。

⑤ ロボットがアクセス意識を持っている振りをしている場合、人間はそれを見抜くことが困難である。

問十一　次のイ〜ハの文のうち、本文の内容に合致するものには①を、合致しないものには②を、それぞれ選びなさい。解答番号は [26] 〜 [28]。

⑦ 一意専心　⑧ 一致団結　⑨ 一衣帯水
⓪ 一望千里

問四　空欄 X ・ Y に入れるのに最も適当なものを、次の①〜⑥のうちから、それぞれ選びなさい。解答番号は 16 ・ 17 。

X 16　Y 17

① 自由な生活
② 動物との共生
③ その体
④ 頭を使わない状況
⑤ 人間の住む環境
⑥ その瞬間的な状況判断

問五　傍線部Ａ「アフォーダンス」とあるが、それについて説明した次の文の空欄に入れるのに最も適当な表現を、本文中からそれぞれ指定された字数で書き抜きなさい（句読点等も字数に含む）。

アフォーダンスは、環境の構造によって（ア　六字）が引き起こされることを意味しており、その仕組みを利用すれば、（イ　八字）を使わずに複雑な活動ができる。

問六　傍線部Ｂ「マルチモーダル」とあるが、その説明として不適当なものを、次の①〜⑤のうちから選びなさい。解答番号は 18 。

① マルチモーダルは、世界の出来事を実感を持って認識するためには必要不可欠なものであるが、モダリティの統合の仕組みについては解明されていない。
② マルチモーダルは、これまでの研究ではあまり注目されてこなかったが、ディープラーニングの開発によって研究が大幅に進展した。
③ マルチモーダルは、人間が世界を認識する際に利用しているものであり、それによって世界をはっきりと実感することができる。
④ マルチモーダルは、神経細胞の一種であり、人間が「解かった」という感覚を持つために必要なものである。
⑤ マルチモーダルは、人間型ロボットでは、視覚、聴覚、触覚、嗅覚、味覚といった感覚を一つにまとめることを表す。

問七　傍線部Ｃ「マルチモーダル統合の研究」とあるが、それについて述べた一文として最も適当なものを、次の①〜⑤のうちから選びなさい。解答番号は 19 。

① マルチモーダル統合の研究では、効率的に学習することを目標として掲げることで、ロボットが人間らしく振る舞う研究が進展した。

にアクセス意識を持っているのか、単に持っているような振りをしているのかは、外からは区別がつき難い。そのロボットが「私は」という言葉を使えば、いかにも、アクセス意識を持っているかのように感じてしまう。

　このように、現象的意識やアクセス意識は、本当にそのロボットが持っているのかどうかを確かめることは難しい。しかし、意図や欲求を持ち、「私は」と話してきたり、欲求が満たされれば喜んだりするロボットを相手にすれば、多くの人は、そのロボットに意識を感じるわけで、まずは、そうした人に意識を感じさせるロボットを実現し、そこから本当の意識研究に取り組んでいくべきであろう。

（石黒浩『ロボットと人間』　ただし一部変更した箇所がある）

（注）ディープラーニング……深層学習。人間が自然に行うタスクをコンピュータに学習させる機械学習の手法の一つ。

ロボット三原則……アイザック・アシモフのＳＦ小説において、ロボットが従うべきこととして示された三つの原則。

問一　二重傍線部ア～エの片仮名を漢字で書きなさい。

問二　空欄《　a　》～《　c　》に入れる語句の組み合わせとして最も適当なものを、次の①～⑥のうちから選びなさい。解答番号は 11 。

①　a　むろん　b　そのため　c　なおかつ
②　a　ただし　b　つまり　c　それゆえ
③　a　いわば　b　つまり　c　なおかつ
④　a　むろん　b　そして　c　それゆえ
⑤　a　ただし　b　そのため　c　すなわち
⑥　a　いわば　b　そして　c　すなわち

問三　太線部「一目瞭然」とあるが、次のイ～ニは「一」から始まる四字熟語が表す意味である。イ～ニの意味に当てはまる四字熟語を、①～⓪のうちから、それぞれ選びなさい。解答番号は 12 ～ 15 。

イ　他に心を動かされず、ひたすら一つのことに心を集中すること。 12

ロ　一挙に一味の者を残らず捕らえること。 13

ハ　非常に待ち遠しいことのたとえ。ある物事や人が早く来てほしいと願う情が非常に強いこと。 14

ニ　それまでの考えを改め、あることを成し遂げようと決意し、熱心に励むこと。 15

①　一刀両断　②　一念発起　③　一心同体
④　一網打尽　⑤　一件落着　⑥　一日千秋

に、顔がどのような見え方をし、その方向にリンゴと呼ばれる赤い物体があるか、まとめて学習している。《　c　》人間の場合は、それに触ったり、匂いを嗅いだり、味わったりして、二つ以上のモダリティを組み合わせて学習している。

　このようなロボットのマルチモーダル統合の研究は、ロボットをより人間に近づけ、人間と同様に効率的な学習機能を実現するために、非常に重要なのである。

　知能、身体性、マルチモーダル統合は、知的なシステムにおける言わば（　ア　）的な研究開発である。こうした（　ア　）的な研究のうえで実現すべきなのが、意図や欲求である。自律的に行動するロボットを実現するなら、その自律行動を引き起こす、意図や欲求を持たせる必要がある。しかしながら、これまでのロボット研究は、ロボットに意図や欲求を持たせるまでに至っていない。

　意図や欲求をロボットに持たせるには、むろん細心の注意が必要になる。ＳＦ映画にもあるように、ロボットに社会的に許されない間違った意図や欲求を持たせると、人間に危害が及ぶ。一方で、人間に（　イ　）的に関わり、人間を支援するような意図や欲求を持たせることができれば、人間は安心して関わることができる。

　このロボットの欲求をどのように設計するかは、未解決の問題である。人間は生物であるがゆえに、最初から個体保存の欲求と、種族保存の欲求を持っており、それらの欲求に従って行動している。しかしロボットは、必ずしもそれらを持つ必要はない。

【①】果たしてこのロボット三原則に従った設計方針で、適切に活動するロボットは実現できるのだろうか？

【②】かの有名なロボット三原則によれば、ロボットは人間の命を自らの命よりも優先しなければならない。

【③】本当に有効性のあるロボット三原則は、ロボットの実用化に伴いながら、慎重に設計する必要がある。

【④】しかし、このロボット三原則はたいていの製品に当てはまる曖昧な原則でもある。

　意図や欲求を持つロボットが実現できれば、そのロボットとの関わりを通じて、多くの人はロボットに意識を感じるようになると想像する。

　意識には、三段階あり、それらは、カクセイしているという医学的意識、夕日を見て感動する自分に気づくという現象的意識、自分という存在を認識するアクセス意識の三つである。カクセイしているという医学的意識は、ロボットが活動していれば、それだけで多くの人は感じることができる。しかし現象的意識は、かなりやっかいである。本当に感動しているのか、感動している振りをしているだけなのか、外からの観察だけでは判別が難しい。ただ、それがロボットであっても感動している振りをすれば、かなりの人が、ロボットが感動している、きっと人間のような現象的意識を持っているに違いない、と考える可能性はある。

　そして、最も難しいのが、自分という存在を認識するアクセス意識、すなわち、自我である。これも現象的意識に似たようなところがあり、本当に影響を及ぼす、外部記憶のようなものである。それがさらに発展したのが、文字や言葉なのだろう。文字や言葉の起源を考えるうえでも、身体性の問題は興味深い。

Bマルチモーダルとは、複数のモダリティ（感覚）という意味なのだが、人間型ロボットの場合は、視覚、聴覚、触覚、嗅覚、味覚などの人間が持つ様々な知覚の統合という意味で用いられる。

これまでの研究では、音声認識や画像認識など、特定のモダリティだけに注目した研究開発が行われてきた。そして、研究分野もそうしたモダリティごとに作られてきた。しかしディープラーニングが発案されて、音声認識や画像認識において、音声をテキストに変換したり、画像とテキストを対応づけたりする技術がウカクダンに進歩し、人間並みの性能を実現できるようになった。《　b　》、研究者の興味も、単一モダリティの研究から、複数のモダリティの研究へと移ってきた。

人間は単一モダリティで世界を認識しているのではなく、常に複数のモダリティを組み合わせていると考えられる。複数の感覚を同時に使うことで世界をありありと認識しているはずである。しかし、まだこの複数のモダリティをどのように組み合わせ、そこからどれほど世界をありありと認識しているのかは、明らかになっていない。

私は、

〈人間は常に二つ以上の感覚を組み合わせて認識することで、世界の出来事を実感を持って認識できている〉

のではないかと考えている。その根拠は、人間の中脳の上丘という部分に、複数の感覚からの刺激が入力された場合にのみ強く反応する神経細胞があることと、そもそも一つのモダリティの情報だけを知覚しても、「解《わ》かった」という感覚は持てないが、同じものに対して複数の感覚で知覚した場合には、「解かった」という感覚を持てるという、自らの実感にある。

一方、工学的にも明らかなマルチモーダル統合のメリットは、学習の効率化にある。Cマルチモーダル統合の研究が始まる以前の学習研究では、特定の物をロボットに認識させるために、個々のモダリティで認識してから、その認識結果を統合していた。例えば、ロボットと人間が相対して座っていて、間にリンゴとミカンが置いてあるとする。人間はロボットに、リンゴのほうを向きながら「リンゴ」と発音し、ミカンのほうを向きながら「ミカン」と発音する。このとき、ロボットは人間の顔の見え方と顔の向きの関係と、見ている果物の名前を学習する必要がある。

マルチモーダル統合以前の学習研究では、人間の顔の見え方と顔の向きの関係の学習と、果物の見え方（色や形）と発音される名前の関係を別々に学習し、後に統合していた。しかし、この学習を全部同時に行うと、学習の効率がカクダンによくなることが解かっている。二つの学習では共通の情報が多く利用されており、二つの学習を同時進行で行ったほうが、情報を効率よく利用できるのである。

おそらく人間も、このような複数のモダリティを同時に認識しているはずである。逆に人間が日常的な環境で何かを学習する場合、一つひとつのモダリティを別々に認識するような状況を作り出すことは困難であり、複数のモダリティを同時に学習するほうがやりやすい。リンゴを覚えるの

〔二〕 次の文章を読んで、後の設問に答えなさい。

動物も人間も、進化の過程で体を環境に適応させてきた。それぞれが住む環境において、都合のよい体を手に入れてきたのである。ここで都合がいいというのは、いちいち環境をていねいに観察し、どのように行動すればいいか深く考えなくても、その体を適当に動かすだけで、なんとなくうまく行動できてしまうということである。動物を見ればそれは一目瞭然で、水中に棲《す》むものは、水中を移動するのに適した体を持ち、陸上に棲むものは、陸上を移動するのに適した体を持つ。そして空を飛ぶものは、飛ぶことに適した体を持っている。

人間の体も同様に、X に適するように進化してきた。いろいろな物を手で持ちながら自由に歩き回るのに、非常に都合のよい体になっている。そしてそのような体を持つがゆえに、脳でいちいち深く考えなくても、歩き回ったり、物を持ち上げたりすることができる。

また一方で、人間は Y に適するように、住む環境を作り変えることもでき、体に合った家や家具を作って日常的に利用している。例えば、ドアノブは、それをどのように摑《つか》むのかいちいち考えなくても、誰もが簡単に摑める形状になっている。誰もが瞬時にドアノブを摑んで、ドアを開けることができるのである。これは「アフォーダンス」と呼ばれる。環境の構造に応じて、瞬時に反射的に行動できることを、環境が動作をアフォードする（誘発する）と考えるのである。

《　a　》このアフォーダンスとは、環境が人間に無理矢理何かをさせるということではない。人間には、環境の特定な構造に対して、無意識に反応してしまう反射行動がたくさんあり、その反射行動が起動されると、まるで環境によってその行動が誘発されたように感じるということである。

いずれにしろ重要なのは、高度な知覚や思考に頼らずとも、環境に適応した体や、反射行動の仕組みがあれば、複雑な環境で自由に活動できるということである。

〈体が環境との関わりの中で、高度な知覚や思考にヒッテキする問題を解いている〉

これが身体を使って行動するということの意味であり、身体性である。またこの身体性は、

〈体は環境という外部記憶にアクセスする手段〉

という考えを生み出す。

人間の体は、環境に適応して作られたり、人間は環境を自分の活動に都合よく作り変えたりしている。そして人間はその環境の中で、反射的な行動をもとに体を動かし、高度に複雑な活動を実現している。すなわち、環境が外部記憶で、体がそこから記憶を読み出し、活動を生み出す装置だと考えることができる。

人間はドウクツに住んでいた時代から、壁画を描いていたが、壁画を描くという行為は環境を作り変える行為であり、またその壁画は人間の行動

Ｂ　弓矢の道こそあらめ、歌さへ無双なりけるや　[7]

①　武道はそれなりであったが、和歌の方面では秀でていることだな
②　武道では劣っていたが、和歌については素晴らしい知識があることよ
③　弓をひく腕力は、歌を詠み記す力と同じ程度でそこそこのものであったのだな
④　武道ではもちろんのこと、和歌の道でも並ぶ者がいないほど優れていることよ
⑤　武士として生きる上では、和歌も詠めてこそ一人前であることよ

問七　傍線部Ⅳ「この由かくと語りければ」とあるが、ここで語った内容として最も適当なものを、次の①～⑤のうちから選びなさい。解答番号は [8]。

①　手紙の内容によって本心を見透かされたと思った女は、好意的な様子で侍従の局に対応した。
②　手紙を見たことにより態度が変わった女は、侍従の局に返事のことばを伝えた。
③　無理に手紙を読まされたことで気分を害した女は、促されて侍従の局に返事を託した。
④　手紙の内容に衝撃を受けた女は、心の動揺が抑えられず返事を最後まで言い切れないままであった。
⑤　手紙の内容に心を動かされた女は、返事を侍従の局にすべて任せて自身は奥に入った。

問八　傍線部Ⅴ「返事」とあるが、それについて述べた一文として不適当なものを、次の①～⑤のうちから選びなさい。解答番号は [9]。

①　「重きが上の小夜衣」ということばは、『新古今和歌集』に入る和歌の一部を引用したものである。
②　女は初めから師直に好意をもっていたが、世間体を考え最後まで好意的な素振りを見せることはなかった。
③　『新古今和歌集』の和歌は、自分の妻以外の女との共寝を戒めるという内容である。
④　公義の代作歌によって恋心を伝えた師直に対して、女は既存の和歌の一部を用いて自身の心を伝えた。
⑤　公義は、表立ってではないが師直の恋心を受け入れることばであると説明した。

問九　太線部「兼好」について、以下の問いに答えなさい。

（Ⅰ）　彼の著名な随筆作品を漢字で正しく書きなさい。

（Ⅱ）　随筆というジャンルに分類される古典文学作品を、次の①～⑤のうちから選びなさい。解答番号は [10]。

①　奥の細道　　②　発心集　　③　方丈記
④　沙石集　　⑤　無名草子

④ 師直が使者の思いやりを理解できなかったこと。

⑤ 師直の今回の手紙もまた無駄になったこと。

ii 3

① 師直が女のことばの真意を理解できなかったこと。

② 権力者らしく装束の数で女の気を引こうとする師直の態度。

③ 師直の発言に含まれる「衣」の縁語やしゃれ等のことば遊び。

④ 師直が公義に心を寄せた女のふるまいに気が付かないこと。

⑤ 使者が初めて返書を持ち帰ったことに平常心を失った師直の様子。

問四　空欄 X に入れるのに最も適当なものを、次の①〜⑤のうちから選びなさい。解答番号は 4 。

① 金にひかれぬ

② 剛力をたのまぬ

③ 文を好む

④ 恋になびかぬ

⑤ 老いをいとふ

問五　傍線部Ⅲ「歌ばかり」とあるが、そのようにした理由として最も適当なものを、次の①〜⑤のうちから選びなさい。解答番号は 5 。

① 文章ではどのように書いても恋心を伝えることは難しいから。

② 返された手紙に書きつけるには和歌がふさわしいから。

③ 重々しい文章では相手の心を動かすことはできないから。

④ すでに何度も手紙を送っているので趣向を変える必要があるから。

⑤ 歌ことばの美しさは頑固な態度を和らげるものであるから。

問六　波線部Ａ・Ｂの解釈として最も適当なものを、次の各群の①〜⑤のうちから、それぞれ選びなさい。解答番号は 6 ・ 7 。

Ａ　何とか謂はまし　6

① いったいどのように言いましょうか

② 何か言いたいことはあるのですが

③ 何か言ってくれまいか

④ なんとそのように言うことがあろうか

⑤ 何を言うべきかわかりません

「重きが上の小夜衣《さよごろも》」とばかり云ひさして、内へぞ入りたまひける。使急ぎ立ち帰り、Ⅳこの由かくと語りければ、師直打ち案じて、「これは、そもそも何事ぞ。比《たと》へば小袖なんどを、あまた重くしてくれよとや。それならば、安き程の事なり。色ある衣の二、三百も裁ち立てて進《まゐ》らすべし」と、のたまひけるこそⅱ笑しけれ。

かかるところに、薬師寺、また所用の事あつて来けるを傍らに呼び寄せて、「かの文をこそ遣はしすましたれ。ただし、Ⅴ返事の様、大いに心得ず。これをば何とか計るべき」と問はれければ、公義手を拍《う》つて、「さる事候ふ。これは新古今の十重《じふぢゆう》第三戒の歌に、『さなきだに重きが上の小夜衣我が妻ならぬつまな重ねそ』と候ふ。その意《こころ》にて候ふなり。これは、はや心の下には、人の心をも哀れと思ひ知りたまひながら、外の人目を憚《はばか》りたまふとこそ覚えて候へ。心ある人ならば、などか思ひも知らざるべき。武《たけ》き心をも和らげ、疎き中をも哀れと思はするは歌にて候ふ物を」と、委細に宣説したりければ、師直大いに悦《よろこ》んで、「あ、御辺はB弓矢の道こそあらめ、歌さへ無双なりけるや。いで引出物《ひきでもの》せん」とて、金《こがね》作りの丸鞘《まるざや》の太刀《たち》自ら取り出して、薬師寺にこそたまひにけれ。兼好はさしもの能書・歌読みなりしかども、その詮《せん》なくて、面目をぞ失ひける。兼好が不祥、公義が好運、栄枯一時に地を替へて、不思議なりし事どもなり。

（『太平記』巻二十一）

（注）紅葉重ね……「襲《かさね》の色目」の一つで色の取り合わせを指す。紅《くれない》と青、赤と濃い赤等の説がある。

桂心……仲立ちをする女性。「桂女」とも。ここでは侍従の局のこと。

十重第三戒……十重禁戒の三番目にあたり、色欲への戒めを指す。

問一　傍線部Ⅰ「御文」とあるが、その説明として不適当なものを、次の①～⑤のうちから選びなさい。解答番号は 1 。

① くどくどと思いのたけを記していた。
② 「紅葉重ね」の薄手の紙を用いていた。
③ 使者は人に見られないように持ち帰った。
④ 過度に香をたきしめ変色し黒味を帯びていた。
⑤ 女は手には取ったが読むことなく捨てた。

問二　傍線部Ⅱ「手書き」とあるが、同じ意味で用いられている表現を四字で書き抜きなさい。

問三　二重傍線部ⅰ・ⅱ「笑しけれ」とあるが、その原因となったこととして最も適当なものを、次の各群の①～⑤のうちから、それぞれ選びなさい。解答番号は 2 ・ 3 。

ⅰ 2

① 師直の度を越した怒りの動作。
② 師直が兼好法師に責任転嫁したこと。
③ 師直の平時とは異なる落ち込んださま。

国語

（六〇分）

〔一〕　次の文章は、夫のいる女（女房）を恋慕した高師直《こうのもろなお》が侍従の局《つぼね》や兼好法師、公義《きんよし》の力を借りてその恋心を女に伝える場面である。読んで、後の設問に答えなさい。

侍従の局少しも謂《い》ひ解くべき心の下紐《したひぼ》ならねば、力なくて立ち帰り、師直にこの由かくと語りければ、聞くにいとど心あくがれて、「さても度重ならば、情に弱る心もなどかなかるべき。文を遣はして見ばや」とて、兼好と云ひける能書の人を呼び寄せて、紅葉《もみぢ》重ねの薄様の、取る手も薫《くゆ》るばかりなるに、人知れぬ心の奥をくれぐれと引き返し引き返し、黒み過ぎてぞ遣はしける。返事遅しと待つところに、使《つかひ》頓《やが》て立ち帰り申しけるは、Ⅰ「御文をば手に取りながら、開けてだに見たまはず。庭に抛《す》てられつるを、人目に懸けじと取つて帰りたるなり」と語りければ、師直大いに気を損じて、「物の用に立たぬ物はⅡ手書きなりけり。今日よりして、その兼好法師、これへ経《へ》廻《めぐ》らすべからず」と、書き手の僻事《ひがごと》の様に忿《いか》られけるこそⅰ笑《をか》しけれ。

かかりけるところに、薬師寺二郎左衛門尉《じょう》公義ふと来けるを、師直傍らに招き寄せ、「ここに文を遣れども返事もせず、けしからぬ程に、気色つれなき女房のあるをば如何《いかが》すべき」と打ち侘《わ》びたまひければ、薬師寺打ち聞きて、この間沙《さ》汰《た》ある事よと思ひければ、打ち案じて、「人皆岩木にて候はず。鳥獣だにも、懸かる道には情けを知らぬ事や候ふ。されば、［ Ｘ ］女、昔より今に至るまで、日本・唐土、いまだ奉《うけたまは》らず候ふ。ただかやうの事には、心を尽くし詞葉《ことば》を費してこそ、また面白き道も候へ。御心長く、今一度文を遣はされて、人の心を御覧候へかし」とて、師直に替《かは》つて文を書きけるが、詞《ことば》をば何《いか》に書くとも、思ふ程の心の色を知らせがたければとて、Ⅲ歌ばかり、

返すさへ手や触《ふれ》けんと思ふにぞ我《わが》文ながら打《うち》もおかれぬ

とおし返し、桂心《なかだち》にこの文を取らせければ、使重ねて持ちて行き、「これこれ御覧ぜよ」とて、引き開き指し置きたりければ、女房歌をつくづくと見たまひて、顔打ち赤めて、大いにはつかし気なる風情にて、文を懐におし入れて、のどやかに内へ入りたまひけるを、桂心事あしからずと思ひければ、袖を引《ひか》へて、「御返事をば如何申すべき」と責めければ、Ａ「何とか謂はまし」と、誠に思《おぼ》しほれたる有様《ありさま》なりけるが、ほれぼれと見かへりて、

解答編

英語

解答　A．(1)—③　(2)—④　(3)—④　(4)—②　(5)—①　(6)—④
(7)—②　(8)—④　(9)—②　(10)—①　(11)—①　(12)—③

B．1．若い時に，楽しむことしか考えていなかったか，消極的過ぎたから。

2．自分に自信が持てるようになる。

C．将来やりたいと思う仕事を何か決めて，その目標を達成するために，自分の教育計画を立てなさい。

D．〈解答例〉The goal I have for my life is to become an interpreter of international conferences. I wish to help people of various nationalities communicate with one another and thus contribute to world peace. The profession, I believe, is meaningful enough to be my lifetime job. I know the hard effort needed to realize this dream, but I'll never give up. (50～60 語)

解説　≪人生の目標を持つ大切さ≫

A．(1)remote「(時間的に) 遠い，はるか先の」に最も近い意味は③distant である。

(2)直前の 2 文「今や年老いて死んでゆくのであり，自分たちの目標を達成することはできない。今では自分たちの夢をかなえることは決してできない」に続く内容を考える。④「なんと悲劇的であろうか」が適切である。①「なんと自動的か」 ②「なんと素晴らしいことか」 ③「なんと神秘的か」

(3)④until が入れば「手遅れになるまで待つな」，すなわち「ぐずぐずして手遅れになってはならない」となり文意が成立する。

(4)a future を先行詞とする関係代名詞 which である。②in which なら「自分がすでに年老いて死んでしまった未来」となり，修飾関係が成立する。

⑸並べ替えた箇所の語順は “was it like to” で，「40 歳や 50 歳や 60 歳はどのようなものだったか」が文意。

⑹income「収入」とほぼ同意なのは④「給料」である。①「負債」 ②「利子」 ③「融資」

⑺この文の主語が What であることに注目する。次の文（What was not satisfying about it?）も同じく What が主語となっていることがわかる。したがって，過去の他動詞②satisfied が入れば「その想像した人生に関して何があなたを満足させたか」となって適切である。

⑻「その人生に対する備えをするために今何ができるか」が本文の文意であるから，to は目的を表す不定詞 to *do* の用法である。④「彼らは，その計画を承認するためにすぐに投票した」が適切である。

①「どこに住むかを決めるのはそう容易ではない」 疑問詞につく名詞用法。

②「彼はその絵を買いたいと強く思った」 be anxious to *do*「～したくてたまらない」

③「この問題に関して私を助けてくれる人がいない」 名詞を修飾する形容詞用法。

⑼下線部は「しかしながら，人生を流されて生きることは，深い絶望を結果的にもたらす」が文意。drift「流される，漂流する」 lead to ～「結果的に～をもたらす」 この文で著者が示唆していることは，②「人生に目的がなければ悲しい思いをすることになるだろう」である。

①「人生で流されれば幸せになれるだろう」

③「さまよえば人生で明確な目的を享受するだろう」

④「流されることで，日々多くのささやかな成功をおさめるだろう」

⑽drifting が目的語であるから，動名詞を目的語にとる①avoid「避ける」が意味的にも適切である。

⑾「富士山登頂に成功した人々」を指す they であるから，この段落で取り上げられている①cancer patients「がん患者たち」を指している。

⑿短い人生の終わりに後悔をしないために明確な生涯目標を設定することが大切である，という主旨の文章であるから，③「満足な人生のために明確な目的を持つことが大切である」が適切である。

①「学校生活を流されて過ごし，好きなことを知ることが大切である」

②「大きな目的よりも身近な目的に焦点を当てることが大切である」
④「富士山に登るためには一つの目標を設けることが大切である」

B．1．「本文によれば，病院に入院している老人たちは，なぜ目標を設けなかったのか，あるいは自分たちの目標を達成できなかったのか」
病院の老人たちを調査したことは，第2段に述べられている。第4文（They were thinking…）が彼らから聞いた理由である。若い頃のことなので，それを加えて解答するとよい。

2．「著者によれば，身近な目標を知りそれらを達成することに成功すると何が起こるか」
第7段第2文（When we know…）に，we develop confidence in ourselvesとある。confidence in～「～に対する自信」

C．命令文であること，およびyou might like to do in the futureがsome workを修飾していることに着目する。decide on～「～を決める」

D．自分の生涯の目標を，指定語数内で一段落の文章にして答える条件作文問題。本文を写したり，リストをつくったりすることはできない。書きやすい内容を選んで具体的に書くようにする。〈解答例〉では，国際会議の通訳になることを目標とし，世界平和への貢献を願うとしている。

日本史

Ⅰ　解答　≪律令税制と土地政策，中世の社会と経済≫

問1．班田収授　問2．②　問3．墾田永年私財法　問4．③
問5．③　問6．惣　問7．④　問8．③　問9．①　問10．③

出典追記（問5の②）：© 平等院，（問5の④）：鹿苑寺蔵

Ⅱ　解答　≪江戸時代の大坂≫

問1．石田三成　問2．③　問3．①　問4．④　問5．西廻り
問6．④　問7．②　問8．②　問9．徳川家茂　問10．①

Ⅲ　解答　≪自由民権運動，近代日本の対外進出≫

問1．①　問2．②　問3．①　問4．欽定憲法　問5．②
問6．②　問7．③　問8．二十一カ条の要求　問9．②
問10．シベリア出兵

Ⅳ　解答　≪近現代の社会と戦争≫

問1．③　問2．③　問3．②　問4．靖国神社　問5．平和主義
問6．④　問7．非核三原則　問8．③　問9．②　問10．④

世界史

Ⅰ　解答　≪西洋古代史≫

問１．④　問２．ヒッタイト　問３．④　問４．③　問５．④
問６．カエサル　問７．①　問８．ポエニ戦争　問９．②　問10．④

Ⅱ　解答　≪神聖ローマ帝国，奴隷貿易≫

問１．③　問２．ウルバヌス２（世）　問３．金印勅書　問４．③
問５．④　問６．④　問７．主権国家　問８．③　問９．②　問10．④

Ⅲ　解答　≪ナポレオンの時代≫

問１．③　問２．④　問３．②　問４．②　問５．クリミア戦争
問６．①　問７．③　問８．ロマン　問９．工場法　問10．①

Ⅳ　解答　≪中国仏教史≫

問１．④　問２．②　問３．③　問４．長安　問５．③
問６．大唐西域記　問７．②　問８．ナーランダー
問９．シュリーヴィジャヤ王国　問10．⑤

数学

Ⅰ　解答　≪ベクトル，線分の交点，線分の長さの比≫

(1) $\boxed{1}$ 2　$\boxed{2}$ 0

(2) $\boxed{3}$ 1　$\boxed{4}$ 1

(3) $\boxed{5}$ 1　$\boxed{6}$ 2

(4) $\boxed{7}$ 2　$\boxed{8}$ 1

(5) $\boxed{9}$ 2　$\boxed{10}$ 1　$\boxed{11}$ 2

(6) $\boxed{12}$ 4　$\boxed{13}$ 5　$\boxed{14}$ 2　$\boxed{15}$ 5

(7) $\boxed{16}$ 4　$\boxed{17}$ 1

(8) $\boxed{18}$ 2　$\boxed{19}$ 3

Ⅱ　解答　≪直線の方程式，面積とその最小値，直線の交点の座標，軌跡≫

(1) $\boxed{20}$ 1　$\boxed{21}$ 1　$\boxed{22}$ 2

(2) $\boxed{23}$ 1　$\boxed{24}$ 6　$\boxed{25}$ 3　$\boxed{26}$ 2　$\boxed{27}$ 4　$\boxed{28}$ 3

(3) $\boxed{29}$ 1　$\boxed{30}$ 2　$\boxed{31}$ 1　$\boxed{32}$ 2　$\boxed{33}$ 1　$\boxed{34}$ 1　$\boxed{35}$ 2　$\boxed{36}$ 1　$\boxed{37}$ 2

(4) $\boxed{38}$ 2　$\boxed{39}$ 2

Ⅲ　解答　≪関数の性質≫

(1) $\boxed{40}$ー⓪

(2) $\boxed{41}$ー⑤

(3) $\boxed{42}$ー⑦

(4) $\boxed{43}$ー③

(5) $\boxed{44}$ 6

Ⅳ 解答 ≪隣接3項間漸化式≫

(1) 45 3　46 2　47 2　48 3

(2) 49 2　50 1　51 1　52 3　53 1　54 1

(3) 55 1　56 5

化学

Ⅰ　解答　≪溶液の性質≫

問１．②，⑤（順不同）

問２．②

問３．④

問４．ａ－⑥　ｂ－④　ｃ－⑤

Ⅱ　解答　≪無機化合物の反応≫

問１．②

問２．④

問３．③

問４．③，④（順不同）

Ⅲ　解答　≪電池と電気分解≫

問１．②，⑤（順不同）

問２．②

問３．ａ－①　ｂ－④　ｃ－②

Ⅳ　解答　≪化学平衡≫

問１．④

問２．②，⑥（順不同）

問３．ａ－③　ｂ－④

V 解答 ≪脂肪族化合物の性質≫

問1．②

問2．①

問3．④

問4．①，④（順不同）

問5．②，④（順不同）

生物

I　解答　≪真核細胞の遺伝子における PCR 法，遺伝子組換え技術≫

問１．④　問２．①　問３．⑤　問４．⑤　問５．⑤　問６．④

II　解答　≪同化と異化の種類，及びその反応過程≫

問１．④　問２．⑤　問３．③　問４．②　問５．⑥　問６．⑨
問７．⑤

III　解答　≪染色体と対立遺伝子，連鎖と組換え≫

問１．①　問２．③　問３．⑤　問４．③　問５．④　問６．②

IV　解答　≪地質時代の区分と生物界の変遷，生物の特徴≫

問１．③
問２．ａ－②　ｂ－⑤　ｃ－⑦　ｄ－⑨
問３．ア－①　イ－⑤　ウ－⓪　エ－⑨　オ－④　カ－⑦
問４．③，⑤（順不同）

V　解答　≪ヒトの刺激に対する反応≫

問１．④　問２．②，④（順不同）　問３．①　問４．⑥　問５．④
問６．③

Ⅵ　解答　≪生物の種間関係，及びこれに関する実験≫

問１．④

問２．ア―②　イ―③　ウ―②　エ―③　オ―①

問３．①，④（順不同）

問４．②，④（順不同）

②「現象的意識が強い人間」が「騙され」が不適。
③「至難の業」ではない。
④「二つの違いが区別できない」が不適。

問十一　イ、第四段落に「環境が人間に無理矢理何かをさせるということではない」とある。
ロ、第七段落に「反射的な行動をもとに体を動かし、高度に複雑な活動を実現している」とある。
ハ、後半でロボットに「意図や欲求」を持たせるにはどのように設計すべきか、またその難しさについて論じている。

問十　⑤

問十一　イ―②　ロ―①　ハ―②

解説

問五　ア、直後に「環境の構造に応じて、瞬時に反射的に行動できること」とある。よって「反射的に行動」という答えが考えられるが、〔解答〕としては第七段落の「反射的な行動」を示した。

イ、第五段落に「高度な知覚や思考に頼らずとも……複雑な環境で自由に活動できる」とある。

問六　①第十一段落の「まだこの複数のモダリティ……明らかになっていない」に合致している。

②第十段落の「ディープラーニングが発案されて……技術がカクダンに進歩し」に合致している。

③第十二段落の筆者の考え方に合致している。

⑤第九段落に「人間型ロボットの場合は……様々な知覚の統合という意味で用いられる」とある。

④第十二段落の「神経細胞」は「複数の感覚からの刺激」にだけ強く反応する脳の細胞の説明で用いられたもので、「マルチモーダル」が「神経細胞」なのではない。

問七　第十六段落で「マルチモーダル統合の研究」が何にとって重要なのかがまとめられていることに着目する。「ロボットをより人間に近づけ、人間と同様に効率的な学習機能を実現するため」とある。それぞれ①「効率的に学習……目標」、②「別々に学習」、④「仮説から始まって」、⑤「リンゴを用いて証明」が不適。

問九　二段落前でロボットに「意図や欲求」を持たせるには「細心の注意」が必要であって、間違った欲求を持たせると人間に危害が及ぶと述べられている。そうならないための縛りが「ロボット三原則」である。「この」や「しかし」に着目すると、最初に来るのは②でまとめられているのは③である。

問十　⑤最後から二段落目の「本当にアクセス意識を持っているのか、単に持っているような振りをしているのかは、外からは区別がつき難い」に合致している。

①「自我」の有無は判断可能。

③は「無理に」「気分を害した」が不適。

④は「衝撃」「動揺」が不適。「云ひさし」たのは、有名な歌の一部を引用することで、相手も当然その歌を知っているはずという前提のもと、その歌の全体の歌意を伝えるという、古文の世界ではよくある返事の仕方である。

⑤は「返事を侍従の局にすべて任せて」が不適。

問八　仲立ちをしていた侍従の局がまったくとりつく島もなく帰ってきたり、もらった「御文」を「開けてだに見たまはず」そのまま庭に捨ててしまったりしたことから、女が初めから好意を持っていたとは考えられないので、②の内容が不適。

二

出典　石黒浩『ロボットと人間――人とは何か』〈1章　ロボット研究から学ぶ人間の本質〉（岩波新書）

解答

問一　ア、匹敵　イ、洞窟　ウ、格段　エ、覚醒

問二　①

問三　イ―⑦　ロ―④　ハ―⑥　ニ―②

問四　X―⑤　Y―③

問五　ア、反射的な行動

イ、高度な知覚や思考

問六　④

問七　③

問八　②

問九　②→④→①→③

問二「手書き」とは〝文字を上手に書く人〟のこと。「能書家」とも言う。

問三 i、直前に「書き手の僻事の様に」とある。文を読んでもらえなかった責任を「物の用に立たぬ物は手書きなりけり」と、代筆を頼んだ兼好に押しつけている。

ⅱ、「重きが上の小夜衣」は下の句の「我が妻ならぬつまな重ねそ」、つまり〝自分のものでない夜着を重ねるな（＝人妻である自分に思いを懸けてはいけない）〟という意味なのに、〝重くなるぐらいたくさん欲しい〟意味だと誤解したもの。

問四「鳥獣だにも、懸かる道には……」とある。〝鳥や獣でさえ恋の道を知っているのだから、まして人間の女でそうでない女は聞いたことがない〟という文脈になる。

問五 直前に「詞をば何に書くとも、思ふ程の心の色を知らせがたければとて（＝文でどのような言葉を綴っても、恋心を相手に伝えるのは難しいからということで）」とある。

問六 A、「まし」は反実仮想の意味で使われることが多いが、ここでは上の「か」に着目する。上に疑問の語を伴った場合は、ためらう気持ちを含んだ意思を表すので注意が必要である。〝しましょうか、どうしたものでしょうか〟の意。

B、添加の副助詞「さへ」に着目する。〝その上……までも〟の意。「無双」は〝並ぶものがないぐらい優れている〟の意。

問七 女房の様子を語ったのであるから、その内容をまとめればよい。「女房歌をつくづくと見たまひて、顔打ち赤めて、大いにはつかし気なる風情にて」が②の前半の「手紙を見たことにより態度が変わった」に相当する。②の後半の「侍従の局に返事のことばを伝えた」は、本文の「桂心（＝侍従の局）事あしからずと……とばかり云ひさして」に合致する。

①は「本心を見透かされた」が不適。手紙の内容は女房の本心ではなく師直の恋心を歌に表現したものである。

国語

一

出典　『太平記』〈巻二十一〉

解答

問一　④　問二　能書の人

問三　i―②　ii―①

問四　④

問五　①

問六　Ａ―①　Ｂ―④

問七　②

問八　②

問九　（Ⅰ）徒然草　（Ⅱ）―③

解説

問一　①「人知れぬ心の奥をくれぐれと」に合致している。「くれぐれと」は〝くどくどと、繰り返し〟の意。

②「紅葉重ねの薄様」とある。

③使者は「人目に懸けじと取つて帰りたるなり」と答えている。

⑤「御文をば手に取りながら、開けてだに見たまはず（＝開けることさえしなかった）」とある。

④お香のために黒ずんだとは書かれていない。

■一般選抜前期Ｂ日程：文・人間科学部

問題編

▶試験科目・配点

学部・学科	教　科	科　　　　目	配　点
文(英文)学部	外国語	コミュニケーション英語Ⅰ・Ⅱ・Ⅲ，英語表現Ⅰ・Ⅱ	200 点
	国　語	国語総合，現代文Ｂ，古典Ｂ（いずれも漢文を除く，現代文・現古選択問題あり）	100 点
文(総合文化)・人間科学部	外国語	コミュニケーション英語Ⅰ・Ⅱ・Ⅲ，英語表現Ⅰ・Ⅱ	100 点
	国　語	国語総合，現代文Ｂ，古典Ｂ（いずれも漢文を除く，現代文・現古選択問題あり）	100 点

▶備　考

- 「英語」「国語」とも共通の問題。
- 英語資格試験利用型：大学が指定する英語の資格・検定試験の基準スコアを有する場合，「英語」の得点を「みなし得点」に換算して利用することができる。本制度を利用する場合は，「英語」を受験する必要はないが，受験した場合は，高得点の方が合否判定に採用される。

英語

（70分）

Read the passage and answer the questions that follow.

You do not have to be a scientist to know that the brain makes connections during sleep that it does not make while awake. Who has not sat up in bed now and then at 3:00 a.m. and thought, "Of course!" suddenly realizing where you left your phone, or thinking about how you are going to (1)perform the next day for an important event.

The history of scientific discovery is filled with hints that sleep assists with intellectual leaps. The 19th century German chemistry scholar Friedrich August Kekulé, for example, claimed that he discovered the structure of a chemical called benzene—in which the molecule (2)curls into a ring shape—after dreaming of snakes biting their tails. Meanwhile, it is said that the Russian scientist Dmitri Mendeleev stayed ______(3)______ all night several times without being able to put together what would become his famous table of the elements. It was only after taking a nap, he told a colleague, that he saw "a table where all the elements fell into place." These kinds of stories always remind me of the Grimms' story "The Golden Bird," in which a young man on a mission to find a magic bird with golden feathers ______(4)______ in love with a princess. Her father, the king, will allow her to marry on one condition: that the young man dig away the hill (5)that blocks the view from the king's window in eight days. The only problem? It is no hill, it is a mountain. After seven days of digging, the young man collapses in defeat. That is when his friend the fox quietly says, "Lie down and go to sleep; ______(6)______." And in the morning, the mountain is gone.

Sleep is the stuff of legends precisely because it is so unknown, a blank screen ______(7)______ project our anxieties and hopes. What is the sleeping brain doing exactly?

The truth is, no one knows. Or, to be more (8)precise, there is no single scientific explanation for it. We spend fully a third of our existence unconscious, so any theory about sleep's central purpose has to be a big (9)one. Doesn't the body need regular rest time to heal?

To ease stress? To manage moods, make muscle, and clear the mind? Yes to all of the above. We know that a lack of sleep makes us less careful, more emotionally weak, ＿(10a)＿ able to concentrate, and possibly ＿(10b)＿ sensitive to infection. None of those amounts to a complete theory, though, because none explains the vast variations in sleep times and schedules. Just think of how much sleep habits are different from person to person. Some people succeed on as little as three hours a night, while others feel helpless without eight; some function best awake all night and sleep most of the day. A truly comprehensive theory of sleep, then, would have to explain such differences. It would also need to account for the sleep-wake cycles in animals, which varies a great deal. Female whales can be mobile and active without sleep for more than three weeks when looking after a new baby. When birds fly to warmer climates in the winter, they can fly for weeks without stopping to rest.

Two new theories have emerged that make sense of the complex nature of sleep. One is that sleep is essentially for time management. Our body's internal clock is designed to keep us out of circulation when there is not much of a living to be made—at 3:00 a.m., for instance—and awake when there is. The other theory is that sleep's primary purpose is to help our memories, which has important significance for learning. (C)In recent years, brain scientists have published studies showing that sleep plays a critical role in organizing memories.

A. Choose the best answer for each question and mark ①, ②, ③, or ④ on your answer sheet for questions [1] − [12].

(1) Which of the following CANNOT replace (1)perform? [1]

① act

② do

③ halt

④ respond

(2) Which of the following can best replace (2)curls? [2]

① fails

② hangs

出典追記：How We Learn: The Surprising Truth About When, Where, and Why It Happens by Benedict Carey, Random House

③ spreads

④ twists

(3) Which of the following is the best word for ____(3)____? [3]

① at

② by

③ up

④ with

(4) Which of the following is the best choice for ____(4)____? [4]

① fall

② fallen

③ falling

④ falls

(5) Which of the following usages of “that” is most similar to (5)that? [5]

① I did not realize that he was angry.

② That is the pen I was looking for.

③ Where is the letter that came from Jane this morning?

④ William is the best student that I have ever taught.

(6) Which of the following is the best phrase for ____(6)____? [6]

① I will work for you.

② It is impossible for us.

③ Just give up.

④ Let’s work together now.

(7) Put the words ① to ④ into the correct order for ____(7)____. Which word should be in position (b)? [7]

…a blank screen (a) (b) (c) (d) project our anxieties…

① can

② on

③ we

④ which

(8) Which of the following can best replace (8)precise? [8]

① exact

② gradual

③ intense

④ rude

(9) What does (9)one refer to? [9]

① brain

② purpose

③ sleep

④ theory

(10) Which of the following are the best words for ____(10a)____ and ____(10b)____? [10]

① (a) less, (b) less

② (a) less, (b) more

③ (a) more, (b) less

④ (a) more, (b) more

(11) According to the passage, which of the following is true? [11]

① If we do not get enough sleep, we wake up at 3:00 a.m.

② In the winter, birds need to stop to rest frequently.

③ People should sleep more than eight hours when they are old.

④ Sleep habits vary widely among people.

(12) Which of the following is the best title for this passage? [12]

① Figuring Out a Theory to Explain Sleep

② Sleep and the History of Scientific Discovery

③ The Truth and Fiction About Sleep

④ The Variation in Sleep Patterns of Animals

B. Answer the following questions in Japanese.

1. What dream helped Friedrich August Kekulé discover the structure of benzene?

2. What can female whales do when looking after a new baby?

C. Translate the underlined sentence (C) into Japanese.

D. Do you get enough sleep every night? Why or why not? Explain your answer in one paragraph of 50 to 60 English words. Do not copy from the passage. Do not make a list.

態を取り上げ、代表的なものとして売り出すようになった。

問七　空欄 Z に入れるのに最も適当なものを、次の①～⑤のうちから選びなさい。解答番号は 30 。

① 作られた（想像上の）色
② あるべき（特殊な）色
③ 作られた（広告上の）色
④ あるべき（自然な）色
⑤ 作られた（思いつきの）色

問八　傍線部Ｄ「「自然と文化のハイブリッド（混成）」としてのオレンジ」とあるが、その説明として最も適当なものを、次の①～⑤のうちから選びなさい。解答番号は 31 。

① オレンジは、アメリカの食文化であるが、海外の広大な自然下のプランテーションの制度に支えられてきた、文化と自然の複合物として存在しているということ。
② オレンジは、品種改良が重ねられてきたという意味で、もはや純粋な自然の作物とは言えず、人工的産物であるということ。
③ オレンジは、生産物としての果物という意味だけではなく、どのように表現されてきたかという文化的に作られたものとしての側面も持っているということ。
④ オレンジは、理想的な表象によって構築されたイメージに過ぎず、生産物としての形態からかけ離れてしまっているということ。
⑤ オレンジは、収穫されたまま流通するのではなく、技術的な進化によって、その表面にブランド名やトレードマークが付けられているということ。

問九　次のイ・ロの文のうち、本文の内容と合致するものには①を、合致しないものには②を、それぞれ選びなさい。解答番号は 32 ・ 33 。

イ　長距離輸送や輸送技術の発達によって、消費活動は活発化され、その結果、同一の果物も多様な種類が求められるようになった。 32

ロ　食料品店のショーウインドーに並べられたたくさんのオレンジは、商品であるばかりではなく、豊かさを象徴するものともなり得ていた。 33

問十　太線部「果物」とあるが、果物を題材とした小説『檸檬』の作者として最も適当なものを、次の①～⑤のうちから選びなさい。解答番号は 34 。

① 安部公房　② 三浦哲郎　③ 梶井基次郎
④ 横光利一　⑤ 芥川龍之介

問三　空欄［X］・［Y］に入れる語の組み合わせとして最も適当なものを、次の①～⑤のうちから選びなさい。解答番号は［25］。

①　X　個別　Y　実験
②　X　抽象　Y　革命
③　X　画一　Y　教育
④　X　特殊　Y　整備
⑤　X　日常　Y　制度

問四　傍線部A「バナナは次第に多くの消費者にとって馴染みのある食べ物となっていった」とあるが、その理由として最も適当なものを、次の①～⑤のうちから選びなさい。解答番号は［26］。

①　牛肉と同程度の値段で店頭に並ぶようになり、一般家庭でも入手できるようになったから。
②　当時広く読まれた料理本にレシピが掲載されるようになり、一般家庭の食卓に並ぶようになったから。
③　オレンジとココナッツに並ぶ熱帯地域の果物として、広く認識されるようになったから。
④　絵によって多様な色で表されたことで、多種あることが知られるようになったから。
⑤　輸送技術が発達し、外国や一部の生産地域だけではなく広く流通するようになったから。

問五　傍線部B「擬人化」とあるが、擬人法が用いられたものを、次の①～⑥のうちから二つ選びなさい（解答の順序は問わない）。解答番号は［27］・［28］。

①　庭ではバラの花がほほえんでいた。
②　彼女は太陽のような人だ。
③　彼はガラスの心を持っている。
④　今にも空が泣き出しそうだ。
⑤　コンサートでショパンを聴いた。
⑥　彼女の笑顔はひまわりみたいだ。

問六　傍線部C「ある特定の色をその食べ物の「自然な」色だと認識するようになった」とあるが、それについて述べた一文として不適当なものを、次の①～⑤のうちから選びなさい。解答番号は［29］。

①　特定の種の価値を上げるために、大量生産や長距離輸送が避けられ、人々の目に触れる機会が限定されるようになった。
②　大規模な生産を行うために、海外にプランテーションが設けられ、大量に同じものが出回るようになった。
③　効率的な生産を行うために、生産する作物の品種は限定され、特定のもののみが選択されるようになった。
④　大量生産された作物は安価なために、広い範囲に流通し、店頭や食卓などで目にする機会が増えるようになった。
⑤　消費者に訴えるために、広告代理店は最も流通する品種の形

当時の広告代理店によると、明るく色づいたオレンジをたくさん並べることで、人目を引いたり店を魅力的に見せたりするだけでなく、大量に仕入れられていることから値段が安いと思わせる効果があったという。後に二〇世紀半ばのデパートのショーケースに並んだ商品についてジャン・ボードリヤールは、「食料品や衣類のお祭り騒ぎは魔法のように唾液腺を刺激する」と述べ、さらに「市場、商店街、スーパーは、異常なほど豊かな、再発見された自然を装い」、「見世物的で無尽蔵の潤沢さのイメージ」を作り出していると論じた。これらは、半世紀ほど遡った食料品店のディスプレイとは規模も内容も異なるものの、ボードリヤールのいうように「見世物的」で「再発見された自然」、「無尽蔵の潤沢さ」は、すでにオレンジやその他の食品を敷きツめた当時のショーウインドーが物語っている。都市を行き交う人々は、日常的に視覚化された幻想としての豊かさや自然を目にし、カラフルなモノを物理的に商品として、また豊かさを象徴する記号として消費したのである。

（久野愛『視覚化する味覚』ただし一部変更した箇所がある）

（注）『熱帯の果物』……アメリカの印刷会社カリアー＆アイヴス社によって制作された。

ジャン・ボードリヤール……一九二九－二〇〇七年。フランスの哲学者、思想家。

問一　二重傍線部ア・イの片仮名と同じ漢字を用いるものを、次の各群の①～⑤のうちから、それぞれ選びなさい。解答番号は **22**・**23**。

ア　ツめ　**22**

①　疲労がチクセキする。
②　悪事にカタンする。
③　レンタイ感が生まれる。
④　会社をセツリツする。
⑤　遅刻の理由をキツモンする。

イ　ソク進　**23**

①　髪をタバねる。
②　再起をウナガす。
③　論文の要点をトラえる。
④　スミやかな対策を望む。
⑤　ことばをタして説明する。

問二　空欄《　a　》～《　c　》に入れる語句の組み合わせとして最も適当なものを、次の①～⑥のうちから選びなさい。解答番号は **24**。

①　a　しかし　b　すなわち　c　だが
②　a　また　b　このため　c　つまり
③　a　さらに　b　このため　c　まして
④　a　しかし　b　とはいえ　c　まして
⑤　a　また　b　とはいえ　c　だが
⑥　a　さらに　b　すなわち　c　つまり

ジの消費が広まっていった。オレンジの宣伝も積極的に行われ、カリフォルニア州最大の柑橘《かんきつ》類協同組合であるカリフォルニア青果協同組合（California Fruit Growers Exchange、以下ＣＦＧＥ）は、同州を拠点に置く鉄道会社、サザン・パシフィック鉄道の資金援助を得て大規模な広告キャンペーンに乗り出した。当時は、家政学や栄養学が大学で広く教えられるようになり、「ビタミン」という言葉が一般的に使われるようにもなっていた。《　b　》、オレンジの栄養価を宣伝文句に取り入れるなどして販売ソク進が図られた。「ビタミン」という語をアメリカで初めて広告に取り入れたのがＣＦＧＥだといわれている。

それまで農業生産者や広告代理店の間では、果物など農産物は広告をうって宣伝をする価値はないという考え方が一般的であった。オレンジは「ただのオレンジ」であり、果物や野菜は特別な宣伝文句をつけて売り出したり、それによって消費をソク進できたりするものとは考えられていなかったのだ。《　c　》、ブランド名やトレードマークをつけることなど考えられもしなかった。だが、一九〇八年、ＣＦＧＥの宣伝を担当していた広告代理店が、オレンジにブランド名をつけて売ることを思いつき、当協同組合を通して販売されるオレンジを「サンキスト」（英語では Sunkist で「kissed by the sun（太陽にキスされる）」をもじったもの）というブランド名で売り出した。この後、バナナの「チキータ」など農産物にブランド名をつけることが一般化していくことになる。特定の生産地域や生産者（協同組合）と結びつけることで、そのブランド名がついた商品が常に高品質であることを、全国市場において、特に顔の見えない不特定多数の消費者に訴えることを企図したのである。

バナナの広告がカラー印刷を使って黄色い色をバナナの象徴として描いたように、明るいオレンジ色で描かれたオレンジが広告など印刷メディアを彩った。これは、オレンジの完熟具合や新鮮さを視覚的に表し、「　Z　」が象徴的に描かれたものでもあった。歴史家ダグラス・サックマンは、カリフォルニアのオレンジ産業に関する研究の中で、ＣＦＧＥは、オレンジの生産（実際の果物）および表象（広告など）を通してオレンジを技術的および文化的産物として作り出したと論じている。そして、D「自然と文化のハイブリッド（混成）」としてのオレンジは、人々が普段生活で目にする視覚環境、そして果物の色に対する見方をも変化させた。農業技術の発展によって物理的にオレンジを改良するとともに、オレンジ色で表象された果物は健康、新鮮さ、自然のシンボルとして構築されていったのである。

果物と色とを視覚的に結びつけ、オレンジを文化的産物として作り出したのは、広告や料理本だけではない。特に二〇世紀初頭の都市部では、道行く人々の注意を引くため、食料品店のショーウインドーに様々な商品を並べ、顧客を店に引き入れることが行われていた。現在でも、例えばデパートや宝石店のショーウインドーなどは、季節ごとにファッショントレンドを取り入れた目にも楽しいディスプレイを見ることができる。こうしたショーウインドーは、すでに一九世紀末頃にはパリなどヨーロッパを含め、都市の新たな視覚環境の一部として誕生していた。今ではファッション関連のショーウインドーが多いが、二〇世紀初頭には、食料品店の入り口近くに飲食物が並べられることもあり、オレンジもウインドーを飾るために用いられた。

帯の雪」）というデザートでは、オレンジやココナッツの他、レッドバナナが材料の一つとして含まれていた。このデザートは、オレンジとバナナを薄くスライスし、皿の上に交互にア敷きツめ、その上にココナッツと砂糖をかけたものだった。実際に何人の人がこのレシピを再現したかは不明であるものの、たとえ実際に食べたことはなくとも、バナナには黄色と赤色の少なくとも二種類があるという認識がある程度共有されていたと考えられる。

二〇世紀初頭までにバナナの生産・消費が拡大していくにつれ、人々が普段目にするバナナに変化が起きた。黄色のバナナが市場を独占するようになったのである。ユナイテッド・フルーツ社などアメリカのバナナ生産・輸送業者が中南米にプランテーションを建設し、バナナの大規模生産を始めると、フルーツ会社はより生産性が高く、効率的な生産・販売を求めて、グロスミッチェルという黄色種のみに特化するようになった。これは、赤い品種は黄色いものよりも皮が薄く傷つきやすいため、長距離輸送には向いていなかったためである。そして、一九〇五年には雑誌『サイエンティフィック・アメリカン』で、バナナは「貧乏人の果物」だと紹介されるまでにその価格は下がり、大衆の食べ物として認識されるようになったのである。

アメリカで黄色いバナナのみが食品売り場に並ぶようになると同時に、料理本や広告、その他様々なメディアで描かれるバナナはほとんどが黄色で表現されるようになった。バナナ輸入会社の広告や冊子の中には、消費者にバナナの食べ頃の色をイラストつきで解説するものがあったのだが、それらは全て黄色のバナナであった。ユナイテッド・フルーツ社がマーケティングのために作り出した、バナナをB擬人化したキャラクター「チキータ」も黄色い皮を身につけている。こうして、多くの人々にとって、普段の買い物や食卓、広告などで目にする黄色いバナナが「自然な」色として広まったのである。

こうした「色彩 Y 」は消費者に対してのみ行われたわけではない。果物の卸問屋や小売店に向けてもバナナの「最適な」色について教えるチラシや冊子が配布された。例えば、あるフルーツ輸送会社は、食料品店向けにバナナの色と熟し具合とを説明したポスターを配布し、店の倉庫からいつバナナを売り場に移動させるかの目安を周知するなどしていた。皮に緑色が少し残りおおよそ黄色く色づいている状態が、店頭に並べる最適なタイミングだとされた。これは、生で食べるには早すぎるが、数日間は店頭に並べておける熟し具合で、熟しすぎたものを廃棄するロスを減らすことができ、利益率の向上につながったのだ。消費者の多くが、Cある特定の色をその食べ物の「自然な」色だと認識するようになったことで、新鮮さや熟し具合を示す色は、生産者や販売者らにとって市場価値を持つ販売戦略の一つとして用いられるようになったのである。

バナナがアメリカで地域や階級を超えて多くの消費者に広まり始めた同じ頃、今日広く親しまれている果物の一つオレンジも、日常食として消費量が拡大していった。バナナのように、オレンジも長距離輸送が難しく、生産拠点となっているフロリダ州やカリフォルニア州から遠い地域では高価な果物であった。例えばクリスマスプレゼントとしてオレンジを子供たちに渡す習慣があるなど、特別な日に食べるものだったのだ。

だが一九一〇年代までに国内の大陸横断鉄道が整備され、次第にオレン

選択問題

〔二〕「現代文」（マークシートの「受験日程・解答科目欄」にある「前期Ｂ日程―国語現代文選択」を必ずマークすること）

次の文章を読んで、後の設問に答えなさい。

フィリピン産のバナナや、カリフォルニアのグレープフルーツ、ノルウェー産サーモンなど、今日、私たちの食卓は世界各地から運ばれた生鮮食品で溢《あふ》れている。だが食のグローバル化ともいえるこのような変化は、この一世紀ほどのできごとである。

アメリカを例にみると、一九世紀末になって、これまで見たこともなかった果物や野菜が遠く離れた生産地から運ばれるようになり、特に都市部に住む上流家庭の食卓はバリエーションに富んだものになっていった。例えばバナナやオレンジ、パイナップルなどは、熱帯地域の国や、国内であっても一部の地域でしか生産されておらず、長距離輸送網や輸送技術が発達するまでは、全国市場で消費されることはなかった。一八七〇年代に入り、鉄道や船を使った冷蔵輸送や長距離配送が可能になったことで、それまで高価で珍しかった果物や野菜は次第に富裕層のみの食べ物ではなくなっていったのである。

市場が拡大するにつれ、農産物を大量かつ安価に生産する必要が出てきた。《　ａ　》、常に一定した品質を安定供給することも国内およびグローバル市場の拡大とともに不可欠となっていった。こうした中、形や大きさと並んで、色は、野菜や果物の品質基準の指標の一つとして用いられており、常に一定基準以上の色をした農産物を生産するため、品種改良や農業技術の開発が行われるようになったのである。

では、一九世紀末以降、新しい食べ物を初めて目に、そして口にした人々は、どのようにしてそれらの食べ物の「(作られた)あるべき」色を学び、認識するようになったのだろうか。ここでは特にこの頃一般的に広まるようになったバナナとオレンジに焦点を当て、これらの果物の色が次第に X 化され、多くの人々にとって当たり前のものとなった過程を辿《たど》ることとする。

一八七一年に制作された『熱帯の果物』という絵には、黄色と赤茶色のバナナが描かれていた。今日よく目にする黄色いもの（当時は主にグロスミッチェルという種）と、赤茶色または濃い紫色をしたダッカと呼ばれる種類である。黄色・赤色いずれのバナナも当時は高価で、一本のバナナが一〇セントから二〇セント程で販売されていた（牛のサーロインが四五〇グラム当たりおよそ一〇セントだったことから、バナナが高級食品だったことがわかる）。だが、一八七〇年代から八〇年代になると、依然として安い果物ではなかったものの、A バナナは次第に多くの消費者にとって馴染《なじ》みのある食べ物となっていった。

例えば、料理本の中に材料の一つとしてバナナがしばしば登場するようになる。一八八四年刊行の『リンカーン夫人のボストン・クック・ブック』という、当時広く読まれた料理本には、バナナを使用したレシピがいくつか掲載されていた。その中の「トロピカルスノー」（直訳すると「熱

⑤　積雪が枝の場所を隠しても梅香は漂うという嗅覚に依拠した表現。

問七　傍線部Ⅳ「まばゆくおぼえしかば」とあるが、その品詞分解として最も適当なものを、次の①〜⑤のうちから選びなさい。解答番号は 32 。

①　形容詞＋名詞＋動詞＋係助詞＋接続助詞
②　形容詞＋動詞＋助動詞＋係助詞＋接続助詞
③　形容動詞＋動詞＋助動詞＋接続助詞
④　形容動詞＋名詞＋動詞＋係助詞＋接続助詞
⑤　形容詞＋動詞＋助動詞＋接続助詞

問八　傍線部Ⅴ「めでたき」とあるが、その理由として最も適当なものを、次の①〜⑤のうちから選びなさい。解答番号は 33 。

①　色彩豊かで立派な五節の装束を身につけていたから。
②　早朝ではあったが既に五節の儀式の準備を整えていたから。
③　帝とともに迎えた特別な五節の儀式の日の朝であったから。
④　五節の装束の色が雪の白さに映えていたから。
⑤　寝起きの姿と比べると五節の装束の姿が美しかったから。

問九　傍線部Ⅵ「いみじき大事」とあるが、その具体的な内容として最も適当なものを、次の①〜⑤のうちから選びなさい。解答番号は 34 。

①　雑仕らしき女が前に進めないほどの大雪が積もったこと。
②　雑仕らしき女の大声が雪の朝の風情を打ち消したこと。
③　雑仕らしき女が帝と作者の密会を察知したこと。
④　雑仕らしき女を帝が作者とともにご覧になったこと。
⑤　雑仕らしき女が大雪で建物から外に出られなくなったこと。

問十　日記文学作品について説明した次の文章の空欄（　ア　）・（　イ　）に入れるのに最も適当なものを、①〜⑥のうちから、それぞれ選びなさい。解答番号は 35 ・ 36 。

平安時代の女性による日記文学は作品により描く期間や内容が大きく異なる。たとえば『（　ア　）』はひとりの女房として作者が見聞した中宮の出産を含む宮廷生活の記録や随想から成る作品として知られる。また『（　イ　）』は権勢家の嫡男と結婚した作者の多年にわたる苦悩を描く。

ア 35 　イ 36

①　十六夜日記　　②　更級日記
③　和泉式部日記　　④　紫式部日記
⑤　とはずかたり　　⑥　蜻蛉日記

問三　傍線部Ⅰ「ものゆかしうもなき心地して」とあるが、その理由として最も適当なものを、次の①～⑤のうちから選びなさい。解答番号は［28］。

① 堀河天皇の五節のときはあった雪が今回はないため。
② 今回の鳥羽天皇の五節では「日かげ」を作らなかったため。
③ 堀河天皇存命中の最後の五節のことを思い出したため。
④ 堀河天皇のときの五節とは行事内容が変更となったため。
⑤ 今回の鳥羽天皇の五節でも長橋をいつものように作っているため。

問四　傍線部Ⅱ「ももしき」とあるが、文中でその反対の意味で用いられている語句として最も適当なものを、次の①～⑤のうちから選びなさい。解答番号は［29］。

① 長橋　② しづがや　③ 竹の台
④ 火たき屋　⑤ 滝口の本所

問五　波線部「絵かく身ならましかば、つゆたがへずかきて人にも見せまほしかりしかど」の解釈として最も適当なものを、次の①～⑤のうちから選びなさい。解答番号は［30］。

① もしわたしが絵を描くことができたなら、全くその通りに描いて、人にも見せたかったたが
② もし帝がわたしを絵に描いていたなら、全く変えることなく描いて、人にも見せびらかしただろうが
③ もしわたしが絵を描こうと思ったなら、全くその通りに描いて、人にも見せびらかすのだったが
④ もしその場に絵を描く人がいたなら、全く変えることなく描いて、人にも見せてほしかったが
⑤ もし帝が絵を描く人であったなら、全くその通りに描いて、わたしにも見せてくれただろうが

問六　傍線部Ⅲ「梢あらんところはいづれを梅とわきがたげなりし」は『古今和歌集』冬部の「雪降れば木ごとに花ぞ咲きにけるいづれを梅とわきて折らまし」（紀友則）をふまえた表現である。この表現の説明として最も適当なものを、次の①～⑤のうちから選びなさい。解答番号は［31］。

① 梅を他の木と区別して特に賞美することの重要性を示す表現。
② 積雪が梅の枝を折り取る際の妨げになることを指摘する表現。
③ 枝先の雪と梅の花とが同じ白色であることに着目した視覚的な表現。
④ 大雪によって梅の木の場所が判別できないさまを比喩的に示す表現。

ば、うつくしさによろづさめぬる心地す。御返りごと申しなどするに、まぎれぬれば、「まかでなん」といへば、「あな、ゆゆし。などものも御覧ぜで」といひあひたり。

（『讃岐典侍日記』下）

（注）帳台の試……五節で、十一月の中の丑《うし》の日に、天皇が常寧殿の帳台に出御して舞姫の舞を下見した儀式。

皇后宮……令子内親王。白河天皇の皇女で鳥羽天皇の准母。

日かげ……「日陰蔓《ひかげのかずら》」のことで、舞姫のかんざしに垂らす飾り。

承香殿……宮中の殿舎名。

清涼殿……宮中の殿舎名。

押し上げさせたまへりしかば……御格子を押し上げさせなさったところ。

仁寿殿……宮中の殿舎名。

御前の立ちしは……御前駆の者が立っていたのは。

え参らせたまはで……御格子を上げさせることもおできにならず。

うちへくもやり……意味不通、「内匠《うちつくり》の槍鉋《やりがんな》」のことか。

問一　点線部ⅰ～ⅳの行動の主体として最も適当なものを、次の①～⑤のうちから、それぞれ選びなさい（同じものを何回用いてもよい）。解答番号は 22 ～ 25 。

ⅰ 22　ⅱ 23　ⅲ 24　ⅳ 25

① 堀河天皇　② 鳥羽天皇　③ 皇后宮

④ 作者　⑤ 雑仕の女

問二　二重傍線部ａ・ｂの語の文中での意味として最も適当なものを、次の各群の①～⑤のうちから、それぞれ選びなさい。解答番号は 26 ・ 27 。

ａ　こちたげなり 26

① 焦燥感をかきたてるさまである
② 神々しいさまである
③ 恐怖を覚えるさまである
④ 不吉な前兆を思わせるさまである
⑤ 度を越したさまである

ｂ　思ひむすぼほる 27

① 胸のふさがる思いがする
② 反省して悲しい気持ちになる
③ 温かい気持ちに満たされる
④ 思いが通じる気がする
⑤ 涙がこぼれそうになる

選択問題

〔二〕「古文」（マークシートの「受験日程・解答科目欄」にある「前期B日程―国語古文選択」を必ずマークすること）

次の文章は、十一月に宮中で行われる五節という行事のころに、幼帝鳥羽天皇に仕えている作者が、今は亡き堀河天皇との「昔」の出来事を回想し追慕する場面である。読んで、後の設問に答えなさい。

一年《ひととせ》、かぎりのたびなりければにや、常より心に入れてもて興じて、参りの夜よりさわぎ歩《あり》かせたまひて、その夜、帳台の試《こころみ》などに夜ふけにしかば、つとめて、御朝寝《あさい》の例よりもありしに、「雪降りたり」と聞かせたてまうて、大殿ごもり起きて、皇后宮もそのをりにおはしましかば、御かたがたに御文奉らせたまふとて、御前にさぶらひしかば、日かげをもろともにつくりて、結びゐさせたまひたりしことなど、上の御局《みつぼね》にて、昔思ひ出《い》でられて、Ⅰものゆかしうもなき心地してまでなど。

童《わらは》のぼらんずる長橋、例のことなれば、うちつくり参りてつくるを、承香殿《そきやうでん》の階《きざはし》より清涼殿の丑寅《うしとら》のすみなるなかはし戸のつままでわたすさま、昔ながらなり、御前、めづらしうおぼして i 御覧ずれば、暮るるまで御かたはらにさぶらふにも、雪の降りたるつとめて、まだ大殿ごもりたりしに、雪高く降りたるよし申すを聞こしめして、その夜御かたはらにさぶらひしかば、もろともに具しまゐらせて、見しつとめてぞかし、いつも雪をめでたしと思ふなかに、ことにめでたかりしかば、あやしのしづがやだに、それにつけて見所こそはあるに、まいて、玉、鏡とみがかれたるⅡももしきのうちにて、もろともに御覧ぜし有様《ありさま》など、絵かく身ならましかば、つゆたがへずかきて人にも見せまほしかりしかど、押し上げさせたまへりしかば、まことに、降りつもりたりしさま、Ⅲ梢《こずゑ》あらんところはいづれを梅とわきがたげなりし。仁寿殿《じじゆうでん》の前なる竹の台《うてな》、折れぬと見ゆるまでたわみたり。御前の火たき屋も、埋《うづ》もれたるさまして、今もかきくらし降るさま、a こちたげなり。滝口の本所《ほんぞ》の前の透垣《すいがい》などに降りおきたる、見所ある心地して、をりからなればにや、御前の立ちしは、せめてのわが心の見なしにや、かかやかしきまでに見るに、わが寝くたれの姿、Ⅳまばゆくおぼえしかば、「常よりみめほしきつとめてかな」と申したりし、をかしげにおぼしめして、「いつもさぞ見ゆる」と ii おほせられて、ほほゑませたまひたりし御口つき、向かひまゐらせたる心地するに、五節のをり着たりし、黄なるより紅までにほひたりし紅葉《もみぢ》どもに、葡萄染《えびぞめ》の唐衣《からぎぬ》とかや着たりし、わが着たるものの色あひ、雪のにほひにけざけざとこそⅤめでたきに、とみにもえ参らせたまはで御覧ぜしに、滝口の本所の雑仕《ざふし》なめり、女の声にて、透垣のもと近くさし出でて見るけはひして、「あな、ゆゆしの雪の高さや。いかがせんずる。裾もえ取り行くまじきはとよ」といひしを iii 聞かせたまひて、「これ、聞け。Ⅵいみじき大事出で来にたりとこそ思ひあつかひたれ。雪のめでたさ、御目さめぬる心地する」とて、笑はせたまひしなど、思ひ出でられて、つくづくと b 思ひむすぼほるるも、ただも御覧じ知らず、「あのうちへくもやり持ちたるもの、こはせて。いで、いで。出で行かぬさきにこはせよ。それ、いへ、それ、いへ」と iv 引き向けさせたまへ

問十　空欄［Ｙ］に入れる語として最も適当なものを、次の①〜⑤のうちから選びなさい。解答番号は［15］。

①　趣味　　②　主義　　③　志向

④　理想　　⑤　独創

問十一　次のイ〜ニの文のうち、本文の内容・構成に合致するものには①を、合致しないものには②を、それぞれ選びなさい。解答番号は［16］〜［19］。

イ　人間が対話をするのは自然の本能のようなもので、それが社会をよくするための秘訣でもある。［16］

ロ　ひととひととが相互に依存しあう甘えの構造を超えでるためには、それぞれがおかれた環境のなかでの対話の実践がたいせつである。［17］

ハ　先行研究の引用に適宜解説を加えることで自身の主張を補強しながら、筆者はひとつの「対話論」を展開している。［18］

ニ　抑制的な筆致でバフチンの論を紹介しつつも、具体的な例示の内容を強調することで筆者はそれに批判を加えている。［19］

問十二　太線部「ドストエフスキー」について述べた次の文章の空欄（　ア　）・（　イ　）に入れるのに最も適当なものを、①〜⑥のうちから、それぞれ選びなさい。解答番号は［20］・［21］。

ドストエフスキーが日本文学に与えた影響は大きい。ロシア語を学ぶなかでドストエフスキーの作品に親しんだ二葉亭四迷は、その後、日本近代文学の先駆とされる本格的な写実小説『（　ア　）』を発表した。また、いわれのない差別による苦悩と自我の目覚めを描く島崎藤村の『（　イ　）』は『罪と罰』に影響されたものとされている。

ア　［20］　　イ　［21］

①　破戒　　②　沈黙　　③　浮雲

④　友情　　⑤　草枕　　⑥　細雪

② 対話とは言葉と言葉の交換である。
③ 二国間の対話による条約が制定された。
④ 自然と対話しながら作物を育てている。
⑤ 総じていえば国際化とは対話の歴史である。

問七　傍線部C「対話不足ということじたいをさほど「不自由」にも「不自然」にも感じていない」とあるが、その理由として最も適当なものを、次の①〜⑤のうちから選びなさい。解答番号は 12 。

① 日本特有の現実からも近代西欧に由来する理想からも、対話の問題に向かい合うことへのタブーが共通して生まれているため。
② 伝統がすたれ感性が鈍るなかで対話の問題に気づけず、また西欧化とともにひとが個人として生きていくことが当然視されるようになってきたため。
③ 日本的背景からそもそも対話という問題があることが認識されておらず、またひとはもともとひとりであるという西欧的前提も一般化しているため。
④ 日本の社会では個と社会の分離が著しく西欧の社会では個と社会が分かちがたいので、対話という問題が前景化しにくいため。
⑤ 自然状態においてはそもそも対話の問題は存在せず、日本においても西欧においても対話という伝統にはつくられた文化の側面がつよいため。

問八　空欄 X に入れるのに最も適当なものを、次の①〜⑤のうちから選びなさい。解答番号は 13 。

① 対話的に交通する
② 対話がおわるとき、すべてはおわる
③ 話しあいが不可欠である
④ 対話すべし
⑤ 現状では対話が欠けている

問九　傍線部D「この基本前提」とあるが、その説明として最も適当なものを、次の①〜⑤のうちから選びなさい。解答番号は 14 。

① ひとはもともとひとりであるから、対話を通じて関係を構築するのは自然なことである。
② 私たちは集団主義のもとに暮らしているので、ひとりではなにもできないのは自然なことである。
③ 対話にあふれた社会を実現するために、ひとが現実よりも理想をたいせつにするのは自然なことである。
④ 私たちはひとりではなにもできないので、個の自立が優先課題となるのは自然なことである。
⑤ 個人が対話においてはじめて自立できるように、私たちの生が対話のもとにあるのは自然なことである。

② つよく心で願えば実現するさま
③ 黙っていても本心が見抜かれるさま
④ 何も考えず身も心も委ねるさま
⑤ ことばはいらず心で通じあうさま

（Ⅱ）波線部ⅱ「不可欠」の対義語として最も適当なものを、次の①〜⑤のうちから選びなさい。解答番号は 7 。

① 非合理　② 不必要　③ 無尽蔵
④ 反作用　⑤ 未充足

問三　空欄《　a　》〜《　c　》に入れる語句の組み合わせとして最も適当なものを、次の①〜⑥のうちから選びなさい。解答番号は 8 。

① a　そのうえ　b　さらに　c　だから
② a　とはいえ　b　しかし　c　けれども
③ a　そのうえ　b　しかし　c　たしかに
④ a　また　b　となれば　c　けれども
⑤ a　とはいえ　b　となれば　c　だから
⑥ a　また　b　さらに　c　たしかに

問四　傍線部Ａ「そうした関係をつくるのにもっとも役立っているのは、ことばです」とあるが、その内容として最も適当なものを、次の①〜⑤のうちから選びなさい。解答番号は 9 。

① ことばをもちいるものばかりでないにせよ、対話的〈交通〉ではことばが中心となることがおおい。
② 「対話」という概念さえも、ことばをもちいなければつくりあげられることはなかった。
③ 「向かいあって話しあう」ためには、ことばがもちいられなければならない。
④ ことばをもちいることにより、はじめて相互に呼びかけ応答するという〈交通〉が可能となる。
⑤ ことばをもちいて「向かいあって話しあう」ことが、生きていく姿勢のなかではなによりたいせつとされる。

問五　次の一文を入れるのに最も適当な位置を、本文中の【①】〜【⑤】のうちから選びなさい。解答番号は 10 。

基本的前提が異なっているのです。

問六　傍線部Ｂ「比喩的につかわれるばあい」とあるが、「対話」が比喩的に用いられていないものを、次の①〜⑤のうちから選びなさい。解答番号は 11 。

① 私のなかで善と悪とが対話している。

なっていることがおおく、「眼」や「唇」、「手」「身体全体」「行為」などによる対話はあまり重視されていません。けれども、「眼は口ほどに物をいう」こともよくあります。

（桑野隆『生きることとしてのダイアローグ』岩波書店
ただし一部変更した箇所がある）

（注）バフチン……ミハイル・バフチン（一八九五－一九七五）。ロシアの哲学者、文芸学者、美学者。

問一　二重傍線部ア～エの片仮名と同じ漢字を用いるものを、次の各群の①～⑤のうちから、それぞれ選びなさい。解答番号は[1]～[4]。

ア　一セツ　[1]
① カンセツ話法を用いる。
② カセツ住宅を建てる。
③ セツブンを迎える。
④ 周囲をセットクする。
⑤ 支払いをセッパンする。

イ　バク然　[2]
① バクマツの志士にあこがれる。
② 策におぼれ自縄ジバクに陥る。
③ 商品が広く好評をハクする。
④ サバクの風景が眼前に広がる。
⑤ 応募者にハクシャを進呈する。

ウ　サッする　[3]
① 映画のサツエイを開始する。
② 現地をシサツに訪れる。
③ 人事をサッシンする。
④ 目のサッカクを起こす。
⑤ 関係にマサツが生じる。

エ　文ケン　[4]
① 相手に追加点をケンジョウする。
② 彼女にはセンケンの明がある。
③ 語学のケンシュウを受ける。
④ 古代のケンジンに学ぶ。
⑤ 各校の代表をハケンする。

問二　波線部ⅰ～ⅲについて、以下の問いに答えなさい。

（Ⅰ）波線部ⅰ「精髄」・ⅲ「以心伝心」の意味として最も適当なものを、次の各群の①～⑤のうちから、それぞれ選びなさい。解答番号は[5]・[6]。

ⅰ　精髄　[5]
① 最も奥深い大切なところ
② 全体を見渡せるような見取り図
③ 代表となるような典型的事例
④ 大まかにまとめられたあらすじ
⑤ 突かれると擁護しづらい弱点

ⅲ　以心伝心　[6]
① 充分に真心の込められたさま

「対話をしている」「対話的関係にある」ということなのだといっていました。それどころか、「　X　」とまで断言していました。つぎのようにも述べています。

> ひとつの声はなにもおわらせはしないし、なにも解決しない。ふたつの声が、生きていくための必要最低限《ミニマム》の条件であり、存在していくための必要最低限《ミニマム》の条件なのである。

すなわち、ただひとりの人間、ただひとつの声では、なにもできない、なにも解決しないというわけです。

一個人としてあるよりさきに、個人と個人の相互関係があるという考え方です。バフチンの考えでは、〈対話〉状態のほうが自然なのです。「生きている」ということは「対話をしている」ということ、あるいは逆に、「対話をしている」ことが「生きている」ということなのです。

まずはDこの基本前提を承知しておかないと、バフチンの対話論にはついていきにくいところがあります。

もちろん、これにたいしては、「個の自立がさきだろう」との反論も十分に予想されますが、すくなくともバフチンはそのようにはかんがえていません。対話的関係のなかにあってはじめて、個も自立できるとかんがえています。個々人がかけがえのない唯一の存在であることは、対等な対話的関係のなかではじめて可能であるというのです。

「対話がおわるとき、すべてはおわる」は、もはやバフチンの〈　Y　〉といってもいいでしょう。バフチンの思想全体の特徴をあらわすために〈ダイアロジズム〉というカタカナ語がつかわれることがありますが、わたしとしてはもっと直截《ちょくせつ》に〈対話　Y　〉と訳したいところです。対話状態こそ自然とかんがえるのは、バフチンの思想なのです。

このように対話的関係にある状態が人間にとっていかに根底的なことであるかは、「一九六一年の覚書」でもつぎのように強調されています。

> 生きるということは、対話に参加するということなのである。すなわち、問いかける、注目する、応答する、同意する等々といった具合である。こうした対話に、ひとは生涯にわたり全身全霊をもって参加している。すなわち、眼《め》、唇、手、魂、精神、身体全体、行為でもって。

要するに、バフチンによれば、ひとは生きているかぎり、全身全霊つねに対話的関係のなかにあります。対話こそが、わたしたちの本来の環境なのです。にもかかわらず、そのことを人びとは自覚しないままに、日々を過ごしたり、世界観をねりあげたりすらしている、といったところでしょう。

また、この引用箇所では、バフチンのいう〈対話〉がことばによる対話だけではないことが具体的に例示されています。すなわち、声だけでなく、「眼」や「唇」、「手」「魂」「精神」「身体全体」「行為」などによっても、〈対話〉していることが強調されています。

これはごくあたりまえのことをのべているようにおもわれるかもしれませんが、じっさいには、対話を論じたさまざまなエ文ケンでは、言語中心にな関係一般をさしています。生きていくにあたっての姿勢のようなものをさしているともいえます。「対話的に交通する」というのも、そうした関係をさしています（バフチンは〈交通〉という一語で〈対話〉をあらわすこともあります。また、ほぼおなじような意味で、〈相互作用〉ということばもよくもちいます）。

もちろん、Ａそうした関係をつくるのにもっとも役立っているのは、ことばです。バフチンもまたそのようにかんがえています。その点からすれば、対話をテーマにしたほとんどの本が「向かいあって話しあう」状態をあつかっているのは、理由なきことではありません。【①】

対話のたいせつさを説いた本は日本でもかぞえきれないほど出版されていますが、そのばあいも、通常、「向かいあって話しあう」状態が念頭におかれています。もちろん、ある文化とべつの文化の対話などといったように、Ｂ比喩的につかわれるばあいもありますが。

ともあれ、注目したいのは、そうした本のほとんどが、「対話が必要である」とか「対話すべし」という方向で書かれていることです。努力して「向かいあって話しあう」ことこそが、ほかの人びととうまくやっていくための秘訣《ひけつ》であるとか、社会をよくするというわけです。【②】

ということは、現状では対話が欠けている、あるいは不十分であり、それがゆえにこそさまざまな問題が生じている、とかんがえていることになります。ところが、バフチンはそのようにかんがえておらず、もともとひとは対話的関係のなかにあるのだとみなしています。【③】

もっとも、「現状では対話が欠けている」という見方じたいはけっしてまちがったものではありません。たしかに、もうすこし対話があったならばふせげたのではなかろうかとおもわれるような不幸な出来事が、わたしたちのまわりでくりかえされています。けれどもそれと同時におもいおこしていただきたいのですが、わたしたちは、対話不足をこのように問題視するわりには、Ｃ対話不足ということじたいをさほど「不自由」にも「不自然」にも感じていないきらいがあります。

対話不足をさほど「不自由」と感じていないことにかんしていえば、その背景として、ⅲ以心伝心こそが美徳であるとする「伝統」とか、あるいはまた依然として個と社会のあいだであいまいにただよう「世間」の存在などがあげられています。日本特有の「甘えの構造」や集団主義などもよく例にあげられます。口にださずとも「空気」からウサッするのが特徴であるかのようにも、よくいわれます。いずれも、日本の特殊性と関係づけて説明しているわけです。【④】

これにたいして、対話不足を「不自然」と感じていないこととなると、もはや日本の伝統からだけでは説明がつきません。むしろ西欧の近代の特徴が関係しています。またそれは、かなり西欧化してきた日本においてもひろがっている傾向でもあります。そこに共通しているのは、ひとというものはまずは一個人として存在しているのだ、あるいはそうあるべきだ、という暗黙の了解です。一個人として存在している状態が現実であるだけでなく、理想でもあるとされており、そこから出発して、あらためて個々人のつながりの意義を説いていくわけです。【⑤】

もはやこれは、「向かいあって話しあう」という意味での対話の枠を超えでた生き方そのものの問題であり、さきほどのバフチンの対話観が関係してきます。バフチンは、「人間がこの世に存在している」ということは、

国語

（六〇分）

（注）〔二〕は、「古文」「現代文」のいずれかを解答すること。

〔一〕　次の文章を読んで、後の設問に答えなさい。

　バフチンは一九二〇年代初頭から執筆活動を開始していますが、独自の対話論を本格的に展開しはじめたのは二〇年代後半です。一九二九年に刊行された『ドストエフスキーの創作の問題』には、つぎのようなア一セツがあります。

　在るということは、対話的に交通するということなのである。対話がおわるとき、すべてはおわる。したがって、対話はじっさいにはおわることはありえないし、おわるべきでない。

　これは、バフチンの対話論のｉ精髄ともいうべき見解ですが、バフチンの対話論がわかりにくかったり、あるいは誤解すらされやすいいちばんの理由も、案外、ここにあるのかもしれません。

　わたしたちが存《あ》る＝生きているというのは対話をおこなっているということなのである、とのべています。まずは、こうした見解にとまどわれる方もすくなくないものとおもわれます。

　《　ａ　》、〈対話〉ということばがさしている中身もなにやらイバク然としています。通常、〈対話〉と聞くと、まずは「向かいあって話しあう」状態がうかんできます。《　ｂ　》、ここでは、「話しあうのをやめたとき、すべてはおわる。だから話しあいがⅱ不可欠である」といっていることになります。《　ｃ　》、バフチンがいわんとしていることはけっしてそうではありません。

　じつは、バフチンのいう〈対話〉は、ことばをもちいて「向かいあって話しあう」ばあいのみをさしているわけではありません。ことばをもちいるか否かに関係なく、ひとが相手に呼びかけ、相手がそれに応答するよう

解答編

英語

解答　A．(1)—③　(2)—④　(3)—③　(4)—④　(5)—③　(6)—①
(7)—④　(8)—①　(9)—④　(10)—②　(11)—④　(12)—①

B．1．蛇たちが，自分の尻尾に噛み付いている夢。

2．3週間以上眠らずに動き回り，活動できる。

C．近年，脳科学者たちは，睡眠が記憶を整理するうえで重要な役割を果たしていることを示す研究を発表した。

D．〈解答例〉 Usually, I get enough sleep every night, but I haven't been able to go to sleep easily for a few weeks. The reason is that my father had an operation for lung cancer a month ago, but I cannot go to see him in the hospital because of COVID-19. I am very anxious about his condition.（50～60語）

解説　≪睡眠を説明する多様な理論≫

A．(1)perform「～を行う」と置き換えられないものとしては③halt「停止する」が適切である。

(2)curls「ねじ曲がる」に置き換えられるものは，④twists「ねじれる」である。①「失敗する」②「ぶら下がる」③「広がる」

(3)stay up「起きている」はイディオムである。

(4)関係代名詞 which に導かれる形容詞節の主語は a young man であり，続く on a mission to find a magic bird with golden feathers「金の羽をもつ魔法の小鳥を見つける任務についている」は，その主語を修飾していることがわかる。したがって，問われている空所は，3人称単数現在形の④falls となる。

(5)コロン以下に2つある that に注目する。前の that は，名詞節をつくる接続詞，後の that は，動詞 blocks に続く主格の関係代名詞。「その若者が，8日以内に，王の窓からの景色をふさいでいる丘を掘って取り除くこと」がこの名詞節の意味である。同じ主格の関係代名詞 that が用いられているのは，③「今朝ジェーンから来た手紙はどこにあるのか」である。

(6)「若者は 7 日掘り続けたが，挫折してしまう。その時友達の狐が現れ，『横になって眠りなさい，＿＿＿＿』と言った。翌朝，山がなくなっていた」が前後の内容である。この文脈から，①「僕が君の代わりに働くよ」が適切である。②「我々にはそれは無理だ」 ③「あきらめなよ」 ④「さあ，協力しよう」

(7)並べ替えた箇所の語順は "on which we can" で，「眠りは，未知のものであり，私たちの不安と希望を映し出す白紙のスクリーンであるからこそ，伝説の素材となっているのだ」が文意。

(8) precise「正確な」と同意の① exact が適切である。

(9) SVC の文型であることから，S＝C となる。so 以下の文意は「睡眠の主な目的についてのどんな理論も，大理論とならねばならない」で，one は，④ theory の反復を避ける代名詞である。

(10)睡眠不足になると「集中がよりできなくなり，より感染しやすくなる」となればよいので，less と more が入れば適切だから，②が適切である。

(11)第 4 段第 10 文（Just think of …）に，人によって睡眠習慣は大いに異なることが述べられているので，同じ内容の④が適切である。

(12)睡眠についてのいろいろな説明や理論を例示して述べるのが，本文の主旨であるから，①「睡眠を説明する理論を考える」が適切である。②「睡眠と科学上の発見の歴史」 ③「睡眠についての事実と虚構」 ④「動物の睡眠パターンの多様性」

B．1．第 2 段第 2 文（The 19th century …）に，カクレがベンゼンの分子構造を発見するヒントになった彼の見た夢が述べられている。蛇が自分の尻尾に噛み付く夢である。

2．第 4 段の最後から 2 文目（Female whales can …）に，雌のクジラの子育て中の睡眠行動が述べられている。3 週間以上眠らず行動する，とある。

C．showing「～を示す」は studies を修飾する現在分詞。publish「～を発表する」 play a critical role in ～「～に重要な役割を果たす」 organizing memories「記憶を整理すること」

D．毎夜十分な睡眠がとれている理由もしくはとれていない理由を，指定語数内で一段落の文章にして答える条件作文問題。本文を写したり，リストをつくったりすることはできない。いずれかを選び，理由は具体的に述べることが必要である。〈解答例〉では，手術した父の見舞いにコロナのせいで行けず，心配で眠れない，となっている。

問七　この後の「健康、新鮮さ、自然のシンボル」としてのオレンジの色であったことから考える。「作られた」では「自然のシンボル」にならないし、②の「特殊な色」も不適。

問八　直前の「オレンジを技術的および文化的産物として作り出した」をヒントに考える。この「文化的産物として作り出した」のは「広告」「料理本」「ショーウインドー」などである。「技術的」だけではなく「表象」を通して文化的に作られたということ。また、「ハイブリッド」とは、ただ単に「混成」されただけではなく、二つ以上の能力が生かされている意味もあるので、「自然の作物とは言えず」「生産物……かけ離れ」などの表現は不適である。

問九　イ、第七段落に「黄色種のみに特化するようになった」のは「赤い品種は……長距離輸送には向いていなかったため」とある。「長距離輸送」の結果「多様な種類が求められるようになった」は不適。

ロ、最終段落に「ショーケースに並んだ商品」は「潤沢さのイメージ」を作り出し、「豊かさを象徴する」ものだとしている。

二　現代文

出典　久野愛『視覚化する味覚―食を彩る資本主義』〈第二部　食品の色が作られる「場」　第四章　農場の工場化〉（岩波新書）

解答

問一　ア―⑤　イ―②

問二　③

問三　③

問四　⑤

問五　①・④（順不同）

問六　①

問七　④

問八　③

問九　イ―②　ロ―①

問十　③

解説

問四　直前に「一八七〇年代から八〇年代になると」とある。第二段落に「一八七〇年代に入り、鉄道や船を使った冷蔵輸送や長距離配送が可能になったことで……富裕層のみの食べ物ではなくなっていった」と、同じ時期のことが書かれている。したがって、輸送技術について説明している⑤が正解。

問五　「擬人法」とは、人間でないものに人間の特性をもたせて人間のように表現することである。②・③・⑥は「比喩法」で、⑤はショパンの曲を聴いたということで擬人法ではない。

問六　「ある特定の色」が認識されるためには、大量に同じ色のものが出回り、消費者の目に触れる機会が多くなる必要がある。①以外の選択肢はその要件を満たしている。①は「大量生産……避けられ」「人々の目に触れる機会が限定される」とあるので不適。

問二　a、「こちたげ」は形容詞「こちたし」に接尾語「げ」が付いて名詞化したもの。「こちたし」は〝度を超している、大げさだ〟の意。

b、「思ひむすぼほる」は〝気がふさぐ、気がはれない〟の意。

問三　本文の前にある説明と、「昔思ひ出でられて」とあることから判断する。亡き堀河天皇と二人だけで過ごした雪の朝の様子を思い出したもの。

問四　「ももしき」は〝皇居〟の意。②の「しづがや」は〝下々の者の家〟の意である。

問五　「ましかば」は「ましかば……まし」の形で反実仮想の意味になるが、ここは「まし」のない形である。「まほしかり」は自己の願望をあらわす助動詞「まほし」の連用形。下に過去の助動詞「き」の已然形が接続しているので「カリ活用」となっている。自己の願望を表すので、〝見せたかった〟となる。「つゆ」は〝まったく〟、「たがふ」は〝違う〟の意で、〝まったく異なることなく〈=まったくその通りに〉〟という訳になる。

問六　「わきがたげなり」は〝区別が付かない、見分けが付かない〟の意。直前に「降りつもりたりしさま」とあるので、梢（=枝の先）の雪と梅の花とが見分けが付かないということ。「雪降れば」の歌をふまえて考えると「雪」を「花」と見立てていることがわかる。

問七　「まばゆく」は形容詞「まばゆし」の連用形、「おぼえ」は下二段活用動詞「おぼゆ」の連用形、「しか」は過去の助動詞「き」の已然形、「ば」は接続助詞である。

問八　「にほひ」は嗅覚ではなく視覚的な〝つやつやとした美しさ〟である点に注意する。「けざけざと」は〝あざやかに、はっきりと〟の意。「わが着たるものの色あひ」が〝雪の白さにあざやかに映えていた〟の意。

問九　「雑仕なめり、女の声」で、「あな、ゆゆしの雪の高さや」という声が聞こえたことに応じての言葉である。⑤も大雪に触れているが、女が「透垣（=垣根）」まで出ているようなので、「建物から外に出られなくなった」は不適。

っていない。

ハ、本文の内容・構成に合致する。

ニ、バフチンの対話論を批判してはいない。

二 古文

出典 『讃岐典侍日記』〈下〉

解答

問一 i―② ii―① iii―① iv―②

問二 a―⑤ b―①

問三 ③

問四 ②

問五 ①

問六 ③

問七 ⑤

問八 ④

問九 ①

問十 ア―④ イ―⑥

解説

問一 i、直前に「昔ながらなり、御前……」とあるので、ここは過去の回想ではなく、現在の描写だとわかる。

ii、「いつもさぞ見ゆる」とおっしゃった人物。これは幼帝の言葉ではない。

iii、ここも二重敬語が使われ、かつこの後の言葉は幼帝のものではない。

iv、直前の「思ひ出でられて」で過去の回想は終わっている。

はありません」とある。「対話的に交通する」にはことばの使用の有無は関係ないということである。それでもことばが「もっとも役立っている」とあるので、ことばがその中心にあることは間違いない。②・③・④はことばだけが大切だという意味なので不適。⑤は「生きていく姿勢」が不適。

問五　本文では、「バフチンの対話論」を中心にその論の紹介と、一般的な対話論との違いを述べている。「基本的前提が異なっている」とあるので、「対話をテーマにしたほとんどの本」や「対話のたいせつさを説いた本」と、「バフチンの対話論」とのもともとの考え方の違いを述べた後に入るはずである。

問六　②の「言葉と言葉の交換」は「対話」の意味を説明したものであり、この「対話」は比喩的に使われているとは言えない。

問七　次段落以降で説明されている。「不自由」と感じないのは、「口にださずとも『空気』からサッするのが特徴である」日本の特殊性があり、「不自然」と感じないのは「ひとというものはまずは一個人として存在している」という「暗黙の了解」があるからである。この二点に触れている選択肢は③である。

問八　「人間がこの世に存在している」ことが「対話をしている」ことだというバフチンが、[X]とまで断言したのであるから、「この世に存在している」よりも強い内容の言葉が入るはずである。「対話がおわるとき、すべてはおわる」はこの後でもバフチンの思想をあらわすことばとして出てくるので、それもヒントになる。

問九　前段落の内容を正確に読み取ること。「一個人としてあるよりさきに、個人と個人の相互関係がある」「〈対話〉状態のほうが自然」「『対話をしている』ことが『生きている』ということ」とある。また、二つ後の段落で「個の自立」についても触れており、「個の自立」および「生」と「対話」を結びつけて「対話」の重要性に触れている選択肢は⑤だけである。

問十一　イ、バフチンは「〈対話〉状態のほうが自然」とは言っているが、「本能」だとは言っていない。

ロ、「甘えの構造」について言及しているのは第十一段落であるが、それを超えでるために「対話」が必要だとは言

国語

一

出典 桑野隆『生きることとしてのダイアローグ——バフチン対話思想のエッセンス』(岩波書店)

解答

問一 ア—③ イ—④ ウ—② エ—①

問二 (Ⅰ) i—① ii—⑤

(Ⅱ)—②

問三 ④

問四 ①

問五 ③

問六 ②

問七 ③

問八 ②

問九 ⑤

問十 ②

問十一 イ—② ロ—② ハ—① ニ—②

問十二 ア—③ イ—①

解説 問四 直前の段落に「〈対話〉は、ことばをもちいて『向かいあって話しあう』ばあいのみをさしているわけで

■一般選抜前期C・D日程：文・人間科学部

問題編

▶試験科目・配点

日程	学部・学科	教　科	科　　　目	配　点
C日程	文(英文)学部	外国語	コミュニケーション英語Ⅰ・Ⅱ・Ⅲ，英語表現Ⅰ・Ⅱ	200点
		国　語	国語総合（古典を除く），現代文B	100点
	文(総合文化)・人間科学部	外国語	コミュニケーション英語Ⅰ・Ⅱ・Ⅲ，英語表現Ⅰ・Ⅱ	100点
		国　語	国語総合（古典を除く），現代文B	100点
D日程	文(英文)学部	外国語	コミュニケーション英語Ⅰ・Ⅱ・Ⅲ，英語表現Ⅰ・Ⅱ	200点
		共　通テスト*		200点
	文(総合文化)・人間科学部	外国語	コミュニケーション英語Ⅰ・Ⅱ・Ⅲ，英語表現Ⅰ・Ⅱ	150点
		共　通テスト*		200点

▶備　考

- 「英語（C・D日程）」「国語」とも共通の問題。
- 英語資格試験利用型：C日程では，大学が指定する英語の資格・検定試験の基準スコアを有する場合，「英語」の得点を「みなし得点」に換算して利用することができる。本制度を利用する場合は，「英語」を受験する必要はないが，受験した場合は，高得点の方が合否判定に採用される。

＊それぞれの学部・学科ごとに指定された共通テストの科目のうち高得点の１科目または２科目を採用する。

英語

(70分)

Read the passage and answer the questions that follow.

China looks set to become the first country to get old before it gets rich. Its declining birth rate looks almost impossible to reverse, a trend with great significance for its economic and social prospects. The Chinese government is aware of the problem and the dangers. Unfortunately, however, none of the responses looks like they will (1)work.

According to population data released earlier this week, China's birth rate fell for a fifth year ____(2)____ a row to hit a record low in 2021. There were just 10.62 million births last year according to China's National Bureau of Statistics, ____(3)____ from 2020. While that is an improvement over the 18% fall from 2019 to 2020, it is still the lowest level since the start of Communist China in 1949. Just 43% of the births were second children, a fall from 50% in 2017. Since a country needs a birth rate of 2.1 to (4)maintain the size of its population, China's rate of 1.3 in 2020 leads many population experts to believe that China's total population may have hit its highest level and now is in decline.

Even more concerning is the changing (5)composition of the population. The share of working-age people under 60 has fallen from 70.1% a decade ago to 63.3% in 2020. Those age 65 and older now ____(6)____ 13.5% of the total, up from 8.9%. The government predicts a loss of 35 million workers over the next five years and the share of working-age people could reach half the population by 2050.

(7)This evolution will have powerful consequences. Wages will have to go up as the number of workers decreases. Payments to pension plans will decline and tax revenues will go down as demand for services rises. That last shift will be especially difficult. China today only spends about 7% of its money on social welfare services, well below the 12.8% global average as calculated by the International Labor Organization. Economy experts warn that China's plan to become "a rich and powerful country" by 2049, the 100th anniversary of the beginning of the

People's Republic of China, is in danger.

In 2016, these issues made the government lift the "one-child policy," which had been the law since 1980, and then last summer the government decided to allow families to have three children. The continuing decline in the birth rate shows that those moves had no impact.

The reasons for the changing population are well known. (C)<u>The most fundamental reason is that Chinese citizens have better lives and a better health care system, allowing them to live longer.</u> Also, families will likely have fewer children. There are complaints about the costs of education, which is ＿＿(8)＿＿ an extremely competitive child-raising environment. Other problems include the cost of housing, the unequal burden carried by women within the household, and fears that women lose opportunities to advance at work ＿＿(9)＿＿ they take time off to care for children.

The recent closing of many cram schools* and the attempt to slow the rise in housing prices aim to ease the burden on families. More will be done. Housing (10)<u>assistance</u>, more generous policies for new mothers, increases in childcare centers and changes in income tax policies are being debated or attempted in test programs.

Three other changes are critical. The first is a change of family responsibilities so that the mother's load is reduced. Both parents need to support the household. This should go along with changes in working conditions to make it easier for working mothers. A third step is last year's decision to raise the retirement age. Still, most population experts believe these population trends are nearly impossible to alter. (11)<u>Younger Chinese have ideas about "the good life" and having more children is not part of that vision.</u>

* cram schools: places for extra study outside of normal school time

A. Choose the best answer for each question and mark ①, ②, ③, or ④ on your answer sheet for questions [1] – [12].

(1) Which of the following usages of "work" is most similar to (1)<u>work?</u> [1]

① He <u>worked</u> on the car last weekend.

② My plan is <u>working</u> beautifully.

出典追記：The Japan Times, January 21, 2022

③ She works in the Marketing Department.

④ This computer is not working.

(2) Which of the following is the best word for ＿(2)＿? [2]

① in

② of

③ on

④ with

(3) Which of the following is the best choice for ＿(3)＿? [3]

① a 20.6% drop

② a 20.6% rise

③ an 11.6% drop

④ an 11.6% rise

(4) Which of the following can best replace $_{(4)}$maintain? [4]

① advance

② keep

③ neglect

④ reduce

(5) Which of the following is closest in meaning to $_{(5)}$composition? [5]

① relation

② structure

③ technique

④ worth

(6) Which of the following is the best choice for ＿(6)＿? [6]

① constitute

② constituted

③ had constituted

④ have constituted

(7) What does (7)This evolution refer to? [7]

① decrease in working-age people

② low birth rate

③ the Chinese government

④ the increase of population

(8) Put the words ① to ④ into the correct order for ＿(8)＿. Which word should be in position (b)? [8]

…costs of education, which is (a) (b) (c) (d) an extremely competitive…

① a

② big

③ in

④ worry

(9) Which of the following is the best choice for ＿(9)＿? [9]

① although

② even though

③ how

④ when

(10) Which of the following is closest in meaning to (10)assistance? [10]

① construction

② help

③ noise

④ prices

(11) What does the author suggest in the underlined sentence (11)? [11]

① For younger Chinese, it is good to have more than one child.

② For younger Chinese, it is not always good to have many children.

③ Younger Chinese can no longer have a good life because of population change.

④ Younger Chinese view having more children as a good life.

(12) Which of the following is the best title for this passage? 12

① A Difficult Future for China Because of Fewer Children

② Increasing Births by Helping Children in China

③ The Reasons for China's Recent Increase in Population

④ The Success of China's Policy to Help Mothers

B. Answer the following questions in Japanese.

1. How did the Chinese government change the policy for the number of children last summer?

2. What two steps has China recently taken to ease the burden on families?

C. Translate the underlined sentence (C) into Japanese.

D. Do you think men and women should do equal work in the household? Explain your opinion in one paragraph of 50 to 60 English words. Do not copy from the passage. Do not make a list.

③ 予想に反して立ち現れる
④ 偶然に出会う
⑤ 予想どおりに与えられる
⑥ 向こうからやって来る

問六　次の一文を入れるのに最も適当な位置を、本文中の【①】〜【⑤】のうちから選びなさい。解答番号は 28 。

こうしたことは、良い、悪い、といった評価以前に立ち現れる、言語場における私たちの全体感覚の違いである。

問七　傍線部B「言語場の今日的な変容」とあるが、その説明として不適当なものを、次の①〜⑤のうちから選びなさい。解答番号は 29 。

① 古典的な作品を瞬く間にデバイス上に呼び出すことが可能になった。
② 一生をかけても読みきれない量のテクストが、人びとの言語場を流れて行くようになった。
③ タブレットをタップしたりクリックしたりするとき、私たちは電子書籍の全体を指先に感じている。
④ インターネットの発達により、〈話されたことば〉や〈書かれたことば〉が拡散されるスピードが速まった。
⑤ 時間に追われる中で、〈書かれたことば〉を読む経験が断片化されるようになった。

問八　傍線部C「決定的に重要なこと」とあるが、その説明として最も適当なものを、次の①〜⑤のうちから選びなさい。解答番号は 30 。

① 同時代の要請に応じて〈書かれたことば〉を利用する。
② 与えられたテクストを読むために時間を効率的に使う。
③ 〈書物を読む〉機会を自らがつくりだす。
④ 〈流動型＝断片型〉テクストを読む場を素早く獲得する。
⑤ 記号としてのテクストを便利に活用する。

問九　次のイ〜ニの文のうち、本文の内容と合致するものには①を、合致しないものには②を、それぞれ選びなさい。解答番号は 31 〜 34 。

イ 『源氏物語』を電子書籍で読むことと、紙の書物で読むことの差異は、学びの本質とは何かを教えてくれる。 31
ロ スマホ・ネイティブ世代は親の世代より言語パンデミックへの親和性が高い。 32
ハ 〈流動型＝断片型〉テクストを取捨選択することが難しいのは、それを読む時間を自ら制御できないからである。 33
ニ 読むべき〈書かれたことば〉を探し訪ねることは、そのテクストと身体的および精神的に向き合い、知的かつ感覚的な喜びを得ることの前提となる。 34

⑤ カンイッパツでなんとか助かった。

イ ソウ遇 22

① 親の土地をソウゾクする。
② 幅広いネンレイソウから愛される。
③ 権力コウソウに巻き込まれる。
④ 雪山でのソウナンに注意する。
⑤ 彼の発言で場内がソウゼンとなった。

問二 空欄《 a 》〜《 c 》に入れる語句の組み合わせとして最も適当なものを、次の①〜⑥のうちから選びなさい。解答番号は 23 。

① a 他方 b とりわけ c だが
② a なぜなら b おまけに c ただし
③ a そのうえ b とりわけ c しかも
④ a なぜなら b つまり c だが
⑤ a 他方 b おまけに c しかも
⑥ a そのうえ b つまり c ただし

問三 空欄（ ア ）・（ イ ）に入れる語句の組み合わせとして最も適当なものを、次の①〜⑥のうちから選びなさい。解答番号は 24 。

① ア 全体感覚 イ 肯定感
② ア 身体感覚 イ 安定感
③ ア バランス感覚 イ 触感
④ ア 身体感覚 イ 肯定感
⑤ ア 全体感覚 イ 触感
⑥ ア バランス感覚 イ 安定感

問四 傍線部A「印刷術が普及してこのかた」とあるが、これと同じ「このかた」の用いられ方として最も適当なものを、次の①〜⑤のうちから選びなさい。解答番号は 25 。

① 戦争このかた、議論が絶えない。
② 三年このかた、あの喜びを忘れたことはない。
③ 生まれてこのかた、悪事を働いたことなどない。
④ 類人猿からこのかた、人間は進化を続けている。
⑤ かれこれ半世紀このかた、書き物をしている。

問五 空欄 X ・ Y に入れるのに最も適当なものを、次の①〜⑥のうちから、それぞれ選びなさい。解答番号は 26 ・ 27 。

X 26 Y 27

① 必然に導かれる
② こちらから訪ねる

《　ｃ　》ここで問題にしている核心は、〈読む〉という言語場にあって、私たちがどのように位置づけられているか、ということに他ならない。そこにあって私たちがいったいどれだけ自らを律し、自ら考え、自らの時間で動いているかということ。〈読む〉という点ではテクストである以上、同じなのだけれども、それが与えられた読みのように位置づけられ易《やす》いのか、自ら律した読みとして位置づけ易いのかという違いこそが、今こそ重要なのである。〈沈潜型＝全体型〉的な性格の濃い、〈本を読む〉といった営みには、まずその書物を選択するという、決定的な決断の機会が担保されている。読み始めて、本がくだらなければ、捨てればいい。〈流動型＝断片型〉テクストを読む営みは違う。どこかで時間に追われているその速度戦の前では、テクストを捨てる決断の機会さえ、あまりにも短い時間に区切られてしまって、気づいたときには、もう読んでしまっている、などということがしばしばである。何しろ与えられるテクストは、速く、短いのだから。あ、くだらないの読むのに時間を使ってしまった、ああ、もうこんな時間だ。スマートフォンにへばりついていた時間に、さらに私たちの後悔する時間が加わる。【⑤】

要するに、ことばを単に記号的な「情報」として向き合っている限り、右のような違いは問題にさえ浮上しない。便利で速ければいいじゃない。一々本なんか開いてるより、ずっと効率的じゃない。その通りである。便利で、速くて、効率的なものは、どんどん利用すればよい。ただし、そのことに目を奪われて、決定的に重要なことが、失われてはいけない。奪われてはいけない。私たちが言語場の知的な、精神的な、感覚的な、生理的な、主宰者となるということ。ことばが与えられるもの、ただ受容するものではなく、ことばは自らが律するものだということ、自らが獲得するものだということ。突きつけられているスキーマは、こうだ。君が読んでいるのか？　君が読まされているのか？　君が読んでいるのなら、そのテクストは君が便利に活用しているわけだ。もし君が読まされているのなら、君がテクストに便利に活用されているのだ。同時代は〈流動型＝断片型〉テクストに溢《あふ》れている。それゆえにこそ、〈書物を読む〉言語場の鮮明な位置づけ直しと、その断固たる確保が不可欠なのである。

（野間秀樹『言語　この希望に満ちたもの』　ただし一部変更した箇所がある）

（注）パンデミック……世界的に大流行していること。
テクスト……言語記号で表されているもの。
古典籍……近代以前の書籍。
スキーマ……図式的枠組み。

問一　二重傍線部ア・イの片仮名と同じ漢字を用いるものを、次の各群の①〜⑤のうちから、それぞれ選びなさい。解答番号は 21 ・ 22 。

ア　根カン　21

① 彼とはカチカンが合わない。
② 九回裏の逆転劇はアッカンだった。
③ 忘年会のカンジを引き受ける。
④ 体調カンリを怠って風邪をひく。

定的に異なっている。書物とはvolume（巻）と数えるくらいだから、volume（量）のあるもののことなのだ。書物とは全体としてそこに在るものである。書物と書物でないものを区別する決定的な要因は、私たちにとっての全体感覚にある。私たちが書物に向き合うとは、書物という全体に向き合うことである。もちろん言語場の現象的な瞬間瞬間はごく一部のテクストに向き合っているのだけれども、私たちは書物のうちの一部のテクストというより、常に書物全体に向き合っている。紙の書物が有する全体感覚が、電子書籍には恐ろしく希薄である。それはタップしたりクリックしたりして初めて、私たちの前に現れる。何かの間違いで、ひょっとしたらそれは現れないかも知れないという不安が、私たちの指先にはいつも蹲《うずくま》っている。電子書籍に私たちは本という重さを持った物理的な存在としてではなく、限りなく薄い被膜の表面の光、記号という不確かな存在として相対しているからである。重さを一方では本に感じ、一方では何とタブレットに感じている。そしてタップした後、電子書籍としてのその本が運良く現れても、それは決して全体ではないのだ。紙の書物はいつも全体である。書物が見つからないときも、全体の姿が見つからないのであり、見つかりさえすれば、必ず全体があることを知っている。紙の書物は所謂《いわゆる》「積ん読」をしていても、本の全体はそこに在る。かくのごとく、書物に向かう身体感覚は、常に全体感覚としてのそれである。【③】

私たちが書物に対する際の全体感覚は、同時に、私たちの時間感覚を支えてくれている。つまりその書物のどこを読んでいても、一冊の書物に対しているという（　イ　）は、失われない。今、この本のここらあたりを読んでいる。この辺は飛ばし読みをした。ここは面白い、思わず線を引く。そうそう、付箋もつけておこう。えーと、これは何だったっけな、最初の方にあったな、もう一度見てみよう。あれ、これ、何度か出て来た、お、ありがたいことに、索引があるじゃないか、索引で引いてみよう。それにしてもこの表紙の装丁はいいな。お、ジャケットを外してみても、このタイトルデザインもなかなか洒落《しゃれ》てる。――その書物を読むという営みを、制御しているのは、その言語場の最初から最後まで、読み手である私たちである。読む対象として一冊の書物を選択した瞬間に、私たちはその書物をめぐる言語場の主宰者となる。言語場における主宰者として自らの時間感覚によってことばを読み、意味を造形し、言語的対象世界を形造る。

今、〈書物を読む〉とは、単に書物を読むことを意味しない。B〈言語場の今日的な変容のうちに、書物を読む〉ことである。【④】同じく〈読む〉という言語場であるのに、〈流動型＝断片型〉的な性格の強いスマートフォンなど携帯デバイス上のテクストと、〈沈潜型＝全体型〉という性格の強い書物のようなテクストとでは、私たちが自らその言語場を主宰しているという感覚に、大きな違いが生まれている。今日の〈読む〉という営みは、その圧倒的な速度と量によって、ともすると〈流動型＝断片型〉の言語場の方に偏りがちである。畢竟《ひっきょう》、与えられることばの濁流に呑《の》み込まれる危険は、いよいよ大きい。

なおここで「それは何が書いてあるかによって違うのであって、〈流動型＝断片型〉だから悪いとか、〈沈潜型＝全体型〉だからいいということにはならないではないか」という疑念があるとすると、そうした疑念は大いに正しい。もちろんとんでもない書物もいくらでもあるからである。

① 平行線を辿《たど》る　② 定量的な　③ 因数分解された
④ 最小公倍数的な　⑤ 最大公約数的な

〔三〕

次の文章を読んで、後の設問に答えなさい。

言語に対する構えを作るにあたって、書物を読むということを、改めて確認し、位置づけ直しておかねばならない。書物を読むとは、自らの外にあることばの〈かたち〉を読むことであって、外から内へという回路を通じて、ことばを得ながら、問いを問うことでもあり、ことばの〈かたち〉を我がものとする道程でもあるからである。それは、ここでの狙いである、自らの内なる構えを作ることでもある。《　a　》、外的な条件にあっては、書物を読む言語場が、既存の言語場における構えでは持ちこたえられぬほどに、劇的に変容しているからでもある。〈書かれたことば〉が登場し、印刷術が普及してこのかた、読書とはおよそ学びの根カンであった。私たちの言語場のありようが今、根底から変容している。そこにおける読書のありかたもまた、構えを作り直さなければならない。

スマホ・ネイティブなどということばが珍しくもなくなるほどに、スマートフォンないしはそれに類するデバイスがありふれたものになった今、書物がもたらす言語場は、言語パンデミック以前の時代とは全く異なった役割を担っている。SNSやニュースに典型的なように、スマートフォンに現れる多くの〈書かれたことば〉は、謂《い》わば［X］という姿をとる。私たちの言語場のうちの身体感覚ではそれらのテクストは〈流れて行く〉という性格を濃厚に見せるわけである。あ、時間がないけど、これはちょっと読んでおこう、あ、今見ておかないと、忘れちゃうかな、あ、これ後で読むためにとっとこう、コピペ、スクショ。そこにおいてテクストは流動することばである。それらのことばは向こうから私に与えられる形で、やって来る。

それら流動型のテクストとは異なって、書物における〈書かれたことば〉には、［Y］という姿をとる。書物のテクストは基本的にはいつもそこに在る、ないしは在るだろうところのものである。だから昔も今も書物は私が探すものなのだ。書物のテクストは〈流れて行かない〉。書物のテクストは、そこに留まり、沈潜することばである。【①】

〈流動型：沈潜型〉というテクストのありようの二つの極と並んで、〈断片型：全体型〉とでも呼ぶべき、テクストのありようの二極を考えてもよい。SNSやニュースはもちろん、日常にあってスマートフォンなどで検索して、ソウ遇する多くのテクストは、断片的である。それらは概《おおむ》ね短い。不思議なことに、著作権の切れた長編の文学作品のテクストだったり、古典籍文献のテクストだったりという巨大な作品であっても、それらは常に一部として断片化されて私たちの前に現れる。スクロールしたりクリックすれば、とてつもなく長い全体を辿《たど》ることができることは解《わか》っているのに、私たちの（　ア　）では、なぜかそれらのテクストはいつも断片である。【②】

ところが書物は違う。《　b　》紙の書物は決定的に違う。何よりもそれは、言語場を構成する参画者の、量の感覚、全体感覚といった点で決の実家に見舞い、添い寝をしている場面である。普段は気にもならない蛙《かえる》の声が天にも届くかと思われるほどに聞こえてくる。決して騒がしい声ではなく、しんしんと天にも地にも沁《し》みいるような声である。一首が言っているのはそれだけのこと、まことに単純な事実だけを詠《うた》っている。二首目も、母がもう死のうとしている枕元、ふと見上げると喉の赤い燕《つばめ》が二羽、梁《はり》に留まっていた。ただそれだけである。

ここには「悲しい」とか「寂しい」とか、そのような茂吉の心情を表わす言葉は何一つ使われていないことに注意して欲しい。にもかかわらず、私たちはそのような形容詞で表わされる以上の、茂吉の深い内面の悲しみを感受することができる。考えてみれば不思議な精神作用である。文章の上では何も言われていない作者の感情を、読者はほとんど何の無理もなく感受することができているのである。

もしこれらの歌のなかに、茂吉の感情として「悲し」「寂し」などの形容詞が入っていたとするならば、一般的な感情としては理解できるが、それだけではけっしてその時の茂吉の悲しさ、寂しさを表現したものにはならないだろう。悲しい、寂しいという［Y］感情の表現でしかないからである。「決して甲の特殊な悲しみをも、乙の特殊な悲しみをも現しません」と赤彦の言う通りである。

（永田和宏『知の体力』ただし一部変更した箇所がある）

（注）符牒……しるし。

問一　短歌雑誌『アララギ』を創刊した人物の一人として最も適当なものを、次の①～⑤のうちから選びなさい。解答番号は［16］。

①　若山牧水　②　与謝野鉄幹　③　伊藤左千夫
④　萩原朔太郎　⑤　上田敏

問二　斎藤茂吉の息子である北杜夫の作品として最も適当なものを、次の①～⑤のうちから選びなさい。解答番号は［17］。

①　九月の空　②　風立ちぬ　③　太陽の季節
④　楡家の人びと　⑤　深い河

問三　空欄［X］に入れるのに最も適当なものを、次の①～⑤のうちから選びなさい。解答番号は［18］。

①　形容詞　②　近代短歌　③　写生
④　作歌理念　⑤　詩形式

問四　傍線部「不思議な」とあるが、同じ品詞を用いたものを、次の①～⑤のうちから選びなさい。解答番号は［19］。

①　大きな机　②　いろんな本　③　ゆかいな仲間
④　おかしな話　⑤　小さな家

問五　空欄［Y］に入れるのに最も適当なものを、次の①～⑤のうちから選びなさい。解答番号は［20］。

①　インターネットが急速に世界中に広まった理由
②　インターネットがないと生活に不自由を感じる理由
③　インターネットで伝えられるのは視聴覚情報である理由
④　視聴覚情報が言語化しやすい理由
⑤　人間が触覚情報を信頼している理由

問十　次のイ～ニの文のうち、本文の内容と合致するものには①を、合致しないものには②を、それぞれ選びなさい。解答番号は 12 ～ 15 。

イ　プルーストの『失われた時を求めて』は「私」の経験の移ろいを他人の視点から語ったものである。 12

ロ　体毛を失った人類は、全身を外の世界にさらしており、触覚に重きを置いている。 13

ハ　触覚による情報の正確性が下がり、視覚情報の信頼性が上がったのは人間が進化したためである。 14

ニ　触覚情報は人間のこころと強く結びついているため、電気的なシグナルに変換することが困難である。 15

〔二〕　次の文章を読んで、後の設問に答えなさい。

近代の歌人に島木赤彦がいる。彼はアララギ派の歌人であり、アララギは「写生」をその作歌理念に掲げていた。なぜ写生が必要なのか。赤彦は『歌道小見』という入門書の中で、「悲しいと言えば甲にも通じ乙にも通じます。しかし、決して甲の特殊な悲しみをも、乙の特殊な悲しみをも現しません。歌に写生の必要なのは、ここから生じて来ます」と述べる。

短歌は、自分がどのように感じたのかを表現する詩形式である。歌を作りはじめたばかりの人の歌には、悲しい、嬉《うれ》しいと形容詞で、自分の気持ちを表わそうとするものが圧倒的に多い。作者は「悲しい」と言うことで、自分の感情を表現できたように思うのであるが、これでは作者が「どのように」悲しい、うれしいと思ったのかが一向に伝わってこない。赤彦の言う作者の「特殊な」悲しみが伝わることがない。 X も一種の出来合いの符牒《ふちょう》なのである。

斎藤茂吉は島木赤彦と同時期に「アララギ」を率いた近代短歌の巨匠であるが、彼に、母の死を詠んだ一連がある。歌集『赤光』中の「死にたまふ母」一連である。

死に近き母に添寝《そひね》のしんしんと遠田《とほだ》のかはづ天《てん》に聞《きこ》ゆる

のど赤き玄鳥《つばくらめ》ふたつ屋梁《はり》にゐて足乳根《たらちね》の母は死にたまふなり

誰もが知っている歌であろう。一首目は「死に近き母」をはるばる陸奥《みちのく》

① 直感の大切さ
② 意識の移ろい
③ 詳細な描写
④ 皮膚感覚
⑤ 芸術の本質

問五　次の一段落を入れるのに最も適当な位置を、本文中の【①】〜【⑤】のうちから選びなさい。解答番号は 7 。

視聴覚情報に比べて、触覚は、その個人の個性、意識、無意識双方の経験からもたらされた記憶、それらと強く結びついている。プルーストは、それこそが時の流れを超えて、人生の意義、価値ある芸術を生み出すと主張した。

問六　空欄 Y に入れるのに最も適当なものを、次の①〜⑤のうちから選びなさい。解答番号は 8 。

① 意識をはっきりと表現する
② 歓喜で胸をいっぱいにする
③ 芸術の本質となる
④ さまざまな擬態語で表現される
⑤ 無意識をよみがえらせる

問七　傍線部A「意識は、環境から外からの情報を編集して作られる」とあるが、その説明として最も適当なものを、次の①〜⑤のうちから選びなさい。解答番号は 9 。

① 意識と無意識との相互作用によって情報が組み立てられる。
② 外部からの情報は自分の都合の良いように再構成される。
③ 感覚によって獲得された情報が言語を用いて組み合わされる。
④ 視聴覚などによる情報は不正確なものであるから修正される。
⑤ 触覚による信じられやすい情報は取り除かれる。

問八　傍線部B「触って確かめてきた名残」とあるが、その説明として最も適当なものを、次の①〜⑤のうちから選びなさい。解答番号は 10 。

① 意識を組み立てる際に触覚を重視してきたことの影響
② 視覚情報よりも触覚情報を信頼する理由
③ 触覚情報よりも視覚情報が先に伝えられる理由
④ 見るよりも先に手で触れてきたことの影響
⑤ 世界を理解するために触覚に頼ってきたことの影響

問九　傍線部C「その理由」とあるが、それが指し示すものとして最も適当なものを、次の①〜⑤のうちから選びなさい。解答番号は 11 。

まれの哲学者。

問一　二重傍線部ア〜ウの片仮名と同じ漢字を用いるものを、次の各群の①〜⑤のうちから、それぞれ選びなさい。解答番号は [1] 〜 [3]。

ア　啓ジ　[1]

① 心にもない社交ジレイを言う。
② ジゼンに手を打っておくべきだった。
③ 手引書に沿ってチクジ処理をした。
④ 交渉によってジダンが成立した。
⑤ シュジイの診断を受ける。

イ　マ擦　[2]

① 光がマウエから照りつける。
② マテンロウからの夜景を楽しむ。
③ マブカに帽子をかぶる。
④ マホウ使いが出てくる童話を楽しむ。
⑤ 余計なテマをかけたくない。

ウ　セイ度　[3]

① 激しいセイリョク争いが始まった。
② 焦らずに心のヘイセイを保つ。
③ 下書きの文章を丁寧にセイショした。
④ 外出は禁止というセイヤクを受けた。
⑤ 会社のためにセイイッパイ働いた。

問二　空欄《 a 》〜《 c 》に入れる語句の組み合わせとして最も適当なものを、次の①〜⑥のうちから選びなさい。解答番号は [4]。

① a ちなみに　b けれども　c しかも
② a それでは　b または　c だから
③ a そのうえ　b けれども　c しかし
④ a ちなみに　b そのため　c だから
⑤ a そのうえ　b または　c しかも
⑥ a それでは　b そのため　c しかし

問三　空欄（ ア ）・（ イ ）に入れる語の組み合わせとして最も適当なものを、次の①〜⑥のうちから選びなさい。解答番号は [5]。

① ア 具体　イ 漸進
② ア 科学　イ 劇
③ ア 文学　イ 経済
④ ア 具体　イ 劇
⑤ ア 科学　イ 経済
⑥ ア 文学　イ 漸進

問四　空欄 [X] に入れるのに最も適当なものを、次の①〜⑤のうちから選びなさい。解答番号は [6]。

彼らが赤いシャツを着ていれば、どちらも赤く見え、88鍵のピアノの右端の鍵を叩けば、ぼくに絶対音感があれば、4・2キロヘルツの音が聞こえる。

【④】

意識は、環境から外からの情報を編集して作られる。その編集のしくみは、時代や文化の背景によって異なってくる。触覚は個人の歴史と強く結びついているが、一方で意識というフィクションを作るしくみからは自由なのではないか。《　b　》、触覚をきっかけにして感じられる世界、たちあらわれる無意識は、ときには人間の、あるいは場合によっては生きとし生けるものに共通する世界のなりたちを、ぼくたちに示すのではないだろうか。

人間は、眼《め》で見た方が正確な情報を獲得できるのにもかかわらず、触覚による情報の方を信頼する、という興味深い研究結果が報告された。

カードの上に、プラスチックでTの字をさかさまにしたパターンが浮き出している。水平の部分の長さは3センチ。垂直方向の部分の長さがいろいろある。被検者は、これを指で触る。目で見る。そして水平の線より垂直の線が長いか短いか答えさせる。そして、それぞれの答えに自信があるかどうか、7段階の数字で答えさせる。1が自信なし。7が自信最高。

実験の結果、線の長さの正しさでは眼で見た方が上だった。ところが被検者は触って判断した答えの方に自信を持っていた。

【⑤】

人間は進化の過程で、視覚による情報感知能力のセイ度を上げてきた。《　c　》、情報の信頼性という点では触覚の方を信頼しているのだ。目の前に何か、興味を惹《ひ》くものがある。ふと、手を伸ばして触りたくなるという人間の習性は、未《いま》だに人間が世界を知ろうとするとき、触覚に重きを置いている。触覚から逃れられないことを示している。人間のこころの起源が、全身の皮膚を世界にさらしたという事実であるということは、未だにぼくたちの判断にまで影響を残しているのだ。

このことは、体毛を無くした人類の祖先から、正確な情報を把握するために、まず触って確かめてきた名残だと思う。視聴覚による情報伝達、情報処理が（　イ　）的な進歩を遂げた現在でもなお、人間は、視《み》たことよりも触ったことに確かさを感じるのだ。言い換えれば人間は、触覚を信頼しているのだ。

情報工学が発展し、特にこの四半世紀の間に現れたインターネットの技術は、驚くべき勢いで世界中に広がっている。日本でも、今やインターネットなしでは生活に不自由するぐらいになっている。現在のインターネットで伝えられるのは視聴覚情報だけだ。近代史の中で、言葉で語られる「意識」が重要視されてきた結果だろう。視聴覚情報が電気的なシグナルに変換しやすいのも、その理由の一つだ。

しかしながら、ぼくたちは、おそらく、体毛を失ってからの１２０万年の歴史のために、未だに触覚から逃れられないのだ。

（傳田光洋『サバイバルする皮膚』ただし一部変更した箇所がある）

（注）マルセル・プルースト……一八七一―一九二二年。フランスの小説家。

ヴィトゲンシュタイン……一八八九―一九五一年。オーストリア生だ。小説の最初の方で登場するため、多くの人が知っている。少年時代を過ごした別荘地での記憶がすみずみまでよみがえる。

しかし、もう二つのエピソードは［　X　］なのだ。

パーティーの帰り、不ぞろいな敷石を踏む。その瞬間、ヴェネツィアのサン・マルコ洗礼堂で、やはり不ぞろいなタイルを踏んだときの記憶が現れ、ヴェネツィアに滞在した際の光景が生き生きとして立ち現れる。

もう一つは、海辺のリゾートでの記憶だ。ここで「私」の恋愛が始まるのだが、ホテルで身体を拭くタオルの糊《のり》がききすぎていた。その記憶は「私」のこころの奥底に眠っていたのだが、パリの貴族の晩餐会で提供されたナプキンがやはり糊のため固かった。そこから海辺で過ごしたときが「外的知覚につきまとう不完全なものをとり払われ、現実を離れた純粋なものとなって私の胸を歓喜でいっぱいに膨らませたのである」。

【①】

これらの「私」の経験は、皮膚感覚が、人間の無意識の奥底に潜んでいた「純粋な」記憶を見出す重要な役割を担うことを示している。そしてプルーストは一人の人間にとって、最も貴重なものは、そのようにして「失われた時」からよみがえった記憶であり、そしてそれが文学、芸術の本質であるとする。

皮膚感覚は、なぜ［　Y　］ことができるのだろうか。

ぼくは、人間の感覚の中で、嗅覚、体性感覚、そして皮膚感覚については言語で語りえないからではないかと考えている。人間の意識は言語と強く結びついている。人間の意識は常に言語で表現ができ、言語で表現しうることが意識だと考える。ヴィトゲンシュタインによる哲学の定義がそれにかさなる。

「哲学は、語りうるものを明晰《めいせき》に表現することによって、語りえぬものを示唆するにいたる」

「およそ考えうるものは、ことごとく明晰に考えうる。いい表しうるものは、ことごとく明晰にいい表しうる」（『論理哲学論考』）

【②】

視覚情報、聴覚情報、味覚情報は言語で語れる。嗅覚、触覚（体性感覚）を言語で語るのは難しい。どこかで出会った見知らぬ人について、語ることを想定してみる。

「その男は私より10センチほど背が高く、私より痩せていた。面長の顔に縁なしの眼鏡をかけ、紺色のスーツを着ていた」「彼は、私に『君はどこから来たのか』と低い声で尋ねた」「彼は私にキャンディーをくれた。口に含むと甘酸っぱい味がした」

しかし、たとえばその人物の体臭については「タバコの臭いがした」「カビ臭い体臭だった」などと、「たとえ」を引用しないと（　ア　）的な表現が困難である。そして、その人物と握手したときの感触も「紙やすりのようにざらざらした手だった」「ふわふわとマシュマロのようにやわらかかった」などと語らざるをえない。

【③】

一方で、特に触覚には、それをもたらす相手と自分との人間関係、さらに言えば、自分の経験が大きく影響する。視覚的には、怒りをあらわにした大男、魅力的な女性、それぞれが、触覚的には、同じ体温、同じ圧力、同じマ擦係数でぼくの手に触れても、ぼくの感情は大きく異なる。しかし

国語

（六〇分）

〔一〕

次の文章を読んで、後の設問に答えなさい。

多くの芸術家や科学者が、その創造に際して重要なのは言葉で語られる意識ではなく、意識になる前の何か、ありふれた表現だと直感の大切さを述べている。《　ａ　》、その直感はどこから、どのようにもたらされるのだろうか。

マルセル・プルーストの長い小説『失われた時を求めて』。４００字詰原稿用紙で1万枚と言われるこの小説は、ごく一部を除いて、すべて一人称、語り手の「私」の経験と意識の移ろいが書かれている。

その価値を実感するには、面倒でも全巻読むことをお勧めするけど、ここでは敢《あ》えてぼくなりに短く内容を書いてみる。

七篇《へん》からなる小説の六篇までは、「私」の幼少期から青春期、第一次世界大戦を経た壮年期までの記憶が詳細に語られる。少年時代、別荘地での思い出。思春期、海辺のリゾートでの恋。恋人と結ばれ、やがて恋人の死によって終わる記憶。パリの晩餐《ばんさん》会でのブルジョワや貴族のとりとめのない会話などが詳細に描写される。

最終部、第七篇で「私」は圧倒的な啓ジ[ア]を受ける。

「時間の秩序から抜けだした一瞬の時が、これまた時間の秩序から抜けだした人間をわれわれのうちに再創造し、そのエッセンスを感知させてくれるのだ。そうであれば、この人間が自分の感じた歓《よろこ》びを信じるのも理解できる。時間の埒外《らちがい》にある人間であれば、未来のなにを怖れることがあろう？」

「真の人生、ついに発見され解明された人生、それゆえに本当に生きたと言える唯一の人生、それが文学である」

「われわれは芸術によってのみ自分自身の外に出ることができ、この世界を他人がどのように見ているかを知ることができる」

「新たな光が私のうちに射《さ》してきた。その光は芸術作品こそが失われた『時』を見出《みいだ》すための唯一の手段であることを気づかせてくれた光のように目覚ましいものではなかったが、その光のおかげで私は、文学作品の素材はことごとく私の過去の人生にあることを悟った」

さて、この「私」の意識をもたらす「失われた時」への覚醒には、三つのきっかけがある。有名なのは「ハーブティーに浸したマドレーヌの味」

解答編

■英語■

解答　A．(1)―②　(2)―①　(3)―③　(4)―②　(5)―②　(6)―①
(7)―①　(8)―②　(9)―④　(10)―②　(11)―②　(12)―①

B．1．1980年以来の「一人っ子政策」をやめて，子供を3人産むことを許す決定を下した。

2．多くの学習塾を閉鎖したことと，住宅費の上昇を抑えようとしたこと。

C．最も根本的な理由は，中国の国民の暮らしが良くなり，医療制度が向上して，長生きができるようになったことである。

D．〈解答例〉I don't think it very important to share the household work equally. Either of the sexes should do what they can do at home when and if they can. Making a strict rule about the amount of work to share might not be very helpful to keep or form good relationships between men and women as we expect.（50～60語）

解説　≪少子化による中国の困難な未来≫

A．(1)「しかし，残念ながら，対応策は何一つうまくいくようには見えない」が下線部を含む文の意味である。work「(計画，方法などが) うまくいく」 同じ用法としては，②「私の計画は見事にうまくいっている」が適切である。①work on「修理する」 ③「働く」 ④「作動する」

(2)in a row「連続して」はイディオムである。

(3)次の文（While that is…）に「それは，2019年から2020年までの18パーセントの落ち込みよりは改善されたとはいえ，1949年の共産主義中国建国以来の依然最低水準である」とある。これが解答の手がかりである。18パーセントより小さい落ち込みを示す③が適切である。

(4)maintain「維持する」と同意なので置き換えられるのが②keepである。

(5)composition「構成」に最も近い意味の②structure「構造，構成」が適切である。

⑹「65歳以上の人々が8.9パーセントから増えて現在13.5パーセントを占めている」が文意であるから，現在形の①が適切である。主語の Those は「人々」を意味している。

⑺ This evolution「このような進展」とは，すぐ前の第3段（Even more concerning …）に述べられている高齢化による労働人口の減少を指している。したがって，①「就労年齢にある人々の減少」が適切である。②「低い出生率」は第2段（According to population …）の内容であり，This が指す内容ではない。

⑻並べ替えた箇所の語順は“a big worry in”で，「教育費に関する不満があり，これは非常に競争の激しい子育て環境のなかで，大きな悩みとなっている」が文意。worry が名詞であることに注目する。

⑼空所のある節が「子供の世話に時間を取られる場合，女性は職場で昇進する機会を失う」となれば論理が成立するので，④ when が適切である。

⑽ assistance「手助け」とほぼ同意の② help が適切である。

⑾「若い中国人たちは『良い生活』を考えているが，もっと多くの子供をもうけることは，その未来像には含まれてはいない」が下線部の文意。したがって，子供を多くもつことが必ずしも良い生活とは思ってはいないということになり，それを意味する②が適切である。

⑿急速な少子化による中国における人口減がもたらす今後の困難な状況について具体的に述べられている。この本文の主旨から，①「少子化による中国の困難な未来」が適切である。

B．1．「昨年の夏，中国政府は子供の数に対する政策をどのように変更したか」 第5段第1文（In 2016, these …）に，政府が「一人っ子政策」をやめて，3人まで子供をもつことを許した，という子供の人数に関する政策変更についての記述がある。

2．「家族の負担を軽減するために中国が最近とった2つの対策は何か」 第7段（The recent closing …）の冒頭で，家族の負担を軽くするための学習塾の閉鎖と住宅費の高騰抑制という最近の試みについて述べられている。最近の2つの対策であるから，これらの対策を答えるのが適切である。

C．fundamental「基本的な，根本的な」 have better lives「(より良い生活をしている→) 暮らしが良くなった」 health care「医療，健康管理」 allow O to *do*「O が～できるようにする」 ここでは分詞構文であり，前から続けて訳す。

D．男女が家事を平等に分担するべきだと思うかを，指定語数内で一段落の文章にして答える条件作文問題。本文を写したり，リストをつくったりすることはできない。Yesで始めるのが書きやすいが，〈解答例〉ではあえてNoで書いた場合の例を示している。この場合も論理的な理由になっているか，注意して書く必要がある。

問八　直前の「便利で、速くて、効率的なものは、どんどん利用すればよい。ただし」に着目する。「便利で」「速く」「効率的」な活用方法は「重要なこと」ではないことになるので、②・④・⑤は除外できる。「同時代の要請」は「流動型のテクスト」を読むことであり、第三段落にあるようにそのテクストも〈書かれたことば〉なので、①も不適。③は傍線部直後の内容に合致している。

問九　イ、第二段落に「印刷術が普及してこのかた、読書とはおよそ学びの根カンであった」とあるが、「学びの本質とは何か」を教えてくれるとは述べていない。

ロ、第三段落に「書物……言語パンデミック以前の時代とは全く異なった役割を担っている」とあるが、親の世代が言語パンデミックに対応できていないという記述はない。

ハ、第十段落に「〈流動型＝断片型〉テクストを読む営み……時間に追われている……テクストを捨てる決断の機会さえ……気づいたときには……」とあるのに合致する。

ニ、「探し訪ねること」が「知的かつ感覚的な喜びを得ることの前提となる」とは書かれていない。

三

出典　野間秀樹『言語 この希望に満ちたもの――TAVnet時代を生きる』〈第5章 ことばへの総戦略を――外から問う 5―4 創造の言語――ことばを〈かたち〉に造るために〉（北海道大学出版会）

解答

問一　ア―③　イ―④
問二　①
問三　②
問四　③
問五　X―⑥　Y―②
問六　③
問七　③
問八　③
問九　イ―②　ロ―②　ハ―①　ニ―②

解説

問四　「このかた」には、〝～ずっと、～して以来〟〝その間〟〝その時から〟という意味がある。傍線部は〝印刷術が普及して以来ずっと〟の意味で、③の「生まれてこのかた」がこれにあたる。①は〝戦争があった時から〟、④は〝類人猿だった時から〟の意。②は〝三年の間〟、⑤は〝半世紀の間〟の意味である。

問五　X、この後に「それらのことばは向こうから私に与えられる形で、やって来る」とある。

Y、直後に「書物は私が探すものなのだ」とある。

問六　挿入文の「言語場における私たちの全体感覚の違い」という箇所に着目する。空所①～⑤の中で前後の段落で「全体感覚」について言及しているのは③だけである。

問七　③第六段落に「タップした後、電子書籍としてのその本が運良く現れても、それは決して全体ではない」とあるので、「タップ……私たちは電子書籍の全体を指先に感じている」は不適。

ロ、後ろから四段落目と三段落目の内容に合致している。
ハ、後ろから四段落目に「情報の信頼性という点では触覚の方を信頼している」とある。「視覚情報の信頼性が上がった」は不適。
ニ、「こころ」と結びついているから「電気的なシグナルに変換することが困難」だとは言っていない。

二

出典　永田和宏『知の体力』〈2部　自分の可能性を自分で摘み取らない〉（新潮新書）

解答

問一　③
問二　④
問三　①
問四　③
問五　⑤

解説

問三　「出来合いの符牒」から考える。〝元々ある決まり切った言葉〟というような意味である。この前に「悲しい、嬉しいと形容詞で、自分の気持ちを表わそう……圧倒的に多い」「作者が『どのように』悲しい、うれしいと思ったのかが一向に伝わってこない」とある。「形容詞」が短歌に使われることが圧倒的に多いが、決まり切った言い回しで作者の気持ちがまったく伝わらないと言っている。

問四　「不思議な」は形容動詞。「不思議だ」と言い切ることができる。

問五　この前に「一般的な感情としては理解できる」とある。選択肢の中から〝一般的な、ありがちな、共通項的な〟などの表現に使われる言い回しを選ぶ。

の後の段落に「皮膚感覚が……重要な役割を担う」とある。

問五　挿入段落冒頭に「視聴覚情報に比べて、触覚は……意識、無意識双方の経験から」とあるのに着目する。空所①～⑤の中で、直前の段落で「視聴覚情報」について述べ、直後の段落で触覚及び意識や無意識について言及している箇所を探せばよい。

問六　直前の段落の「皮膚感覚が、人間の無意識の奥底に潜んでいた『純粋な』記憶を見出す重要な役割を担う」から考える。

問七　①「無意識との相互作用」があるとはどこにも語られていない。

②「自分の都合の良いように」が不適。

④「視聴覚」の情報が「不正確なもの」だとは言っていない。

⑤「触覚の方を信頼」しているのであるから意識から「取り除かれる」はおかしい。

③直後の「意識というフィクションを作るしくみ」、最後から二段落目の「言葉で語られる『意識』」から、「意識」は言語によってフィクションのように作られると考えていることがわかる。

問八　前段落の「未だに人間が世界を知ろうとするとき、触覚に重きを置」き、「未だにぼくたちの判断にまで影響を残している」のは「まず触って確かめてきた名残」だという文脈を押さえること。①「意識を組み立てる」ことはここでは関係ない。「名残」は〝影響が残っていること、残っている影響〟という意味なので「理由」とした②と③は不適。④確かに先に手で触れているが、これだけでは「判断にまで影響」がある説明にはならない。

問九　「視聴覚情報が電気的なシグナルに変換しやすい」ことが、あることの「理由の一つ」という文脈である。「電気的なシグナルに変換しやすい」とどのようなことで有利になるのか。直前に「現在のインターネットで伝えられるのは視聴覚情報だけ」とある。

問十　イ、第二段落に「すべて一人称」とあるので「他人の視点から」は不適。

国語

一

出典　傳田光洋『サバイバルする皮膚――思考する臓器の7億年史』〈第6章　覇者なのか？――皮膚というシステムを見つめ直す〉（河出新書）

解答

問一　ア―④　イ―②　ウ―⑤
問二　⑥
問三　④
問四　④
問五　④
問六　⑤
問七　③
問八　⑤
問九　③
問十　イ―②　ロ―①　ハ―②　ニ―②

解説　問三　ア、「たとえ」は「科学的」な表現ではないし、「文学的」な表現で正確に表現できるわけでもない。
イ、「情報処理」の進歩について述べていることから考える。「経済的」に進歩するというのは不自然。「漸進」は〝少しずつ進む〟という意味なので不適。

問四　「不ぞろいなタイルを踏んだとき」や、「糊のため固かった」タオルやナプキンに触れたときに感じるのは何か。こ

/////////////////////// · memo · ///////////////////////

· memo ·

教学社 刊行一覧

2025年版 大学赤本シリーズ

374大学556点
全都道府県を網羅

国公立大学（都道府県順）

全国の書店で取り扱っています。店頭にない場合は，お取り寄せができます。

1 北海道大学（文系－前期日程）
2 北海道大学（理系－前期日程） 医
3 北海道大学（後期日程）
4 旭川医科大学（医学部〈医学科〉） 医
5 小樽商科大学
6 帯広畜産大学
7 北海道教育大学
8 室蘭工業大学／北見工業大学
9 釧路公立大学
10 公立千歳科学技術大学
11 公立はこだて未来大学 総推
12 札幌医科大学（医学部） 医
13 弘前大学 医
14 岩手大学
15 岩手県立大学・盛岡短期大学部・宮古短期大学部
16 東北大学（文系－前期日程）
17 東北大学（理系－前期日程） 医
18 東北大学（後期日程）
19 宮城教育大学
20 宮城大学
21 秋田大学 医
22 秋田県立大学
23 国際教養大学 総推
24 山形大学 医
25 福島大学
26 会津大学
27 福島県立医科大学（医・保健科学部） 医
28 茨城大学（文系）
29 茨城大学（理系）
30 筑波大学（推薦入試） 医 総推
31 筑波大学（文系－前期日程）
32 筑波大学（理系－前期日程） 医
33 筑波大学（後期日程）
34 宇都宮大学
35 群馬大学 医
36 群馬県立女子大学
37 高崎経済大学
38 前橋工科大学
39 埼玉大学（文系）
40 埼玉大学（理系）
41 千葉大学（文系－前期日程）
42 千葉大学（理系－前期日程） 医
43 千葉大学（後期日程） 医
44 東京大学（文科） DL
45 東京大学（理科） DL 医
46 お茶の水女子大学
47 電気通信大学
48 東京外国語大学 DL
49 東京海洋大学
50 東京科学大学（旧 東京工業大学）
51 東京科学大学（旧 東京医科歯科大学） 医
52 東京学芸大学
53 東京藝術大学
54 東京農工大学
55 一橋大学（前期日程）
56 一橋大学（後期日程）
57 東京都立大学（文系）
58 東京都立大学（理系）
59 横浜国立大学（文系）
60 横浜国立大学（理系）
61 横浜市立大学（国際教養・国際商・理・データサイエンス・医〈看護〉学部）
62 横浜市立大学（医学部〈医学科〉） 医
63 新潟大学（人文・教育〈文系〉・法・経済科・医〈看護〉・創生学部）
64 新潟大学（教育〈理系〉・理・医〈看護を除く〉・歯・工・農学部） 医
65 新潟県立大学
66 富山大学（文系）
67 富山大学（理系） 医
68 富山県立大学
69 金沢大学（文系）
70 金沢大学（理系） 医
71 福井大学（教育・医〈看護〉・工・国際地域学部）
72 福井大学（医学部〈医学科〉） 医
73 福井県立大学
74 山梨大学（教育・医〈看護〉・工・生命環境学部）
75 山梨大学（医学部〈医学科〉） 医
76 都留文科大学
77 信州大学（文系－前期日程）
78 信州大学（理系－前期日程） 医
79 信州大学（後期日程）
80 公立諏訪東京理科大学 総推
81 岐阜大学（前期日程） 医
82 岐阜大学（後期日程）
83 岐阜薬科大学
84 静岡大学（前期日程）
85 静岡大学（後期日程）
86 浜松医科大学（医学部〈医学科〉） 医
87 静岡県立大学
88 静岡文化芸術大学
89 名古屋大学（文系）
90 名古屋大学（理系） 医
91 愛知教育大学
92 名古屋工業大学
93 愛知県立大学
94 名古屋市立大学（経済・人文社会・芸術工・看護・総合生命理・データサイエンス学部）
95 名古屋市立大学（医学部〈医学科〉） 医
96 名古屋市立大学（薬学部）
97 三重大学（人文・教育・医〈看護〉学部）
98 三重大学（医〈医〉・工・生物資源学部） 医
99 滋賀大学
100 滋賀医科大学（医学部〈医学科〉） 医
101 滋賀県立大学
102 京都大学（文系）
103 京都大学（理系） 医
104 京都教育大学
105 京都工芸繊維大学
106 京都府立大学
107 京都府立医科大学（医学部〈医学科〉） 医
108 大阪大学（文系） DL
109 大阪大学（理系） 医
110 大阪教育大学
111 大阪公立大学（現代システム科学域〈文系〉・文・法・経済・商・看護・生活科〈居住環境・人間福祉〉学部－前期日程）
112 大阪公立大学（現代システム科学域〈理系〉・理・工・農・獣医・医・生活科〈食栄養〉学部－前期日程） 医
113 大阪公立大学（中期日程）
114 大阪公立大学（後期日程）
115 神戸大学（文系－前期日程）
116 神戸大学（理系－前期日程） 医
117 神戸大学（後期日程）
118 神戸市外国語大学 DL
119 兵庫県立大学（国際商経・社会情報科・看護学部）
120 兵庫県立大学（工・理・環境人間学部）
121 奈良教育大学／奈良県立大学
122 奈良女子大学
123 奈良県立医科大学（医学部〈医学科〉） 医
124 和歌山大学
125 和歌山県立医科大学（医・薬学部） 医
126 鳥取大学 医
127 公立鳥取環境大学
128 島根大学 医
129 岡山大学（文系）
130 岡山大学（理系） 医
131 岡山県立大学
132 広島大学（文系－前期日程）
133 広島大学（理系－前期日程） 医
134 広島大学（後期日程）
135 尾道市立大学 総推
136 県立広島大学
137 広島市立大学
138 福山市立大学 総推
139 山口大学（人文・教育〈文系〉・経済・医〈看護〉・国際総合科学部）
140 山口大学（教育〈理系〉・理・医〈看護を除く〉・工・農・共同獣医学部） 医
141 山陽小野田市立山口東京理科大学 総推
142 下関市立大学／山口県立大学
143 周南公立大学 新 総推
144 徳島大学 医
145 香川大学 医
146 愛媛大学 医
147 高知大学 医
148 高知工科大学
149 九州大学（文系－前期日程）
150 九州大学（理系－前期日程） 医
151 九州大学（後期日程）
152 九州工業大学
153 福岡教育大学
154 北九州市立大学
155 九州歯科大学
156 福岡県立大学／福岡女子大学
157 佐賀大学 医
158 長崎大学（多文化社会・教育〈文系〉・経済・医〈保健〉・環境科〈文系〉学部）
159 長崎大学（教育〈理系〉・医〈医〉・歯・薬・情報データ科・工・環境科〈理系〉・水産学部） 医
160 長崎県立大学 総推
161 熊本大学（文・教育・法・医〈看護〉学部・情報融合学環〈文系型〉）
162 熊本大学（理・医〈看護を除く〉・薬・工学部・情報融合学環〈理系型〉） 医
163 熊本県立大学
164 大分大学（教育・経済・医〈看護〉・理工・福祉健康科学部）
165 大分大学（医学部〈医・先進医療科学科〉） 医
166 宮崎大学（教育・医〈看護〉・工・農・地域資源創成学部）
167 宮崎大学（医学部〈医学科〉） 医
168 鹿児島大学（文系）
169 鹿児島大学（理系） 医
170 琉球大学 医

2025年版　大学赤本シリーズ

国公立大学 その他

171 〔国公立大〕医学部医学科 総合型選抜・学校推薦型選抜※ 医 総推
172 看護・医療系大学〈国公立 東日本〉※
173 看護・医療系大学〈国公立 中日本〉※
174 看護・医療系大学〈国公立 西日本〉※
175 海上保安大学校／気象大学校
176 航空保安大学校
177 国立看護大学校
178 防衛大学校 総推
179 防衛医科大学校（医学科） 医
180 防衛医科大学校（看護学科）

※No.171～174の収載大学は赤本ウェブサイト（http://akahon.net/）でご確認ください。

私立大学①

北海道の大学（50音順）

201 札幌大学
202 札幌学院大学
203 北星学園大学
204 北海学園大学
205 北海道医療大学
206 北海道科学大学
207 北海道武蔵女子大学・短期大学
208 酪農学園大学（獣医学群〈獣医学類〉）

東北の大学（50音順）

209 岩手医科大学（医・歯・薬学部） 医
210 仙台大学 総推
211 東北医科薬科大学（医・薬学部） 医
212 東北学院大学
213 東北工業大学
214 東北福祉大学
215 宮城学院女子大学 総推

関東の大学（50音順）

あ行（関東の大学）

216 青山学院大学（法・国際政治経済学部−個別学部日程）
217 青山学院大学（経済学部−個別学部日程）
218 青山学院大学（経営学部−個別学部日程）
219 青山学院大学（文・教育人間科学部−個別学部日程）
220 青山学院大学（総合文化政策・社会情報・地球社会共生・コミュニティ人間科学部−個別学部日程）
221 青山学院大学（理工学部−個別学部日程）
222 青山学院大学（全学部日程）
223 麻布大学（獣医、生命・環境科学部）
224 亜細亜大学
226 桜美林大学
227 大妻女子大学・短期大学部

か行（関東の大学）

228 学習院大学（法学部−コア試験）
229 学習院大学（経済学部−コア試験）
230 学習院大学（文学部−コア試験）
231 学習院大学（国際社会科学部−コア試験）
232 学習院大学（理学部−コア試験）
233 学習院女子大学
234 神奈川大学（給費生試験）
235 神奈川大学（一般入試）
236 神奈川工科大学
237 鎌倉女子大学・短期大学部
238 川村学園女子大学
239 神田外語大学
240 関東学院大学
241 北里大学（理学部）
242 北里大学（医学部） 医
243 北里大学（薬学部）
244 北里大学（看護・医療衛生学部）
245 北里大学（未来工・獣医・海洋生命科学部）
246 共立女子大学・短期大学
247 杏林大学（医学部） 医
248 杏林大学（保健学部）
249 群馬医療福祉大学・短期大学部
250 群馬パース大学 総推
251 慶應義塾大学（法学部）
252 慶應義塾大学（経済学部）
253 慶應義塾大学（商学部）
254 慶應義塾大学（文学部） 総推
255 慶應義塾大学（総合政策学部）
256 慶應義塾大学（環境情報学部）
257 慶應義塾大学（理工学部）
258 慶應義塾大学（医学部） 医
259 慶應義塾大学（薬学部）
260 慶應義塾大学（看護医療学部）
261 工学院大学
262 國學院大學
263 国際医療福祉大学 医
264 国際基督教大学
265 国士舘大学
266 駒澤大学（一般選抜T方式・S方式）
267 駒澤大学（全学部統一日程選抜）

さ行（関東の大学）

268 埼玉医科大学（医学部） 医
269 相模女子大学・短期大学部
270 産業能率大学
271 自治医科大学（医学部） 医
272 自治医科大学（看護学部）／東京慈恵会医科大学（医学部〈看護学科〉）
273 実践女子大学 総推
274 芝浦工業大学（前期日程）
275 芝浦工業大学（全学統一日程・後期日程）
276 十文字学園女子大学
277 淑徳大学
278 順天堂大学（医学部） 医
279 順天堂大学（スポーツ健康科・医療看護・保健看護・国際教養・保健医療・医療科・健康データサイエンス・薬学部） 総推
280 上智大学（神・文・総合人間科学部）
281 上智大学（法・経済学部）
282 上智大学（外国語・総合グローバル学部）
283 上智大学（理工学部）
284 上智大学（TEAPスコア利用方式）
285 湘南工科大学
286 昭和大学（医学部） 医
287 昭和大学（歯・薬・保健医療学部）
288 昭和女子大学
289 昭和薬科大学
290 女子栄養大学・短期大学部 総推
291 白百合女子大学
292 成蹊大学（法学部−A方式）
293 成蹊大学（経済・経営学部−A方式）
294 成蹊大学（文学部−A方式）
295 成蹊大学（理工学部−A方式）
296 成蹊大学（E方式・G方式・P方式）
297 成城大学（経済・社会イノベーション学部−A方式）
298 成城大学（文芸・法学部−A方式）
299 成城大学（S方式〈全学部統一選抜〉）
300 聖心女子大学
301 清泉女子大学
303 聖マリアンナ医科大学 医
304 聖路加国際大学（看護学部）
305 専修大学（スカラシップ・全国入試）
306 専修大学（前期入試〈学部個別入試〉）
307 専修大学（前期入試〈全学部入試・スカラシップ入試〉）

た行（関東の大学）

308 大正大学
309 大東文化大学
310 高崎健康福祉大学
311 拓殖大学
312 玉川大学
313 多摩美術大学
314 千葉工業大学
315 中央大学（法学部−学部別選抜）
316 中央大学（経済学部−学部別選抜）
317 中央大学（商学部−学部別選抜）
318 中央大学（文学部−学部別選抜）
319 中央大学（総合政策学部−学部別選抜）
320 中央大学（国際経営・国際情報学部−学部別選抜）
321 中央大学（理工学部−学部別選抜）
322 中央大学（5学部共通選抜）
323 中央学院大学
324 津田塾大学
325 帝京大学（薬・経済・法・文・外国語・教育・理工・医療技術・福岡医療技術学部）
326 帝京大学（医学部） 医
327 帝京科学大学 総推
328 帝京平成大学 総推
329 東海大学（医〈医〉学部を除く−一般選抜）
330 東海大学（文系・理系学部統一選抜）
331 東海大学（医学部〈医学科〉） 医
332 東京医科大学（医学部〈医学科〉） 医
333 東京家政大学・短期大学部 総推
334 東京経済大学
335 東京工科大学
336 東京工芸大学
337 東京国際大学
338 東京歯科大学
339 東京慈恵会医科大学（医学部〈医学科〉） 医
340 東京情報大学
341 東京女子大学
342 東京女子医科大学（医学部） 医
343 東京電機大学
344 東京都市大学
345 東京農業大学
346 東京薬科大学（薬学部） 総推
347 東京薬科大学（生命科学部） 総推
348 東京理科大学（理学部〈第一部〉−B方式）
349 東京理科大学（創域理工学部−B方式・S方式）
350 東京理科大学（工学部−B方式）
351 東京理科大学（先進工学部−B方式）
352 東京理科大学（薬学部−B方式）
353 東京理科大学（経営学部−B方式）
354 東京理科大学（C方式、グローバル方式、理学部〈第二部〉−B方式）
355 東邦大学（医学部） 医
356 東邦大学（薬学部）

2025年版　大学赤本シリーズ

私立大学②

357 東邦大学（理・看護・健康科学部）
358 東洋大学（文・経済・経営・法・社会・国際・国際観光学部）
359 東洋大学（情報連携・福祉社会デザイン・健康スポーツ科・理工・総合情報・生命科・食環境科学部）
360 東洋大学（英語〈3日程×3カ年〉）
361 東洋大学（国語〈3日程×3カ年〉）
362 東洋大学（日本史・世界史〈2日程×3カ年〉）
363 東洋英和女学院大学
364 常磐大学・短期大学 総推
365 獨協大学
366 獨協医科大学（医学部） 医

な行（関東の大学）

367 二松学舎大学
368 日本大学（法学部）
369 日本大学（経済学部）
370 日本大学（商学部）
371 日本大学（文理学部〈文系〉）
372 日本大学（文理学部〈理系〉）
373 日本大学（芸術学部〈専門試験併用型〉）
374 日本大学（国際関係学部）
375 日本大学（危機管理・スポーツ科学部）
376 日本大学（理工学部）
377 日本大学（生産工・工学部）
378 日本大学（生物資源科学部）
379 日本大学（医学部） 医
380 日本大学（歯・松戸歯学部）
381 日本大学（薬学部）
382 日本大学（N全学統一方式−医・芸術〈専門試験併用型〉学部を除く）
383 日本医科大学 医
384 日本工業大学
385 日本歯科大学
386 日本社会事業大学 総推
387 日本獣医生命科学大学
388 日本女子大学
389 日本体育大学

は行（関東の大学）

390 白鷗大学（学業特待選抜・一般選抜）
391 フェリス女学院大学
392 文教大学
393 法政大学（法〈Ⅰ日程〉・文〈Ⅱ日程〉・経営〈Ⅱ日程〉学部−A方式）
394 法政大学（法〈Ⅱ日程〉・国際文化・キャリアデザイン学部−A方式）
395 法政大学（文〈Ⅰ日程〉・経営〈Ⅰ日程〉・人間環境・グローバル教養学部−A方式）
396 法政大学（経済〈Ⅰ日程〉・社会〈Ⅰ日程〉・現代福祉学部−A方式）
397 法政大学（経済〈Ⅱ日程〉・社会〈Ⅱ日程〉・スポーツ健康学部−A方式）
398 法政大学（情報科・デザイン工・理工・生命科学部−A方式）
399 法政大学（T日程〈統一日程〉・英語外部試験利用入試）
400 星薬科大学 総推

ま行（関東の大学）

401 武蔵大学
402 武蔵野大学
403 武蔵野美術大学
404 明海大学
405 明治大学（法学部−学部別入試）
406 明治大学（政治経済学部−学部別入試）
407 明治大学（商学部−学部別入試）
408 明治大学（経営学部−学部別入試）
409 明治大学（文学部−学部別入試）
410 明治大学（国際日本学部−学部別入試）
411 明治大学（情報コミュニケーション学部−学部別入試）
412 明治大学（理工学部−学部別入試）
413 明治大学（総合数理学部−学部別入試）
414 明治大学（農学部−学部別入試）
415 明治大学（全学部統一入試）
416 明治学院大学（A日程）
417 明治学院大学（全学部日程）
418 明治薬科大学 総推
419 明星大学
420 目白大学・短期大学部

ら・わ行（関東の大学）

421 立教大学（文系学部−一般入試〈大学独自の英語を課さない日程〉）
422 立教大学（国語〈3日程×3カ年〉）
423 立教大学（日本史・世界史〈2日程×3カ年〉）
424 立教大学（文学部−一般入試〈大学独自の英語を課す日程〉）
425 立教大学（理学部−一般入試）
426 立正大学
427 早稲田大学（法学部）
428 早稲田大学（政治経済学部）
429 早稲田大学（商学部）
430 早稲田大学（社会科学部）
431 早稲田大学（文学部）
432 早稲田大学（文化構想学部）
433 早稲田大学（教育学部〈文科系〉）
434 早稲田大学（教育学部〈理科系〉）
435 早稲田大学（人間科・スポーツ科学部）
436 早稲田大学（国際教養学部）
437 早稲田大学（基幹理工・創造理工・先進理工学部）
438 和洋女子大学 総推

中部の大学（50音順）

439 愛知大学
440 愛知医科大学（医学部） 医
441 愛知学院大学・短期大学部
442 愛知工業大学 総推
443 愛知淑徳大学
444 朝日大学 総推
445 金沢医科大学（医学部） 医
446 金沢工業大学
447 岐阜聖徳学園大学 総推
448 金城学院大学
449 至学館大学 総推
450 静岡理工科大学
451 椙山女学園大学
452 大同大学
453 中京大学
454 中部大学
455 名古屋外国語大学 総推
456 名古屋学院大学 総推
457 名古屋学芸大学 総推
458 名古屋女子大学 総推
459 南山大学（外国語〈英米〉・法・総合政策・国際教養学部）
460 南山大学（人文・外国語〈英米を除く〉・経済・経営・理工学部）
461 新潟国際情報大学
462 日本福祉大学
463 福井工業大学
464 藤田医科大学（医学部） 医
465 藤田医科大学（医療科・保健衛生学部）
466 名城大学（法・経営・経済・外国語・人間・都市情報学部）
467 名城大学（情報工・理工・農・薬学部）
468 山梨学院大学

近畿の大学（50音順）

469 追手門学院大学 総推
470 大阪医科薬科大学（医学部） 医
471 大阪医科薬科大学（薬学部） 総推
472 大阪学院大学 総推
473 大阪経済大学 総推
474 大阪経済法科大学 総推
475 大阪工業大学 総推
476 大阪国際大学・短期大学部 総推
477 大阪産業大学 総推
478 大阪歯科大学（歯学部）
479 大阪商業大学 総推
480 大阪成蹊大学・短期大学 総推
481 大谷大学 総推
482 大手前大学・短期大学 総推
483 関西大学（文系）
484 関西大学（理系）
485 関西大学（英語〈3日程×3カ年〉）
486 関西大学（国語〈3日程×3カ年〉）
487 関西大学（日本史・世界史・文系数学〈3日程×3カ年〉）
488 関西医科大学（医学部） 医
489 関西医療大学 総推
490 関西外国語大学・短期大学部 総推
491 関西学院大学（文・法・商・人間福祉・総合政策学部−学部個別日程）
492 関西学院大学（神・社会・経済・国際・教育学部−学部個別日程）
493 関西学院大学（全学部日程〈文系型〉）
494 関西学院大学（全学部日程〈理系型〉）
495 関西学院大学（共通テスト併用日程〈数学〉・英数日程）
496 関西学院大学（英語〈3日程×3カ年〉） 新
497 関西学院大学（国語〈3日程×3カ年〉） 新
498 関西学院大学（日本史・世界史・文系数学〈3日程×3カ年〉） 新
499 畿央大学 総推
500 京都外国語大学・短期大学 総推
502 京都産業大学（公募推薦入試） 総推
503 京都産業大学（一般選抜入試〈前期日程〉）
504 京都女子大学 総推
505 京都先端科学大学 総推
506 京都橘大学 総推
507 京都ノートルダム女子大学 総推
508 京都薬科大学 総推
509 近畿大学・短期大学部（医学部を除く−推薦入試） 総推
510 近畿大学・短期大学部（医学部を除く−一般入試前期）
511 近畿大学（英語〈医学部を除く3日程×3カ年〉）
512 近畿大学（理系数学〈医学部を除く3日程×3カ年〉）
513 近畿大学（国語〈医学部を除く3日程×3カ年〉）
514 近畿大学（医学部−推薦入試・一般入試前期） 医 総推
515 近畿大学・短期大学部（一般入試後期） 医
516 皇學館大学 総推
517 甲南大学 総推
518 甲南女子大学（学校推薦型選抜） 新 総推
519 神戸学院大学 総推
520 神戸国際大学 総推
521 神戸女学院大学 総推
522 神戸女子大学・短期大学 総推
523 神戸薬科大学 総推
524 四天王寺大学・短期大学部 総推
525 摂南大学（公募制推薦入試） 総推
526 摂南大学（一般選抜前期日程）
527 帝塚山学院大学 総推
528 同志社大学（法、グローバル・コミュニケーション学部−学部個別日程）

2025年版　大学赤本シリーズ

私立大学③

529 同志社大学(文・経済学部ー学部個別日程)
530 同志社大学(神・商・心理・グローバル地域文化学部ー学部個別日程)
531 同志社大学(社会学部ー学部個別日程)
532 同志社大学(政策・文化情報〈文系型〉・スポーツ健康科〈文系型〉学部ー学部個別日程)
533 同志社大学(理工・生命医科・文化情報〈理系型〉・スポーツ健康科〈理系型〉学部ー学部個別日程)
534 同志社大学(全学部日程)
535 同志社女子大学 総推
536 奈良大学 総推
537 奈良学園大学 総推
538 阪南大学 総推
539 姫路獨協大学 総推
540 兵庫医科大学(医学部) 医
541 兵庫医科大学(薬・看護・リハビリテーション学部) 総推
542 佛教大学 総推
543 武庫川女子大学 総推
544 桃山学院大学 総推
545 大和大学・大和大学白鳳短期大学部 総推
546 立命館大学(文系ー全学統一方式・学部個別配点方式)/立命館アジア太平洋大学(前期方式・英語重視方式)
547 立命館大学(理系ー全学統一方式・学部個別配点方式・理系型3教科方式・薬学方式)
548 立命館大学(英語〈全学統一方式3日程×3カ年〉)
549 立命館大学(国語〈全学統一方式3日程×3カ年〉)
550 立命館大学(文系選択科目〈全学統一方式2日程×3カ年〉)
551 立命館大学(IR方式〈英語資格試験利用型〉・共通テスト併用方式)/立命館アジア太平洋大学(共通テスト併用方式)
552 立命館大学(後期分割方式・「経営学部で学ぶ感性+共通テスト」方式)/立命館アジア太平洋大学(後期方式)
553 龍谷大学(公募推薦入試) 総推
554 龍谷大学(一般選抜入試)

中国の大学(50音順)

555 岡山商科大学 総推
556 岡山理科大学 総推
557 川崎医科大学 医
558 吉備国際大学 総推
559 就実大学 総推
560 広島経済大学
561 広島国際大学 総推
562 広島修道大学
563 広島文教大学 総推
564 福山大学/福山平成大学
565 安田女子大学 総推

四国の大学(50音順)

567 松山大学

九州の大学(50音順)

568 九州医療科学大学
569 九州産業大学
570 熊本学園大学
571 久留米大学(文・人間健康・法・経済・商学部)
572 久留米大学(医学部〈医学科〉) 医
573 産業医科大学(医学部) 医
574 西南学院大学(商・経済・法・人間科学部ーA日程)
575 西南学院大学(神・外国語・国際文化学部ーA日程/全学部ーF日程)
576 福岡大学(医学部医学科を除くー学校推薦型選抜・一般選抜系統別日程) 総推
577 福岡大学(医学部医学科を除くー一般選抜前期日程)
578 福岡大学(医学部〈医学科〉ー学校推薦型選抜・一般選抜系統別日程) 医総推
579 福岡工業大学
580 令和健康科学大学 総推

医 医学部医学科を含む
総推 総合型選抜または学校推薦型選抜を含む
DL リスニング音声配信　新 2024年 新刊・復刊

掲載している入試の種類や試験科目，収載年数などはそれぞれ異なります。詳細については，それぞれの本の目次や赤本ウェブサイトでご確認ください。

akahon.net
赤本　検索

難関校過去問シリーズ

出題形式別・分野別に収録した
「入試問題事典」
20大学 73点
定価2,310～2,640円（本体2,100～2,400円）

先輩合格者はこう使った!
「難関校過去問シリーズの使い方」

61年，全部載せ!
要約演習で，総合力を鍛える
東大の英語
要約問題 UNLIMITED

国公立大学

東大の英語25カ年［第12版］ 改
東大の英語リスニング20カ年［第9版］ DL 改
東大の英語 要約問題 UNLIMITED
東大の文系数学25カ年［第12版］ 改
東大の理系数学25カ年［第12版］ 改
東大の現代文25カ年［第12版］ 改
東大の古典25カ年［第12版］ 改
東大の日本史25カ年［第9版］ 改
東大の世界史25カ年［第9版］ 改
東大の地理25カ年［第9版］ 改
東大の物理25カ年［第9版］ 改
東大の化学25カ年［第9版］ 改
東大の生物25カ年［第9版］ 改
東工大の英語20カ年［第8版］ 改
東工大の数学20カ年［第9版］ 改
東工大の物理20カ年［第5版］ 改
東工大の化学20カ年［第5版］ 改
一橋大の英語20カ年［第9版］ 改
一橋大の数学20カ年［第9版］ 改
一橋大の国語20カ年［第6版］ 改
一橋大の日本史20カ年［第6版］ 改
一橋大の世界史20カ年［第6版］ 改
筑波大の英語15カ年 新
筑波大の数学15カ年 新
京大の英語25カ年［第12版］
京大の文系数学25カ年［第12版］
京大の理系数学25カ年［第12版］
京大の現代文25カ年［第2版］
京大の古典25カ年［第2版］
京大の日本史20カ年［第3版］
京大の世界史20カ年［第3版］
京大の物理25カ年［第9版］
京大の化学25カ年［第9版］
北大の英語15カ年［第8版］
北大の理系数学15カ年［第8版］
北大の物理15カ年［第2版］
北大の化学15カ年［第2版］
東北大の英語15カ年［第8版］
東北大の理系数学15カ年［第8版］
東北大の物理15カ年［第2版］
東北大の化学15カ年［第2版］
名古屋大の英語15カ年［第8版］
名古屋大の理系数学15カ年［第8版］
名古屋大の物理15カ年［第2版］
名古屋大の化学15カ年［第2版］
阪大の英語20カ年［第9版］
阪大の文系数学20カ年［第3版］
阪大の理系数学20カ年［第9版］
阪大の国語15カ年［第3版］
阪大の物理20カ年［第8版］
阪大の化学20カ年［第6版］
九大の英語15カ年［第8版］
九大の理系数学15カ年［第7版］
九大の物理15カ年［第2版］
九大の化学15カ年［第2版］
神戸大の英語15カ年［第9版］
神戸大の数学15カ年［第5版］
神戸大の国語15カ年［第3版］

私立大学

早稲田の英語［第11版］ 改
早稲田の国語［第9版］ 改
早稲田の日本史［第9版］ 改
早稲田の世界史［第2版］ 改
慶應の英語［第11版］ 改
慶應の小論文［第3版］ 改
明治大の英語［第9版］ 改
明治大の国語［第2版］ 改
明治大の日本史［第2版］ 改
中央大の英語［第9版］ 改
法政大の英語［第9版］ 改
同志社大の英語［第10版］
立命館大の英語［第10版］
関西大の英語［第10版］
関西学院大の英語［第10版］

DL リスニング音声配信
新 2024年 新刊
改 2024年 改訂

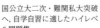

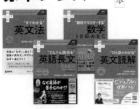

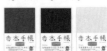

2025 年版　大学赤本シリーズ　No. 521

神戸女学院大学

2024 年 7 月 30 日　第 1 刷発行

ISBN978-4-325-26579-5

定価は裏表紙に表示しています

編　集　教学社編集部

発行者　上原 寿明

発行所　教学社

〒606-0031

京都市左京区岩倉南桑原町56

電話　075-721-6500

振替　01020-1-15695

印　刷　共同印刷工業